中南财经政法大学"互联网金融犯罪治理"项目（编号31712110702）阶段性成果

互联网金融犯罪治理研究

Research on the Governance of Internet Financial Crimes

主　编　齐文远

副主编　童德华

WUHAN UNIVERSITY PRESS
武汉大学出版社

图书在版编目(CIP)数据

互联网金融犯罪治理研究/齐文远主编;童德华副主编.—武汉:武汉大学出版社,2022.5
ISBN 978-7-307-22990-7

Ⅰ.互… Ⅱ.①齐… ②童… Ⅲ.互联网络—金融犯罪—研究—中国 Ⅳ.D924.334

中国版本图书馆 CIP 数据核字(2022)第 047967 号

责任编辑:陈 帆 责任校对:汪欣怡 版式设计:马 佳

出版发行:**武汉大学出版社** (430072 武昌 珞珈山)
(电子邮箱:cbs22@whu.edu.cn 网址:www.wdp.com.cn)
印刷:武汉中科兴业印务有限公司
开本:720×1000 1/16 印张:31.25 字数:464 千字 插页:1
版次:2022 年 5 月第 1 版 2022 年 5 月第 1 次印刷
ISBN 978-7-307-22990-7 定价:112.00 元

序　言

　　本书是中南财经政法大学"互联网金融犯罪治理"项目（编号 31712110702）的阶段性成果。随着互联网技术的不断发展，人民群众的日常生活方式被大幅度改变。快速发展的互联网在带给我们极大便利的同时也带给我们一定的风险。如何在享受网络便利的同时尽可能规避其带来的刑事风险是一个具有时代特色的问题。互联网时代不仅仅使民众的日常生活发生了巨大的改变，许多传统行业，由于互联网技术的发展，也发生了革命性的变化，这其中就包括金融行业。互联网金融是传统金融与互联网技术结合而成的新金融，其与传统金融尽管在本质上并没有根本差别，但是由于互联网技术的介入，金融活动的形式较过去有了鲜明的独特性与创新性。互联网金融是传统金融机构与互联网企业利用互联网技术和信息通信技术实现资金融通、支付、投资和信息中介服务的新型金融业务模式。互联网金融作为一种不同于传统金融领域的重要创新成果，也导致了许多犯罪的滋生和发展。与传统金融犯罪相比，互联网金融领域的犯罪更具有隐蔽性和社会危害性。互联网金融领域的犯罪已经成为阻碍互联网金融发展的重大瓶颈，如果不对其进行防控和治理，将难以维护互联网金融创新的可持续发展。本书着重探讨了互联网金融的基本属性及刑事风险、互联网金融监管的规章制度之比较、互联网金融犯罪的构成与形态、互联网金融发展背景下的犯罪治理以及互联网金融犯罪的防控机制，以期能为互联网金融的创新发展提供借鉴，为解决司法实践中存在的重大疑难问题提供一点解决路径。本书认为刑法对互联网金融领域的一些正当、合理的行为应当保持一定的克制和宽容，抓大放小，不能一味严厉打击才是正确的治理路径。

本书由我担任主编，中南财经政法大学刑事司法学院教授、博士生导师童德华担任副主编，中南财经政法大学刑事司法学院刑法学研究生周宏磊担任执行编辑，写作人员包括中南财经政法大学刑事司法学院的部分刑法学硕士研究生、刑法学博士研究生。本书由主编拟定初稿后由全体写作人员共同商讨确定，各写作人员分工负责，最后由主编、执行编辑统改并定稿。全书具体写作分工如下（以撰写章节的先后为序）：

刘础嘉（中南财经政法大学硕士研究生）：第一章第一节；

朱莉蓉（中南财经政法大学硕士研究生）：第一章第二节；

顾彧（中南财经政法大学硕士研究生）：第一章第三节；

王璨（中南财经政法大学硕士研究生）：第二章第一节；

廖子衿（中南财经政法大学硕士研究生）：第二章第二节；

陈立（中南财经政法大学博士研究生）：第三章第一节；

李耀宇（中南财经政法大学博士研究生）：第三章第二节；

韦春发（中南财经政法大学博士研究生）：第三章第三节；

陈鑫（中南财经政法大学博士研究生）：第三章第四节；

杨博（中南财经政法大学博士研究生）：第三章第五节；

刘纯燕（中南财经政法大学博士研究生）：第三章第六节；

陈乾（中南财经政法大学硕士研究生）：第四章第一节；

颜廷杰（中南财经政法大学硕士研究生）：第四章第二节第一目；

徐修茜（中南财经政法大学硕士研究生）：第四章第二节第二目；

王炜（中南财经政法大学硕士研究生）：第四章第二节第三目；

马雪萌（中南财经政法大学硕士研究生）：第四章第二节第四目；

徐前（中南财经政法大学博士研究生）：第四章第二节第五目；

赵轩（中南财经政法大学硕士研究生）：第四章第二节第六目；

李婧（中南财经政法大学硕士研究生）：第四章第二节第七目；

黄英（中南财经政法大学硕士研究生）：第四章第二节第八目；

周宏磊（中南财经政法大学硕士研究生）：第四章第二节第

九目；

马嘉阳(中南财经政法大学硕士研究生)：第四章第二节第
十目；

王一冰(中南财经政法大学博士研究生)：第四章第二节第十
一目；

史艺婕(中南财经政法大学硕士研究生)：第五章第一节；
郭云飞(中南财经政法大学硕士研究生)：第五章第二节；
姜高明(中南财经政法大学硕士研究生)：第五章第三节；
张国雄(中南财经政法大学硕士研究生)：第六章。

本书研究意义有二：一是力图准确界定互联网金融犯罪的范
围，为司法实践中界定与解决互联网金融犯罪问题提供一些建议和
方法，力求有助于解决司法实践中关于互联网金融犯罪领域的问
题，为我国互联网金融犯罪综合治理的实现贡献自己的力量。二是
培养研究生的研究能力。由于客观原因，研究生的研究能力训练，
包括对现实问题的观察和思考能力都有一个循序渐进的培养过程。
但是，由于环境使然，如果任由研究生自己思考，其效果难以令人
完全满意。通过课题的方式，推动研究生思考问题、研究问题，从
中掌握研究的规范化要求，对提升研究生研究能力来说，效果还是
很明显的。正因如此，我们选择了具有很高学术素养的周宏磊担任
本书的执行编辑。当然，互联网金融是新兴领域，互联网金融犯罪
是新兴犯罪，学界和实务界对其的认识和研究都只是刚刚开始，受
研究写作时间和研究写作水平等方面的限制，本书肯定也会存在一
些不足，在此恳请读者朋友批评指正。

齐文远

2021 年 12 月

目　　录

第一章　互联网金融概述

第一节　互联网金融基本属性及刑事风险 *

一、互联网金融与金融互联网

(一) 互联网金融概述

互联网金融的出现不仅仅是新兴互联网技术发展的结果，也是互联网企业在面对互联网行业竞争日益激烈的大背景之下，为拓展新业务、吸引传统行业的订单与合作、吸收小微投资人员剩余资金的产物，互联网企业为达到上述目标而推出的不同于传统金融服务的产品便是互联网金融的雏形。早在 2002 年便有学者尝试对"互联网金融"进行概念界定，认为虽然互联网科技是互联网金融的技术支持，但互联网金融并不是简简单单地运用互联网技术的金融。相反，互联网金融的核心是互联网思维模式，互联网思维才是此种模式的核心要义。在国内，谢平教授在 2012 年最早提出了有关"互联网金融"的定义。谢平教授认为互联网金融超脱于以往的商业银行间接融资、资本市场直接融资的范畴，乃是一种现代互联网科技，其中大数据、云服务、社交通信等功能尤为重要，以此为内核的互联网金融是对人类金融模式产生根本性变革的第三种金融融资模式。① 《互

---

* 本节由中南财经政法大学硕士研究生刘础嘉负责文献综述工作。

①　谢平、邹传伟：《互联网金融模式研究》，《金融研究》2012 年第 12 期。

联网金融蓝皮书：中国互联网金融发展报告》认为互联网金融的本质在于依托网络大数据搜索引擎。① 借助搜索引擎的强大数据处理功能，采用纵向比较的方式将金融产品从网络空间筛选出来，让用户自行对产品进行甄别选择。它更多的是作为信息处理平台而存在，将大数据、信息处理这些互联网技术与金融服务融合到了一起。② 孙嘉黛、包兴妮等人认为，所谓的互联网金融从狭义表现上来说是传统金融行业为进行业务推广等服务而依托互联网平台开展的过程与形式。从作用上讲是投资方和融资方为实现相互匹配的目的，打破传统金融行业信息不对等的劣势，借助互联网这一渠道所达到的业务对接。③ 冯涛认为，互联网金融主要指以现代化电子网络技术为手段，利用互联网技术进行的金融活动。④ 由此看来，依靠互联网技术和平台所实现的信息交互以及个体用户在移动端进行的金融操作是整个过程的必要前提。互联网金融更多的是传统金融行业通过互联网平台这一传播媒介以及互联网技术融合的一个新型金融领域。另外，以陈芯韵等为代表的学者主张将互联网金融的概念作扩大化解释，只要是通过互联网经营的金融业务都属于互联网金融。⑤ 可见，学界对于互联网金融存在不同解读，并且由于互联网金融涉及大数据、金融、云计算等多个领域，因此准确定义互联网金融是一件比较困难的事，只从某一视角对其进行概括总结很容易导致偏见。

此外，关于互联网金融到底是一种全新的金融模式还是传统金融模式的一次变化升级，理论界也存在两种观点。一种观点以王国

---

① 芮晓武、刘烈宏：《中国互联网金融发展报告》，社会科学文献出版社 2013 年版，第 8 页。

② 张明月：《互联网金融犯罪的刑法规制研究》，北方工业大学 2017 年硕士学位论文，第 3 页。

③ 孙嘉黛、包兴妮：《大数据时代互联网金融的创新发展及风险防控》，《财税金融》2021 年第 14 期。

④ 冯涛：《浅谈我国互联网金融现状与发展趋势》，《商讯》2021 年第 12 期。

⑤ 陈芯韵：《互联网金融的创新与发展》，《营销界》2021 年第 16 期。

刚等学者为代表，这些学者认为互联网金融可以称为"互联网金融模式"，是一种新的金融模式，并具有如下基本特点。① 首先，互联网金融横跨互联网以及金融行业，是以金融数据为基础并具有互联网平台特点而糅合的行业，其本质上仍是金融业的范畴；其次，互联网金融离不开互联网使用者；最后，互联网金融要具有创新性。另一种观点以杨凯生、陈志武等人为代表，该观点认为，金融业务乃是核心，互联网技术只不过是一种外化的工具，其本质上仍是为金融业务服务的。②

（二）金融互联网概述

传统的金融行业主要是依靠金融中介或是经纪人与消费者线下的沟通介绍来开展相关业务。在这种传统模式下，由于信息传递的单向性、滞后性以及多层级传递之后的失真性，导致传统金融业务活动因错过消费者关注的热度的峰值而成功率并不高，金融产业对于线下市场的敏感程度也不高。③ 随着大数据时代的来临，传统金融行业意识到了互联网在解决信息不对称问题以及降低交易成本等方面的巨大优势，于是，实体金融行业的互联网经营模式也随之兴起。金融互联网模式相较于传统实体金融行业不仅拥有更高的投资回报以及经济利润，而且给予消费者更多的选择空间和更便捷的操作模式，符合大数据时代发展趋势。郑联盛指出，传统实体金融行业是金融互联网化的底层支柱，金融互联网化是运用互联网技术理念对传统金融产业进行升级换代。④ 通过国内学者对金融互联网的分析来看，金融互联网更多指的是金融行业互联网化。与以新兴互联网企业为主体的互联网金融不同，金融互联网大多以传统金融行业为主体。依据中国人民银行等十部委发布的相关意见，金融互联

---

①　王国刚、张扬：《互联网金融之辨析》，《财贸经济》2015 年第 1 期。

②　陈志武：《互联网金融到底有多新》，《新金融》2014 年第 4 期。

③　谢平、邹传伟、刘海二：《互联网金融的基础理论》，《金融研究》2015 年第 8 期。

④　郑联盛：《中国互联网金融：模式、影响、本质与风险》，《国际经济评论》2014 年第 5 期。

网可以定义为：传统金融行业为优化资源配置，运用例如云计算、移动支付等互联网技术，将金融产品与互联网相结合所实现的新型金融业务模式，以期实现资金融通、信息交互、产品推广等目的。这也正如同吴晓求等学者的观点，在金融互联网化的模式下，互联网仅为一种手段或者说只是一种渠道。①

（三）金融互联网与互联网金融的差别

1. 基本内涵不同

金融互联网所代表的主体是类似银行、证券公司等传统实体金融行业，而互联网金融所依托的主体是新兴互联网企业。两个概念背后所代表的主体不同，自然基本内涵也不一样，前者多指传统实体金融企业利用互联网信息技术在网络空间开展相关金融业务，互联网只是一个渠道；而后者侧重于强调互联网企业本身，它是互联网企业对传统行业的一次改造，借助新兴网络技术对传统金融服务进行开拓变革后所形成的一种全新领域。

2. 特征不同

金融互联网是线下模式向线上模式的延展，摆脱了传统金融行业在时间与空间上的限制。依托传统金融行业，将互联网作为金融发展的工具与渠道，在抵押类金融需求方面优势明显。不同于金融互联网只是形式上的转变，互联网金融是对传统金融服务的一次转型，互联网金融打破了以往金融中介理论信息不对称性的特点，实现了完全的互联网化，是"开放、平等、协作、分享"的互联网精神向传统金融业态的渗透。

3. 发展态势不同

与传统金融行业相比，虽然互联网金融市场份额较小，但其主要关注点在"小微"层面，具有单笔金额数额微小、交易数量庞大的特点。这种特征具有强大的发展潜力，并且在一定程度上弥补了传统金融业务的空白。而传统金融业务由于信息不对称，诞生了许多金融中介服务，主要是商业银行以及股票、债券市场，收益大多

---

① 吴晓求：《互联网金融的逻辑》，《中国金融》2014年第3期。

来自利差收入。依靠互联网所具有的信息对称性，在很大程度上影响着传统金融行业，去中介化的趋势在不断扩大，金融互联网化也在向互联网金融转型。

二、互联网金融运营模式

由于互联网金融涉及股票、众筹等传统金融方式，也包含云计算、虚拟货币等新兴金融形式，使得学界对于如何合理划分互联网金融运营模式的种类具有较大争议，不同的学者从不同的观察视域对此有不同的分类。

由于视域的差异，对该部分的探讨在不断更新完善。目前学界流行的主要是四分法与六分法，不过 2015 年出台的《关于促进互联网金融健康发展的指导意见》将互联网金融分为六大模式，因此在这里着重对六分法作一个详细的介绍。①

六分法中较为普遍的是将互联网支付、网络借贷、众筹、大数据金融、信息化金融机构组织、互联网金融门户作为互联网金融的六大子模块，其中又以前三者为主要部分。下文将对这六大部分作详细阐释。

(一) 互联网支付

互联网支付从表面上理解即为利用互联网完成支付，意指电子交易各方借助互联网或者使用电子货币等方式实现资金的流动转移。其中网络银行和第三方支付平台为其主要的表现形式。

网络银行也称"网上银行"，即为我们熟知的网银，可以将网络银行理解为传统实体银行在互联网上的线上柜台。它是指银行通过运用互联网技术，向客户提供实体银行业的传统业务，换句话说，就是传统银行业务的在线服务。

第三方支付平台与网络银行的差别在于主体不同，前者一般是具有较强经济实力和信誉保障的非银行机构。起初，这种非银行机

---

①　参见田鑫：《互联网金融模式及其本质研究——基于功能与影响的分析》，《中国物价》2019 年第 5 期。

构借助信息网络技术，在电子贸易中扮演着便利电子交易的角色，其一般运作模式类似于交易过程中的担保人。消费者在网络平台上选购自己心仪的产品，通过第三方支付平台上的账号将货款打入支付平台。此时，为保障买方的利益并监督双方交易过程，支付平台并不会马上将货款转入卖家，而是先将该货款自留，通知卖方发货，待买方确认收到货物之后，再将其代为保管的货款转入卖方账户。根据第三方支付平台自身的属性，可以将其分为独立的第三方支付平台、有电子商务平台的第三方支付平台以及有电子商务平台同时具有担保功能的第三方支付平台。目前，第三方支付企业发展越来越迅猛，其功能也不局限于担保、贷款、广告宣传等，在线理财业务将成为其新的业务发展点。并且在电子贸易过程中，第三方企业作为资金收付方，连接着消费者、商家和银行，其手中所掌握的海量数据信息在今后的整合终端数据、降低金融风险方面扮演着越来越重要的角色。

（二）网络借贷

P2P 网贷和小额贷款是网络借贷的主要模式，其中 P2P 网贷是网络借贷中最为经典的代表。最早起源于欧洲的 P2P 借贷即私人网络借贷，或称"点对点信贷"，英文名称是 Peer-to-Peer Lending。现如今在国内以及美国、日本等多国得到了发展。P2P 网贷包括三个核心的主体：网贷平台、借款人和出借人。其交易流程大致如下：网贷公司首先提供一个网络平台，该网络平台即为 P2P 平台，也是 P2P 最经典的运营模式。随后，借款人和出借人需在网贷平台注册登录，在注册登录过程中平台会要求会员实名认证，进行提供身份证号、手机号等一系列证明身份的操作，并绑定银行卡以便资金的出借和收取。网贷平台会对注册者的身份信息进行核对，只有合格的注册者才有资格进行借贷活动。之后，借款人将借款本金、孳息、基准日等借款需求和信息发布在平台，后台审核通过之后便会将此借款需求在网贷平台上公布，此过程即为发标。出借人可在平台上自行选择判断，在选定自己满意的借款标的后即可进行投标。募集完成之后，资金便会从出借人账户转出，转入借款人在平台所登记的账号上。之后借款人将该款项从平台提出，同时生成电子借贷合同。最后，在合同所规定的期限之前，借款人还款还息，出借人得到相应本息。在整个过程中，平台也会收取一定的手续费和服务费用。从 P2P 网贷的基本运营模式可以看出，P2P 网贷打破了传统借贷的线下模式，不再局限于以往小范围的模式，大大促进了资金的流通。

目前，P2P 网贷根据其经营性质分为纯平台的 P2P 网贷模式和债权转让的 P2P 网贷模式；依据平台运营模式可分为纯线上的网贷模式、线上线下结合的网贷模式和纯线下的网贷模式；按照有无担保性质又可分为无担保网贷模式和有担保网贷模式。其中，引入本金担保机制甚至承诺利息的有担保网贷模式，因符合我国目前国情，一定程度上降低了投资者的经营风险，也在一定程度上规避了道德风险，保证出借人得到本金偿还，现已成为我国 P2P 网贷的主流模式。

（三）众筹

项目发起人利用互联网向大众宣传自身的项目或理念想法，以赢得更多的关注与支持，并向他们募集资金，事后以实物、分红等方式作为回报的融资模式即为众筹。众筹最主要的特点即为"众"所体现的不特定性，虽然与 P2P 网贷具有一定的类似性，但众筹会让融资方获得更多的资源。融资方不仅可以吸引关注、获取资金，还可以通过互联网宣传、推广自己的项目与创意，通过众筹平台预测市场对该项目的反应，在一定程度上为市场调研以及了解消费者喜爱程度进行铺垫。目前，众筹发展的前景广阔，在越来越多的行业中得到了应用，且大多众筹平台由原先的综合性平台细分到专业性平台，更加注重某一类产品的众筹机制，垂直化成为众筹平台未来的发展方向。

募资者、资助者和在线众筹平台是众筹模式的核心要素。资金筹集人或项目发起人大多是缺乏启动资金的企业家，不过正如上文众筹的功能中所提到的，有的筹资人筹资并不是单纯为了融资，更多是为了对产品进行宣发，更加便于产品的改善和推广。出资人一般是互联网上的用户，他们通过浏览众筹平台来对自己喜爱的项目或产品进行投资。虽然互联网用户大多为不具有雄厚资金的个人用户，但互联网用户在数量上具有不可比拟的优势，大量的网民通过网上支付等方式进行小额投资，形成了"小额+海量"的互联网投资模式。网络众筹平台就是提供众筹融资服务的网站。类似融资平台和网络借贷平台，网络众筹平台更多是在筹资人和出资人之间充当中介的角色，平台将筹资人所发布的融资信息发布出来，供出资人挑选，并从中收取一定比例的手续费。

按照众筹项目的性质，可以将众筹分为公益性众筹、产品性众筹、股权性众筹、债权性众筹以及产权性众筹五种。其中，公益性众筹以公益和慈善为主要特点，出资人无偿出资，并不要求回报，本质上来说更像是一种捐赠或一种慈善事业。产品性众筹需要筹资方将自己的产品向公众展示，是在产品或创意尚处在较为初期时的众筹模式。股权性众筹目前有发展为众筹主要形式的趋势，是指项目发起人将以回报股权的方式向出资者们募集资金的一种方式。股权众筹之所以有成为主流的趋势，不仅是因为其满足了募集资金的需求，还在于该模式迎合了一部分投资者希望参与项目，成为股东的心理。产权性众筹可以说是股权性众筹的衍生，较多应用于房地产投资。

（四）大数据金融

大数据指的是数据规模庞大，人工无法在合理的时间内对数据进行解读。[1] 依照大数据的性质，我们可以将其特点总结为"4V"，即速度快（Velocity）、样本数据庞大（Volume）、模糊性（Vagueness）、多样性（Variety）。舍恩伯格在《大数据时代》中指出大数据带来的改变远不止时间的碎片化，它也在潜移默化地改变着人们关注的重点。以往人民往往会追求事物背后的因果关系，而现

---

[1] 张春艳：《大数据时代的公共安全治理》，《国家行政学院学报》2014年第 5 期。

在更多的是关注多事物之间的相互关系。① 这也是大数据与传统数据相比最大的不同。面对大数据我们只需要知道"是什么"，而不必知道"为什么"。

大数据金融顾名思义是大数据与金融的结合，指的是利用庞大的互联网数据，对于其中有价值的金融部分进行提取分析，为互联网金融企业提供客户的深度分析，挖掘潜在的利润空间，从而为竞争日益激烈的互联网行业提供更多的可能性。现如今，互联网的普及率越来越高，互联网金融数据的涉及面也更加宽泛，比如客户身份信息属性数据、浏览兴趣偏好数据、网络行为数据等，依靠大数据手段对这些数据进行整合，获取数据隐藏的商业价值。大数据的应用已经深入金融领域的各个方面，其中典型的例子就是大数据授信。大数据授信是我国最初将金融与大数据结合的行业之一，由于庞杂的用户信息，借助大数据技术对用户信用风险进行判断，形成用户基本的信用评级系统，为网络支付平台提供参考。

依据运营模式的差别，大数据金融可以分为平台模式与供应链金融模式。前者以百度小贷和阿里小贷为典型代表，是指为客户双方提供一个合作交易环节的运作模式，由于这类模式下经常有许多活跃的用户，通过集群效应与大数据分析，平台可以对这些用户的相关信息进行分析判断，进而为商家提供融资参考。而供应链金融模式则是围绕金融业务链中的核心企业展开，金融企业通过对核心企业以及整个供应链进行商业评估，为该链条上的企业之间的资金管理提供特定的解决方案，以便解决资金优化和配置问题。

(五) 信息化金融机构组织和互联网金融门户

金融行业信息化是互联网金融背景下强强结合的必然趋势，信息化金融机构组织便是在这一趋势下发展出来的产物。信息化金融机构组织是指借助互联网信息技术，对传统服务进行重塑，以达到全面信息化目的的机构。目前信息化金融机构较为突出的是银行，

---

① 迈尔·舍恩伯格：《大数据时代》，浙江人民出版社 2013 年版，第 17 页。

中国银行在信息化金融领域起步最早，已经经过了20多年的发展历程，在经营、管理等方面都实现了高度信息化。网银、移动端支付等技术在银行的应用，让我国的银行信息系统建设在全球范围内都位于前列。

互联网金融门户的本质仍是一个服务平台，作为第三方服务平台的互联网金融门户依靠的是大数据强大的数据搜索和处理功能。互联网金融门户的核心是采取"搜索+价格"的模式，平台依靠搜索引擎，利用纵向比较的方式将产品从其他不同平台中挑选出来，在此平台上提供金融产品销售和使用，让用户自行挑选比较。互联网金融门户平台本身并不涉及许多刑事犯罪风险，因为平台本身并不涉及用户资金的流转，也不实际销售金融产品，只是提供一个供用户选择的平台。

三、互联网金融刑事风险

互联网金融涉及多个领域，并且作为一个新兴行业，互联网金融行业在近几年的发展势头愈来愈猛，但管理弱、风险大、成本低等特点往往也导致互联网金融行业在发展过程中会遭遇各种各样的问题。刘宪权教授认为对互联网金融进行刑法规制是十分必要的，因为无论是从合法经营互联网金融业务的角度，还是从利用互联网金融的角度，互联网金融活动存在着大量的犯罪风险。刑事风险的大量存在不仅给互联网企业开展业务带来了难题，也对当今司法界提出了挑战，这也凸显了亟需对互联网金融进行刑法规制。并且网络平台、互联网用户等不同主体在网上支付、众筹等互联网金融相关过程中涉及的刑事风险也不尽相同，因此下文将针对不同主体在互联网金融中可能遭遇的主要刑事风险作详细分析。

(一)互联网金融平台经营互联网金融业务面临的刑事风险

互联网金融的发展对于尚处于市场经济初期的中国来说既是机遇也是挑战，目前我国金融市场开放程度较低，加之国家对金融行业安全的严加防控，导致目前中国的金融资源大多集中在国有金融机构手中，民间融资等行为非常容易触犯相关刑法罪名进而被依法追究刑事责任。

1. 平台涉嫌非法经营罪

我国对于证券、基金以及资金结算等金融业务有着十分严格的规定，《中华人民共和国刑法》（以下简称《刑法》）第225条规定了非法经营罪，① 2010年最高人民法院也曾出台《关于审理非法集资刑事案件具体应用法律若干问题的解释》（以下简称《解释》）以应对日常生活中非法经营罪的相关法律适用问题。此外还有诸如《关于整治非法证券活动有关问题的通知》等一系列规范性文件都对经营主体资格作出了限制。② 可见，在互联网领域，若非金融机构未在有关部门进行注册登记的情况下开展融资、资金结算等业务，则很可能涉嫌构成非法经营罪。

以P2P网络借贷为例，在我国P2P网络借贷平台的法律性质实质上是一个信息中介平台，供投资方和借款方交互信息。《融资性担保公司管理暂行办法》第8条第3款规定从事融资性担保业务的主体必须具有相关资质，任何单位以及个人在未经批准的情况下禁止从事相关业务。在有担保模式的P2P平台中，平台通过风险担保基金保证贷款人的投资收益。平台提供风险保障机制，以平台自身雄厚的实力以及信用为借款人的该笔贷款进行担保。在借款人无法偿还贷款的情况下，通过风险担保基金保证贷款人的投资收益。这种风险担保机制究其性质，实为融资性担保。而毫无疑问，P2P网络借贷平台的这种担保机制已经触犯该条文，符合《刑法》第225条第4款中"严重扰乱市场经营的行为"，故有可能被认定为构成非法经营罪。在现实情况中，这种担保模式的P2P平台并不少见，宜信公司作为我国P2P领域中较为知名的企业之一，其业务交易模式包括了对出资人的风险保障机制。该模式将部分收入

① 《中华人民共和国刑法》第225条："未经国家有关主管部门批准非法经营证券、期货、保险业务的，或者非法从事资金支付结算业务的或其他严重扰乱市场秩序的非法经营行为，构成非法经营罪。"

② 最高人民法院《关于审理非法集资刑事案件具体应用法律若干问题的解释》第7条："违反国家规定，未经依法核准擅自发行基金份额募集基金，情节严重的，依照刑法第二百二十五条的规定，以非法经营罪定罪处罚。"

归入风险金部分，当投资人遭受损失时，便会在风险金的范畴之内对赔付金额进行确定。然而正如上文所述，这种没有获取相关金融证件的风险保障机制实际上已经超出作为信息中介平台的业务范畴，将投资人的一部分收益用于弥补风险赔付所造成的损失的行为，事实上很可能会被认定为非法经营罪。

2. 擅自设立金融机构罪

《刑法》第 174 条规定了擅自设立金融机构罪，① 另据最高人民检察院、公安部《关于公安机关管辖的刑事案件立案追诉标准的规定(二)》(以下简称《立案追诉标准(二)》)第 24 条的规定，擅自设立金融机构罪并不是一个情节犯或者结果犯，即如果行为人没有设立金融机构的资质而从事私自设立或者筹集设立特定金融机构的行为，即可成立擅自设立金融机构罪。② 根据上述条文，从结果犯和行为犯的角度来划分的话，此罪是一个行为犯，只需要行为人具有擅自设立的行为，并不要求行为人已经实际开展相关金融业务或达到情节严重，无需金融机构是否实际上成立或者造成某种实质危害结果。可见，国家对于金融领域实行十分严格的管控，直接处罚没有资质而擅自设立金融机构的行为。在我国，互联网金融企业极有可能面临构成此罪的刑事法律风险。

以众筹行业为例，作为主流趋势的股权众筹依托众筹平台进行发行和转让，平台成为股权流转的市场。其性质从单纯的信息中介平台转向金融机构的角色，有涉嫌构成此罪的刑事风险。一方面，众筹平台实际扮演的是金融机构的角色，但其并不属于金融机构的范畴。依据《公司法》《证券法》等相关规定，公开发行股票的相关业务只有在证券交易所和股份转让系统中才合法。但是，我国证券监督管理委员会颁布的《证券交易所管理办法》对从事证券交易业

---

① 《中华人民共和国刑法》第 174 条："未经国家有关主管部门批准，擅自设立商业银行、证券交易所、期货交易所、证券公司、期货经纪公司、保险公司或者其他金融机构的行为。"

② 何琳：《互联网众筹的刑事风险研究》，中国青年政治学院 2017 年硕士学位论文，第 13 页。

务的主体进行了限制。证券交易所是实行自我管理的法人，顾名思义，证券交易所乃是为证券的竞价交易提供场所的机构，在交易过程中充当仲裁员的角色以保障交易的公平有序，它的设立必须得到国务院有关部门的批准。此外，《全国中小企业股份转让系统有限责任公司管理暂行办法》第 2 条规定，全国中小企业股份转让系统需要经过国务院批准。由此可以看出，股权的相关交易行为必须在证券交易所或股份转让系统中进行，而这两者都需要证监会审核和国务院批准。众筹平台在开展股权众筹的相关业务时，已经充当起证券交易所和股权转让系统的角色，突破了其中介机构的身份。另一方面，众筹平台进行股权流转业务的行为已经违反了相关行政法规的规定。擅自设立金融机构罪作为行政犯，只有违反了前置的行政法规才能构成犯罪。另根据《非法金融机构和非法金融业务活动取缔办法》第 5 条的规定，中国人民银行在金融机构的设立以及金融业务活动中担任审核的角色，其他单位或个人只有经过中国人民银行的核准才有从事相关金融业务或设立金融机构的资格。由此可以得出，不属于金融机构的众筹平台擅自从事涉及证券交易所才能开展的股权交易、流转业务，违反了相应的行政法规，已经构成《刑法》第 174 条的擅自设立金融机构罪。

需要注意的是，该罪与非法经营罪存在一定程度的相容关系，可以理解为擅自设立金融机构罪是非法经营罪的进一步延伸。仍以众筹平台为例，擅自设立金融机构罪是平台在运营过程中超出其中介机构的性质，介入投资者与借款人之间，充当金融机构，平台本身的性质发生了转变。在这个转变的过程中必然涉及非法经营罪的相关行为，因为开展未被批准的金融业务行为本身就被包含在非法经营罪的第 3 款中。也就是说，构成擅自设立金融机构罪的必然也构成非法经营罪，但反之则不一定成立，只有在非法经营行为上进一步发展，导致平台性质转变才会符合构成要件的要求。

3. 非法吸收公众存款罪

根据我国《刑法》第 176 条的规定，非法吸收公众存款或者变相吸收公众存款，扰乱金融秩序的行为，认定为非法吸收公众存款罪。2010 年两高的《解释》也曾对非法吸收公众存款罪作出过详细规定。① 依据《刑法》以及《解释》来看，非法吸收公众存款罪应当具备"四性"：一是非法性，我国《商业银行法》第 11 条第 2 款对从事商业银行业务的主体进行了限缩规定，从事吸收公众存款行为的主体须经我国银监会的审核批准，即未经有关部门的批准遂从事相关业务，或者套用合法经营的外衣吸收公众资金的行为都是非法的；二是公开性，即借助媒体、传单、口口相传等方式公开向社会进行宣传，其吸收资金的行为并不是私密的；三是利益性，行为人承诺在一定期限内以货币、实物、股权等形式返还投资者；四是社会性，也即广延性或不特定性，吸收资金的行为针对的是社会不特定人群。

　　根据《刑法》规定，众筹、P2P 网贷等平台不可避免地会导致被怀疑有非法吸收公众存款的风险。首先，融资筹资过程本身就避不开公开性、利润性等特点。无论是众筹平台还是 P2P 网贷平台抑或是第三方支付平台，都涉及资金的流转。这些平台绝大部分是通过互联网宣传，面向不特定的社会公众集资，并不只局限于亲朋好友等小范围。同时，这种社会性的集资都伴随一定的利润承诺，承诺在一定期限内还本付息或给予高额回报等。并且，随着互联网金融行业的发展，一些网络平台已经偏离当初创立的目的，许多众筹平台和 P2P 融资平台已经不单单是独立的平台，它们的功能逐渐扩展到融资担保，而后又向存贷款业务拓展。除银监会、证监会等部门批准的机构，其他任何单位或个人都没有资格从事吸收公众存款的行为。可以说在互联网金融发展的今天，非法吸收公众存款罪的特点几乎是为互联网平台专门定制的。

---

　　① 　最高人民法院《关于审理非法集资刑事案件具体应用法律若干问题的解释》第 1 条："违反国家金融管理法律规定，向社会公众（包括单位和个人）吸收资金的行为，同时具备下列四个条件的，除刑法另有规定的以外，应当认定为刑法第一百七十六条规定的'非法吸收公众存款或者变相吸收公众存款'：（一）未经有关部门依法批准或者借用合法经营的形式吸收资金；（二）通过媒体、推介会、传单、手机短信等途径向社会公开宣传；（三）承诺在一定期限内以货币、实物、股权等方式还本付息或者给付回报；（四）向社会公众即社会不特定对象吸收资金。"

此外，《解释》第 2 条规定了十种具体的非法吸收公众存款的行为，其中第 5 项至第 9 项都可以涉及互联网金融的相关内容。① 例如第 5 项、第 6 项和第 7 项都是规定不具有开展某项业务的资质，运用虚构的方式来非法吸收资金的行为。以 2016 年度十大法律监督案例之一"e 租宝"为例，"e 租宝"在其平台上发布融资租赁债权等项目，通过互联网向社会公开宣传该产品的安全性以及高回报性，谎称投资者在"e 租宝"项目中不会亏损，在全国范围内累计吸收资金多达 762 亿余元。② 事实上，该平台发布的相关债权项目均为虚构。这种类型的非法吸收公众存款行为实质上并不是什么新颖的行为方式，只是借助互联网金融的外衣，将以往线下的募集模式转移到线上网络平台。对于该类型的规定，合规企业实际上并不需要太多担心，只要具备相应资格，在规定范围内开展合理的业务便不会触犯刑法规定。值得注意的是后两项规定的内容，第 8 项和第 9 项规定了以投资入股和以委托理财非法吸收资金的行为方式，对于这两种行为方式，法条只作了模糊规定。按照《解释》的规定，从文理解释的角度来看，只要具有上述第 8 项、第 9 项行为的就构成非法吸收公众存款罪，但目前许多互联网金融平台业务都涉及基金理财等业务，那么这些平台或多或少涉嫌非法吸收公众存款罪，这样不免有犯罪圈扩大化和过于打击相关行为的嫌疑，也不利于新兴互联网企业的发展以及资金的流通。对于此种情况，应该重点着眼于"非法"二字，对于目前互联网金融平台开展并未获得审批的业务但其中的融资众筹等内容均为真实存在，并没有虚构债权、基金

---

① 最高人民法院《关于审理非法集资刑事案件具体应用法律若干问题的解释》第 2 条："实施下列行为之一，符合本解释第一条第一款规定的条件的，应当依照刑法第一百七十六条的规定，以非法吸收公众存款罪定罪处罚：（一）……（五）不具有发行股票、债券的真实内容，以虚假转让股权、发售虚构债券等方式非法吸收资金的；（六）不具有募集基金的真实内容，以假借境外基金、发售虚构基金等方式非法吸收资金的；（七）不具有销售保险的真实内容，以假冒保险公司、伪造保险单据等方式非法吸收资金的；（八）以投资入股的方式非法吸收资金的；（九）以委托理财的方式非法吸收资金的。"

② 北京市高级人民法院刑事判决书：（2017）京刑终字第 216 号。

等行为应合理界定行为的非法性。区分借助投资入股或委托理财方式吸收资金的合法行为和非法行为，只有企业吸收资金的行为具有一定的社会危害性时，才考虑将行为纳入刑法规制的范围。

4. 侵犯公民个人信息罪

《刑法》第253条之一明确指出，违反国家有关规定，出售他人个人信息、提供他人个人信息以及非法获取他人个人信息的行为以侵犯公民个人信息罪论处。2017年两高也曾联合发布指导意见对公民个人信息曾作出过具体解释。① 个人信息是指与信息主体具有密切关联的具有指向性与特定性的信息，他人可以通过该信息准确定位信息主体的身份，包括但不限于身份证号码、电话号码、行程信息等。因为互联网金融平台离不开对用户信息的收集利用，因此互联网金融平台在运营过程中有极大风险触犯本罪。

首先，众筹、融资平台在开展其业务过程中都会要求用户注册平台会员，注册过程中都要求填写个人基本信息并绑定手机号，这仅仅是最基本的操作。若用户想要发起项目或投资某个项目，平台还会要求提供更加具体的信息，例如手持身份证照片、资产证明文件等。也就是说，即使用户不参与任何项目，其个人基本信息也会处于平台的掌控之中。其次，对于大数据金融这类平台来说，它们获取的信息数据更为庞大，因为涉及用户信用评级问题，大数据金融平台不仅会获取用户在该平台上的基本信息，还会收集用户在互联网上的各种信息，例如在其他软件平台上的交易记录、评价等。依据公民个人信息的定义，显然平台所掌握的这些信息都属于公民个人信息的范畴，若平台员工或者平台本身为谋取非法利益而将此类信息出售、提供给他人的，毫无疑问会构成侵犯公民个人信息罪。不仅如此，目前互联网行业竞争激烈，平台基于拓展业务、发

---

① 最高人民法院、最高人民检察院《关于办理侵犯公民个人信息刑事案件适用法律若干问题的解释》第1条："刑法第二百五十三条之一规定的'公民个人信息'，是指以电子或者其他方式记录的能够单独或者与其他信息结合识别特定自然人身份或者反映特定自然人活动情况的各种信息，包括姓名、身份证件号码、通信通讯联系方式、住址、账号密码、财产状况、行踪轨迹等。"

掘潜在用户的目的也会想办法对新产品、新项目进行宣发，某些平台在此过程中会购买用户的信息，以便精确推广相关业务，这种行为也符合第253条之一的规定，构成侵犯公民个人信息罪。最后，用户信息数据一般内存不大，易于储存，又基于市场需求非法交易往往涉及海量数据信息。依据司法实务案例来看，侵犯个人信息罪中涉及的公民个人信息都达到了数以千计，有的甚至达到千万级别。更不用说，互联网金融平台通常会批量出售或者批量购买用户信息，它们往往获取、出售的个人信息都要比自然人犯罪更为夸张。依照两高对侵犯公民个人信息罪的相关意见，① 按照此规定有关加重情节的条文，平台若是构成此罪，一般情况下都会达到"情节严重"甚至"情节特别严重"的程度。

（二）项目发起人在互联网金融业务之后面临的刑事风险

1. 集资诈骗罪

《刑法》第192条对集资诈骗罪作出了相关规定②，集资诈骗罪

---

① 最高人民法院、最高人民检察院《关于办理侵犯公民个人信息刑事案件适用法律若干问题的解释》第5条："非法获取、出售或者提供公民个人信息，具有下列情形之一的，应当认定为刑法第二百五十三条之一规定的'情节严重'：（一）……（三）非法获取、出售或者提供行踪轨迹信息、通信内容、征信信息、财产信息五十条以上的；（四）非法获取、出售或者提供住宿信息、通信记录、健康生理信息、交易信息等其他可能影响人身、财产安全的公民个人信息五百条以上的；（五）非法获取、出售或者提供第三项、第四项规定以外的公民个人信息五千条以上的；（六）数量未达到第三项至第五项规定标准，但是按相应比例合计达到有关数量标准的；（七）违法所得五千元以上的；（八）将在履行职责或者提供服务过程中获得的公民个人信息出售或者提供给他人，数量或者数额达到第三项至第七项规定标准一半以上的；……实施前款规定的行为，具有下列情形之一的，应当认定为刑法第二百五十三条之一第一款规定的'情节特别严重'：（一）……（三）数量或者数额达到前款第三项至第八项规定标准十倍以上的；（四）其他情节特别严重的情形。"

② 《中华人民共和国刑法》第192条："以非法占有为目的，使用诈骗方法非法集资，数额较大的，处三年以上七年以下有期徒刑，并处罚金；数额巨大或者有其他严重情节的，处七年以上有期徒刑或者无期徒刑，并处罚金或者没收财产。"

与非法吸收公众存款罪在内涵和外延上存在一定的交叉。构成要件上，两罪最大的区别在于"非法占有"的目的，前者要求行为人具有非法占有的目的，而后者并不需要此目的。由于两罪的立案标准与量刑标准存在差异，以个人为例，非法吸收公众存款罪的立案标准为 20 万元，而集资诈骗罪的追诉标准仅为前者的一半。其次，前罪的起点刑是三年以下有期徒刑或拘役，而后者的起点刑是五年以下有期徒刑。因此需要严格分辨互联网金融平台有无非法占有的目的，以区分两罪。最高人民法院《关于审理非法集资案件具体应用法律若干问题的解释》第 4 条对集资诈骗罪中"以非法占有为目的"进行了详细阐释，① 这对区分两罪尤为重要。

　　例如，在互联网金融的融资模式中，行为人通过虚构融资项目等方式获取资金，筹集资金后有类似肆意挥霍等明显没有偿还意图的行为，则可认定该行为具有非法占有目的，属于集资诈骗。但是若行为人未采用欺诈手段，而仅是不具备相关资质，未经相关部门批准非法集资，但投资项目真实，即使案发后难以还款，不应认定为其具有非法占有目的，仅涉嫌非法吸收公众存款。例如，浙江衢州的中宝投资，该平台创始人周某声称借款人在该平台完成注册、缴费等手续后便可在此平台上发布招标公告，投资人只需要注册会员便可在该网站上投标。因部分借款人未及时还款导致资金链断裂。周某以"金融信息服务"的合法经营的牌子，实际上从事未经银监会批准的非法吸收存款、发放贷款业务，在其网站上显示"平均利率 19.71%"，以高利为诱饵，采取虚构借款人和借款用途、发布虚假贷款信息等手段，向全国 30 余省市 1600 多名投资者非法吸收资金高达数亿元，显然已经符合上述法律规定的构成要件，构

---

　　①　使用诈骗方法非法集资，具有下列情形之一的，可以认定为"以非法占有为目的"：（一）集资后不用于生产经营活动或者用于生产经营活动与筹集资金规模明显不成比例，致使集资款不能返还的；（二）肆意挥霍集资款，致使集资款不能返还的；（三）携带集资款逃匿的；（四）将集资款用于违法犯罪活动的；（五）抽逃、转移资金、隐匿财产，逃避返还资金的；（六）隐匿、销毁账目，或者搞假破产、假倒闭，逃避返还资金的；（七）拒不交代资金去向，逃避返还资金的；（八）其他可以认定非法占有目的的情形。

成非法吸收公众存款罪。① 再如，有些 P2P 网贷平台前期为吸引流量会进行秒标操作，即在平台上限时发放借款标的，这些标的通常都具有短期性与高回报性的特点。通过网站虚构借款，由投资者竞标，网站投资承诺满标后短期返还本金及利息。该行为实际上就是新型的旁氏骗局，因为借款人并不实际存在，平台为招揽客户所造成的虚增交易量行为以及对客户保本还息、虚降资金风险的承诺很大程度上会对投资人产生误导，使其被这些虚假的饥饿营销手段所蒙骗，存在金融诈骗的风险。

2. 洗钱罪

《刑法》第 191 条对洗钱罪进行了详细规定，将洗钱罪的上游犯罪规定为毒品犯罪、贪污类犯罪、恐怖活动犯罪等七类犯罪，并对提供资金账户等五种洗钱罪的行为方式进行了阐释。由于互联网的虚拟性、快捷性、信息不对称性等特点，第三方支付平台、P2P 网贷平台等互联网金融可以在任何时间、任何空间办理资金流转业务，隐蔽快捷地非法转移资金，为实施洗钱犯罪提供了可操作的空间。而且 P2P 网贷平台等对投资人身份识别难度大，对投资人投资的资金来源审查难度大，导致其脱离监管，致使互联网金融成为实施洗钱犯罪的重要场所。互联网洗钱的方式主要有两种：一种是利用网贷平台将钱"洗白"；另一种是利用在线支付业务洗钱。实施犯罪的行为人既可以是平台运营商，也可以是投资者。对投资者而言，如果投资者自己将自己实施毒品犯罪等犯罪所得充进 P2P 网贷平台以洗白，则投资者的行为涉嫌洗钱罪。对平台运营商而言，如果平台运营商明知投资的资金是上述七类上游犯罪所得，仍故意帮助其掩饰隐瞒，提供"漂白"服务，则构成洗钱罪的共犯。如上海快钱支付有限公司协助境外赌博集团非法流转资金 30 余亿元，成为涉嫌洗钱犯罪的工具。②

---

① 浙江省杭州市中级人民法院刑事判决书：（2015）浙刑二终字第 104号。

② 参见上海银罚字（2022）4 号。

第二节　互联网金融犯罪概念及态势*

随着互联网技术的发展和国家金融体制的改革，互联网金融成为一种新的经济发展模式，一方面它有助于优化市场资源配置、促进民间融资、推动新型金融业务的快速发展，另一方面互联网金融业务的爆炸式增长也为相关违法犯罪滋生提供了温床，此类犯罪不仅呈多发态势，而且范围日益拓宽。众所周知，概念是研究特定对象的基础，为更好地预防与控制互联网金融犯罪，维护互联网和金融秩序的稳定，有必要对互联网金融犯罪的概念作出基本界定。

一、互联网金融犯罪概述

犯罪概念是对特定社会发展情况所作出的回应，是一种从无到有、由单一到全面的逐步发展的过程。随着社会的发展和人们认识能力的不断提高，罪名作为个体对犯罪属性的本质性思维也在日趋完善。① 概念的厘清为研究犯罪主体、对象、手段及对该类犯罪的刑罚确定等方面奠定了基础。② 故而，只有合理地界定互联网金融犯罪的基本概念才能深入研究互联网金融领域内的相关犯罪，从而抑制互联网金融领域内的相关犯罪，避免互联网成为金融犯罪的法外之地。互联网金融犯罪不是简单的"互联网＋金融犯罪"的叠加，③ 它既不是纯粹的互联网犯罪也不是传统的金融犯罪，但却与这二者息息相关，体现出独特的时代特色。互联网金融犯罪不同于互联网犯罪，前者是以互联网技术为手段或以互联网为平台而实施的侵犯公私财产或破坏金融市场秩序的类型犯罪；后者是指传统犯

＊ 本节由中南财经政法大学硕士研究生朱莉蓉负责文献综述工作。

① 狄世深：《犯罪概念比较研究》，《广西政法管理干部学院学报》2003年第3期。

② 马克昌：《犯罪通论》，武汉大学出版社1999年版，第13页。

③ 傅瑜：《互联网金融犯罪的性质、特点与罪名分析》，《长安金融法学研究》2018年第9卷，第238页。

罪网络异化的现象，即因网络的介入导致传统犯罪内部的构成要件呈现了与过去截然不同的表现形式，其涵盖的范围十分宽广，包括非法经营罪、侵犯公民个人信息罪、盗窃虚拟财产类犯罪、考试作弊类犯罪、互联网金融类犯罪、网络赌博类犯罪等。同样地，互联网金融犯罪与传统的金融犯罪相异。金融犯罪是我国刑法规定的侵害金融资产、破坏金融管理秩序应受刑法处罚的行为，其范围限于《刑法》分则第三章破坏社会主义市场经济罪第四节破坏金融管理秩序罪和第五节金融诈骗罪中的内容。互联网金融犯罪是在大数据时代方兴未艾的形势下衍生的新型犯罪，并未在《刑法》分则中集中规定，而是散落于《刑法》分则的各章节之中。

（一）互联网金融犯罪的基本界定

目前，刑法学界对互联网金融犯罪的基本界定存在一定的争议。互联网金融犯罪与互联网金融领域息息相关，围绕"互联网"和"金融"这两个关键词展开。有学者认为，互联网金融犯罪是指在金融业务过程中以相关从业机构为主体对互联网金融平台、组织、市场形成的侵犯互联网技术、资金的一系列行为。[①] 该类犯罪包括两大类型：一是对互联网金融业务本身的犯罪；二是对互联网金融机构和业务形成的犯罪。互联网金融犯罪中互联网并非是犯罪手段而是一种新型的经济发展模式，即对传统金融在交易技术、交易渠道、交易方式、交易主体、交易手段等方面进行创新。该观点以"互联网"与"金融"为基石，认为互联网金融犯罪是在互联网金融业务过程中，传统金融机构和互联网企业等单位，独立构建或相互合作，以互联网和金融为主要对象，在明知会损害他人财产权或破坏金融管理秩序时仍追求或放任自己的行为，以打"擦边球"的方式游走于法律的监管之外，对互联网数据和资金实施资金融通和征信犯罪行为。有学者认为，互联网金融犯罪是借助互联网技术实施的破坏国家金融秩序侵犯公私财产所有权的行为，进一步分为广

---

① 　方志尧：《互联网金融犯罪问题研究》，华东政法大学 2016 年博士学位论文，第 21~23 页。

义的互联网金融犯罪和狭义的互联网金融犯罪。① 前者是指通过计算机终端在金融领域内实施的犯罪；后者是指在互联网金融领域内实施的犯罪。此种观点认为，无论是广义或狭义的互联网金融犯罪都将互联网技术视为互联网金融犯罪的必要手段，是否通过互联网技术破坏金融管理秩序、互联网管理秩序、侵犯公私财产是区分传统金融犯罪与互联网金融犯罪的核心。实际上仅以犯罪手段区分传统金融犯罪与互联网金融犯罪并不合理，随着网络技术与互联网金融的蓬勃发展，犯罪分子实施犯罪的手段日趋复杂多样，单纯地以犯罪手段区分传统金融犯罪与互联网金融犯罪难以处理许多新情况和新问题。还有学者认为，互联网金融犯罪是指实施或参与互联网金融业务的单位或个人，在开设网上银行、实施互联网信贷、投资或第三方支付等互联网金融业务中，实施危害金融秩序、互联网管理和侵犯公共或者个人财产，应当接受刑法处罚的行为。② 互联网金融犯罪的主体范围广泛，既包含单位又包含自然人，单位主体中具有法定资质的金融机构和非金融机构都可以在金融业务范围内实施犯罪；自然人主体犯罪较为复杂，主要是互联网金融机构和非法设立的互联网金融机构内的从业人员及其他自然人。犯罪客体较为复杂，至少包括金融管理秩序、互联网监管秩序、社会管理秩序的计算机系统安全、公私财产权等。学界对互联网金融犯罪虽没有统一的明确的定义，但学者对互联网金融犯罪的认识大体一致，争论的焦点主要围绕犯罪主体、犯罪客体、犯罪手段等方面展开。

互联网金融犯罪与证券犯罪、食品安全犯罪、青少年犯罪等概念一样，它不是单纯的一个罪名，而是按照犯罪学相关理论进行的体系划分的犯罪归类。一般犯罪分为三个层面，即实质层面的犯罪、具体观念层面的犯罪和抽象观念层面的犯罪，前者是指发生在日常生活中的具体犯罪的案件；中间是指各个具体的犯罪类型；后

---

① 毛玲玲：《发展中的互联网金融法律监管》，《华东政法大学学报》2014 年第 5 期。

② 常国锋、肖飒、张际枫：《互联网金融犯罪的基本问题》，《全融法苑》2014 年第 2 期。

者是在各种具体犯罪类型中抽象出来的一般现象。① 文中的互联网金融犯罪属于后者的范畴，是针对多发的各类互联网金融犯罪总结抽象而来的一般现象。对互联网金融犯罪应围绕焦点问题进行阐述，同时以综合的视角对此概念作出基本界定。笔者认为，互联网金融犯罪是指以互联网金融领域为依托，由参与互联网金融的单位或个人借助计算机、通信终端等信息设备通过第三方支付、网络银行、网络贷款等投资渠道实施的故意侵犯公私财产、危害金融秩序等具有严重的社会危害性、应受到刑法处罚的一系列行为。

(二) 互联网金融犯罪的特点

1. 犯罪主体——一般主体，包括单位和自然人

互联网金融犯罪的主体包括传统金融企业、互联网企业和自然人。单位是否能成为犯罪主体历来具有诸多争议，通说认为单位虽不能成为自然犯的主体但可以成为行政犯的主体。单位犯罪是指在单位意志支配下由单位成员在业务范围内实施的危害社会、应受刑罚处罚的行为。② 我国对金融行业采取严格的市场准入机制，但互联网金融作为新兴事物一经问世就打着"金融创新"的旗号，国家鼓励金融企业的转型与发展，甚至为促进互联网金融的繁荣提供了较大的"试错空间"。许多非金融机构在金融创新和技术创新的时代背景下为牟取暴利打着中介的名称逃避金融监管，大量涌入资金流通市场，背离中介机构的职能，从事期货交易、数据买卖、虚假诈骗和非法集资等违法犯罪行为。互联网金融犯罪中的自然人主体通常是高智商人群，一方面精通互联网技术，另一方面善于抓住互联网金融业务在法律上的漏洞，利用民众的逐利心理和无知，打法律的"擦边球"或直接铤而走险通过互联网金融犯罪的方式取得不菲的经济收益。

2. 犯罪平台——互联网虚拟平台为主

① ［日］西原春夫：《刑法总论（上卷）》，日本成文堂出版社 1995 年版，第 73 页。

② 齐文远主编：《刑法学》，北京大学出版社 2016 年版，第 107 页。

互联网金融犯罪有别于传统的金融犯罪，传统金融的运营平台多为可视化平台，在交易过程中会残余直观且可感触的物体。而互联网金融犯罪打破传统金融犯罪可视化的外壳，以网络虚拟平台为依托，通过数据流通和信息交换实现犯罪。犯罪分子可以在网络虚拟平台上与被害人沟通从而实施犯罪。以 P2P 网贷平台为例，犯罪分子设立提供信贷中介服务的网络平台，在虚拟空间脱离行政监管而实施犯罪，如行为人在网上非法设立资金池、以互联网金融形式非法融资和以互联网为平台发放套路贷等。①

3. 犯罪方式——犯罪手段多样化，线上线下相结合

互联网技术的发展为犯罪分子实施互联网金融犯罪提供了更广阔的平台，最常见的是线上线下的虚假宣传和高额利诱，以虚构项目进行诈骗。如行为人以非法占有为目的在线上虚构项目，线下办公展示虚假材料和现场演讲，以线上线下相结合的手段变相吸收公众存款然后携款跑路。与此同时，犯罪分子还有其他多样的犯罪手段逃避刑事责任，如除了入侵式获取个人信息外还有以合法形式掩盖非法目的，使互联网金融犯罪与合法的互联网交易相融合。以众筹为例，众筹是指从事某项创业或风险投资活动的发起人以互联网为平台筹措资金，并由发起人向投资人返还一定利益的融资模式。在这个过程中犯罪分子以投资名义设立山寨网站，发布销售原始股筹措资金，作出虚假返利承诺，待骗取资金后就关闭网站销声匿迹，或违反合同约定不履行义务而将资金进行挪用。互联网金融犯罪手段千变万化，往往让公众防不胜防。

4. 犯罪客体——复杂客体

我国刑法学界对犯罪客体的界定存在社会关系说、法益说、对象说、社会利益说、自由说的争论，通说把犯罪客体界定为社会关系，即犯罪客体是我国刑法保护的、为犯罪行为所侵害的社会关系。② 互联网金融犯罪表现形式多样，涉及第三方支付类犯罪、集

①　时延安、王熠珏：《比特币洗钱犯罪的刑事治理》，《国家检察官学院学报》2019 年第 2 期。

②　高铭暄、马克昌：《刑法学》，北京大学出版社 2005 年版，第 55 页。

资类犯罪、非法经营类犯罪、洗钱罪、侵犯公民个人信息罪、盗窃罪、诈骗罪等，不仅侵害金融管理秩序，也对公私财产和公民的个人隐私造成威胁。首先，互联网金融犯罪侵犯的第一个客体为我国所保护的金融管理秩序。非法设立或假冒金融机构开展网络金融业务违反了国家对金融领域的监管规定。其次，金融业务涉及资金流转，以互联网作为金融业务的平台不可避免地涉及财产性权益的纠纷，如网络集资诈骗、互联网金融诈骗、互联网贷款诈骗等都侵犯了他人的合法财产权。最后，互联网金融犯罪手段多样，对那些入侵计算机信息系统，破坏计算机信息系统数据，非法获取、出售、提供公民个人信息的行为，侵犯的客体还包括信息网络的社会管理秩序和公民的人身民主权利。

5. 危害后果——二次违法性明显，社会危害性大

刑法具有后置性，二次违法性是指既违反行政法、民法又违反刑法。互联网金融犯罪属于广义的行政违法犯，其二次违法性突出表现为首先违反行政法规中关于金融监管和互联网监管的规定，如突破行业准入规则、经营范围限制等行政监管，在此基础上才步入刑法评价的范畴。互联网金融从业者受到行政法的制约，必须解决从业资质和门槛问题。在行政法规尚不明确时，各类机构和个人可能披着合法的外衣，在互联网幕后从事犯罪。当然，并不是所有的互联网金融犯罪都体现了二次违法性，行政违法并不是认定互联网金融犯罪的前置程序，即使不存在行政违法，也可以对相关行为进行刑事处罚。

科技的不断发展使得互联网不仅是交流通信的手段更是公众生活的必需品，它一方面让我们享受着快捷方便的生活，另一方面由于互联网的特性导致互联网相关业务范围可以不受时间、地域的限制，加大了打击互联网相关犯罪的难度，互联网金融犯罪便是典型。互联网金融犯罪的社会危害性体现在受害者众多、涉案金额巨大、社会影响恶劣等方面。例如著名的"e 租宝"案，2014 年 7 月上线开始至 2015 年 12 月被查封，仅一年多时间，该公司虚构项目以高息利诱，非法吸收公众资金多达 500 亿元，涉及的投资者有

90 多万人。① 由此可见，互联网金融犯罪辐射面十分广泛，涉案人数众多、数额巨大，容易诱发金融风险和社会混乱。

二、互联网金融犯罪的分类

研究互联网金融犯罪的分类有助于加深对互联网金融犯罪的了解，根据不同的标准可对互联网金融犯罪进行各式各样的分类，如以犯罪构成要件为标准可分为以互联网金融为主体的犯罪、以互联网金融为对象的犯罪、以互联网金融为工具的犯罪；以互联网金融运营模式为标准可分为理财模式类的犯罪、支付模式类的犯罪、融资模式类的犯罪。该类犯罪中所涉及的具体罪名包括非法集资类犯罪、组织及领导传销类犯罪、非法吸收公众存款类犯罪、洗钱类犯罪、非法证券类犯罪、诈骗罪、盗窃罪等。下面将简要介绍两种分类标准。

(一) 以犯罪构成要件为标准的分类

1. 以互联网金融为主体的犯罪

犯罪主体是指实施犯罪行为的单位或个人，以互联网金融为主体的犯罪就是互联网金融企业或机构本身实施的犯罪行为。② 此类犯罪主要包括以下几种套路。第一种即"理财—资金池"模式中涉及资金池的犯罪行为，互联网金融企业或机构虚设理财项目归集资金极易涉嫌非法吸收公众存款罪。第二种为"庞氏骗局"引发的犯罪。"庞氏骗局"俗称"空手套白狼"，即利用新投资人的钱来支付先前投资者的本息，虚假宣传高额短期回报来骗取更多投资。行为人以虚假证明文件和高回报率为诱饵骗取资金，这种模式极易涉嫌集资诈骗罪。③ 第三种为缺乏行政许可引发的犯罪。有些不满足法

① 坚凯东：《互联网金融犯罪界定与防范法律问题研究》，兰州大学2017 年硕士学位论文，第 9 页。
② 宦彦峰：《互联网金融犯罪现状及刑法介入探析》，《经济刑法》2017年第 17 辑，第 121 页。
③ 陆洪生、冯建平：《集资诈骗罪若干问题探析》，《法律适用》1998 年第 7 期。

定资质的互联网金融企业在缺乏国家行政审批许可、缺乏准入条件的情况下私自设立互联网金融机构，发行公司股票、企业债券等，极易涉嫌非法经营罪、擅自设立金融机构等犯罪。

2. 以互联网金融为对象的犯罪

犯罪对象是指犯罪行为直接作用于人或物，以互联网金融为犯罪对象是指犯罪行为直接作用于互联网金融企业、机构或平台。主要包括以下几种表现形式：第一种为黑客攻击。黑客利用网络平台的漏洞对金融网站植入病毒或发送木马攻击金融网站，使互联网金融企业和机构的计算机运行系统瘫痪。① 第二种为伪造、变造金融凭证实施犯罪。行为人设置钓鱼网站、植入非法链接、伪造或变造客户对账单等凭证实施金融诈骗犯罪。第三种为非法入侵并控制计算机信息系统，获取用户的信息或篡改信息数据进行盗窃或诈骗活动。

3. 以互联网金融为工具的犯罪

互联网金融作为犯罪工具通常是指犯罪分子抓住互联网金融隐蔽性和便捷性的特点，利用虚拟网络平台将其违法所得进行支付、转移、隐匿，隐藏其来源和性质并将其变为合法财产的过程，其中以洗钱罪为代表。行为人在互联网金融领域中洗钱手段多样。例如注册空壳公司后，利用第三方支付平台充值套现；利用 P2P 网络借贷平台规避对资金来源的追查，在互联网金融领域中转赃洗钱以规避行政监管；利用互联网金融与即时通信工具的结合在网上开设赌场、聚众赌博等。

（二）以金融运营模式为标准的分类

1. 理财模式类犯罪

互联网金融理财因其便捷性、透明性、较高收益率而深受公众喜爱，现如今 P2P、P2B、P2C 等投资理财产品层出不穷，公众在选择互联网金融理财产品时要认识到虽然其具有较高收益但同时也蕴藏着诸多风险。许多互联网金融企业虚假宣传高额利息进行诈

---

① 殷宪龙：《我国网络金融犯罪司法认定研究》，《法学杂志》2014 年第 2 期。

骗，在获得钱款后倒闭跑路。

2. 支付模式类犯罪

互联网金融业务中的支付主要是指资金的流转，其中最典型的犯罪是盗窃罪和诈骗罪。盗窃罪的主要模式是指犯罪分子在盗窃用户信息后以非法占有为目的通过第三方支付账号将账户内的资金进行转移。诈骗罪的主要类型是信用卡诈骗。在支付过程中无论是盗窃还是诈骗，都是以他人的支付账号为渠道进行犯罪。随着互联网金融业务的繁荣，现实生活中的交易基本上是通过微信支付、支付宝付款或电子账号支付的方式完成，现金支付的方式基本已成为过去式。这些虚拟的电子货币具有"去中心化"的特点和隐匿支付的功能，虽然十分便捷，但个人信息保护也十分关键。

3. 融资模式类犯罪

融资模式中涉及的犯罪主要是指非法集资类犯罪和诈骗犯罪。融资意味着企业货币资金的融通，是资金筹集的行为与过程。互联网金融领域中以网络众筹为例，有需求的企业或个人在众筹平台上面向不特定的公众宣传项目以获得资金支持，但这一行为极易演变为非法吸收公众存款罪。除此之外，为迅速获得资金，有需求的企业或个人可能虚构项目吸引广大投资者以实现自身敛财的目的，而这一行为又涉嫌诈骗罪。

三、互联网金融犯罪现状

我国互联网金融的起步虽与欧美国家相比较晚，但因国家大力支持新产业，互联网金融发展势头锐不可当，其大致可分为以下三个发展阶段：第一阶段是1990—2005年的传统金融行业互联网化；第二阶段是2005—2011年的第三方支付的蓬勃发展；第三阶段是2011年至今的互联网实质金融业务发展。① 互联网金融是以互联网技术为基础发展起来的新型金融业务，具有即时性、高效性、便捷性等特点，互联网金融犯罪作为互联网金融发展的"衍生品"，

---

① 郑联盛：《中国互联网金融：模式、影响、本质与风险》，《国际经济评论》2014年第5期。

通常以隐蔽的手段获取非法利益。根据公安部大数据显示，互联网金融犯罪是互联网犯罪的主要部分，占全国互联网犯罪案件的61%，危害巨大，影响深远。① 无论是互联网金融中的非法集资类犯罪、洗钱类犯罪或诈骗类犯罪，都呈现出以下共同特征。

首先，互联网金融犯罪所涉地域辽阔、数额巨大、人员众多，呈现犯罪集团化趋势。"互联网+金融"的时代已经到来，互联网金融产业的发展与繁荣让犯罪分子往往为取得非法利益链而走险，互联网不仅打破时空界限，还为犯罪分子翻新犯罪手段提供了便利。一方面互联网的隐蔽性与高效性降低了犯罪分子作案的成本与风险，犯罪分子躲在互联网的幕布后就能让天南海北的网民上当受骗。另一方面，在世界经济一体化趋势下，金融产业的繁荣将各地乃至世界的经济发展紧密联系在一起，许多犯罪分子利用互联网开展宣传与集资活动，以线上线下相结合的方式形成联系紧密、程式化的犯罪模式，实现跨区域乃至跨国的集团性犯罪。

其次，犯罪类型趋向复杂，犯罪手段不断翻新，犯罪方式新潮，互联网金融产业的繁荣不仅将传统犯罪互联网化，同时也衍生出了一系列新型犯罪。犯罪分子利用互联网在各个金融平台上进行不同类型的犯罪，其中比较常见的是非法集资类犯罪、洗钱类犯罪、诈骗类犯罪等。许多 App 在下载使用时会设置一系列的权限，通常是以很小的字体置于底部导致用户在使用时默认打勾，为犯罪分子提供了可乘之机。互联网金融犯罪中非法集资类案件频发，行为人通常以网络虚拟平台如微信、QQ、论坛、微博等通信平台，利用区块链技术发展代理购物积分、虚拟货币认购、消费返利、投资买股等多种活动向公众筹集资金，待资金到手后就关闭平台账号跑路。除非法集资类犯罪外，洗钱类犯罪也是互联网金融洗钱的一大途径，其中第三方支付、P2P 网贷平台、众筹成为洗钱犯罪的高发阵地。网络洗钱不同于传统洗钱，互联网金融打破了时间和地域限制，不重视资金的来源和用途审查，利用匿名注册空壳公司、虚

---

① 丁海江、周峰、师晓瑞：《互联网金融犯罪领域大数据证据的定位与运用》，《检察调研与指导》2019 年第 5 期。

构交易、赃款兑换成虚拟货币等新型手段，通过复杂繁琐的方式将赃款洗白。互联网诈骗类犯罪类型多样，包括钓鱼类网络诈骗、证券类网络诈骗、冒充金融机构欺诈、新型智能手机功能性欺诈等，令公众防不胜防。① 如钓鱼网站是利用买方与商家之间的信息不对等，通过木马程序修改收款方账户，同时使用假身份在电子商务平台上取得认证的商户信息和付费链接，并伪造新的网站，以支付链接代替商户链接，当被害人反应过来时钱已经被行为人卷走。犯罪分子利用互联网技术打着金融创新的名号不断翻新犯罪手段，花样百出，不仅具有多样性更具有迷惑性，公众通常在不知不觉中就落入了犯罪分子的陷阱。

　　最后，互联网金融犯罪势头猖獗，查处难度大，相关案件定性定量困难。正是因为互联网的虚拟性导致 P2P 网贷、第三方支付、电信诈骗等互联网金融犯罪披上金融创新的外衣迷惑金融监管机构，助长了互联网金融犯罪的不正之风，也给执法机关查处案件带来极大的困难。② 一方面，互联网金融犯罪时常伴随着正常的合规经营而产生，在合规经营掩盖下的犯罪难以被发现、调查取证和定性，那么犯罪如何界定成为一大难题。我国刑法采取定性加定量相结合的入罪模式，对那些定性模糊的行为认定为无罪还是有罪对后续的一系列侦查行为造成极大的影响。如许多犯罪分子既合规经营、承担中介职责又另建资金池挪用，将正常破产与挪用资金跑路混淆，加大执法机关调查难度。另一方面，即使解决了定性问题还需要处理定量问题才能合理地处理互联网金融犯罪的定罪量刑。量刑通常是指法院在查清犯罪事实、认定犯罪性质的基础上根据犯罪人的罪行轻重、人身危险性程度、犯罪情节以及犯罪的严重后果认定。互联网金融犯罪通常涉及犯罪金额，量刑时需要对涉案数额进行认定。但此类案件涉案人数之多、跨地域之广、涉案金额之大，

①　李赟、张莉：《网络金融诈骗犯罪的形式分析》，《北京政法职业学院学报》2014 年第 3 期。

②　杨昊：《检察机关预防当前涉众型经济犯罪的策略研究》，《贵阳市委党委校报》2016 年第 3 期。

无形中为侦查机关的调查取证工作增加了难度，导致此类案件定罪量刑时也面临巨大挑战。

四、互联网金融犯罪原因

任何犯罪都有深刻而复杂的原因，任何犯罪都是由各个单方面的犯罪构成的一个结构性体系。[①] 互联网金融犯罪频发并非单一因素所致，而是多种原因相互作用的结果。[②] 互联网金融作为新生事物，一方面其内在机制如互联网安全技术、金融安全、互联网金融市场准入机制等方面尚存不完善之处，给不法分子可乘之机；另一方面国家在立法、执法、司法层面存在滞后性问题，难以对互联网金融犯罪作出及时反应，未能对预防和打击互联网金融犯罪起到良好的示范作用。探究互联网金融犯罪的原因有助于揭示引发犯罪的各种条件，掌握互联网金融犯罪的客观规律，防范此类犯罪的发生。

（一）内因

1. 市场经济催动

改革开放以来，我国经济发展势头迅猛，加之国家政策大力扶植金融创新进一步激发市场活力，市场对资金需求量大。同时，金融行业存在大量现实和潜在用户，互联网金融模式为金融产业的发展提供了广阔的平台。互联网金融借助互联网技术和金融行业在资金、专业从业人员、政策支持等方面的优越条件使互联网金融更容易得到市场的接受。互联网金融虽是新兴的金融模式，但仍具有传统金融的一些特点。一方面互联网金融市场存在脆弱性，这种脆弱性来源于互联网金融交易双方信息不对等和不透明，交易双方由于掌握的信息不对等可能产生道德风险和逆向选择；另一方面互联网金融市场具有周期性，这种周期性体现在互联网金融与实体经济相

[①] 刘宪权：《金融犯罪刑法学原理》，上海人民出版社 2020 年版，第 29 页。

[②] 张朝霞、刘荣、黄成、王琳：《检察视角下的涉众型金融犯罪预防体系》，《北京政法职业学院学报》2021 年第 1 期。

互支撑，实体经济不景气时借贷者无法还款就可能诱发风险。[①] 互联网金融作为新生事物，在带来巨大经济利益的同时也会因市场经济的逐利性势必会引来犯罪分子的青睐。许多犯罪分子为谋取巨额暴利不惜铤而走险，使互联网金融犯罪呈高发态势。

2. 互联网金融内在机制缺陷

互联网金融作为新生事物本身存在许多缺陷。第一，互联网交易管理机制存在安全隐患。互联网金融的发展离不开互联网技术的保障，金融网络平台及交易平台的运作需要成熟的互联网技术筑起安全的围墙。互联网金融平台系统安全都是相对的，往往会出现道高一尺魔高一丈的情形，使犯罪分子有机可乘。攻击互联网金融平台的成本低，犯罪分子只需要支付服务器租赁费、网络费、网页制作费就可以危及互联网金融交易安全。第二，互联网金融市场准入门槛低，信息披露不真实，缺乏有效的资金管理制度。目前对互联网金融的监管主要依靠自律监督而非外力的监管，这导致许多从业人员监守自盗，以互联网金融平台为阵地、以金融创新之名进行违法犯罪活动。第三，征信体系缺失。互联网金融犯罪频发的原因之一是互联网金融尚未建立起完整的征信体系。目前，互联网金融业未与央行金融信用信息数据库建立链接，互联网金融平台对用户进行审核时主要依靠他们自己提供的证明材料和征信记录。[②] 这种征信体系可能会存在信息不对称、信息鸿沟、虚假征信记录等弊端，不仅从业资质不高的互联网金融机构可能会游走于非法集资的灰色地带，某些用户也可能通过弄虚作假提高自己的信用级别，越过法律的红线。

(二) 外因

1. 立法方面

近年来，互联网金融犯罪呈高发态势主要是因为互联网金融在

---

① 卢欢:《互联网金融犯罪的发展现状及治理措施》,《上海法学研究集刊》2019 年第 10 卷，第 125 页。

② 胡邦、钱翔:《互联网金融犯罪防控策略研究》,《金融经济》2018 年第 14 期。

法律法规及政策制定上存在缺陷。面对互联网金融的快速发展，"头痛医头，脚痛医脚"的立法模式无法处理某些新问题和新挑战。互联网金融作为新兴产业的发展模式不断向各个领域延伸，但国家未能以全方位、多层次、宽领域的视野制定前瞻性的法律体系来处理互联网金融犯罪。互联网金融犯罪频发在立法上主要存在以下几点缺陷：（1）与互联网金融相关的法律制度尚不健全，依然存在法律空白。现有的与互联网金融相关的法律散落于其他法律之中，并不具有体系性，没有形成统一的互联网金融法，在规制互联网金融犯罪时显得力不从心。（2）互联网金融方面的法律法规存在滞后性。互联网金融犯罪以金融创新为噱头，各种技术和手段游走在认定罪与非罪的模糊地带。法律法规中对互联网金融有关的内容规定得过于原则和抽象，大多为宣示性条款，在透明性、实操性和系统性方面大打折扣，难以起到立法的预防与教育作用。（3）立法效力层级偏低。在北大法宝上输入"互联网金融"关键词，其中有 26 部法律、46 部行政法规包含"互联网金融"这一关键词，204 部部门规章涉及对互联网金融业务的整治。互联网金融主要包括第三方支付、网络借贷、股权众筹、虚拟货币、保险、基金、证券等业务，在立法时由法律作出原则性规定，在落实时依靠部门规章和其他规范性文件处理，法律规范效力层级不高，针对性差，不利于进行具体操作。

2. 执法方面

行政机关的执法是打击互联网金融犯罪关键的一环，行政机关的执法问题主要包括执法观念和行政监管两方面。第一，执法观念落后。我国刑法在认定犯罪时采取"定性"加"定量"的模式，互联网金融中有些犯罪的成立需要达到一定数额。有些犯罪分子利用这一点实施少量多次的行为，若不加以处理会助长许多不法分子的不正之风。若因执法观念过于保守不能处理好金融创新与金融犯罪之间的关系，会导致互联网金融犯罪屡禁不止。第二，互联网金融行政监管难度大，互联网技术的发展给行政监管带来了困难，造成鱼龙混杂之相。行政监管的困境是多龙治水、监管权分散、信息沟通不畅、多头执法的结果。① 实践中由工商行政部门管理金融企业的注册登记，电信主管部门负责对互联网金融的电信业务监管，国家互联网信息管理部门负责金融信息与网络信息对接管理，人民银行负责监管支付业务，银监会负责监管网络借贷和信托业务，保监会负责监管网络保险业务，等等。在执法过程中需要各部门统一协作，防止因信息沟通不畅而导致执法效率低下、推诿扯皮、滥用职权等乱象，齐心协力为互联网金融的发展营造良好的执法环境。

3. 司法方面

互联网金融犯罪呈现专业化、跨境化趋势，司法机关在打击此类犯罪时显得捉襟见肘。② 首先，管辖权的确定是处理互联网金融犯罪的一大难题。我国刑事案件以属地管辖为主，以属人、保护和普遍管辖为辅，侦查机关在确定管辖权时首先要判断犯罪地。互联网技术的发展使得互联网金融犯罪地难以确定，既包括服务器终端所在地、犯罪人实施犯罪行为所在地、损害结果发生所在地和网络服务商所在地等。因为互联网技术的发展，犯罪分子可以不断变换地点或更换 IP 地址实施犯罪，使得管辖问题成为司法机关不得不面对的一大难关。其次，互联网金融犯罪的复杂性急需复合型的专业化人才，既掌握金融方面的专业知识，又精通计算机技术，还熟知法律知识。虽然侦查机关有网络警察队伍，但其主要处理的是保卫计算机信息系统等方面的刑事案件，尚不能满足对互联网及金融犯罪侦查的需要。最后，互联网金融犯罪不同于传统的金融犯罪，证据大多为易丢失、易修改、易毁灭的电子证据，对调取证据的技术手段和人员有较高的要求。正是因为许多不法分子精通互联网技术，在犯罪时及时清扫证据给司法机关的侦查工作增加了难度，导致互联网金融犯罪猖獗。

---

① 刘涛：《检察监督下的互联网金融犯罪风险防范研究》，《上海法学研究》2020 年第 20 卷，第 113 页。

② 苗强：《互联网金融犯罪防控制度探析》，广西师范大学 2016 年硕士学位论文，第 12 页。

4. 公众意识方面

互联网金融作为金融创新的新兴模式，本身充满着巨大的经济诱惑。公众对此并不了解，往往只看到经济诱惑就一窝蜂地涌入，难以对金融骗局保持警惕意识，最终遭受巨大的损失。现实生活中公众并不具备金融行业的基本常识，很容易轻信网络背后犯罪分子的谎言，被高额回报率冲昏头脑而上当受骗。除此之外，公众的个人信息保护意识并不强。生活中许多人在不同的 App、平台和网站上都使用同一账户和密码，一旦某一平台上的账户和密码被泄露，犯罪分子就能顺藤摸瓜破译在其他网站上此账户的所有密码，不仅个人信息泄露，也导致个人财产的巨大损失。

总而言之，分析和探究互联网金融犯罪的概念、特点、分类、现状以及产生原因都是为了更好地预防和打击互联网金融犯罪，维护正常的金融管理秩序、公私财产权，避免因互联网金融犯罪产生难以挽回的恶劣后果，规避金融风险，减少经济损失，为新兴的互联网金融产业发展营造良好的金融环境，使互联网金融为金融行业的发展注入新的血液。

第三节　互联网金融犯罪的治理困境 *

随着国家政策对互联网金融的肯定和扶持，其已经逐渐成为现在财富再创造的新方式。然而互联网金融作为新事物发展迅猛，相关法律存在滞后性特征，导致互联网金融犯罪呈高发态势：一些不法分子趁机打着"新型金融"的幌子，借互联网金融平台实施非法吸收公众存款、集资诈骗、传销等一系列违法犯罪行为。互联网金融犯罪的监管体系缺位、犯罪手段的多样化、犯罪形态的欺骗性及隐蔽性、民众警惕性较低等因素给国家治理造成一定困难，给正常金融秩序、社会稳定带来严重威胁。本节将从政府、司法机关和民众三个视角，具体论述现今互联网金融犯罪的治理困境。简言之，从政府层面来看，主要是互联网金融监管体系缺位的问题。从司法

＊ 本节由中南财经政法大学硕士研究生顾或负责文献综述工作。

机关角度分析，则其面临着对互联网金融犯罪打击难的困境。对于民众而言，体现为对互联网金融犯罪的风险防范意识不强。

一、政府面临互联网金融监管体系缺位的困境

我国互联网金融领域发展迅猛的一个重要因素是该行业准入门槛较低，其设立条件与一般的互联网公司设立相似，都是在市场监督管理部门注册，再由通信管理部门备案，并没有任何特殊要求与限制，故行业内部实质水平是鱼龙混杂，良莠不齐。虽然整体的监管力度不断加强，但随着互联网金融的快速崛起以及其自身机构设立、运行、管理技术的专业性，现有的相关制度体系不够健全，给政府监管造成了一定困难。主要表现为：第一，监管法律制度滞后，存在监管空白和监管漏洞；第二，监管主体尚不明确，导致重复监管和漏管；第三，监管责权配置较为分散，监管效率低下；第四，互联网金融监管技术水平不足，投资风险频发。

(一) 监管法律制度滞后

我国互联网金融监管的法律规章制度建设尚未形成统一的法律体系，存在诸多"监管真空"地带，对互联网金融进行防控和监管的法律规范的制定与出台滞后于互联网金融领域的创新速度，总体上落后于行业的发展需求。[1] 具体体现为以下两个方面：一方面是现有法律法规效力层级较低，仍停留在行政法规和规章层面。当前我国对互联网金融行业的管控主要以 2015 年发布的《关于促进互联网金融健康发展的指导意见》(以下简称《指导意见》) 为指引设立相关规章制度，其中多为部门规章或规范性文件，以宣誓性条款为主，且各个法律文件之间协调性较差。这就导致地方政府无法针对互联网金融配置相应的监管部门或只能设置临时监管部门。另一方面是现有的法律监管制度存在监管空白和监管漏洞。首先，面对新兴的互联网金融行业，并没有法律规范从整体来把握界定其经营范

---

[1]　张英：《互联网金融创新下的经济犯罪防控机制探究》，《暨南学报》2018 年第 8 期。

围、业务规则、行业规范等重要内容，导致合同风险、资金支付法律风险乃至刑事法律风险，即风险防控监管措施的法律短缺；其次，对互联网金融领域出现的新业务如为解决中小企业融资困难而出现的 P2P 网贷行业，当前仅有"一办法三指引"为指导的规章和政策，缺少相应的惩罚机制，无法起到威慑作用，实际可操作性不强；① 最后，对互联网金融平台风险如何进行评估、干预，采用何种方式进行管控也缺少相关规定。以上种种因素皆体现出我国对互联网金融平台监管较为薄弱，法律体系尚不完备。

（二）监管主体尚不明确

自 2018 年国家机构改革将银监会和保监会合并后，我国互联网金融的监管主体由传统金融的监管主体"一行三会"改为"一行两会"，不一样的金融部门由不一样的政府部门来管理，业务的审核以及监管有着明显的不同。互联网支付业务由人民银行负责监管，网络借贷业务由银保监会负责监管，股权众筹及基金销售由证监会负责监管。但互联网金融是传统金融和互联网的融合创新，两者存在诸多交叉和融合，单凭金融监管部门或者互联网监管部门都无法对互联网金融进行全面管理，这就导致金融监管部门和互联网监管部门无法明确谁是监管的主体，皆处于尴尬地位。即使根据《指导意见》指出，"互联网金融的监管涉及众多监管部门，应当根据业务的不同设置不同的监管主体，其他监管部门为辅，形成全方位、多层次的监管体系，各个监管部门应当进行合理的分工和协作，避免遗漏和重复监管"，但面临着众多新型互联网金融形式及衍生产品的出现，致使有时无法判断准确的监管主体，甚至超出监管机构所能监管的范畴。② 例如，互联网金融创新来源和金融产品使用并不同于传统金融业或者互联网业，其同时兼有跨行业和跨市场

---

① 陈敏：《互联网金融的风险及防范研究》，《广西质量监督导报》2019年第 5 期。

② 李媛华：《我国互联网金融监管法律制度研究》，哈尔滨工程大学2015 年硕士学位论文，第 17 页。

特征，外延与内涵已然超出当前金融监管机构职能之所及。① 再加上从事互联网金融的公司和企业信誉、资质参差不齐，多方困难夹击产生监管盲区和灰色地带，互联网金融平台被犯罪分子利用成为牟利的工具，阻碍了互联网金融新兴业态的健康发展和稳定运行。

（三）监管责权配置较为分散

金融监管职能部门作为我国对互联网金融市场进行监督管理的三大部门中最重要的，其监管部门众多，监管权力也较为分散。简要来说，国家互联网信息办公室主要监管金融信息服务、互联网信息内容等业务；人民银行负责监督从业机构是否履行反洗钱义务；财政部负责制定相关互联网金融从业机构财务的监管政策；公安部重在侦办互联网金融犯罪的打击工作。由此可见，我国的金融监管机制仍处于一种条块分割、分业监管的模式，而这种多头执法、各自为政的工作机制，导致上下级和同级之间监管部门的责权划分不清，难以保障有序的共同监督和有效治理，极易引发监管空白和监管重叠情形的出现。② 此外，鉴于互联网金融行业涉足银行、基金、保险等诸多领域，兼有互联网和金融的双重属性，实行全方位监管较为困难。虽然早在 2015 年颁布的《指导意见》中就已经倡议互联网金融监管部门能够依照职责分工实现互联网金融统计和监测的数据和信息的共享，但我国的互联网金融企业当前都是选择各自发展模式，对于电子设备投入、机构网络建设方面还各自为营，并没有互联网金融统计数据和信息共享应用平台，各监管部门之间的信息沟通并不顺畅，监管效率低下的现象时有发生。总之，我国还没有对互联网金融形成有效的监管责权配置划分，多部门联合监管形同虚设，各级金融监管部门独立分散，没有形成长期有效的联动

---

① 杜航：《大数据背景下互联网金融犯罪安全防范思路及对策》，《山西警察学院学报》2019 年第 4 期。

② 刘涛：《检察监督下的互联网金融犯罪风险防控研究》，《上海法学研究集刊》2020 年第 20 期。

和协调机制，监管实效性较差。①

(四) 互联网金融监管技术水平不足

我国当前的互联网金融监管存在着由于现今的互联网技术发展水平不足而带来的监管技术风险。通过大数据和云计算来实现数据开放和数据共享是互联网金融发展的基本方向，其发展过程主要依靠软件系统和计算机程序来提供金融服务，而互联网本身或承载的物理平台较为脆弱，如果遭到黑客攻击、计算机病毒入侵等网络安全风险，会对金融系统和用户财产安全带来严重隐患。具体表现为以下几种技术风险：首先是由计算机系统和软件自身缺陷带来的技术风险，该种风险会造成黑客和病毒等恶意攻击破坏或篡改数据资料，使互联网金融平台陷入瘫痪状态；② 其次是诈骗的技术风险，由于计算机系统和软件的开发时刻都在变化更新，一旦互联网金融系统更新出现滞后，就会出现某些犯罪分子趁机利用系统漏洞盗取或伪造客户身份信息实施金融诈骗的风险；此外，我国许多互联网金融平台多以国外的系统设备为依托，所使用硬件和软件设备多数来自国外进口，故使用者对这些设备的性能并不能掌握充分，在面临网络攻击时防备技术有限。③ 以上种种监管技术落后所带来的风险导致客户信息被泄露、篡改、冒用等数据安全问题层出不穷，这也是互联网金融系统不安全和利用互联网金融平台实施犯罪率高发的重要因素。

二、司法机关面临着互联网金融犯罪打击难的困境

当前我国经济正处于转型的关键时期，为了缓解经济压力，国家鼓励民众通过创业、创新来推动经济发展。互联网金融作为创新

---

① 刘志永：《论"互联网+金融"风险的法律防控》，《新疆广播电视大学学报》2019 年第 1 期。

② 胡邦：《互联网金融犯罪防控策略研究》，《金融经济》2018 年第 14 期。

③ 李媛华：《我国互联网金融监管法律制度研究》，哈尔滨工程大学 2015 硕士学位论文，第 18 页。

型产物，与传统金融相比有成本低、效率高、更能加快资金流向、实现金融资源有效配置等特点。政府对如何有效规制互联网金融尚在探索之中，并没有较多地束缚其自由发展，这就给犯罪分子提供可乘之机。加之互联网金融犯罪往往只需要一台电脑就可以操作施行，犯罪成本低而回报率高，超高额的收益更是让犯罪率居高不下，给司法机关打击该类犯罪带来较多阻碍。具体可归纳为以下几点：第一，作为集团性质的高智商犯罪涉案人数多，涉案范围广，案情较为复杂；第二，犯罪类型的多样化和隐蔽性给该类案件的侦破带来难度；第三，立法的不完善致使犯罪性质认定存在分歧，案件定性困难；第四，犯罪证据搜集和固定不易。

（一）案情较为复杂

多数互联网金融犯罪的案情较为复杂，主要体现为：首先，该类犯罪以有组织、有计划的高智商集团为主导，专业性强，有犯罪组织层级化、犯罪人员高智商化的产业链趋势。① 鉴于互联网金融领域的庞杂性，互联网金融犯罪中团伙作案居多，从系统上进行整合和管理，组成分层管理的体系化模式。诸多犯罪企业和公司分设总裁、监事、法务等岗位，分别管理各自的岗位，实现精细化分工，有严密的组织性和计划性，形成大规模的犯罪产业链。② 参与犯罪的人员多是互联网、金融、法律等相关领域背景的高智商专业型人才，具备金融知识的同时又具备相当强的反侦查能力，能够准确找到计算机系统的漏洞，实施违法犯罪行为。通过将自己匿名化，以货币的数字化方式与受害者进行交易，而受害者当时并未察觉，直到公安机关通知才后知后觉地发现被骗。

其次，涉案地域覆盖面积广，横跨全国乃至国外多个地区犯罪，涉案人数较多。互联网金融平台的便利性以及准入门槛低等特

① 李轲：《互联网金融犯罪的规制路径探析》，《中国检察官》2020年第7期。

② 沈雪中：《互联网金融刑事法律风险及防控》，《人民检察》2017年第9期。

点，使得其被推广的可能性增加。互联网金融犯罪利用"线上推广、线下扩张"的方式网罗了各种线上和线下的参与人员和各个年龄段的受害者。故该类犯罪的犯罪参与人员众多，涉案资金巨大，受众群体较多，涵盖全国各地的网民受害者，甚至突破地域的限制发展到了国外。司法机关在侦办案件时则需要寻求多个地区的司法人员协助进行异地取证，无形中给相关案件的侦破带来困难。① 近年发生的"e租宝案""昆明泛亚案"这些重大典型的互联网金融犯罪案件，涉案人数多达以万为计数单位，涉案金额则远超过百亿，所带来的社会危害性远远超过传统金融犯罪所带来的负面影响。② 另外，由于该类犯罪的涉案地域覆盖面极广，跨区域性大，波及程度深，会产生多个犯罪行为地，那么应当如何确定管辖法院，究竟是采用各地分别管辖的形式还是专门指定法院管辖也存在争议。如果是指定管辖，会耗费大量司法资源；如果采用分别管辖，在案件事实及证据认定、法律适用等方面也可能会存在不一致，更兼有互联网金融犯罪实施的专业性较高，司法人员需要具备足够的专业知识才能准确定罪量刑，这就会导致在相似案件中出现同案不同判的情形。

（二）案件侦破困难

互联网金融犯罪往往案件侦破率比较低且耗费时间长，首要原因是因为该类犯罪的形式多样，难以准确识别。随着互联网技术的快速普及，不同于传统的金融犯罪，互联网金融犯罪依托互联网披上虚拟的"外衣"，犯罪手法多样化，较为新颖独特。例如借助虚拟货币认购、P2P网贷、IPO等手法实施的犯罪，即使犯罪形式不断翻新，但实质是利用计算机技术等高科技手段将旧产品包装成新产品误导受害者，其本质与诈骗罪、吸收公众财产罪无二。此外，

① 胡斌勇：《"互联网+"背景下金融犯罪的特点及防控对策》，《上海公安高等专科学校学报》2017年第2期。

② 郭健文：《互联网金融犯罪及刑法规制研究》，南京大学2017年硕士学位论文，第19页。

互联网技术的快速进步给犯罪分子提供了许多高科技的作案手法，犯罪分子利用互联网平台的虚拟结算方式和难以查清资金流向的特性，进行非法集资和洗钱。① 常见的例如通过侵入计算机系统获取或伪造客户信息进行诈骗、非法吸收公众存款等犯罪行为，除了以传统的委托理财方式非法吸纳公众存款，近年来也出现了诸如股权出售、投资经营项目、网络平台贷款等新形式，受害者并不容易识别犯罪圈套。例如频发的 P2P 网贷，作为互联网金融领域的新产品，其出现本是为扶持中小微型企业发展，提高其融资集资能力。犯罪分子却嗅到商机，虚构借款方和资金用途，以高额的返利为利诱，通过 P2P 网贷平台吸收不特定投资者投资，收到借款资金后直接"失联"。② 再如，以股权出售形式进行的互联网金融诈骗，犯罪分子首先设立网站发布原始股权出售筹集信息，虚构盈利模式和返利承诺，等收集到足够的资金后就关闭网站，将筹集到的资金迅速转移。

其次，该类犯罪较为隐蔽，多数难以察觉。互联网金融领域是一个开放性的创业经营平台，从事该行业的企业公司一般都有合法的营业资质。而许多互联网金融犯罪中的单位犯罪正是借着"合法"的身份掩护来实施违法犯罪行为。以投资创新新能源、新技术等互联网金融新领域为幌子，打着"互联网金融创新"的名义成立公司企业，组织熟悉计算机、金融等专业领域的技术人员参加犯罪，对在日常交易过程中形成的犯罪记录进行定期销毁，包括业务交易、通讯数据等关键证据材料，掩饰犯罪痕迹以逃避司法机关的侦查。可见伪装程度较高，迷惑性较大，增加了对违法犯罪行为事前打击的难度。

（三）案件定性困难

互联网金融创造性地运用互联网技术将金融市场进行重组，实

---

① 蓝之瀚：《大数据时代互联网金融犯罪特点及防控体系构建》，《江苏警官学院学报》2017 年第 6 期。

② 董纯朴：《金融犯罪防控研究》，《犯罪与改造研究》2017 年第 11 期。

现了金融资源的有效配置与整合，促进了我国市场经济健康、有序地运作。但由于我国法律体系的不健全，一定程度上限制了互联网金融领域的发展速度，也给互联网金融犯罪的认定带来较多问题。首先体现为刑法的过度干预。由于互联网金融领域大多由经济法、行政法与刑法等法律来规制调整，两者冲突主要体现在行政法和刑法方面。就刑法层面而言，除了刑法条文自身存在漏洞，更主要的是刑法作为后置性法律却发挥着前置法的作用，即过度介入。互联网金融犯罪多为法定犯，也即行政犯，是为了适应社会发展需要将违反行政法律的行为规定为犯罪。故行政犯具有行政违法性和刑事违法性的双重属性，其中行政违法性是第一属性，刑事违法性的成立建立在行政违法性基础之上，应当优先判断。然而在司法实践中对于是否构成互联网金融犯罪的认定，刑法经常忽略对行政违法性的前置考量，使得原本属于行政或者民事的案件转换成刑事案件，无形之中扩大了入罪范围。① 常见的是刑法分则规定的破坏金融秩序类的罪名，即便某些行为在形式上符合犯罪的具体构成要件，但从实质上并没有法益侵害性，则不应当认定为犯罪。因为犯罪的本质是对刑法所保护客体的侵害，不能仅仅依据形式片面判断该行为的构罪与否，应当结合犯罪的本质特征正确地解释和运用罪刑法定原则。如果从实质上分析并没有侵犯到刑法所要保护的国家金融秩序，并且还有利于市场经济的发展，则不应当认定为犯罪。尤其对于互联网金融领域新出现的业务，不能贸然先用刑法介入，将其划入刑法禁止的犯罪圈，否则将会限制民间金融的合法活动空间，从根本上对整个国家的金融秩序造成冲击。②

其次，犯罪性质认定存在分歧。互联网金融犯罪涉及非法经营、诈骗、传销等多个罪名的行为方式，由于当前我国并没有法律和司法解释对合法的互联网金融的属性作出明确定义，所以在个别具体案件中难以对罪名作出准确认定，甚至对是否属于违法犯罪也

---

① 杜嘉雯：《互联网金融犯罪的刑法规制》，《人民法治》2019 年第 6 期。

② 胡江：《互联网金融犯罪的刑事规制路径探究——以金融创新背景下的刑法谦抑性为视角》，《山东警察学院学报》2019 年第 4 期。

存在辨识难度。① 例如,法院对于非法集资类型的犯罪中集资诈骗罪与非法吸收公众存款罪的认定,主要通过判断涉案公司或企业筹集资金的用途。但是,犯罪分子的反侦查意识日渐增强,以较为隐秘的方式转移资金和销赃资金,在认定构成何种罪名上缺少重要标准,导致实践中难以判断罪名种类并进行准确定性。再如上文提及的 P2P 网贷,如果稍微改变其运作模式就可能触及刑事犯罪,而仅以非法吸收公众存款罪认定该行为则不免过于片面。

(四)证据查证困难

犯罪过程的碎片化、证据提取困难也是使得互联网金融犯罪往往破案率较低的重要因素。首先,立案证据不足。据以查明事实和定罪认罚的物证、人证难以查找和固定,再加上受害者不能提供有效证据,有时涉案资金难以分配,有时涉案资金去向不明,甚至难以查清交易资金的具体数额,调查取证困难,受害者损失无法全部追回。尤其在作为涉众型金融犯罪的互联网金融犯罪领域,我国刑事立法方面存在诸多漏洞,被犯罪分子有心利用,导致互联网金融平台的犯罪率上升。受害者有亲戚、朋友和生意合作伙伴等,多数因为关系亲密没有要求对方提供借款凭证,更有甚者在要求受害者网上转账时并不直接提供自己的银行账户,而是经过多次倒手。司法机关在侦查时很难查到最终收款源头,受害者提供的交易明细也不能直接成为立案证据。②

其次,犯罪证据搜集困难。一方面,互联网金融犯罪的受害者人数众多,司法机关需要耗费大量时间进行前期的取证工作。例如在"e租宝案"中,公安机关通知受害人报案和分别做笔录就花费了半年多时间。有些受害者仅认识直接向其推销金融产品服务的犯罪分子,对其幕后主使和其他运作人员一概不知;有些受害者对公安

① 卢金有:《跨境互联网金融犯罪的罪责认定》,《人民检察》2017 年第 18 期。

② 明乐齐:《互联网非法集资犯罪的趋势与防范对策》,《辽宁警察学院学报》2020 年第 4 期。

机关进行犯罪取证并不配合，乃至不愿意来报案，无法形成完整的证据链指控犯罪。另一方面，目前尚未成立各部门之间的联合防范机制，司法人员对办理互联网金融犯罪时案件基本信息的搜集既要依靠银行、报案人等社会信息，也要相关监管部门的合作，所谓的协作也仅仅停留在个案和线下文件的流转层面。① 正是因为这种部门割据、信息壁垒下烟囱式的证据材料获取，公安机关无法提前介入犯罪侦查，不仅外部获取证据受限，内部信息流转也不畅通。对关联信息的分析力度不够导致犯罪手段相似的案件在不同地域数次出现，已然给办案机关搜集证据带来困难，整体侦查办案效率低下，案件进程缓慢。

最后，电子证据难以固定。互联网金融犯罪以互联网为依托，大多数犯罪都是在线上开展，如业务的推广、合同的签订、资金的流转等重要事项基本都是在互联网平台以电子方式实现，只要相关人员在计算机后台操作资金流向即可，并不需要线下见面交易。互联网金融犯罪的证据与传统金融犯罪的证据相比，虽然证据内容更为丰富，但证据形式较为单一，往往电子证据较多，如服务器运行数据、网上电子银行转账凭证等。电子证据是以介质形式存在，必须通过内部的存储数据构成完整的证据才具有采信度。由于电子数据的抽象性、易转移和灭失等特性，导致对电子证据的取证也面临以下三个难题：第一，时效性问题。电子数据易受到物理介质和储存空间的影响，如果不能及时提取会有毁灭的可能。第二，不稳定性。电子数据的存储介质较为脆弱，除了有被犯罪分子随意删除、篡改的风险，如果是不专业的拷贝和存储还可能造成遗失的后果。第三，数据的庞杂性。鉴于互联网金融犯罪中的电子证据较为庞杂，如何在众多海量且复杂的电子信息内识别并提取对定罪量刑有重要作用的有罪证据，也是值得司法机关重点关注的难题。而对于跨区域性犯罪来说，证据更是分散在全国各地乃至国外。除了上述提及的三个难题，也面临着异域

---

① 刘伟丽：《互联网金融环境下我国洗钱犯罪的惩治与预防》，《法学杂志》2017 年第 8 期。

调取证据的困难挑战。① 另外，为保证电子证据在程序方面的合法性，对于电子证据的侦查、勘验和提取也有一定的技术要求。以上种种困难都给司法机关收集、提取证据带来了重大考验。

三、民众面临自身防范意识不强的困境

互联网技术的无界性使得互联网金融犯罪的受害者众多，涉案资金数额巨大。网民作为互联网金融犯罪最大的受害者群体，其根本原因在于部分投资网民对互联网和金融的法律知识了解不多，风险防范意识较差，面对高额利益诱惑也缺少警惕性。外部原因则聚焦于国家征信体系的不健全和投资者与互联网金融平台双方的信息不对称，使得投资者难以及时辨别究竟是否属于犯罪。

（一）法律意识较为淡薄

多数互联网金融犯罪的受害者集中于中老年退休人员，该部分群体一般不具备互联网和金融的知识背景，也缺少对相关法律知识的基础学习，专业知识和法律意识都较为淡薄。加上犯罪分子花言巧语的宣传，让参与者初尝高额收益的诱惑，让中老年人员更容易放松警惕，从而落入犯罪骗局。而受害者的资金来源多为退休金和备用养老金，一旦落入犯罪分子手中很难被追回，给受害者带来的经济损失和精神伤害难以弥补。故非法集资类案件受害者因为自己投入的资金被犯罪分子挥霍一空而上访的事件不乏其数。

（二）缺少必备警惕性

部分民众的警惕性较差，容易被利益蒙骗，在对所谓的互联网金融理财产品缺乏一定了解的情况下盲目投资，往往容易上当受骗。更有一部分民众虽然内心知晓互联网投资的风险，但心存侥幸，想一夜暴富，往往被虚假宣传所蛊惑，被超高额回报吸引。一些犯罪分子为了得到投资者的信任甚至线上和线下同步推

---

① 汪勇专：《公安机关办理互联网金融平台犯罪案件的实证分析与刑事对策研究》，《警学研究》2019 年第 2 期。

广金融产品。① 此外，一些互联网用户不注意自己的个人信息安全，随意登录存在安全隐患的社交网站或者在多个社交网络平台都使用相同的用户名和密码，一旦某次登录的信息数据被犯罪分子盗用，就会致使个人身份、银行卡等重要信息泄露，那么受害者不仅面临着账户内资金被盗的风险，还给犯罪分子假冒受害者身份去实施其他犯罪提供了契机。

（三）信息高度不对称

投资网民受骗的很大一部分客观原因是因为现有征信体系的不完整和信息披露的不充分，投资者难以辨别真假。一方面，我国征信体系的不健全引起金融市场信息的不对称，平台之间都是各自为营，有自己封闭的业务环，无法共享信息，这就导致很多平台在进行信息审核时无法甄别是否属于失信范围。② 另一方面，一些从事互联网非法集资的公司和企业都是通过正规渠道成立，有合法的注册信息和营业执照，借着"合法"外衣吸引投资者后故意隐瞒实际经营者，以借款人的身份向投资者招标以募集资金，对借贷交易记录只是通过内部服务器等媒介进行保存，对网民投资人只披露部分借贷交易记录和资金实际用途等信息。而网民投资者由于信息披露不充分，不能作出准确判断，同时也被高额回报利益蒙蔽了理性，不免落入了犯罪的漩涡中而被迫挣扎。

四、小结

互联网金融行业为我国经济发展注入新的生机与活力，其独特的创新模式也滋生了违法犯罪的风险。互联网金融犯罪作为当下刑事犯罪领域研究的热点话题，所涉问题较多，本节主要围绕互联网金融犯罪探讨了三个层面的治理困境：首先，从政府角度分析其监

---

① 陆朝晖：《打击和防范互联网金融犯罪的对策研究——以宁波市为例》，《公安学刊（浙江警察学院学报）》2017 年第 6 期。

② 涂鸣越：《论互联网金融诈骗防控体系的构建——以现金贷骗贷犯罪为聚焦》，《湖北警官学院学报》2018 年第 3 期。

管防控不足的难题。监管法律制度滞后性致使行政机关实际执法时存在诸多监管空白和监管漏洞；监管主体尚不明确且监管责权配置较为分散的问题，也导致重复监管和漏管，监管效率低下；此外，因计算机系统和软件自身缺陷的技术风险和诈骗的技术风险，互联网金融监管也面临着技术水平不足的难题。其次，从司法机关层面来看，作为集团性质的高智商犯罪涉案人数多，涉案范围广，波及程度深，案情较为复杂；犯罪类型的多样化和隐蔽性强，也给该类犯罪的侦破带来一定难度；刑事立法的不完善致使犯罪性质认定存在分歧，案件无法准确定性；犯罪证据方面则因为电子证据的不易保存、难提取的特性，给公安机关工作人员搜集和固定证据带来挑战。最后，从民众层面分析，部分网民对互联网和金融相关的法律知识了解不深、面对高额利益诱惑警惕性不高是最主要原因，加之国家征信体系的不健全和投资者与互联网金融平台双方的信息高度不对称，也提高了犯罪风险。总之，要实现对互联网金融犯罪的有效治理，必须要建立全面的监管防控体系，包括法律法规的建设、专业化司法人员的培养以及加强民众的防范意识。

第二章　互联网金融监管的规章制度之比较[*]

第一节　国外互联网金融监管规章制度

互联网金融按照业态可以分为第三方支付、虚拟货币、众筹、P2P 网络借贷平台等。美国的互联网金融行业蓬勃发展，监管体制也较为成熟，有诸多经验可以借鉴。因此，笔者在本节的前四部分着重介绍美国对第三方支付、虚拟货币、众筹、P2P 网络借贷平台这四种业态进行监管的规章制度。此外，对于虚拟货币、众筹、P2P 网络借贷平台这三种业态，部分国际组织也对其实行了一定程度的监管，故而纳入前四部分进行介绍。

由于互联网金融为新兴金融形态，加之各个国家、地区经济发展水平不均衡，因此国际上并没有针对互联网金融行业的统一监管规定，而是从宏观层面对互联网金融实行监管，具体表现为在联合国和国际组织中从消费者保护层面监管互联网金融，本节的第五部分对此进行详细介绍。

一、对第三方支付的监管

美国针对第三方支付的监管主体多元，监管体系较为完备，它并没有专门针对第三方支付的监管主体或法律，而是将第三方支付机构的法律性质定义为货币转移服务商，对其监管较为宽松，以不

* 本章由中南财经政法大学硕士研究生王璨负责文献综述工作。

侵害消费者利益为限进行监管，主要目的是为提高经济效率以及遏制洗钱等非法互联网金融活动。

(一)监管主体

美国对第三方支付采取联邦层面监管与各州层面监管的双层监管体制。各州根据联邦政府制定的管理框架从微观层面着手，制定本州对第三方支付的监管标准。虽然各州对于第三方支付监管的规定并不统一，但监管思路却相差无几，即从第三方支付机构市场准入与主体监管的手段来规范第三方支付行业，主要措施为发放牌照、定点检查和持续监督财务状况。联邦则从宏观层面着手制定整个国家的第三方支付监管政策和框架，主要措施为登记、沉淀资金处理和反洗钱、反恐怖融资监管。① 联邦层面的监管主体主要包括联邦存款保险公司、金融执法网络等，本部分内容主要介绍联邦存款保险公司与金融执法网络。

1. 联邦存款保险公司(Federal Deposit Insurance Corporation, FDIC)

作为定义银行类金融机构范围的权威，美国联邦存款保险公司认为第三方支付机构并非银行类存款机构，因此第三方支付机构的沉淀资金并非存款，但仍受联邦存款保险公司监管，其沉淀资金应当存入该公司的无息账户，并可得到10万美元上限的保险额度。此外，其还规定了"过桥保险制度"(Pass-through Insurance)以使第三方支付机构的用户规避该机构破产的风险，规定当第三方支付机构破产时，其用户可以获得每人25万美元的保险额度。②

2. 美国金融犯罪执法网络(Financial Crimes Enforcement Network, FinCEN)

---

① 周俊文、党建伟、高明：《第三方支付监管的目标与制度安排——国际比较与政策建议》，《金融监管研究》2019年第3期。

② Bureau of National Affairs, "Electronic Payments: Paypal Funds Eligible for Pass-Through Insurance from FDIC as Deposits by Agent", BNA Newsletter, Vol. 7, No. 12, March 20, 2002, p. 254.

该机构的主要任务在于颁布和执行《银行保密法》规则。金融犯罪执法网络对"货币服务业务""货币转移服务商"都作出了详细的解释,明确了货币转移服务商须预先接受客户资金的特点,并规定货币转移服务商必须向金融犯罪执法网注册并遵守《银行保密法》的规定。①

(二)法律文件

美国对第三方支付监管的法律文件主要从法律地位、市场准入、资本要求、备付金要求、客户权益保护要求、反洗钱要求及退出机制七个方面出发,提出对第三方支付机构的监管要求,其核心是保护消费者。主要有如下法律文件:

1.《金融服务现代化法》(又名《格拉姆-里奇-布莱利法案》)(Financial Services Modernization Act;Gram-Leach-Bliley Act)

该法案颁布于 1999 年,明确了第三方支付机构的性质,将第三方支付界定为非银行金融机构,同时认为第三方支付实际上是货币转移业务,因此对其按照对金融机构的监管模式实施功能性监管。② 此外,该法案还规定,"金融机构"不得向第三方披露非公开的个人信息,除非它们给了客户选择不披露任何此类信息的机会,③ 此处所指"金融机构"包括第三方支付机构。

2.《电子资金转移法》及其实施细则《E 条例》(Electronic Funds Transfer Act;Regulation E)

《电子资金转移法》指出,电子资金转移,比如与使用金融机

---

① Allouise, Patricia, Sarah Jane Hughes, and Stephen T. Middlebrook, "Developments in the Laws Affecting Electronic Payments and Stored-Value Products: A Year of Stored-Value Bankruptcies, Significant Legislative Proposals, and Federal Enforcement Actions", The Business Lawyer, 2008, pp. 234-236.

② 刘澈、蔡欣、彭洪伟、封莉:《第三方支付监管的国际经验比较及政策建议》,《西南金融》2018 年第 3 期。

③ 15 U.S.C. § 6802(a)(2000)(indicating that financial institutions "may not... disclose to a nonaffiliated third party any nonpublic personal information, unless such financial institution provides... notice")

构发行的借记卡或信用卡有关的资金转移，长期以来受到《电子资金转移法》的保护。① 为保护消费者利益，《电子资金转移法》规定在未经授权的交易中消费者在不同的情况下应当承担的最大损失限度，还规定了人为造成错误指令的损失由发送人承担，由于机械造成错误指令的损失由银行和商家承担。

3. 《统一货币服务法案》（Uniform Money Services Act）

在该法案中，第三方支付被认为是传统货币服务的延伸，因此对其监管应当依照《统一货币服务法案》。该法案以业务形态为分类标准，对第三方支付进行类型化管理，同时对其市场准入、市场退出标准都作出了详细规定。②

4. 《统一商法典》（Uniform Commercial Code）

该法案于 1985 年增加了针对大额资金的网络资金转移相关权责规定，1989 年则明确了第三方支付中关于各类指令的处理规定。③

5. 《全球电子商务纲要》（A Framework for Global Electronic Commerce）

1997 年，美国政府发布的《全球电子商务纲要》提出了最低限度原则，指出政府要避免对电子商务的不正当干预。

6. 《银行保密法》（Bank Secrecy Act）

本法案主要从反洗钱角度出发，保护第三方支付的交易安全。主要措施为：①实行严格的客户身份识别制度，确保客户信息的真实性，从而有效遏制洗钱犯罪行为；②建立反洗钱计划，以确保支付机构履行反洗钱职责；③建立交易报告制度，支付机构代表个人进行交易以及个人携带货币类支付工具出入国境金额超过 1 万美元时均需要提交相应报告。

---

① 15 U. S. C. § § 1693-1693r（2012）（providing consumer protections for losses relating to EFTs since 1978）

② 刘澈、蔡欣、彭洪伟、封莉：《第三方支付监管的国际经验比较及政策建议》，《西南金融》2018 年第 3 期。

③ 周俊文、党建伟、高明：《第三方支付监管的目标与制度安排——国际比较与政策建议》，《金融监管研究》2019 年第 3 期。

7.《爱国者法案》(Uniting and Strengthening America by Providing Appropriate Tools Required to Intercept and Obstruct Terrorism Act of 2001)

该法案规定第三方支付平台须在美国金融犯罪执法网络注册，接受联邦及州层面的反洗钱监管，并及时汇报可疑交易，保存所有交易记录。此外，其从反恐怖融资和反洗钱角度出发，对第三方支付落实实名制以及转移支付限额提出了较高要求。①《爱国者法案》第三篇为国际反洗钱与 2001 年反恐怖融资法案，其中第 313 条明确禁止第三方支付机构等金融机构与外国空壳银行交易。第 314 条规定第三方支付机构等金融机构应当与监管机构、执法机构合作，以打击有证据表明的可疑的反洗钱活动或恐怖活动。第 326 条要求第三方支付机构等金融机构建立客户身份识别程序(CIPs)。②

8.《多德-弗兰克法案》(Dodd-Frank Wall Street Reform and Consumer Protection Act)

该法案主要从客户资金管理以及消费者保护层面规制第三方支付。它设立了消费者金融保护局与金融研究办公室，规定了包括第三方支付的金融或非金融机构的消费者权益保护制度，还规定金融研究办公室有权要求银行或非银行金融机构提供一切研究所需数据，用于金融稳定性监督。③

从美国对第三方支付的监管模式可以看出，美国倾向于从现有法案寻找对第三方支付机构的监管依据，而非制定新的法案。这种模式有利于维持法律的稳定性，节约法律成本。但其缺点也很明显——旧的法案可能无法完全适应第三方支付机构这种新机构形

---

①　周俊文、党建伟、高明：《第三方支付监管的目标与制度安排——国际比较与政策建议》，《金融监管研究》2019 年第 3 期。

②　Uniting and Strengthening America by Providing Appropriate Tools Required to Intercept and Obstruct Terrorism (USA PATRIOT ACT) Act of 2001, 107 P. L. 56, 115 Stat. 272, 107 P. L. 56, 2001 Enacted H. R. 3162, 107 Enacted H. R. 3162.

③　周俊文、党建伟、高明：《第三方支付监管的目标与制度安排——国际比较与政策建议》，《金融监管研究》2019 年第 3 期。

式，也无法规避其产生的全部风险。例如，有学者就认为《E 条例》的规定不够具体，比如对"金融机构"和"账户"的定义不够明确，这可能会导致消费者承担巨大的风险。① 还有学者认为美国对于货币发行者的监管呈碎片化景观，导致了大量多余的合规成本，从而使消费者边际收益减少。②

此外，联邦与州的两级监管模式一方面有利于对第三方支付机构进行严格监管，使各州根据本州的经济情况与第三方支付机构在本州的发展情况制定相应的监管政策；另一方面，美国各州的监管框架差异很大，监管框架的分散性、异质性和放任性会导致对第三方支付的统一监管较为困难，这不仅会挫伤第三方机构的市场积极性，提高其合规成本，还会导致实际层面的监管困难。

二、对虚拟货币的监管

经济危机、互联网金融的发展催生了去中心化的数字加密货币，其中最具代表性的就是比特币。区块链和比特币的产生很可能改变交易方式。因此，为保护货币的稳定性和财产安全，监管虚拟货币很有必要。美国出台了法律法规对虚拟货币实施了必要的监管。此外，一些国际组织从反洗钱层面对虚拟货币进行了监管。

(一) 美国

在虚拟货币发展初期，美国对虚拟货币的监管较为宽松。然而，2014 年 Mt. Gox 交易所崩塌，使美国意识到不被监管的虚拟货币很容易为洗钱等非法金融交易所利用，虚拟货币以及区块链技术急需得到监管。本部分将从监管主体和监管的法律法规两方面介绍美国对虚拟货币的监管情况。

---

① Pacifici E. Making Pay Pal Pay: Regulation E and Its Application to Alternative Payment Services[J]. Duke Law & Technology Review, 2015.

② Lo B. Fatal Fragments: The Effect of Money Transmission Regvlation on Patments Innovation[J]. Tale Journal of Law & Technlogy, 2017.

1. 监管主体

美国对虚拟货币的监管可分为联邦监管与州级监管两个层面。美国联邦一级对虚拟货币进行监管的主体众多，其中起主要作用的是证券交易委员会和美国商品期货交易委员会。① 州级监管主要采取发放许可证的方式进行监管。由于纽约州对虚拟货币的监管走在前沿，因此在本部分以纽约州为例说明州一级对虚拟货币的监管情况。

（1）证券交易委员会（Securities Exchange Commission，SEC）

证券交易法赋予了证券交易委员会对证券行业所有方面的广泛权力。② 这一权力包括登记、管理和监督经济公司、转让代理和清算机构以及国家证券自律组织。③ 证券交易委员会主要依据《1933年证券法》和《1934年证券交易法》来达到对虚拟货币进行监管的目的。然而，美国证券交易委员会公司金融部主任威廉·欣曼（William Hinman）提出证券法和加密货币必须划清界限，美国证券交易委员会对加密货币没有完全的监管权。

（2）美国商品期货交易委员会（Financial Crimes Enforcement Network，CFTC）

就像美国证券交易委员会一样，美国商品期货交易委员会的权力十分广泛，延伸到衍生品市场和潜在现货市场的欺诈或操纵。这一点在"美国商品期货交易委员会诉麦康奈尔"一案中得到了充分的展现。在本案中，法院指出，"一种'商品'在经济功能及合规语言上都包括虚拟货币"，因此美国商品期货交易委员会能够管理虚拟货币的期货交易。美国商品期货交易委员会与其他州的联邦行政机构及民事和刑事法院一样对虚拟货币交易的监管拥有并行权力，但其权力并不延伸到对加密货币市场参与者的监管上。

---

① 赵炳昊：《加密数字货币监管的美国经验与中国路径的审视》，《福建师范大学学报（哲学社会科学版）》2020年第3期。

② The Laws That Govern the Securities Industry, SEC. & EXCH. COMM'N, https://www.sec.gov/answers/about-lawsshtml.html（last visited Sept. 8, 2021）

③ 自律性组织包括纽约证券交易所、纳斯达克股票市场和芝加哥期权交易所等。

（3）美国金融犯罪执法网络（Financial Crimes Enforcement Network，FinCEN）

金融犯罪执法网络是美国财政部的一个机构，旨在"提供政府范围内的多元情报和分析网络支持侦查调查和起诉、洗钱和其他金融犯罪"。① 它参考了虚拟货币在美国任何管辖区都不具有法定货币地位的事实，将虚拟货币定义为"在某些环境中像货币一样运行的交换媒介，但不具备实体货币的所有属性"。②

（4）美国国家税务局（Internal Revenue Service，IRS）

美国国税局已经确认了其对比特币的监管权，并为此发布了一份通知来阐明，若出于税收目的，则比特币应被视为财产，"出售或交换可兑换虚拟货币，或使用可兑换虚拟货币支付现实世界经济交易中的商品或服务，可能会产生纳税义务"。③

（5）各州金融服务部：以纽约州金融服务部（New York Department of Financial Services，NYDFS）为例

纽约州金融服务部是纽约州负责监管受纽约银行、金融服务和保险法律约束的金融服务和产品的部门。④ 纽约州金融服务部提出并实施了BitLicense，这是一个注册和监管虚拟货币业务的新监管框架。⑤ 自2015年比特币普及以来，纽约州一直处于虚拟货

---

① About：Financial Crimes Enforcement Network，U. S. DEP'T TREASURY，https：//www. treasury. gov/about/history/Pages/fincen. aspx（last visited Sept. 8，2021）

② FIN-2013-G001（"Application of FinCEN's Regulations to Persons Administering，Exchanging，or Using Virtual Currencies"，March 18，2013），https：//www. fincen. gov/resources/statutes-regulations/guidance/application-fincens-regulations-persons-administering（last visited Sept. 8，2021）

③ IRS Notice 2014-21：Virtual Currency Notice at 1，March 25，2014，available at https：//www. irs. gov/pu-b/irs-drop/n-14-21. pdf（last visited Sept. 8，2021）

④ https：//www. dfs. ny. gov/consumers/aboutus（last visited Aug. 16，2021）

⑤ N. Y. COMP. CODES R. & REGS. tit. 23，§ 200 et seq.（2016）

币监管的前沿,① 其被去中心化爱好者吹捧为监管最严格的州。

2. 监管法律法规

(1)《金融科技保护法案》(Financial Technology Protection Act)

《金融科技保护法案》旨在打击以虚拟货币为经济来源的恐怖主义活动和利用虚拟货币从事非法融资活动的行为。在规制内容上,侧重于"举报和惩戒",在监管方式上以行为监管为主,同时鼓励知情人举报涉及支持恐怖活动和非法融资的行为,并给予专项奖励。

(2)《金融犯罪执法网条例针对管理、交换或使用虚拟货币人员的适用指南》(Application of FinCEN's Regulations to Persons Administering, Exchanging, or Using Virtual Currencies)

金融犯罪执法网络于2013年发布的《金融犯罪执法网条例针对管理、交换或使用虚拟货币人员的适用指南》(以下简称《指南》)规定,"货币传递者不区分真实货币和……虚拟货币"和"接受和传递任何替代货币的有价值的东西,会使人成为货币传递者",为所有涉及虚拟货币传输的交易制定了规则,② 其所针对的对象是"可兑换的"虚拟货币。此外,金融犯罪执法网对虚拟货币汇款人规定了一系列义务,旨在打击洗钱与保护交易安全。

(3)《区块链促进法案》(Blockchain Promotion Act of 2019)

虚拟货币根植于区块链技术,因此有必要监管区块链技术。2019年7月美国国会通过了《区块链促进法案》(Blockchain Promotion Act of 2019),该法案致力于凝聚广大区块链利益相关者,统一美国联邦层面的区块链定义及有关标准,为日后的区块链技术

---

① Superintendent Benjamin M. Lawsky, Remarks at the BTS Emerging Payments Forum in Washington, D. C.: NYDFS Announces Final Bitlicense Framework for Regulating Digital Currency Firms (June 3, 2015), https://www. coindesk.com/markets/2015/06/03/new-york-releases-final-bitlicense/ (last visited Sept. 8, 2021)

② https://www.fincen.gov/resources/statutes-regulations/guidance/appli-cation-fincens-regulations-persons-admini-stering (last visited Sept. 9, 2021)

监管奠定基础。①

(4)《1933 年证券法》和《1934 年证券交易法》(Securities Act of 1933；Securities Exchange Act of 1934)

《1933 年证券法》和《1934 年证券交易法》对证券所作界定几乎一致，二者对证券方面的全部内容作了详细的规定。在以下情况下，加密数字货币要受到联邦证券法的规制：①当某项证券交易牵涉加密数字货币时(即使其中加密数字货币本身不是证券)。此项规则是由 2013 年的 SEC v. Shavers 一案所确立的。② ②当一项涉及加密数字货币的投资符合《1933 年证券法》或者《1934 年证券交易法》中关于证券的定义(即使牵涉其中的加密数字货币并不属于证券)时。③当加密数字货币本身属于证券时。

(5)《银行保密法案》(Bank Secrecy Act)

根据前述金融犯罪执法网络于 2013 年发布的《指南》，虚拟货币用户和交易所受《银行保密法案》管辖。《银行保密法案》适用于"创建、获取、分发、交换、接受或传输虚拟货币的人"。其进一步将"货币传输服务"定义为"接受一个人的货币、资金或其他替代货币的价值物，以及通过任何方式将货币、资金或其他替代货币的价值物传输到另一个地点或另一个人"。

(6)《美国爱国者法案》(USA PATRIOT Act)

金融犯罪执法网络于 2013 年发布的《指南》规定，虚拟货币管理员和兑换商(而非用户)是货币服务企业，因此必须遵守财政部的相应注册流程。而 2001 年的《美国爱国者法案》涵盖了《指南》所界定的货币传输服务，因此其可以作为监管虚拟货币的依据。

(7)《虚拟货币业务统一监管法》(Uniform Regulation of Virtual Currency Businesses Act)

---

① 参见《美国参议院批准〈区块链促进法案〉，推动技术标准认定》，载 https://www.cebnet.com.cn/20190715/102586189.html，访问时间：2021 年 9 月 9 日。

② 赵炳昊：《加密数字货币监管的美国经验与中国路径的审视》，《福建师范大学学报(哲学社会科学版)》2020 年第 3 期。

美国于 2017 年通过了《虚拟货币业务统一监管法》，该法案共有七章，分别为总则、执照核发、检查，检查费，披露在检查期间获得的信息、执法、披露及保护居民的其他措施、政策和程序以及其他条款。该法案的内容涵盖虚拟货币执照相关规定，明确规定从事虚拟货币业务须经许可。

（8）《有关使用虚拟货币交易的税收指南》（IRS Virtual Currency Guidance）

该文件是美国国家税务局对虚拟货币征收税款的依据，实际上是在税收政策方面将虚拟货币列入监管对象，以规避其所带来的某些风险。① 美国国税局将虚拟货币认定为财产，而非外币。

（9）《2020 年加密货币法案》（Crypto-Currency Act of 2020）

该法案将数字资产分为三个不同类别，即加密货币、加密商品与加密证券，旨在细化金融犯罪执法网络（FinCEN）、商品期货交易委员会（CFTC）、证监会（SEC）这三个联邦加密监管机构的监管职权。②

（10）各州金融服务部法规：以纽约州（《纽约法典、规则和条例》（New York Codes, Rules, and Regulations）第 200 节、第 500 节）为例

纽约州金融服务部的主管 Ben Lawsky 公布了美国第一个专门监管虚拟货币的监管框架，被编入《纽约法典、规则和条例》第 200 节中。《纽约法典、规则和条例》第 200 节的标题为虚拟货币，规定了与虚拟货币有关的商业行为，包括虚拟货币的定义、许可证的申请及吊销撤销情形、申请许可的过渡期、资金要求、消费者权益保护、反洗钱相关措施、客户资产的保管和保护、广告和市场推广材料的限制、账簿与记录等方面的内容。

而《纽约法典、规则和条例》第 500 节规定了金融服务公司的

① 刘宗媛、黄忠义、孟雪：《中外区块链监管政策对比分析》，《网络空间安全》2020 年第 11 期。

② https://www. congress. gov/bill/116th-congress/house-bill/5635/all-info（last visited Sept. 8, 2021）

网络安全要求。纽约州 Bitlicense 的实施及网络安全监管的进步创造了一个有利的环境,使消费者可以使用虚拟货币,而不必担心盗窃、欺诈或市场操纵。①

虚拟货币在美国受到严格监管,是由于采取了干预主义。然而,多个监管主体、多种法律法规对虚拟货币的各个环节进行监管,免不了有权力重叠甚至冲突的情况,从而带来过度监管的局面,导致虚拟货币面临不必要的复杂性,在夹缝中生存。② 因此,虽然在世界范围来看,美国对虚拟货币的监管走在前沿,但仍有进一步寻找更优路径的必要。

(二)国际组织

目前,各国的金融体系有较大差异,且经济发展水平参差不齐,因此各国面对虚拟货币的态度不同,尚未达成共识,世界范围内也未形成统一的监管框架。③ 本部分所列举的金融行动特别工作组及联合国安理会仅仅是从反洗钱角度出发,对虚拟货币的国际监管提供方向。

1. 金融行动特别工作组(Financial Action Task Force,FATF)

金融行动特别工作组是专门研究反洗钱的独立的政府间机构。2018 年 10 月,修订了《金融行动特别工作组建议》,将虚拟资产服务提供商纳入了反洗钱和反恐怖融资的监管范畴,并对虚拟资产和虚拟资产服务提供商进行了明确。④ 2019 年 6 月,金融行动特别

① N. Y. COMP. CODES R. & REGS. tit. 23, § 200. 3(a) (2015) ("No Person shall, without a license obtained from the superintendent as provided in this Part, engage in any Virtual Currency Business Activity. Licensees are not authorized to exercise fiduciary powers...")

② Carol R. Goforth, Cinderella's Slipper:A Better Approach to Regulating Cryptoassets As Securities, 17 Hastings Bus. L. J. 271 (2021)

③ 范云朋、尹振涛:《数字货币的缘起、演进与监管进展》,《征信》2020 年第 38 期。

④ 兰立宏、庄海燕:《论虚拟货币反洗钱和反恐怖融资监管的策略》,《南方金融》2019 年第 7 期。

工作组全体会议通过的虚拟货币监管标准和配套监管指引——《以风险为基础的虚拟资产和虚拟资产服务提供商指引》是所有国际组织中制定并通过的第一个针对虚拟货币的监管标准,① 提出了对虚拟资产服务提供商进行反洗钱和反恐怖融资监管的具体要求。②

2. 联合国安理会

联合国安理会于 2019 年 3 月通过了《联合国安理会第 2462 号决议》(以下简称《决议》),呼吁各个国家实施《金融行动特别工作组建议》所确立的综合性国际反洗钱和反恐怖融资标准。该《决议》具有国际法效力,明确规定了各国对虚拟货币监管在反洗钱和反恐怖融资方面应承担的国际义务。

三、对众筹的监管

众筹③在蓬勃发展的同时也带来了一系列风险,使投资者的利益无法得到保障,市场金融秩序被扰乱。因此有必要采取一系列措施来规避这些风险,将众筹纳入法律的监管框架之下。

(一)美国

美国是世界上最大的众筹市场之一,也是众筹最早的诞生地。美国对众筹的监管以美国证券交易委员会为主要监管主体,以《乔布斯法案》《众筹条例》为主要监管依据。

1. 监管主体:美国证券交易委员会(Securities and Exchange Commission, SEC)

在美国,证券交易委员会是证券行业的最高机构。2012 年《乔布斯法案》在建立了众筹监管的初步框架后,还有许多问题尚待解决,这些问题便被授权给了美国证券交易委员会。于是,美国证券

---

① 吴云、朱玮:《虚拟货币的国际监管:以反洗钱为起点走出自发秩序》,《财经法学》2021 年第 2 期。

② 兰立宏、庄海燕:《论虚拟货币反洗钱和反恐怖融资监管的策略》,《南方金融》2019 年第 2 期。

③ 本部分所指众筹为股权众筹(equity crowd-funding)。

交易委员会在以后的几年中致力于确立众筹的最终监管框架，即《众筹条例》。①

在发布《众筹条例》之前，美国证券交易委员会曾向社会公开征求意见，仔细审查之后于 2016 年发布了最终规则。这一过程体现了美国证券交易委员会对众筹监管的两个政策目标——效率性和包容性的权衡。"效率性"是指初创企业和小型企业为筹集商业资金的高效且低成本的方法，"包容性"是指任何企业家想加入就能加入的系统。② 在这一博弈过程中，美国证券交易委员会最终选择效率性至上，同时兼顾包容性，这一点在规则第 402(b)(1)中得到了淋漓尽致的体现。在最初拟制的第 402(b)(1)条规则明确规定，"融资门户网站不得基于投资发行人或其发行内容的明智性而拒绝发行人的访问"。而在遭受了诸多批评之后，这一规制最终被修改，允许门户网站筛选和拒绝他们不想上市的公司。

目前，美国证券交易委员会根据《1933 年证券法》和《1934 年证券交易法案》采取新的《众筹条例》，以实施《乔布斯法案》第三章的要求。

2. 法律文件

(1)《乔布斯法案》(Jumpstart Our Business Startups Act，JOBS Act)

该法案于 2012 年颁布，在第一章创建了一个新的业务类别——"新兴成长型公司"，如果这些业务决定进行首次公开募股(IPO)，该法案将为这些业务提供披露例外。③ 第二章修改了规则 D④ 第 506 条关于合格投资者的规定。⑤《乔布斯法案》还修改了规

---

① Schwartz A. A. Inclusive Crowdfunding. Utah Law Review, 2016(4)：669.

② Schwartz A. A. Inclusive Crowdfunding. Utah Law Review, 2016(4)：671.

③ JOBS Act, S 77b(a)(19)（将"新兴成长型公司"定义为"年总收入低于10 亿美元的发行人"）；JOBS Act，§101, 126 Stat. 306（将"首次公开发行"定义为"发行人根据《1933 年证券法》的有效登记声明首次出售普通股证券的日期"。）

④ 规则 D 的目的是为发行证券的公司建立某些豁免。

⑤ Securities Act of 1933, 15 U.S.C. S 77d(b)(2012)（如果要约属于第 D条规则（如第 506 条规则）中的一条，则将第 D 条规定作为美国证券交易委员会报告要求的例外，只要公司遵守第 506 条规定的程序，就允许不登记要约。）

则，使得发行人不必向美国证券交易委员会注册证券，只要"发行人……采取合理步骤，核实证券购买者是合格投资者"。① 第三章与众筹的关系最为密切，规定允许初创公司和小企业使用证券交易委员会注册的网站筹集债务或股权资本，有效地使众筹合法化。

《乔布斯法案》在 2012 年创建了监管众筹的基本框架，意图使初创企业和小企业受益的同时保护投资者，为达到以上目的，它规定了一系列具体措施。

在保护小公司和初创公司方面，《乔布斯法案》试图降低 IPO 的成本。遵守证券法律法规的高成本导致 IPO 成本高昂，因此，股权众筹通过将众筹发行豁免于公开发行的通常注册和披露要求来应对这一问题。② 它还允许基于互联网平台在众筹交易中为证券发行和销售提供便利，而无需在证监会注册为经纪人。然而，根据《乔布斯法案》，要获得发行人豁免的资格，需要满足一些特定的要求。这包括发行人在 12 个月内出售的证券金额不超过 100 万美元的要求。此外，还有围绕发行广告、披露利益冲突、披露信息、保存文件等规则。

在保护投资者方面，国会列入了一些旨在保护参与这些交易的投资者的条款，包括对公司的筹款限制、对投资者的投资限制、对发行人的披露要求，以及对中介机构的监管要求。例如，《乔布斯法案》规定，公司必须为其筹款目标规定一个目标，只有在达到或超过目标时才能收到资金。③ 如果筹资活动成功，公司必须向投资者和证券交易委员会提供年度报告。④ 且众筹证券自购买之日起一年内不得由投资者转让或出售，除非转让给发行人作为证券交易委员会注册发行的一部分，或转让给经认可的投资者或家庭成员。为

---

① JOBS Act, S 201 (a)(1)（改变规则，使发行人只需要采取"合理的步骤"来确保购买者是合格的。）

② 《众筹法案》免除了众筹企业家的注册要求。

③ Schwartz A. A. Inclusive Crowdfunding Securities. Notre Dame Law Review, 88(3), 1463.

④ Schwartz A. A. Inclusive Crowdfunding Securities. Notre Dame Law Review, 88(3), 1464.

保护投资者，《乔布斯法案》还特别授权对误导众筹投资者的公司的发行人、董事和高管进行欺诈的民事诉讼。

（2）《众筹条例》（Regulation Crowdfunding, General Rules And Regulations）

虽然《乔布斯法案》已构建了监管众筹的基本框架，但仍有许多问题尚未解决，因此，美国证券交易委员会颁布了《众筹条例》。《众筹条例》的实施并不意味着《乔布斯法案》关于众筹监管的有关内容失效，相反，这开创了它与《乔布斯法案》共同监管众筹的局面。

《众筹条例》起源于《乔布斯法案》第三章，为《证券法》第 4（a）（6）条增加了一个新的部分，即"规定某些众筹交易可豁免于《证券法》第 5 条的登记要求"。"为满足第 4（a）（6）条的豁免规定，发行人（包括由发行人控制或与发行人共同控制的所有实体）进行的众筹交易必须符合监管众筹中规定的要求。"①这项豁免的目的是允许初创企业和小企业通过众筹向公众出售证券，以发展业务。

此外，《众筹条例》对投资者、中介机构和发行人都提出了要求，例如要求发行人报告和披露其业务信息才能进行股权众筹。其允许个人在特定门槛下投资基于证券的众筹交易，限制发行人在众筹豁免下可以筹集的资金数量，要求发行人披露有关其要约的某些信息，并创建监管框架和设立促进众筹交易的中介机构。这些繁琐的披露要求给小企业和初创企业带来了麻烦，因为对于这些类型的企业来说，合规的成本超过了监管的好处。

（二）国际组织：国际证监会（International Securities Commission, IOSCO）

国际证监会目前已将 23 名成员的调查结果发布在《2015 年众筹反馈调查报告》（《调查报告》）中。根据调查报告的结果，国际证

---

①　Regulation Crowdfunding, 80 Fed. Reg. 71, 387, 71, 389（Nov. 16, 2015）（codified in scattered sections of 17 C. F. R.）

监会组织希望提高投资者对投资众筹时所面临的一些主要风险的认识。然而，由于各国目前对于众筹监管的法律刚刚起步，国际证监会对于众筹的监管并没有提出统一的方法。

四、对 P2P 网络借贷平台的监管

作为新兴融资平台，P2P 网络借贷已发展成全球型行业，其商业模式的类型也日趋复杂。美国在实践中不断探求监管的最佳路径，国际组织也试图对 P2P 网络借贷平台的监管提出规范要求。

(一) 美国

虽然美国并无监管 P2P 网络借贷平台的专门机构，但其对 P2P 网络借贷平台已经构建了完整的监管框架，并已走在世界前列。目前，美国对 P2P 网络借贷平台的基本监管模式为多部门共同监管，联邦与州政府联合监管。[1]

1. 监管主体

(1) 美国证券交易委员会 (Securities and Exchange Commission, SEC)

美国通常将所有 P2P 产品视为证券，因此，美国证券交易委员会在很早的时候就开始对 P2P 网络借贷平台进行监管。它按照"豪威测试"和"雷夫斯测试"标准，确立了营利性 P2P 借贷平台产品的投资合同和证券的性质，以及其对这些平台的管辖权。[2]

证券交易委员会对 P2P 网络借贷平台进行监管的主要目的是为了保护贷款人，它对 P2P 平台的监管措施主要集中在提高市场准入门槛和信息披露上。这些营利性 P2P 贷款平台必须在任何给

---

① 刘绘、沈庆劼：《P2P 网络借贷监管的国际经验及对我国的借鉴》，《河北经贸大学学报》2015 年第 36 期。

② Chaffee, E. C.; Rapp, G. C., Regulating online peer-to-peer lending in the aftermath of dodd-frank: In search of an evolving regulatory regime for an evolving industry, 69(2) Wash. & Lee L. Rev. 485 (2012)

定贷款人的投资之前对每笔贷款(称为"票据")进行暂搁注册。他们必须在 EDGAR(美国证券交易委员会的披露档案)上的"公告补充"中向美国证券交易委员会记录每笔融资贷款的详细信息,从而公开存储贷方数据并进行披露,供公众查看。①

从广义上讲,证券交易委员会的监管对 P2P 网络借贷平台的贷方提出了两项主要要求。首先,即使贷方不向公众出售自己的股权,贷方自己也必须在证券交易委员会注册。② 其次,P2P 贷方向投资者出售产品时,必须在每次出售证券时向证券交易委员会提交一份补充招股说明书。③ 这意味着 P2P 贷款人要么登记贷款(即与贷款相对应的票据),要么根据《1933 年证券法》第 5 节寻求豁免。④

但由于美国证券交易委员会对 P2P 的监管饱受诟病——被认为繁琐且成本高昂,美国证券交易委员会制定了豁免条款,允许平台在满足某些标准的情况下不必向证券交易委员会注册其证券。⑤例如,2013 年法规 D 的规则 506(c),该规则提供了注册要求的豁免,并允许平台在发行期间参与一般的招标和广告,前提是所有证券购买者都是经认可的投资者。⑥

(2)消费者金融保护局(Consumer Financial Protection Bureau,CFPB)

该机构是该行业的主要监管机构,旨在更好地保护消费者,同

---

① LendingClub Co., Member Payment Dependent Notes (Rule 424(b)(3) Filing)(Dec. 20, 2010)

② 15 U. S. C. § 78m(a)(2)(2018)

③ 17 C. F. R. § 229. 512(a)(2019)

④ Press Release, Jackellyn Trinh, GROUNDFLOOR, Groundfloor Launches Landmark Securities Offering to Enable Crowdfunding of Real Estate Transactions (Apr. 29, 2014). Patch of Land, https://patchofland.com (last visited Aug. 15, 2021)

⑤ Benjamin Lo, It Ain't Broke: The Case for Continued SEC Regulation of P2P Lending, 6 HARV. Bus. L. Rev. Online 87, 92-95 (2016)

⑥ Eliminating the Prohibition Against General Solicitation and General Advertising in Rule 506 and Rule 144A Offerings, 78 Fed. Reg. 44, 771 (Sept. 23, 2013)(to be codified at 17 C. F. R. pts. 230, 239, 242)

时建立一个能够快速应对行业变化并以更低的合规成本刺激创新的系统。

（3）联邦储蓄保险公司（Federal Deposit Insurance Corporation，FDIC）

联邦储蓄保险公司与州一级的金融监管部门，以及消费者金融保护局主要负责借方保护。① "根据《银行服务公司法》，联邦储蓄保险公司和其他联邦金融监管机构具有监管和检查第三方提供的服务的法定权力……"②然而，尚不清楚联邦储蓄保险公司或任何其他联邦金融监管机构是否对任何 P2P 贷方行使了这一权力。

（4）联邦贸易委员会（Federal Trade Commission，FTC）

联邦贸易委员会 P2P 网络借贷平台的监管权主要体现在对借方的保护上，在 P2P 网络借贷平台采取"不公平或欺骗性行为"时便可行使执法权。③

（5）州监管机关

参与 P2P 网络借贷平台的贷款人在联邦层面受到证券交易委员会的保护，同时也受到州级安全监管机构的保护。州监管机构和P2P 贷方之间最常规的互动是通过许可。所需的许可证的确切类型以及与获取许可证相关的成本可能因州而异。美国各州对 P2P 网络借贷平台的态度可以归纳为三种：①禁止 P2P 网络借贷平台营业；②允许 P2P 网络借贷平台营业；③授权 P2P 平台仅向成熟或合格的投资者提供投资机会。④

<hr />

① 刘绘、沈庆劼：《P2P 网络借贷监管的国际经验及对我国的借鉴》，《河北经贸大学学报》2015 年第 36 期。

② Fed. Deposit Ins. Corp. Office of the Inspector General，Report no. 06-015，Fdic's Oversight of Technology Service Providers 2 （2006），http://f73bc0c7a32b0193b204ffcbe5327c56. 57dcf596. libvpn. zuel. edu. cn/publications/reports06/06-015-508. shtml ［http://88102f8e1 a90cbb4752f169fe32c0461. 57dcf596. libvpn. zuel. edu. cn/9MD6-NDA2］（last visited Sept. 9, 2021）.

③ 《联邦贸易委员会》（Federal Trade Commission Act）第 5 条。

④ 张永亮、张蕴萍：《P2P 网贷平台法律监管困局及破解：基于美国经验》，《广东财经大学学报》2015 年第 30 期。

2. 法律文件

(1)《乔布斯法案》(the JOBS Act)

《乔布斯法案》通过免除证券监管以及实施较为宽松的注册和披露制度(同时优先于州法律)来鼓励 P2P 网络借贷门户网站的发展,但仅限于对"新兴"企业的投资。

《乔布斯法案》于 2012 年 4 月颁布,为 P2P 贷方提供了一种有效且较不繁琐的方式来遵守证券法,其中对 P2P 贷方最有用的条款是规则 506(c),该条款允许贷方"参与普通合格投资者招揽的活动",而无需向证券交易委员会注册他们的"票据包"。虽然以前在某些条件下允许未经注册向合格投资者出售,但《乔布斯法案》非常重要,因为事先注册可以豁免对"一般招揽"的禁止。而 P2P 贷方的核心业务是通过互联网销售票据,这可以被视为一般性招揽。新的 P2P 贷方进入者已开始使用规则 506(c)来避免成本高昂且耗时的货架注册过程。①

(2)《1933 年证券法》(Securities Act of 1933)

证券交易委员会声称,根据《1933 年证券法》的广义定义,P2P 借贷平台发行的产品是证券,② 因此,P2P 网络借贷平台必须遵守本法案第五部分的注册规定,即不仅平台需要在证券交易委员会注册,平台发起的每笔贷款也要在证券交易委员会注册,每个平台都被"像上市公司一样对待,充分披露他们的财务状况、贷款来源和活动"。③ 这一规定奠定了 P2P 网络借贷平台上市的高门槛。

该法案的第 5(a)和 5(c)部分被美国证券交易委员会援引,要

---

① Comment: Twenty-first Century Financial Regulation: P2P Lending, Fintech, and the Argument for a Special Purpose Fintech Charter Approach, 168 U. Pa. L. Rev. 1013.

② 15 U.S.C. § 77(b)(a)(1)(2018)

③ Eleanor Kirby & Shane Worner, Crowd-funding: An Infant Industry Growing Fast 27 (Staff Working Paper of the IOSCO Research Department, Paper No. 3, 2014), https://www.iosco.org/research/pdf/swp/Crow-d-funding-An-Infant-Industry-Growing-Fast.pdf (last visited Sept. 9, 2021)

求 P2P 借贷平台遵守证券交易委员会的披露和注册要求。

（3）《多德-弗兰克华尔街改革法案》（Dodd-Frank Wall Street Reform and Consumer Protection Act）

根据《多德-弗兰克华尔街改革法案》（以下简称《多德-弗兰克法案》）第 989F（a）（1）节，美国政府问责局被指派研究和开发 P2P 借贷行业的"最佳联邦监管结构"。① 2011 年 7 月，美国政府问责局发布了一份报告，确定了监管 P2P 借贷的两个主要选项：①继续目前的二元联邦体系，即通过证券监管机构保护借贷者，主要通过金融服务监管机构保护借贷者，其中包括新成立的消费者金融保护局；②将借款人和贷款人的保护合并到一个单一的联邦监管机构之下，如消费者金融保护局。② 然而，美国政府问责局无法就国会应该选择哪个选项给出确切的建议。

除证券监管之外，美国十分重视消费者信贷保护：

《平等信用机会法案》（Equal Credit Opportunity Act）	针对基于种族、肤色、宗教信仰、国籍、性别、婚姻状况、年龄等因素而歧视信贷申请人的情况进行相应的监管③
《诚实信贷法》（Lending the Truth in Lending Act）	旨在保护消费者免受不准确和不公平的信贷④

---

① Dodd-Frank Wall Street Reform and Consumer Protection Act, Pub. L. No. 111-203, §989F（a）（1）, 124 Stat. 1376, 1947（2010）

② GAO-11-613, Person-to-Person Lending. New Regulatory Challenges Could Emerge as the Industry Gr-ows, U. S. Gov'T Accountability Office 42（2011）, http://www.gao.gov/new.items/d11613.pdf.（last visited Sept. 9, 2021）

③ 柴珂楠、蔡荣成：《美国 P2P 网络借贷监管模式的发展状况及对中国的启示》，《西南金融》2014 年第 7 期。

④ Eleanor Kirby & Shane Worner, Crowd-funding: An Infant Industry Growing Fast 27（Staff Working Paper of the IOSCO Research Department, Paper No. 3, 2014）, https://www.iosco.org/research/pdf/swp/Crowd-funding-An-Infant-Industry-Growing-Fast.pdf（last visited Sept. 9, 2021）

《机会均等法案》（Equal Opportunity Act）	规定"任何债权人在信贷交易的任何方面歧视任何申请人都是非法的"①
《公平债务催收法》（Fair Debt Collection Practices Act）	旨在消除讨债者滥用债务的行为②

美国对 P2P 网络借贷平台采取的是双层监管体制，要求 P2P 网络借贷平台在美国证券交易委员会注册，并申请在各州开展业务的许可证。但是，美国对 P2P 网络借贷平台的监管也并非面面俱到，完美无缺。例如，其在联邦层面对 P2P 贷方进行监管有两种主要方式，即联邦证券法下的注册要求和联邦银行机构的间接监管。但这种多部门监管模式仍存在一些问题，导致学界进行了长时间的争论：是应该允许美国证券交易委员会与其他监管机构一起保留管辖权（分散的方法），还是应该将监管整合到消费者金融保护局之下，并豁免平台遵守联邦证券法（整合的方法）？实际上，这是两种监管逻辑的争锋，美国证券交易委员会和州证券监管机构通过披露要求注重贷款人保护，而联邦存款保险公司和消费者金融保护局等审慎监管机构则侧重于借款人保护。目前，美国仍维持着前一种监管模式。

对此，有学者批判道："美国支离破碎的监管模式为全面、周密地应对 P2P 贷款带来的风险带来了渺茫的希望。这种分散的模式导致繁琐、不协调的监管，也扼杀了该行业的未来创新。"③

（二）国际组织：国际证监会（International Organisation of Securities Commissions，IOSCO）

作为国际证监会组织成员的一些证券监管机构已经拥有监管

---

① Equal Credit Opportunity Act, 15 U.S.C. § 1691 (2018)

② Fair Debt Collection Practices Act, 15 U.S.C. § § 16 92-92p (2018)

③ Andrew Verstein, The Misregulation of Person-to-Person Lending, 45 U.C. Davis L. Rev. 445, 450 (2011)

P2P 的职权。国际证监会组织的《证券监管的目标和原则》制定了证券市场监管标准。该文件列出了证券监管的 30 项原则，这些原则是基于证券监管的三个目标，即保护投资者，确保市场公平、有效和透明以及降低系统性风险而制定的。这些原则被分为 8 类，其中与 P2P 监管息息相关的有以下几类：与监管机构有关的原则、自我监管的原则、发行人原则、集体投资计划的原则以及二级市场原则。

五、消费者保护

早在 1995 年，英国经济学家迈克尔·泰勒提出的"双峰理论"就把消费者保护作为金融监管中最为重要的两个目标之一（另一个为审慎监管）。然而，由于世界各国经济水平差异较大，对于互联网金融各个业态的监管并无统一的标准。对此，联合国等其他国际组织作出了一系列努力，以期为消费者保护构建统一、全面的框架。

（一）联合国（United Nations，UN）

联合国作为主权国家组成的国际性组织，自其成立以来，一直致力于使各国达成关于消费者保护的共识。

1.《世界人权宣言》与《公民权利和政治权利国际公约》（Universal Declaration of Human Rights；International Covenant on Civil and Political Rights）

1948 年联合国通过了《世界人权宣言》。联合国《世界人权宣言》不是具有法律约束力的条约，而通过《世界人权宣言》只是为了将"人权和基本自由"定义为联合国的创始文件和国际社会的指导文件。① 其中第 12 条"任何人的私生活、家庭、住宅和通信不得任意干涉，他的荣誉和名誉不得加以攻击。人人有权享受法律保护，以免受这种干涉或攻击"强调了隐私权的重要意义。之后通过的

---

① Universal Declaration of Human Rights art. 2, G. A. Res. 217A（Ⅲ），3 U. N. GAOR，U. N. Doc. A/810（1948）［hereinafter referred to as UDHR］

《公民权利和政治权利国际公约》第 17 条表达了相同的意思，目前绝大多数国家已加入这一公约。这一条款在当下的互联网金融时代仍然适用——互联网中的数据隐私权也是保护对象。

2.《自动化资料档案中个人资料处理准则》（UN Guidelines Concerning Computerized Personal Data Files）

联合国花了将近十年的时间才于 1990 年制定出《自动化资料档案中个人资料处理准则》①，它属于第一代国际数据隐私监管文书。该准则对个人的贡献数据隐私体现在其 B 部分中。这一部分首次详细阐述了国际组织的数据隐私，即保护存储在国际组织系统中的个人信息。该准则旨在鼓励缺乏此类立法的联合国会员国对数据保护进行立法，以及号召政府和非政府国际组织以负责任、公平和保护隐私的方式处理个人数据。

3. 第 68/167 号决议

2013 年 12 月，联合国大会通过了第 68/167 号决议，对监控和拦截通信可能对人权产生的负面影响深表关切。② 大会重申了《世界人权宣言》第 12 条和《公民权利和政治权利国际公约》第 17 条所载隐私权。大会确认，人们在网上拥有的权利也必须得到保护，还呼吁所有国家尊重和保护数字通信中的隐私权。大会呼吁所有国家审查其与通信监控、拦截和收集个人数据有关的程序、做法和立法，并强调各国需要确保充分有效地履行国际人权法规定的义务。该决议指出，国际人权法提供了一个普遍框架，必须根据这一框架评估任何对个人隐私权的干涉。

4. 隐私权问题特别报告员制度

联合国于 2015 年任命了隐私权问题特别报告员，③ 负责以检查有关截取数码通信及收集个人资料的政府政策及法律等方式促进

---

①　UN Guidelines Concerning Computerized Personal Data Files, G. A. Res. 45/90, U. N. Doc. A/RES/45/90（Dec. 14, 1990）

②　https://undocs.org/zh/A/RES/68/167（last visited Sept. 9, 2021）

③　http://www. ohchr. org/EN/Issues/Privacy/SR/Pages/SRPrivacyIndex. aspx（last visited Sept. 9, 2021）

隐私权保护。2016 年 3 月，特别报告员编写了关于隐私权的第一份报告，并提交给人权理事会(A/HRC/31/64)。①

5.《联合国消费者保护准则》(The United Nations Guidelines for Consumer Protection)

该准则最初于 1985 年由大会第 39/248 号决议通过，后又作修订并于 2015 年通过。《联合国消费者保护准则》从信息披露、保护消费者隐私、公平对待消费者等方面提出消费者保护准则，其中第 10 项和第 11 项准则特意提到了电子商务与金融服务的消费者保护要求。② 经修订的《消费者保护准则》既确立了保护消费者隐私和全球信息自由流动的新的"合法需要"，也确立了包含良好做法原则的新的一章，这些原则试图要求企业通过消费者控制、安全、透明和同意机制来保护隐私。

(二) 经济合作与发展组织 (Organization for Economic Co-operation and Development，OECD)

经济合作与发展组织(OECD)是第一个明确处理数据隐私问题的国际组织。③ 其《保护隐私和个人数据跨境流动准则》(以下简称《准则》)于 1980 年通过。④ 该准则到目前仍然有效，鉴于此后发生的信息技术革命，这一成就不容忽视。经合组织的另一项成就

---

①　https：//www. ohchr. org/EN/HRBodies/HRC/RegularSessions/Session31/ _layouts/15/WopiFrame. aspx? sourcedoc =/EN/HRBodies/HRC/RegularSessions/ Session31/Documents/A-HRC-31-64. doc&action = default&DefaultItemOpen = 1 (last visited Sept. 9，2021)

②　https：//unctad. org/system/files/official-doc (last visited Aug. 15，2021)

③　Hans Peter Gassmann，30 Years After：The Impact of the OECD Privacy Guidelines，Address at the OECD Joint Roundtable of the Committee for Information， Computer and Communications Policy (ICCP)，and its Working Party on Information Security and Privacy (WPISP) in Paris，France (Mar. 10，2010)；Colin J. Bennett & Charles Raab，the Governance of Privacy：Policy Instruments in Global Perspective 88 (MIT Press 2d ed. 2006)

④　https：//www. oecd. org/sti/ieconomy/oecdguidelinesontheprotectionofprivac yandtransborderflowsofpersonaldata. htm (last visited Sept. 9，2021)

是，在实践中，它们是唯一在主题事项上赢得成员国尽可能多的共识的国际组织。

经合组织于 1999 年通过了《电子商务环境下保护消费者准则》，并在其中列入了关于隐私的一节，旨在确保"对消费者的适当和有效保护"。①

此外，经合组织还努力解决跨国消费者保护问题，其于 2003 年制定的《保护消费者免受跨境欺诈和欺骗性商业行为的指导方针》指出，成员国承认欺诈和欺骗行为会破坏市场并损害消费者、企业和国家。经合组织寻求促进成员国之间的合作，打击跨境欺诈和欺骗性商业行为，改善信息共享，加强调查机构之间以及机构与私营部门实体之间的合作，并提供有效的补救措施。经合组织指引、鼓励各会员国利用在线工具和数据库共享信息，包括消费者投诉和未决调查和案件的通知。②

随着电子商务的发展，经合组织理事会修订并于 2016 年 3 月通过了《电商环境下消费者保护建议》（以下简称《建议》）③，欲取代前述《准则》。《建议》在第一部分提出了电子商务中消费者保护的八项原则，这八项原则为电子交易全过程保驾护航——从披露信息到付款，再到争议解决和补救。

（三）全球隐私保护大会（Global Privacy Assembly）

全球隐私保护大会首次召开于 1979 年，当时被称为数据保护和隐私专员国际会议。其成员包括 130 多个数据隐私保护机构，目前已发展成为世界性数据隐私保护会议。它的数据保护计划几乎覆盖全球，致力于监管国家数据保护法。它的三个主要倡议是：①年度会议和大会；②国际和跨境投诉合作制度；③关于全球隐私原则

---

① OECD, Guidelines for Consumer Protection in the Context of Electronic Commerce（1999）, Part VII

② OECD Guidelines for Protecting Consumers from Fraudulent and Deceptive Commercial Practices Across Borders 8-14（2003）

③ https://legalinstruments. oecd. org/en/instruments/OECD-LEGAL-0422（last visited Sept. 9, 2021）

的声明。

在 2005 年的会议上，国际数据保护专员发表了一份题为"在全球化世界中保护个人数据和隐私：尊重多样性的普遍权利"的声明（通常被称为《蒙特勒宣言》）。① 该宣言呼吁制定一项关于数据保护的国际公约，这是协调全球数据保护法的最重要努力之一。《宣言》指出，数据保护和隐私专员表示，他们愿意加强对这些原则普遍性的国际承认。他们同意特别与政府、国际和超国家组织合作，制定一项在个人数据处理方面保护个人的普遍公约。为此，专员们呼吁：①联合国制定一项具有法律约束力的文书，详细地规定数据保护和隐私权是可执行的人权；②世界各国政府根据数据保护的基本原则，促进通过保护数据和隐私的法律文书，并使它们相互关联。

随着互联网金融的蓬勃发展，各国际组织不断就消费者保护进行研究并开展合作，以期找到最合适的消费者保护路径。然而，目前针对消费者的保护存在两项问题：①各国际组织往往基于传统金融模式探求消费者保护路径，而非基于互联网金融；②全球尚未形成消费者保护的统一标准，也并无统一的消费者保护机构。放眼全球，针对互联网金融的消费者保护领域存在较大的发展空间，法律体系不够完善，有待进一步探索与研究。

第二节　互联网金融监管的刑事介入探析 *

2013 年以来，随着我国各项金融主体与互联网合作的试水，互联网金融这一概念以一种迅猛热点的姿态频繁出现在公众视野里，这一年也被有的学者称为"中国互联网金融的元年"。网络经

---

①　The International Data Protection and Privacy Commissioners, Montreux Declaration-The protection of personal data and privacy in a globalized world: a universal right respecting diversities, 2005, https://icdppc. org/wp-content/uploads/2015/02/Montreux-Declaration.pdf（last visited Aug. 16, 2021）

*　本节由中南财经政法大学硕士研究生廖子衿负责文献综述工作。

济的迅速发展使得互联网金融涉及的主体数量爆发式剧增，但在金融业创新业务发展得沸沸扬扬之际，一系列的诸如 P2P 暴雷等事件也让人们认识到互联网金融背后存在的层层风险。互联网本身的弱物理性使其不可避免地存在低风险可控性和高不确定性，如何很好地利用、引导、规范这个日益发展壮大的传媒或者平台，使其在目前以及未来世界的社会政治、经济、文化交流合作中发挥应有的积极公正能量，是每一个负责任的世界命运共同体高度关注和孜孜以求的。应不应该踏足互联网金融深水区，怎样在这一暗潮汹涌的局面下规避风险，不仅事关个体投资人的财务决策，更关系到我国市场经济体制下革故鼎新的下一步动向。在这一背景下，互联网金融监管这一词汇逐渐为人们所重视，并成为防治互联网金融犯罪的关键环节。

互联网金融开展初期，存在诸多的管理和法规盲区，不法分子通过互联网渠道实施非法吸存、集资诈骗、网络诈骗等经济类犯罪行为。同时一些金融机构互联网金融衍生品也频频出现各类风险事件，导致 2015 年以来各地涉及互联网金融犯罪的案件数量、涉案人数以及涉案数额激增，在这一不良态势下，互联网金融监管的动态实时性、预警预见性、强制性、可量化性逐渐被各界提到议事日程上来，由于目前我国对于互联网金融所实施的监管主要集中在行政法律和行业内部规范中，有论者指出在这两者不能够或不足以有效防范与遏制互联网金融犯罪情形下应当引入刑事法规进行进一步规制。本节拟从现行互联网监管对象和相关政策法规文件入手，通过探析互联网金融交易中风控机制的有关漏洞成因，在分析刑法对于互联网金融监管的提前介入可能性的基础上，试提出一些完善建议。

一、互联网金融监管之对象

当我们论及互联网金融监管的有关内容时，明确实施监管行为所对应的对象这一问题显得尤为关键。众所周知，互联网金融作为一个方兴未艾的产业，其涉及的业态范畴并不同于目前的传统行业一般可以预测和把握，甚至因互联网技术和金融市场二者的进一步融合而呈现出日渐复杂和纵深的态势。在这一蓬勃发展的背景之下，由于各类不法分子各种钻空子、打擦边球，互联网金融犯罪的风险也在各个环节中逐渐显露。能否把握互联网金融环节的各类风险，对于我们防治和解决相对应的犯罪行为的发生有着至关重要的意义。加之，目前我国刑法对于金融网络犯罪的规制仍抱持轻缓的倾向，尽管在市场准入、行为类型等方向上有较为明确的规制，但是对于这一行为的概念归类还不甚成熟，因此，将对于这一概念的界定作为我们进行互联网金融监管的前置问题显得尤为重要。

（一）互联网金融犯罪概念

鉴于互联网金融犯罪的互联网+金融+犯罪三重属性，我们在对前者的概念进行定性时应当适度借鉴后两者的有关内容。由于金融犯罪的样态与本罪更为接近，因此本节主要以金融犯罪的定义路径为参照来展开论述。

首先，金融犯罪概念肇始于20世纪90年代以各种"决定"形式出台的各项单行刑法，[①]归纳出集资诈骗罪、信用卡诈骗罪、擅自设立金融机构罪等罪名。在1997年刑法出台之前，由于各项罪名尚未成体系化、框架化，因此在学界和实务界鲜见"金融犯罪"的有关系统论述。随着金融风险的进一步加大以及涉及金融业务的犯罪行为的占比提升，我国在1997年刑法中首次在理论层面对"金融犯罪"这一概念的内涵和外延进行了划分和界定，迄今为止，我国刑法对于金融犯罪的类目划分已有十几种。[②]通过对这些罪名的研究我们不难发现，目前对于金融犯罪的划定主要是作为相关立法的配套刑事手段出现的，根据相关行政立法的修改而调整或增加的。因此，刑法对于金融犯罪的规制不可避免

---

①　刘宪权：《我国金融犯罪刑事立法的逻辑与规律》，《政治与法律》2017年第4期。

②　马滔、李玉花：《金融犯罪研究综述》，《人民检察》2001年第2期。

地会呈现出滞后性的特质。① 在面对诸如涉及互联网+这一新兴领域与传统金融犯罪发生融合衍变的情境下，司法人员在适用法律时在找寻罪名上会存在一些困惑。由此，本节所持的立场是从广义范畴对金融犯罪进行划分，认同只要发生在金融领域，与金融从业主体、金融业务相关，对我国现行金融市场秩序造成破坏的行为均属于金融犯罪。②

基于对金融犯罪概念的广义解释，本节对于互联网金融犯罪的定义也持相近态度。即互联网金融犯罪是指通过互联网实施的金融犯罪行为。有学者主张网络仅仅是时代发展下对于金融犯罪的进一步扩充，③ 在此笔者认为不能将互联网金融犯罪的概念理解为简单的手段+法益的构成模式，而需要充分把握互联网金融作为一个整体的金融创新概念的地位。换言之，互联网金融是对传统意义上金融概念在交易方式、服务主体等范畴上的创新和扩充，④ 其核心是在金融交易过程中消减传统金融机构的市场主体地位，相对应地将以往的非金融个体行为互联网化，以实现"自金融"。⑤

(二) 互联网金融犯罪特征

1. 客体的复杂性

互联网金融犯罪与传统金融犯罪相比，在犯罪对象上主要体现为对个人征信以及大数据的滥用。由于互联网产业的开放性和高度流通性特质，该类犯罪通常是将不合理的违法违规利用获取的个人

---

① 毛玲玲：《金融领域刑事司法状况的实证考察与启示》，《法学》2014 年第 2 期。

② 毛玲玲：《金融领域刑事司法状况的实证考察与启示》，《法学》2014 年第 2 期。

③ 刘筱攸：《伪互联网金融起底：传统渠道大搬家》，《证券时报》2013 年 11 月 20 日，第 6 版。

④ 周芬棉：《互联网金融应设定准入门槛》，《法制日报》2014 年 6 月 23 日，第 6 版。

⑤ 万志尧：《互联网金融犯罪问题研究》，华东政法大学 2016 年博士学位论文，第 24 页。

信息进行开户、交易作为后一行为的预备行为，此处获取的他人信息不论是否经合法手段获取，换言之，只要是将数据征信用于提供者未授权的领域的行为，均会带来较大的犯罪风险。

在这里有学者主张将大数据征信作为刑法中的财产权进行保护，尽管刑法中财产的外延已有逐步扩充到智力成果以及虚拟财产的趋势，① 但是适用侵财犯罪的有关条款显然是不恰当的。尽管将个人信息数据视为财产有助于将这类行为进行简单的类型化考量，但不可回避的是个人信息的滥用相较于侵犯财产罪，实际上是对于社会管理秩序的一种侵害。我国刑法中对于伪造、变造、买卖身份证件罪，使用虚假身份证件、盗用身份证件罪的有关规定也表明身份信息目前尚未被评价为刑法中的财产。在 2011 年最高人民法院、最高人民检察院《关于办理危害计算机信息系统安全刑事案件应用法律若干问题的解释》中，也明确将获取支付结算、证券交易等身份信息的行为规定为非法获取计算机信息安全犯罪活动的加重情节，纳入妨害社会管理秩序罪的范畴。因此笔者认为在对个人信息侵犯的法益进行定性时，不可轻易转向简单地依照危害结果定性的判断模式。由此可见，倘若将获取个人信息征信的行为视为互联网金融犯罪的预备行为，那么该行为必然会触犯到社会管理秩序、市场经济秩序以及公私财产利益等多个客体，这也使得互联网金融犯罪的社会危害性不容小觑。

2. 主体的扩张性

相较于传统金融业务中国家的突出作用，在 2014 年政府工作报告中明确提倡鼓励互联网金融创新，通过非金融机构大规模涌入互联网金融市场，借助 P2P 网络借贷、互联网资产管理、第三方支付等开展相关业务。与以银行业、保险业等为代表的传统金融持牌机构相比，非金融机构在涉及互联网金融领域时由于缺乏对应规制而更易触犯相关的刑事规范，对于该平台下合法开展的业务因缺少风险控制和监管经验也更难对用户的行为适法与否进行及时、准

---

① 吴汉东：《财产权客体制度论——以无形财产权客体为主要研究对象》，《法商研究(中南政法学院学报)》2000 年第 4 期。

确的评判。在金融创新的名义下实施诸如非法吸收公众存款、金融欺诈行为等触犯刑法的活动，对于互联网金融业态的健康发展造成了严重不良冲击。① 加之 2020 年互联网金融监管明确了持牌金融机构的唯一主体地位，非金融机构可能会涉及的互联网金融犯罪风险更趋于隐蔽化，因此在对传统的金融机构的监管职责进行明确的同时，不能放松对于非金融机构涉及互联网金融业务的监督和管理。

在此我们需要认识到，互联网金融犯罪本质上仍具有金融业务风险中的突发性、隐蔽性特征，② 然而因其与互联网的密切结合使得这一类犯罪的行为模式中不可避免地会经历在各类金融机构开户、支付、结算的环节，这也使得对于互联网金融业务的提前介入和风险防控，有效避免互联网金融犯罪的发生成为可能。

二、互联网金融监管之现状

(一)现行监管政策综述

随着 2013 年第三方支付、P2P 平台爆发式增长，首家互联网保险、互联网银行先后成立，余额宝和微信支付上线，标志着我国互联网金融业开始蓬勃发展。2014 年在政府工作报告中提及这一概念，并且提出要促进互联网金融业健康发展，随后的 2015 年将互联网金融定性为"异军突起"，开启了各类征信业务机构遍地开花的序幕。蚂蚁花呗的上线以及当年春晚中微信红包的广泛提及与运用更在社会生活层面为互联网金融走入公众生活提供助力。2015年 7 月，中央人民银行等十部委联合发布《关于促进互联网金融健康发展的指导意见》，确定了互联网金融监管的部门职责范围，将互联网金融正式纳入监管框架。随后证监会与央行又先后出台关于互联网股权融资活动以及非银行支付机构的有关政策，引导互联网

---

① 最高人民检察院《关于办理涉互联网金融犯罪案件有关问题座谈会纪要》（高检诉［2017］14 号）。

② 中国人民银行等《关于促进互联网金融健康发展的指导意见》（银发［2015］221 号）。

金融良性发展。

2016 年，由于互联网金融风险事件频发，政府对于该行业的态度逐渐转为规范发展，监管文件密集出台，重点对 P2P、互联网资产等问题进行整治。2016 年 8 月，央行等十部委率先对于网络借贷行为制定十三条禁令，对于网络借贷行为信息中介机构实施负面清单制度。随后，国务院办公厅对于股权众筹、网络借贷等风险提出了整治方案，原银监会顺势跟进，将网络贷款机构进行区别划分，其中异化为信用中介的网贷机构按要求整改，整改不到位与涉嫌非法集资活动的坚决实施市场退出。同时，《通过互联网开展资产管理及跨界从事金融业务风险专项整治工作实施方案》也从主体层面对互联网企业的准入门槛进行了提升，对缺乏资质或业务不规范的主体进行了及时的清查。在校园贷问题上，国家明确叫停网贷机构进入市场，将大学生群体贷款的发放权严格限制在商业银行和政策性银行手中，并且对当前全部的网贷中介机构进行全面备案登记。

2017 年，在政府工作报告"高度警惕风险"的定性下，监管部门对互联网金融的整治力度进一步加大，准入门槛进一步提升。在对网络借贷问题的进一步补充规制的同时，对互联网金融主体无证经营、发放代币的行为也进行了规制，禁止虚拟货币在市场上的流通使用。[①] 针对"现金贷"业务进一步收紧监管，对涉及该项业务的网络主体进行严格规制。与此同时，在规范非银行金融机构和网络中介平台之余，还明确了银行业存管业务的界限和责任范围。

2018 年严监管时代到来，对于互联网金融业务主体提出更加具体的要求，规定未经许可的主体不可涉足互联网金融领域，包括公开发行、销售资产管理产品，以该方式公开募集资金的行为被明确划分为非法金融活动，具体可触犯非法集资、非法吸收公众存款、非法发行证券等罪名。同时进一步明确资产管理业务的特许经营地位。在加强对非金融机构监管的同时，也对银行等金融机构的

---

① 潘艾莹、王金荣：《互联网发展下的金融监管问题探究》，《现代商业》2021 年第 18 期。

责任范围进行了划分。

2019 年以来互联网金融行业持续出清，对互联网贷款发放机构进行分类处置，以机构退出为指导目标，将统筹互联网金融监管的职责明确划分到央行的工作范围。除此之外还提出运用数字化等金融科技手段，不仅要运用金融科技手段提升金融风险的识别、预警处置能力，还要在把握安全可控、守住不发生互联网金融风险底线的原则指引下开展互联网金融业务，更加凸显互联网的助力作用，使互联网科技作为底层驱动力为金融服务。

2020 年作为互联网金融治理的重要节点，在之前对于非金融机构进行全面规范整治并且取得显著成效的基础上，政府部门开始对传统金融机构的互联网业务进行规范治理。主要体现在对商业银行主体实施互联网贷款行为进行集中化管理和全面的风险评估，明确互联网保险的有关定义，将互联网保险业务的开展主体限定在传统保险机构中等。国家的"十四五"规划和 2035 年远景目标，特别提出了建立数据资源产权、交易流通、跨境传输和安全保护等基础制度和标准规范，保障国家数据安全，积极参与数字领域国际规则和标准制定。

2021 年以来，更是明确了商业银行通过互联网开展存款业务的有关事项，细化互联网金融领域银行发放贷款业务的有关监管路径，互联网金融活动已经完全被纳入监管范畴。

(二) 当前监管的不足

1. 金融市场准入监管的滞后性

鉴于互联网金融业务风险较高、牵涉群体较广的特性，在市场准入门槛这一步骤上对互联网金融业务可能从事的行为主体进行限缩，是互联网金融监管的题中之义，以此能够有效防止资质不足的公司和网络平台进入该领域，对于防止互联网金融犯罪的发生也有着关键作用。与金融市场准入门槛配套的两项制度为备案制和特许制，在此我们需要对两种规制思路进行分别讨论。

首先是有关备案制的适用可能。所谓备案制是指获得行业经营资格的主体，倘若想从事某些属国家特别规制的业务时，需要向有关的行政部门进行备案登记。然而备案的过程中不会涉及对于该机构的征信状态的审查以及经营能力的评价，仅通过行政手段对该企业从事的业务范围进行扩充意义上的登记备案，在备案后监管部门有权对这类企业进行评估，并且根据其风险程度大小在网站上予以公布。由此我们不难发现，备案管理制度明显侧重对事后行为的监管，换言之，在这一制度背景下，监管机构主要发挥"登记簿"的作用。对于登记的具体内容无法实时准确地作出评估，这不可避免地会导致部分机构在备案进入市场后，在监管机构未给出相关风险评级指导意见之前的业务监管陷入真空。一方面，其合法业务的开展会由于投资者的保守观望而形成阻滞，另一方面，也可能运用该时间差通过经手大量资金流来进行洗钱行为。为便于监管机构在审理备案时的工作，行政法规往往会配套设置负面清单，如 2016 年8 月央行出台的对于网络借贷行为的 13 项禁止行为，然而在设计负面清单的同时也意味着除该 13 条禁止行为以外的业务均可以涉足。但是随着互联网技术的日新月异以及互联网金融创新的不断涌现，仅仅通过负面清单是很难穷举可能会涉及的高风险的业务活动的。由于互联网金融监管的主要抓手是金融环节，而金融监管的着重点即为市场的准入制度，因此也有学者认为，现行的备案制+负面清单制度不能被视为准入管理机制，并不能够及时有效地解决尤其是互联网贷款业务中的机构资质问题。[1] 因此针对备案制下对于主体审核较为宽松的制度设计，与此相对的特许制则显得可有所为。

特许制相较于前者显得更为严苛，在金融监管领域主要表现为对于所有涉及公众资金的金融行为都需要获得监管部门的特别许可。[2] 国家对这一制度主要运用在对商业银行[3]和证券业[4]的从业

---

①　李有星、金幼芳:《互联网金融规范发展中的重点问题探讨》,《法律适用》2017 年第 5 期。

②　赵渊、罗培新:《论互联网金融监管》,《法学评论》2014 年第 6 期。

③　《商业银行法》第 11 条规定,未经中国人民银行批准,任何单位和个人不得从事吸收公众存款等商业银行业务。

④　《证券法》第 10 条规定,未经(国务院证券监督管理机构或者国务院授权的部门)依法核准或者审批,任何单位和个人不得向社会公开发行证券。

准入上。以刑法的非法吸收公众存款罪为例，该罪的行为方式中第一条就明确了本罪规制的行为主体未经有关部门的批准而从事吸收公众存款的行为。由此可见，未经监管者许可即从事有关业务被定性为非法行为，只要在进入市场时没有经过金融监管机构的有效授权，不问其事后行为是否有违法性和危害性，因其"来路不正"就应当被否定评价，在受到有关行政处罚的同时也可能触犯刑法。

在我们肯定特许制对于互联网金融监管的重要作用的同时，也不能回避这一制度在实际运用时会面临诸多问题，主要表现为对创新性金融服务反馈的不及时和工作效率的低下。

首先，面对互联网金融行业的技术变革下各项金融产品如雨后春笋的态势，倘若始终以国家特许经营作为进入行业开展业务的根基，虽对于打击互联网金融犯罪行为有着积极作用，但不可否认对于新兴业务的态度容易出现一刀切的否定性评价。如上文对于网络借贷有关法规和政策的演变过程，尽管 P2P 在 2021 年实现了全面清零，但在这项业务刚刚出现在互联网金融市场时，对于部分主体的资金融通、盘活小微企业发挥了重要作用。目前，我们对于网络借贷的否定性评价主要是源于监管缺位下，面对网络贷款治理难困境，对于开展该业务的平台实施全面清退。实际上监管机关当时在面对这一问题时采取了暧昧模糊的态度，运用了上文提及的备案制+负面清单的方式。究其根本，是由于监管机构和互联网金融从业主体都意识到全面实施准入制会带来的批准滞后和能力的局限性。因此，监管者对于互联网金融创新业务选择作适度妥协，通过使用"观察阶段"[1]的表态对未知新事物进行消极管控。同时加之经济主体对于相关政策了解的缺失，这在一定程度上导致了互联网金融机构打着创新的幌子实施危害金融管理秩序、具有严重社会危害性的犯罪行为。

其次，假如对每一个进入互联网市场的金融主体统一进行严格

---

① 朱丹丹、崔天醍：《央行官员定调"观察期"互联网金融短期难纳入监管》，《每日经济新闻》2013 年 12 月 5 日，第 1 版。

的特许制筛查，由于互联网的高度开放性和兼容性，在万众创新的背景下，要求所有个体在进入市场之前都要通过监管部门的许可，且不谈互联网金融个体的主动申报的自觉性高低，仅从监管机构层面就会面临巨大的工作负担，不但在互联网金融监管上会显得力不从心，其他各项工作的开展也会难以为继。

2. 金融平台信息披露制度的不足

在互联网金融企业和网络平台进入行业门槛之后，对于这些主体的监管思路主要是通过加大信息披露力度实现的。相较于传统意义上的金融活动，与互联网结合后生成的这一新型行业对于经营中交易信息的数量、质量以及效率提出了更高的要求。由于现代金融市场中散户众多，规避风险意识参差不齐，当有关信息在交易者之间存在不对称时，极有可能诱发各类风险。如获取信息的一方为了个人利益可能向尚未获取到有关信息的"劣势方"隐瞒甚至提供虚假、不完整信息，不仅使得占据劣势信息地位的一方承担交易面临的全部风险，[1] 还有可能触犯诈骗罪等传统刑法侵财犯罪，对于互联网金融的健康发展百害而无一利。在互联网金融活动中，信息不对称往往会触发代理问题和道德风险。[2] 信息披露的主体通常情况下正是处于实际的代理人地位的企业或平台。例如在网络贷款的互联网金融模型下，个体投资人作为委托人，很难对代理人的投资行为以及资金流向进行及时的观测，这就会加强代理人实施机会主义行为的概率。[3] 换言之，如果互联网金融机构对于该服务可能涉及的风险对投资人进行提前如实告知，投资人就更有可能审慎选择投资行为，便可能导致该业务的需求量有所减少，不利于金融机构自身的利益。因此金融机构会在信息披露的过程中通过规避或使用替代性敏感词的方式来进行断义不清的产品和销售的宣导。需要明确

---

① 董成惠：《从信息不对称看消费者知情权》，《海南大学学报（人文社会科学版）》2006年第1期。

② 刘倩云：《我国互联网金融信息披露制度研究》，《北京邮电大学学报（社会科学版）》2016年第4期。

③ 刘倩云：《我国互联网金融信息披露制度研究》，《北京邮电大学学报（社会科学版）》2016年第4期。

的是，信息披露不及时、不充分现象的出现不是与互联网金融这一新兴业态伴生的，而是早已长久存在于传统的金融交易活动，尤其是在投资市场。互联网的加入使得投资者更难在良莠不齐的互联网金融产品中辨别真假，如实践中部分网络平台在互联网金融的外壳下实施非法集资和诈骗行为。

在明确信息披露制度对于互联网金融活动的重要意义之后，从国家出台的有关行政法规的有关分析中，我们不难发现，我国现行的互联网金融信息披露在运作过程中存在较大的漏洞。主要面临的是成本较高的问题。通常而言，在传统的股票募集业务中，金融主体只有能够明确通过这一招股行为募集到意向资金并获取可观收益时才会选择负担信息披露所需的时间和金钱成本。然而互联网金融活动虽然受众广泛，但开展互联网金融业务的企业体量明显不及前述能够在公开的金融市场"登堂入室"的企业，其规模和资金储量相对较小，在此我们暂不对互联网金融业务的从业主体是否应当具有相当的业务规模进行讨论，假如对这类主体统一采用传统的、大体量的金融信息披露模式则有可能阻碍金融创新的步伐。

(三)刑法介入监管的困境

1. 识别困难

2015 年中国人民银行联合十部门发布的指导意见①对于互联网金融的主要范围进行了划定，明确其内容涵盖网络借贷、互联网基金销售、股权众筹融资、互联网信托、互联网支付、互联网销售金融以及互联网保险。由此可见，互联网金融行为涉及各类金融业务，在便利社会个体进行投资和合法收益的同时，也不可避免地带来了一系列新的风险。例如网络借贷(P2P)的行为模式与我国刑法中关于非法吸收公众存款罪的要件存在着高度重合。因此也有学者主张网络借贷行为本身就是违法犯罪行为的变体，实际上不能否定

---

① 中国人民银行等《关于促进互联网金融健康发展的指导意见》(银发[2015] 221 号)。

其非法集资的本质属性。① 然而在互联网金融行为刚刚兴起之时，在政策鼓励和支持互联网金融创新的大潮之下，尽管不乏非金融机构向专业法律从业人员进行业务风险的评估与咨询，然而由 2015 年互联网金融案件井喷性爆发可见，当时无论是监管部门的"特许制"监管手段或是社会主流媒体对这类金融创新行为的提倡态度一定程度上加强了投资者对于 P2P 平台的信任，也说明了这类创新行为与犯罪之间的界限并不是泾渭分明的，即使是专业法律工作者也会在识别互联网金融创新的过程中感到困惑。当然，互联网金融的参与主体与传统的非法吸收公众存款罪的受害者也不能一概而论。与后者相比，P2P 平台的投资群体除老年人等公认易受骗群体之外，更不乏高学历、高收入群体的身影，② 部分投资者是由于相信"天上掉馅饼"而贪图高利因此受到资金损失。有观点将这一行为同样评价为对于市场金融秩序的破坏，并且认为对该群体利益的保护会不利于社会的公平正义，③ 加之金融投资的"利滚利"特性，导致对于互联网金融借贷有关犯罪行为的数额认定显得尤为困难。因此，无论是在事前刑事合规或是事后的责任认定上，前瞻性和可量化性仍旧是刑法监管不可回避的关键命题。

2. 数据庞杂

根据中国人民银行的有关数据，2021 年第一季度，银行共处理电子支付业务④610.18 亿笔，金额 710.08 万亿元。其中，网上

① 彭冰：《投资型众筹的法律逻辑》，北京大学出版社 2017 年版，第 265 页。

② 毛玲玲：《金融领域刑事司法状况的实证考察与启示》，《法学》2014 年第 2 期。

③ 非法集资犯罪问题研究课题组：《涉众型非法集资犯罪的司法认定》，《国家检察官学院学报》2016 年第 3 期。

④ 银行处理的电子支付业务量是指客户通过网上银行、电话银行、手机银行、ATM、POS 和其他电子渠道，从结算类账户发起的账务变动类业务笔数和金额。其中，网上支付是指客户使用计算机等电子设备通过银行结算账户发起的业务笔数和金额。移动支付是指客户使用手机等移动设备通过银行结算账户发起的业务笔数和金额。

支付业务 225.34 亿笔，金额 553.50 万亿元，同比分别增长27.43%和13.54%。① 银行业作为传统的金融从业机构，有着较为完备的监管体系和风险控制部门，但在互联网金融交易数量并喷的态势下，仍然在数据调度和处理上对金融机构造成了较大冲击。

与此同时，根据《天弘余额宝货币市场基金2019年半年度报告》，仅在2020年，作为互联网金融业务中的非金融机构平台——余额宝的持有人户数高达690446597户，其中个人投资者占比高达99%。作为依托支付宝平台开展业务的互联网金融平台，余额宝每日经手数额极其庞大，资金流在极其复杂的网络平台支付流转，这使得不法分子抓住时间差，对短暂停留在资金池的在途资金进行违法犯罪活动成为可能。与此同时，互联网高度流通的特性也给公安机关对这类犯罪行为的提前介入和实时监管造成了困难。尽管如上文所述，互联网金融犯罪因其资金的可追溯性，便于公安机关在处理相关犯罪时从账户的支付和结算一端入手，但究其方式主要是便利了事后的侦查和追赃工作，仅仅对于大数据筛选出的可疑资金往来进行分析就需要付出巨大的人力和智力成本。如何把握庞杂的数据信息、对于其中可能隐藏的风险进行准确识别，并且及时作出反应是目前互联网金融监管面临的重要问题。

3. 刑法的谦抑性

首先，刑法谦抑性原则要求受到刑法管控的犯罪行为应当具有严重的社会危害性，且超出一般理性人所能容忍的界限。其次，刑法谦抑性原则要求除了刑法手段能够对此种犯罪行为加以规制以外，不存在其他替代性措施能够达到同样的效果。再次，刑法谦抑性原则要求适用刑罚手段惩罚此类犯罪行为不应当过分地限制公民自由，也不应当对社会中无害的活动造成损害。然后，刑法谦抑性原则要求刑法的适用应当是公允且无偏差的。最后，刑法谦抑性原

① 中国人民银行：《2021年第一季度支付体系运行总体情况》，http://www.pbc.gov.cn/goutongjiaoliu/113456/113469/4260419/index.html，访问日期：2021年8月10日。

则要求运用刑法制约犯罪行为不仅仅要起到惩罚的效果，还需要起到预防再犯的效果，对于那些适用刑法不能预防再犯的犯罪行为，如果用其他方式能够预防，就不应当适用刑法。

在互联网金融监管领域，目前已经存在较为完备的金融以及互联网监管的有关法律法规和部门规章体系。假如将互联网金融监管纳入刑法的体系范畴，需要首先明确监管行为可能会涉及多个部门法律和各项法规，换言之，互联网金融监管中应被规制的不适法行为往往呈现出二次违法性。因此只有金融主体的活动先违反了诸如互联网金融行业准入规范等监管规范时，才能够动用刑事法律作出否定性评价。在这里需要明确的是此处的二次违法与二次追责存在本质区别，对于这类行为的刑事处罚并不以行政违法性的认定作为实务中的前置条件，在有关部门没有作出行政处罚决定的情形下并不妨碍刑法对于行为违法性的认识。其次，基于上文讨论的刑法的谦抑性特质，在现行的互联网监管的行政法规+行业规范构筑的双重监管体系之外，是否有必要在通过行政处罚或财产处罚等替代性措施能够达到惩罚和预防再犯目的问题上依然呼吁刑法的介入显然是值得商榷的。再次，鉴于当前互联网金融犯罪大多被定性为非法经营、非法吸收公众存款等较为模糊的"口袋罪"，只要是未经国家许可的非金融机构，只要涉及期货、证券以及结算业务即会被认定为非法经营罪。且不谈行政法规能否对日新月异的互联网经济发展作出及时反馈，仅从社会一般群体的认识水平来说，在一个事物方兴未艾之时很难对其性质作出明晰的定位，更遑论能够准确评价其是否具有严重的社会危害性了。其次，从当前我国的政策立场来说，对于互联网金融采取的立场是全面监管而非全面否定，这也表明这一业态仍被评价为有价值的行业创新行为。因此刑法在对互联网金融活动进行规制时要把握限缩立场，否则可能会阻碍甚至扼制金融创新的步伐。最后，如上文所述，刑法对于有关金融犯罪兜底条款的扩张适用已经对刑法体系的明确性和针对性造成了挑战，在这一情形下不悬崖勒马进行克制，反而仍旧采取激进扩张的态度，会对刑事法律自身的公平正义带来威胁。

三、刑法保留下的互联网金融监管体系之确立

(一)刑事法律可涉足范围

由于互联网金融监管是对于可能发展为犯罪的行为之提前介入，对这一行为的前置判断倘若太早被纳入刑法规制的范畴则易导致司法资源的严重浪费。同时，刑法的谦抑性并不意味着刑法对于互联网金融行为带来的风险的一味退让。因此在把握刑法对互联网金融监管的涉足范围这一问题时需要更加谨慎。

首先是将互联网金融活动中存在且可能导致严重刑事风险的行为纳入刑法规制的范畴。这些犯罪根据实施主体划分可以分为由网络服务提供者实施行为与互联网金融活动参与者实施犯罪。对于前者而言，有学者主张可分为利用互联网金融平台实施合法业务风险与实施犯罪行为风险。[①] 具体而言，分别涉及非法经营罪、非法吸收公众存款罪、集资诈骗罪以及洗钱罪、挪用资金或职务侵占罪、诈骗罪等刑法中不同章节中的犯罪，侵害的法益也有公私之分。由此可见，对互联网金融行为进行适当的刑法介入是必要的。面对目前的刑法条文对新型的互联网金融犯罪的规制显得有些力不从心的情况，有学者指出，为弥补刑事立法的滞后性，应当采用刑罚积极主义立场，在不违背罪刑法定原则的前提下，最大限度地扩充立法，通过加快出台各项刑法规范来适应互联网金融发展现状,[②] 对此不免有过犹不及之嫌。尽管扩大刑法规范的供给在理论层面会为司法部门在实务操作中提供更明确的指引，对互联网金融主体的行为也会有指引和预测作用，但是正如上文所述，由于刑事立法的谦抑性本源和兜底性特质，无论出台多少刑事法规，实际上都是对于这类犯罪行为给予事后的评判和管制，并不能从源头上预防和遏制

---

① 刘宪权：《论互联网金融刑法规制的"两面性"》，《法学家》2014 年第 5 期。

② 付立庆：《刑罚积极主义立场下的刑法适用解释》，《中国法学》2013年第 4 期。

互联网金融犯罪的频发。同时，由于互联网金融活动随着时代的发展不断出现新的变体，倘若尝试对所有可能造成刑事风险的业务活动都进行刑法层面的规范扩充，则会对立法机构的其他日常工作造成影响。除此之外，刑法的规定通常伴随着刑罚的执行，而刑罚天生的严厉性使其在惩戒新兴领域的犯罪行为时必须格外谨慎，因此即使出台相关刑事法规，对于金融主体在"试错"过程中实施的，可能触犯刑法的某些行为能否和传统犯罪的刑罚采取同样的力度也是值得讨论的问题。刘宪权教授据此主张应当对利用互联网金融平台实施适法行为时不慎触犯刑法的行为从宽管理，即对非法吸收公众存款罪，擅自发行股票、公司、企业债券罪，集资诈骗罪和非法经营罪的有关规定进行部分限缩，以促进互联网金融的良性发展。除此之外，还可以采用指导案例的形式，通过对具有必要性、典型性案件的审慎处理，对各级司法机关的工作进行指导，在避免对金融创新带来不利影响的同时发挥刑法的最后防线作用。

（二）行政监管完善思路

1. 明确互联网金融监管主体

在互联网金融蓬勃发展的背景下，很多企业在进入这一市场时为抢占先机、开拓市场，并没有对自己的业务范围进行明确的标识，这也导致了互联网金融领域混业经营的现象普遍发生。在我国传统金融监管格局下，通常是由中国人民银行牵头，银监会、保监会、证监会各自开展监管业务。但互联网金融行业的交叉与融合程度的加深意味着对这一行业的监管不能再固守传统金融监管体系，而应当通过对于互联网金融风险设立一个统一的监管平台，通过混业监管的模式提升监管效率，避免重复交叉监管。美国作为目前实施混业监管较为成功的国家，① 表明了这一监管模式是具有可行性的。因此我国在建设统一监管平台时可以适当借鉴有关经验，为互联网金融主体准入审批和风险控制提供便利。

---

① 尹海员、王盼盼：《我国互联网金融监管现状及体系构建》，《财经科学》2015 年第 9 期。

2. 完善信息披露制度

首先，互联网金融机构应增加对实质性要素的披露。通过及时向投资者公布经营活动与财务数据的有关信息，对于投资风险进行详细告知，使得投资者对于自己的每一笔资金流向有清晰的了解，充分了解互联网金融机构的经营状况以作出投资调整，保护互联网金融投资者的信息获取权利。其次，应当出台统一的信息披露标准，在建设统一监管平台的基础上由其出台相关政策，在广泛听取互联网金融活动中各项主体诉求后对于需要披露的信息进行明确界定，形成行业规范。在这里需要注意这一标准的制定要充分考虑部分参与主体在规模上的区别，采取就低不就高的原则来制定操作便捷、可行性高的互联网金融信息披露模式。最后，对于违反信息披露制度的企业和个人明确法律责任，对于应披露而不披露、虚假披露的行为作出相应的行政处罚。对此可以采用集团诉讼的模式，由一个或数个投资人代表全体向法院提起诉讼，① 通过后续的行政处罚或民事手段保障互联网金融信息披露制度的进一步落地。

四、结语

互联网金融监管作为互联网金融风险的衍生概念，在实施过程中需要充分考虑互联网金融这一新型业态的特征，在制定监管方案时应本着适度宽松的原则，为金融创新提供较为舒适的空间以促进其健康发展。由于刑法对于互联网金融犯罪的监管有着不可回避的滞后性和严厉性，仅仅发挥刑法的作用对于规制这一行业收效甚微，甚至还有可能会阻碍金融创新的步伐。最近，国家重磅出台的《个人信息保护法》，互联网信息办公室启动的清朗、商业平台和自媒体违规采编发布财经类信息专项整治工作，以及对互联网信息服务算法推荐管理规定公开征求意见，都旨在聚焦突出问题靶向施策。因此，笔者认为构建良好的互联网金融监管体系，应当以行政监管为主克制刑法介入，通过发挥刑法的红线作用对现行的监管模式进行必要补充，共同推进互联网金融态势持续向好。

---

① 熊进光、邱灵敏：《互联网金融信息披露监管制度的构建》，《甘肃社会科学》2018 年第 2 期。

第三章　互联网金融犯罪的构成与形态

第一节　互联网金融犯罪的法益侵害[*]

改革开放以来，我国社会经济得到了极大的提升，也促进了科技的进步与革新，尤其是使互联网得以广泛普及和发展。但互联网技术可以说是一把双刃剑，其在给人们的社会生活创造极大便利的同时，也促使了新的犯罪现象产生。这种新型犯罪在金融领域中的表现便是互联网金融犯罪。所谓互联网金融犯罪，顾名思义，指的是行为人运用互联网技术所实施的一种危害公共财产及金融秩序的犯罪行为。随着互联网技术的日益发展，不法分子开始将其作为工具和手段实施犯罪行为，尤其是在金融市场领域，利用互联网技术实施的犯罪愈加凸显，给我国的金融管理秩序以及公民的个人财产带来了极大的威胁。与传统金融领域的犯罪相比，作为一种互联网和金融相结合所产生的犯罪，互联网金融犯罪的法益侵害具有其自身的特征。而明确互联网中法益侵害的核心在于厘清互联网金融犯罪中的保护法益。同时，刑法的目的在于法益的保护，互联网金融犯罪中保护法益的界定对实现刑法的目的，维护我国互联网金融市场的健康发展以及互联网金融参与主体的合法权益具有重大的意义。所以，本节拟通过梳理法益的基本理论，逐步探析互联网金融犯罪的法益侵害。

---

[*] 本节由中南财经政法大学博士研究生陈立负责文献综述工作。

一、法益的概念及其范畴

(一) 法益的概念

比恩鲍姆最早在法益侵害说中提出了法益的概念，他将法益理解为由法规范所保护的"法的财"，虽然没有明确使用"法益"这一概念，但"法的财"从实质上来理解就是法益。① 此后，主张法益侵害说的学者们则阐释了对法益的理解，代表学者是宾丁和李斯特。宾丁认为法益是立法者眼中一种对构建法共同体有价值的生活条件，包括人、物、状态、环境等。② 李斯特指出，法益是在生活中产生，由法所保护的一种利益。犯罪即为对法所保护的利益的侵害，这种利益并非源于实定法，而是来自生活本身，通过法律的保护上升为法益。③ 可见两者对法益的理解并不一样，前者将法益视作"状态"，源于立法者的价值判断，法益内容与实定法是一致的；后者将法益视作人的生活利益，源于社会生活而不是实定法，其先于实定法存在。针对法益概念的讨论，20 世纪以后依旧相当热烈，尤其体现在精神的法益概念和物质的法益概念之争中。德国学者霍尼格倾向于精神化的法益概念，认为法益是由各项刑法规范所认可的立法目的，是刑法解释和概念构成的目标。④ 而威尔泽尔则构建了物质的法益概念，他认为法益不是法规范本身，而是法规范保护的对象。这种由法规范保护的东西涉及财产、身体一样的实在物、他人的身体举止等。这就使得法益的内容趋向物质化。⑤ "二战"

① 参见张明楷：《法益初论》，中国政法大学出版社 2000 年版，第 19 页。

② 参见贾健：《刑法法益理论的流变与实质》，《理论导刊》2015 年第 5 期。

③ ［德］李斯特·施密特：《德国刑法教科书》，徐久生译，法律出版社 2006 年版，第 6 页。

④ 参见张明楷：《法益初论》，中国政法大学出版社 2000 年版，第 94 页。

⑤ 参见张明楷：《外国刑法纲要》，清华大学出版社 2016 年版，第 56 页。

后，法益侵害说得到了绝大多数学者的支持，逐渐成为学界关于犯罪本质理论的通说。同时，越来越多的学者逐渐认可了物质的法益概念，特别以日本诸多学者为代表，如内藤谦、伊东研佑等。因为他们认为精神化的法益难以遭受损害，即使受到损害也难以进行评价，而物质化的法益作为评判行为具有违法性与否的客观标准有助于发挥法益概念的机能。

现今，虽然各国刑法学者都对法益的概念提出了自己的见解，如罗克辛认为法益是社会制度范围内有益于个人自由发展及制度的机能的现实与目标设定。内藤谦认为法益是宪法框架下，由刑法所保护的生活利益。伊东研佑认为法益具有两层意义上的内涵，一是由宪法所构造的一种对社会成员必不可少的生活条件，二是由法规范所保护的客观对象。① 从他们对法益的表述来看，其对法益的理解存在一定的争议，具体涉及以下几点：第一，法益是精神的还是物质的；第二，法益是状态还是利益；第三，法益的主体是国家还是个人。而要想准确地对法益进行界定，就必须明晰这些问题和分歧。在此，首先需要明确界定法益的基本原则。

对于界定法益的基本原则，不同的学者又有各自的见解。我国台湾学者陈志龙认为，法益的界定具有如下几项基本原则：第一，所有法益均需与人抑或人性尊严价值相关联，换言之刑法所保护的法益以个人法益为核心，此外所维护的公共法益与个人法益在机能上具备关联性。② 此观点可体现在德国刑法的环境犯罪中，其保护法益为维持当代人及后代人之适合人居的生活条件。虽然环境刑法保护目的是参照人的尊严与价值，但并不可对环境本身的独立价值予以否定。原因在于对人的保护并不只涉及人能否生存，还应考虑人如何生存。这种经由个人法益及公共利益之维护，目的在于防止当代及后代生活条件之危害，与保护人的尊严价值相符合，在宪法

---

① 参见张明楷：《外国刑法纲要》，清华大学出版社 2016 年版，第 56 页。

② 陈志龙：《法益与刑事立法》，台湾大学丛书编辑委员会 1992 年版，第 103 页。

上也具有正当性。① 第二，法益的概念只能在纯粹的刑法范围内界定，不能从政治或经济上来进行考量。如果从政治或经济上来处理法益概念，将使保护个人法益的思想遭到否定。第三，法益必须与文化相关联。② 大陆学者张明楷教授则认为，界定法益的概念必须基于以下几个原则：第一，法益是一种利益。从法的产生来看，其就是为了保护人类社会生活中具有价值的利益。可以说，离开利益，就不存在法的观念。虽然有学者对法益是一种状态还是利益争论不休。但从本质上看，状态可以归属于利益，反之则不行。同时，相对于状态，利益的概念则较为明确。第二，法益与"法"紧密联系。社会中的利益多种多样，但只有受法的确认和保护的利益才能被称为法益。第三，法益必须具有可侵害性，是受犯罪威胁或侵害的利益。第四，法益必须与人紧密相关。因为法是从人类社会中产生的，是对人的利益的确认和保护。尽管存在超个人的国家法益和社会法益，但从本质上而言，这两种法益是个人法益的集合，其设立的目的在于维护人的生存和发展。它们之间不是质的区别，而是量上的区分。第五，法益必须符合宪法的基本原则，具有宪法上的根据。③

　　针对上述学者的观点，笔者认为，陈志龙的见解具有一定的合理性，法益的概念确实关系人的价值及其尊严。因为人类社会是法存在的基础，制定法的目的也在于维持人类社会生活的稳定与发展。就本质而言，法益是法所保护的人的利益，脱离了人这一主体，法益的探讨将变得毫无意义。但是，其认为法益与政治、经济无关却有失偏颇。因为法益的界定也需要从政治、经济层面进行考量，尤其是宪政及经济体制的变化将会对法益的界定产生重大的影响。相较而言，张明楷教授的观点则较为全面合理。因此，所谓法

---

　　①　参见高金桂：《利益衡量与刑法之犯罪判断》，台湾元照出版公司2003年版，第42页。

　　②　陈志龙：《法益与刑事立法》，台湾大学丛书编辑委员会1992年版，第38页。

　　③　参见张明楷：《法益初论》，中国政法大学出版社2000年版，第162～167页。

益，就是一种由法所保护的，可能遭受侵害或威胁的个人生活利益，且任何一种法益都必须符合宪法的基本原则。而不同的部门法具有不同的保护法益，就刑法而言，刑法上的法益就是由刑法所保护的个人生活利益。在此，就前述的问题提出笔者自己的见解。笔者认为，第一，法益是一种利益，而不是一种状态。这种利益能够满足人的需要，与人相关联且维持人的生存与发展。因此，当某种情状——如司法体制有序运作——属于维护人类生存与发展所必需的体制、所构建的秩序及其有效运转的状态时，就具备了来自利益层面坚实的基础。① 第二，法益的主体是人，尽管存在诸如社会法益、国家法益等超个人法益，但如前所述，这种超个人的法益是个人法益的集合，同时其也能还原为个人法益。故从本质上而言，法益的主体都是"人"。第三，法益既可以是精神的，也可以是物质的，前者诸如权利、秩序等，后者诸如生命、财产等。

（二）法益的种类

法益归属于利益，是法律所保护的利益，但现实社会中的利益种类纷繁复杂，所以利益的分类一直在学界存在争议。在众多利益分类理论中，美国法学家庞德的理论具有代表性，他以列表的形式将利益作了类型上的划分。具体而言，其将利益总体上分为个人利益、公共利益以及社会利益。个人利益是个人谋求的一种愿望和需求，主要涉及人身、人格、物质上的利益；公共利益则是国家或组织团体所谋求的一种需求，主要涉及国家利益、政治组织的利益。而社会利益则是维持社会秩序正常运转所必要的需求及主张，其涵盖公共安全、社会制度、公共道德等全方位的利益。由于法益系法律所维护的利益，本身归属于利益，因此也具有多样性特征，基于不同标准，其分类亦有所不同。

我国有学者认为，依据产生时代的不同，可将法益分为传统法益与新兴法益。前者指社会生活利益经过实践的沉淀和法理的检验，已确立为刑法所保护的固有利益。新兴法益则指社会生活产生

---

① 黄鹏：《刑法法益的学术谱系》，《西部法学评论》2020 年第 3 期。

的新情况，对刑法保护提出新要求的新兴利益。以主体为划分依据，可将法益分为个人法益与集体法益两种。前者系刑法保护的个人利益，诸如生命、身体健康、自由等。后者为超个人法益，涵盖国家及社会两种法益类型。我国台湾学者高金桂认为，刑法规范和处罚的行为系严重侵害法益抑或产生严重危险之行为，而法益之所以在刑法上具有重要性，就是因为其与宪法上的基本权利及义务相关联。其可类型化为实质法益和抽象法益、个人法益和超个人法益。此外，需要注意的是，实质法益并不等同于个人法益，抽象法益也并不等同于整体法益。①

　　从前述法益的内涵获悉，法益基于对宪法基本原则的遵循，受刑法保护必须与人相关联，满足人的需要。因此，无论何种法益，无论法益概念如何抽象化、精神化，无论社会法益或国家法益如何扩张，只有能在深层的价值根据上回归到个人法益，具备保护个人生活利益的必要性，其方能成为刑法保护的法益。个人法益系刑法加以保护且为个人所拥有的各种利益，涵盖生命、身体健康、自由、信用、财产等。其中有些属于客观的法益类型，比如生命、健康、财产等法益，而有些则属于主观的或者无形的法益类型，比如自由、名誉、信用等。从内容上看，不仅包含生命、财产等物质性利益，同时亦涵盖自由、秩序等抽象性利益。我国刑法长期强调对侵害个人法益的犯罪行为予以处罚，以有效保护公民的各项基本利益。其中，对于侵犯个人生命、健康和自由法益的犯罪一般规定在分则第四章当中，对侵害公私财物的犯罪则详见于第五章。社会法益为社会整体作为权利主体所享有，其包含诸如市场经济秩序、公共安全及卫生健康、社会管理秩序、伦理秩序等诸多法益，分别集中规定在分则的相应章节当中。国家法益为国家作为权利主体所享有的某种法益。此种法益是作为拥有独立主权的国家所必须具备的一种基本保障，对于侵害国家法益的犯罪行为将直接威胁到国家以及政权存在的基础，因此是比较严重的犯罪行为。在我国刑法中，

---

　　①　参见高金桂：《利益衡量与刑法之犯罪判断》，台湾元照出版公司2003年版，第43页。

国家法益的内容应当包括国家主权、领土完整及安全、国家政权和社会制度。虽然这种分类看上去界限明晰，层次清楚，但涉及具体犯罪时却并非如此。因为我国刑法中规定的很多犯罪都并不只是侵犯了一种法益，往往是两种甚至两种以上的法益都受到了侵害，因此，在具体分析时还需要分清主次，如此才能准确界定该罪侵害的法益。

(三) 法益与刑法中相关概念的区分

在刑法中，法益与犯罪客体及行为对象既有着紧密的联系，也相互区别。如盗窃罪中侵害的法益是财产，行为对象和犯罪客体均指向公私财物，这三者具有一致性。然而不尽如此，以集资诈骗罪为例，犯罪客体为金融管理秩序及公私财产，法益与前者一致，而行为对象却是非法集资行为所指向的人，即社会公众。因此，厘清法益与犯罪客体及行为对象的关系对明确互联网金融犯罪的侵害法益具有重要意义。

1. 法益和犯罪客体的区分

在我国刑法理论中，犯罪客体是一项重要的概念。所谓犯罪客体，系指刑法所保护的由犯罪行为所损害的社会关系。① 从含义上看，犯罪客体与法益这两者均由刑法所保护，那么是否可以认为犯罪客体等同于法益？从这两个概念的起源来看，法益来源于大陆法系国家的刑法理论，犯罪客体的概念来源于苏联的刑法理论。如前所述，根据大陆法系国家的刑法理论，法益是法所保护的利益。而就苏联犯罪理论而言，犯罪客体指的是一种为了维护统治阶级的利益而构建的社会主义社会关系。② 如此，根据前者的见解，刑法所保护的是利益；而根据后者的见解，刑法首先保护的是某种社会关系，其次才是背后的利益。由此可以看出，法益概念与苏联犯罪理论中的犯罪客体概念存在区别。而在我国，传统理论一直

---

① 高铭暄、马克昌：《刑法学》，北京大学出版社 2019 年版，第 49 页。
② 参见[苏联] A. H. 特拉伊宁：《犯罪构成的一般学说》，中国人民大学出版社 1958 年版，第 102 页。

认为犯罪客体是社会关系，但有学者提出了不同的看法，其指出犯罪客体系犯罪主体的犯罪行为所侵害的社会利益。① 此种观点虽具有合理性，但也存在一定的问题。用社会利益来概括犯罪客体容易引发歧义，使人将犯罪客体限制为社会利益，而排除个人利益及国家利益等。对此，张明楷教授则提出犯罪客体就是刑法上的法益。②

笔者亦认为，法益即犯罪客体。理由在于：首先，并非所有的犯罪客体都能用社会关系来界定。如在环境资源保护罪中，其犯罪客体是生态环境和自然资源。当其用社会关系来界定时，不免欠妥当。其次，刑法分则亦没有设置某一章节将社会关系作为犯罪客体之内容，却规定了权利作为客体的内容，而权利为利益的范畴，由此可知法律对犯罪客体内容为利益予以认可和支持。最后，假使将犯罪客体之内容视作社会关系会导致犯罪客体的复杂化。诸如经济犯罪所侵犯的社会利益会牵涉诸多社会关系。这就使得罪行可能牵涉多重客体，产生难以阐述清楚的问题。相较之下，大陆法学的法益说比苏联的社会关系说更能较为清晰地解决问题。③ 究其原因，法益系单层次的，每个法益都是独立单一的，不会引发多重解读。例如，生命则系生命，不同于健康等其他法益。另外法益是具体的，不可对其进行抽象理解和随意扩大的解释。举例来说，张三把李四杀害，此处的法益为具体的被害人即李四的性命，而非抽象的一般人的性命。④

2. 法益与行为对象的区分

行为对象系行为所施加作用的人、物、制度等客观存在的现

---

① 参见张明楷：《法益初论》，中国政法大学出版社 2000 年版，第 180 页。

② 张明楷：《法益初论》，中国政法大学出版社 2000 年版，第 181 页。

③ 李培泽：《经济犯罪与经济刑法学研究之前瞻》，载杨在洗、高格主编：《我国当前经济犯罪研究》，北京大学出版社 1996 年版，第 33 页。

④ 李海东：《社会危害性与危险性：中、德、日刑法学的一个比较》，载陈兴良主编：《刑事法评论》第 4 卷，中国政法大学出版社 1999 年版，第 11 页。

象。此处"人"应从广义上来理解，不仅包括生命意义上的人的躯体，也包括人的身份、所具有的权利。而物也是如此，不仅包括客观存在的有形的物体，也包括无形的信息等。制度则涵盖政治、经济、文化多个方面。行为对象是犯罪构成要件要素，犯罪行为如果不作用于一定的对象，那么行为人的行为就不会成立犯罪。如甲准备杀乙，但只是拿刀划破乙的照片，甲的行为就不构成故意杀人罪。在刑法理论中，行为对象与所保护的法益不仅紧密联系，而且有所不同。总的来说，行为对象体现保护的法益内容，且有时二者相一致。① 当然二者亦具有不同之处。具体表现为：第一，行为对象是事物外在特征，法益是其内在本质，两者是表和里的关系。第二，行为对象为犯罪构成要件必要要素，而另一者不是。第三，犯罪的本质为法益的损害，行为对象在犯罪中不一定遭到了侵害。鉴于行为对象反映法益，又由于有些犯罪侵犯了多重法益，故在某种犯罪中，行为对象也可能是多重或多层次的。例如，抢劫罪的行为对象除了公私财物之外，还包括受胁迫的人。

二、我国传统金融犯罪中的法益

作为当代金融领域的一种新的犯罪形式，互联网金融犯罪尽管在犯罪手段和方式上与传统金融犯罪有着一定的区别，但其在侵害的法益上却有着共同性。故厘清传统金融犯罪中法益种类是明晰互联网金融犯罪中法益侵害的前提和基础。从我国刑法分则的规定来看，我国传统金融犯罪中所涉及的法益主要包括金融秩序、金融信用、财产三种法益。

（一）金融秩序法益

金融秩序法益可以说是金融犯罪中的首要保护法益，这一观点主要来源于我国改革开放以来所形成的"秩序法益观"。改革开放后，我国的金融体制不断革新，逐步构建了一套分层多元的金融体制。金融领域的立法开始以秩序保障为主要导向。1995 年全国人

---

① 参见张明楷：《刑法学》，法律出版社 2016 年版，第 165 页。

大常委会通过《关于惩治破坏金融秩序犯罪的决定》，确立了以"金融秩序"为金融犯罪的基本法益。金融秩序是金融活动中所必须遵循的规范准则，下设"金融管理秩序"与"金融交易秩序"两个法益子系统。前者主要针对金融交易市场之外的秩序管理，以维护金融体制的垄断性、规范性为基本根据；后者主要针对金融交易市场之中的秩序管理，从而保障金融交易参与方的利益安全。①"金融管理秩序"是以国家货币信用和金融机构主体地位为核心，以货币信用秩序、金融准入秩序、金融机构运行管理秩序作为法益的基本呈现手段。例如，金融诈骗罪就是典型的侵害金融管理秩序法益的犯罪。作为金融市场化的产物，金融诈骗是传统诈骗罪借助新型金融交易工具实施的，以对金融交易方的财产法益侵害为目的。虽然从某种程度上看，其属于财产犯罪，但实质上损害的却是金融管理秩序。"金融交易秩序"中的利益包括金融公共信用利益、金融机构利益与金融交易者利益三类。此决定的出台表征我国金融犯罪"秩序法益观"的形成。

其后，我国修订了《刑法》，对金融犯罪予以类型化，专门设置了"破坏金融管理秩序罪""金融诈骗罪"。这说明在"秩序法益观"的引导下，金融秩序法益有所扩充，主要表现为：第一，扩展了金融管理秩序的法益范围。主要是通过增设新的金融犯罪扩展了货币信用秩序、金融准入秩序以及金融机构运行管理秩序这三个子法益的范围。第二，通过增设内幕交易、泄露内幕信息罪等交易罪名扩展金融交易秩序法益。这些新增的罪名着重强调对金融交易秩序的维护。实际上，自 1997 年以来，我国对《刑法》进行了 11 次修正，其中 8 次涉及金融犯罪。在金融犯罪领域增设了 6 种新罪，不断通过对金融秩序法益的增修以巩固秩序法益观。

综上可以看出，金融秩序法益是我国金融犯罪所侵害的首要保护法益，其进一步类型化为金融管理秩序法益、金融交易秩序法益。这两种法益共同构成了金融秩序法益的基础。

---

①　参见钱小平：《中国金融刑法立法的应然转向：从"秩序法益观"到"利益法益观"》，《政治与法律》2017 年第 5 期。

(二) 金融信用法益

金融信用法益的确立离不开金融犯罪立法中法益观念的转变，即从"秩序法益观"转向"利益法益观"。"利益法益观"之所以得到主张，是因为前者以秩序保护为目的的观念已经越来越不符合当代金融刑法的规制目标。因为秩序法益观的基本立场在于秩序的维护。在金融犯罪中，以国家金融秩序为法益之根本，是否成立金融犯罪就在于判断金融管理秩序是否遭到了侵害。在此，违反金融秩序成为犯罪化的主要标准，由此形成了一套"秩序维护型"的金融刑法体系。从时代背景来看，在我国改革开放后，市场经济确立的初期，强调金融秩序的维护有利于打击当时的金融犯罪，对我国市场经济的发展具有重要的作用。但随着我国社会经济的发展，金融市场的革新，过于注重"秩序法益观"会带来一系列的问题。首先，在这种观念的影响下，刑法越来越成为维护金融秩序的一项常用工具，这使得金融刑法与前置法之间的界限变得不甚明确。针对某些秩序违法但没有达到犯罪程度的现象，刑法可能会越界干预，由此造成犯罪标准的模糊。因为一方面，将秩序不法直接当作犯罪化事由，难以体现秩序罚和刑事罚在损害程度上的区分。① 另一方面，如果不加选择地对所有金融秩序进行同等保护，也会使得刑罚的意义不大。其次，"秩序法益观"采取的是对金融秩序的单边保护立场，在立法上注重对金融管理秩序及其主体的保护，而忽视了金融交易双方的利益。主要表现为：其一，从具体罪名的数量来看，1997 年刑法及修正案所规定的金融管理秩序类犯罪的罪名数量远远多于金融诈骗类犯罪。其二，在金融交易秩序罪中，更多的是强调对金融管制秩序一方的利益。如保险诈骗罪、贷款诈骗罪的设立就是保护保险公司及银行等金融机构的资金安全以及国家的金融管理制度，却没有涉及对金融交易相对人的利益保护。可以看出，我国刑法虽然重视对金融秩序的维护，仍存在对金融交易相对人利益

---

① 魏昌东：《经济风险控制与中国经济刑法立法原则转型》，《南京大学学报（哲社版）》2011 年第 5 期。

维护的疏忽，保护范围不全面，未能对金融权利损害人的利益予以保护。其三，在"秩序法益观"导向下，我国在金融犯罪领域的立法逐渐走向"象征主义"。一方面，立法修正频繁；另一方面，立法修正的内容却极少被实际适用。因此，以秩序维护为基本立场的"秩序法益观"逐渐受到"利益法益观"的冲击。"利益法益观"以现代金融信用为基础，使金融犯罪的侵害法益由金融秩序转变为金融信用。如此，判断是否构成金融违法行为的标准便由破坏金融秩序转为损害金融信用。① 从现代市场经济的发展来看，诚信交易的观念越来越深入人心，尤其是在金融行业，信用可以说是融资交易的基础，故而金融犯罪对这种信用利益的侵害在某种程度上比对金融秩序的侵害的后果更为严重，不仅会造成交易双方的资金损失，更会动摇金融市场的基础。因此，以秩序维护为基本立场的"秩序法益观"不利于现代金融市场的发展，所以应转变单纯地将金融秩序利益作为金融犯罪的保护法益，而应将金融信用利益也纳入金融刑法的保护法益。

在现代金融市场中，信用是现代金融运作的形式和基础，金融就是资金的信用融通。② 自其随人类的借贷活动诞生之日起，就对人类的交易活动产生了巨大的影响。而所谓的金融信用，就是指金融活动当事人在资金融通过程中对契约承担的责任和义务，主要为依据借贷合同的约定行使权利和履行相应的义务。③ 现今，金融信用越来越为交易双方所重视，甚至在某些发达国家，已经具有了货币一样的支付能力。某种程度上可以说，其成为国家经济运行的重要支柱。如此，金融犯罪不仅侵害了金融秩序，更是对金融信用的严重损害。这一点尤其体现在互联网金融犯罪中。因为互联网金融

---

① 参见钱小平：《中国金融刑法立法的应然转向：从"秩序法益观"到"利益法益观"》，《政治与法律》2017 年第 5 期。

② 冯果、袁康：《全面深化改革背景下金融法的使命自觉与制度回应》，《法学评论》2014 年第 2 期。

③ 王楚明：《金融信用发展演变研究》，《金融发展研究》2009 年第 6 期。

相较于传统的金融业务，涉及的投资者更多、资金规模更大、影响的业务范围更广，倘若实际运行中产生问题，将严重损害投资者的信赖利益和投资利益，亦破坏金融市场参与主体之间的信任，而这种信任关系是有别于金融管理秩序和交易秩序的新的法益，也就是金融信用法益。

(三) 财产法益

虽然财产法益是财产犯罪的主要保护法益，但在金融犯罪领域，尤其是金融诈骗罪中，也涉及财产法益的侵害。而要想探究金融犯罪中的财产法益，必须先明晰有关财产犯罪的保护法益。对此，学界存有争论。

在德国，存在法律财产说、经济财产说、折中说三种学说。法律财产说为德国最早确立的财产犯罪学说。早在日耳曼时期，关于财产的犯罪只有盗窃一种罪名。后随着《卡罗琳刑法典》的颁布，横领罪(即侵占罪)得以规定，而"侵犯所有权"成为盗窃和横领两类财产犯罪的公因式从而在 1971 年的德意志刑法典中被提取出来，即将财产犯罪领得"他人的物"解释为"他人所有的物"。Binding 作为这一主张的集大成者，在财产的属性、财产的对象以及财产的合法性三方面构建了足以自洽的理论体系：首先，财产权何时受侵害，应由财产法决定，而不应由作为保护法的刑法来决定。离开了私法，公法对私人财产权、债权便一无所知。即在权利侵害认定上，刑法应绝对从属于民法。① 其次，财产损害的对象或者说被侵害权利的具体内容为被害人应当的物上权利。这里重点在于财产的法律属性(财产的合法性)，对于那些不支付卖淫女报酬的案例，因不存在值得法律保护的权利，因此也就无所谓财产损失。② 依据法律财产说，财产的核心在于财产权利，而财产犯罪的本质在于财

---

① 于改之：《法域冲突的排除：立场、规则与适用》，《中国法学》2018 年第 8 期。

② 童伟华：《财产罪基础理论研究》，法律出版社 2012 年版，第 15～19 页。

产权利之侵害，并不在于经济的损害。某一行为如果没有造成权利的侵害，就不会构成财产犯罪。经济财产说来源于一项著名的判例——堕胎药案件。该案的基本事实为：行为人将原价 0.3 至 0.4 马克的无效堕胎药（制造或者贩卖堕胎药的行为在当时是违法的），以 0.1 马克的价钱卖给孕妇。对此，当时法院认为行为人构成诈欺罪。理由在于财产可以通过金钱表现出来，而损害已经发生了，这一事实不能被否认。因此，只要发生了损害的后果，就应构成犯罪。根据此项案例，财产的认定在于对其存在经济上的价值与否的判断，假若某物存在经济价值即为财产。而经济的财产说认为财产为整体上存在经济价值利益之物。而经济价值可以通过金钱表现出来，一定的金钱代表一定的经济价值，所以金钱损坏则为财产之损失。折中说认为财产是法秩序所保护的拥有经济价值利益之物。根据折中说，财产具有两方面的属性：其一，财产是由法律所保护的一种利益，这意味着违法获得利益不能算作财产；其二，财产整体上拥有经济价值，反之若无经济价值则不是财产。从德国的司法实践上看，其在 1910 年以前采用法律财产说，之后采用经济财产说。

在日本，对财产法益的理解亦有不同看法。其一为本权说。此学说将财产法益视为本权。本权为对财产的所有权，也就是财产背后所拥有的民事权利，所以财产犯罪的保护法益系财产上的权利，而不是对财产的占有。因此，根据该观点，以盗窃手段拿回原本自己所有之物不为犯罪。其二为占有权说。此学说认为对财产的占有应当得到刑法的保护，其不关注财产背后是否存在他人的所有权，只要事实上存在对财产的占有，那么就不能受到侵害。因此依据占有说，盗回他人占有的自己的物品为犯罪。其三为中间说，其弥补了前面两种学说的不足之处，使二者在形式上得到了统一，并明确指出财产罪保护法益为财产背后的本权及所有权，同时亦保护合法占有的财产。

在我国刑法中，所有权说为学界的传统理论。该理论认为，财产犯罪的保护法益是公私财产的所有权，此种所有权是指对财产的占有、使用、收益及处分等权利。① 从此观点可推论财产犯罪系对财产所有权的侵害，因而若未侵害财产所有权则不构成财产犯罪。然而该观点因有悖于司法实践被某些学者批驳。② 如根据此种观点，盗窃违禁品的，会因未侵害他人的财产所有权而无罪，这有悖于司法解释的相关规定。由此看来，对财产犯罪的规定，仅将财产所有权作为法益内容加以保护尚且不够，应将租赁、借贷等合法权利纳入进来。此外，某些占有虽然在民法上是违法的，但也具有保护的必要。

在金融犯罪中，金融诈骗罪侵害的法益也包括财产法益。具体而言，主要包括公私财产所有权以及融资过程中所存在的租赁、借贷等合法权利。同时，对于某些没有经法定程序而没收的财产，现实中也具有保护的必要。

三、互联网金融犯罪中的法益侵害

互联网金融作为一种新型金融模式，在互联网+的引领下，衍生了数字货币、网络信贷及大数据产业等多种新型金融业务，这些业务快速发展的同时亦产生了诸多不良现象。由于缺乏相应的监管，互联网金融领域违法现象频繁出现，当其达到严重危害社会的程度时，就成立犯罪，如非法吸收公众存款罪、金融诈骗罪等。特别是金融诈骗类犯罪借助互联网这一工具愈演愈烈。但从本质上看，互联网金融核心系金融，互联网仅仅是方式手段，而其本质为新型金融模式。故而，对互联网金融犯罪的分析应落脚在金融刑法上。互联网金融犯罪侵害的法益和传统金融犯罪存在相同之处，同时，由于互联网的开放性及虚拟性的属性，相较于传统金融犯罪，互联网金融犯罪又具有其自身的特点。

首先，与传统金融犯罪相比，互联网金融犯罪的方式更加多样化，这是由互联网空间所具有的属性所决定的。因为互联网空间是

---

①　参见高铭暄、马克昌主编：《刑法学》，高等教育出版社 2019 年版，第 489 页。

②　参见黎宏：《论财产犯罪的保护法益》，《人民检察》2008 年第 23 期。

一个开放性的网络空间，不同于现实中的地域空间，互联网金融市场中的参与主体和范围十分广泛，其交易的产品也多种多样，由此导致互联网金融犯罪的手段和方式也更加多样化。其次，互联网空间是一个虚拟性的网络空间，这导致互联网中的金融犯罪往往具有较强的隐蔽性。且随着互联网通信技术的快速发展，交易双方在信息获取的途径和范围上有着极大的差距，使这一特征更加突显。①最后，互联网金融犯罪涉案人数多、数额巨大、社会影响严重使得其侵害的犯罪与一般金融犯罪有所不同。

总体而言，互联网金融犯罪为金融犯罪及互联网两者的结合，故而其侵害的法益既与一般金融犯罪中的法益有着重合性，也有着互联网犯罪的独特性。具体而言，主要涉及以下几种法益。

（一）互联网金融犯罪侵害了金融秩序法益

这一法益既包括金融管理秩序，也包括金融交易秩序。由于互联网介入金融业务领域导致了传统金融犯罪的异化，犯罪手段和方式越来越隐蔽，危害后果越来越严重，影响范围也更加广泛。虽然刑罚体系能够进行一定程度的矫正，但是互联网金融犯罪并非一般的经济犯罪，犯罪嫌疑人面临巨大的利益诱惑易罔顾法律的震慑，造成了对金融管理秩序以及金融交易秩序的侵害。金融秩序运转的紊乱势必导致整个社会经济秩序的混乱，更严重的会产生政治危机。互联网金融犯罪中侵害金融秩序法益的犯罪主要涉及如下几种：一为通过互联网进行非法融资形成的犯罪。诸如集资诈骗罪、非法吸收公众存款罪、贷款诈骗罪等。此种类型的犯罪以互联网融资的行为损害了互联网金融管理秩序。二为通过互联网产生的损害与金融密切关联的经济、社会秩序的犯罪行为，如洗钱罪等。因为洗钱罪的保护法益本身就是金融管理秩序，②而现在通过互联网实施洗钱行为也屡见不鲜。如在网络借贷中，网络借贷平台作为双方

---

①　易燕，徐会志：《网络借贷法律监管比较研究》，《河北法学》2016 年第 3 期。

②　张明楷：《刑法学》，法律出版社 2016 年版，第 793 页。

当事人的合作平台，当业务规模与资金数额达到一定标准时就会形成"资金池"，且其资金来源通常不明，难以或者无法准确对资金来源追根溯源，从而形成不法资金进出自由，较易洗钱的局面。三为非金融行为损害互联网金融秩序形成的犯罪。例如散布不实信息扰乱金融市场的行为，可能引发编造并传播政权、期货交易虚假信息罪等。

在此，需要明确的是，目前无论是在理论上还是司法实务上，互联网金融犯罪还是偏重对金融管理秩序法益的保护。具体表现为：一是从刑法分则的相关规定来看，金融诈骗犯罪的犯罪客体主要在于国家的金融管理秩序。二是从司法实践中的判例来看，现实中通过互联网实施的金融诈骗犯罪层出不穷，法院在判决时也普遍认为其对我国的金融管理秩序造成了极大的损害。例如施某等人集资诈骗罪一案①，被告人施某以其实际控制的深圳云信汇通金融信息服务有限公司下属财大狮平台，自 2013 年 3 月 28 日开始通过其公司的网站展示、微信公众号推送、论坛发布等方式公开宣传，在财大狮平台上公开发布农业供应链、小额信用贷款两种借款标的，供线上投资者进行投资，以年收益 10.2%～15.9% 的收益作为诱饵，并承诺保本付息，向社会不特定人群募集资金 40 亿余元人民币。在此平台运行期间，被告人苏某、洪某以其所控制的厦门千和资产管理有限公司、厦门佳式通资产管理有限公司、恒融易（厦门）融资租赁有限公司为平台相应的债务人提供担保。施某以其财大狮 P2P 平台，自设资金池，以上述宣传手段公开募集资金，并分别伙同苏某、洪某在平台上发布虚假标的，提供虚假担保，将虚假标的所募集的大部分款项转入苏某、洪某控制的多个账户中使用。其中施某与苏某共同造成的借、还款差额为 53056835.76 元，施某与洪某共同造成的借、还款差额共为 250791206.16 元。本案件施某为网络机构的实际控制人，通过网络平台发布虚假信息，大量非法募集资金，且并未将资金用于生产获得，最终造成所募资金无法归还，数额巨大，其行为已构成集资诈骗罪。苏某系平台借款

① 参见广东省高级人民法院刑事判决书：（2020）粤刑终 842 号。

人，以非法占有为目的，通过虚假借款人提供担保，发布虚假借款标的从平台筹措资金，进行欺诈借款，获取投资人的投资金后挪为他用，大部分用于自己实际控制的公司发展经营，导致数额巨大的投资款不能返还，其行为已构成集资诈骗罪。洪某作为平台借款人，以非法占有为目的，通过发布虚假借款标的、融资项目进行欺诈借款，之后明知自身的盈利能力无法支付全额本息仍继续骗取被害人投资款，导致数额巨大的投资款不能返还，实为以诈骗进行非法集资，已构成集资诈骗罪。施某、苏某、高某利用互联网非法集资，扰乱了国家货币管理秩序和金融市场，严重损害了我国的金融管理秩序。实际上，随着当今网络借贷现象的愈加突出，行为人借助互联网实施的集资诈骗也越来越多，其不仅对公民的个人财产造成了损害，更是对我国金融管理秩序造成了严重破坏。可见，互联网金融犯罪侵害的主要还是金融管理秩序法益。但是，笔者认为，经过几十年的发展，我国金融体制已经日趋成熟和完善，金融市场的驱动和发展应由国家管控主导转向鼓励市场交易主体的活跃参与。因此，在当前的金融市场领域，应更加注重对交易主体权利的保护，这就需要转变互联网金融犯罪法益保护的重心，加强对金融交易秩序的保护。在司法实践中，重点打击侵害金融交易秩序的犯罪行为。

（二）互联网金融犯罪侵害了财产法益

互联网金融犯罪涉及网络信用卡诈骗、盗窃比特币等虚拟金融资产、利用第三方支付平台技术漏洞窃取财产、集资诈骗、贷款诈骗等。在这些犯罪中，有的是通过互联网技术盗窃网络虚拟财产，从而构成盗窃罪；有的是在网络平台中，通过信息技术实施网络诈骗，从而构成诈骗罪、信用卡诈骗罪、集资诈骗罪、贷款诈骗罪等。这些犯罪都是以非法占有为目的，直接或间接地侵害了公私财产的所有权及其他本权。这些财产不仅包括现实中的金钱、物资、土地等物质财物，也包括网络中的虚拟财物，如比特币、以太币等虚拟货币。因此，互联网金融犯罪也侵害了公私财产法益。在司法实践中，利用互联网作为平台或者工具实施的侵害财产法益的犯罪可谓数量众多。可以看出，在利用互联网实施的金融诈骗罪中，尤其是集资诈骗罪、信用卡诈骗罪以及贷款诈骗罪等，对公私财产法益的侵害是最主要的。对此，笔者以如下案例进行说明。

第一，刘某、孟某信用卡诈骗罪案。① 被告人刘某、孟某以非法占有他人财物为目的，通过互联网购买"嗅探"设备，非法获取他人姓名、手机号码、身份证号码、银行卡号信息（"四要素"信息），后将上述信息交给袁某使用。袁某根据上述获取信息，并利用嗅探设备截取的被害人手机短信，通过注册小米、携程、云闪付等消费（App）平台，并将被害人银行卡与平台绑定，再利用快捷支付、POS机扫码消费等方式将被害人银行卡内余额刷卡消费。其中，利用快捷支付获取的银行卡余额被袁某用于网上购买实物或手机充值；利用POS扫码消费获得的银行卡余额，转入袁某控制的与POS机绑定的银行账户内，袁某再利用该控制的银行账户与刘某、孟某进行分成。具体事实如下：①2019年11月6日3时17分左右，袁某根据孟某提供的被害人訾某上述信息在小米支付平台进行账户注册，并绑定了其银行卡，将卡内余额共计4500元充值到小米支付平台訾某账户内，其中99.8元为袁某手机充值，剩余4400.20元被小米科技有限公司冻结。后袁某又利用訾某身份信息在另一平台进行账户注册并绑定其银行卡，使用POS机将2940元刷卡进入袁某控制银行卡，袁某将其中1200元充值到赌博网站，再由孟某到该网站提现。②2019年11月22日1时40分左右，袁某通过刘某非法获取的被害人汪某的上述信息信息，通过将被害人的信息在云闪付App注册，并绑定被害人农业银行银行卡。后袁某利用"拉卡拉云"POS机将3181.26元刷卡进入袁某控制的银行卡内，袁某向刘某支付2100元分成。③2019年11月25日3时14分至3时50分期间，袁某将刘某非法获取的被害人陈某的上述信息在易智付（App）平台进行注册，将陈某工商银行银行卡绑定至该平台并开通快捷支付方式，将银行卡内3738元支付至成都宝三成

---

① 参见安徽省淮北市相山区人民法院刑事判决书：（2021）皖0603刑初178号。

元某有限公司账户用于购买实物。后袁某按照与刘某约定的分成方式，向赌博网站充值，再由刘某到该网站提现，刘某获利 2500余元。

案发后，小米科技有限公司冻结款项已退还给被害人訾某。公安机关从被告人刘某处扣押联想笔记本电脑一台，嗅探系统 U 盘一个，嗅探系统接收器一个，苹果、红米、华为手机各一部。从被告人孟某处扣押嗅探设备一套，红米及洛基亚手机各一部，另从孟某处扣押人民币 1420 元。

从案件的相关事实来看，刘某、孟某通过互联网购买相关设备盗取他人的"四要素"信息，并交给袁某使用，而袁某则利用二人提供的他人信息，运用互联网技术实施信用卡诈骗活动。从其犯罪过程来看，其通过注册小米、携程、云闪付等消费（App）平台，并将被害人银行卡与平台绑定，再利用快捷支付、POS 机扫码消费等方式将被害人银行卡内余额刷卡消费，这种行为造成了三名被害人金钱的严重损失，对个人财产所有权这一法益造成了严重的侵害。

第二，梁某、王某等贷款诈骗案。① 基本案情为：2018 年 1月至 4 月间，被告人梁某伙同王某、孙某等人以为农民办理糯米高粱贷款需要查询大数据为由，王某将张某等 13 人骗至长岭县华宇通讯手机店，在张某等 13 人不知情的情况下，由梁某、孙某为其办理捷信手机分期贷款业务。其中，为张某等 11 人每人办理两部苹果 X64G 手机分期贷款业务，贷款本金为 9000 元；为徐某办理三星 W2017 手机分期贷款业务，贷款本金为 5999 元；为王某办理一部苹果 X64G 及一部苹果 8plus 手机贷款分期业务，贷款本金为 9900 元。捷信公司将手机贷款本金共计 124799 元转至长岭县华宇通讯手机店，此笔钱被王某、梁某、孙某取走。后张某等人均收到捷信公司催收还款信息，才知道被他人顶名贷款，遂找到王某。王某谎称是办理农业贷款需要并承诺为其还贷款，并签订了还款协议。王某为上述部分人还款共计 10225.13 元，剩余应还捷信公司

---

① 参见吉林省长岭县人民法院刑事判决书：（2021）吉 0722 刑初 73 号。

本金 114573.87 元。梁某从中获取好处费约 8000 元。在本案中，梁某、王某等人利用互联网，以办理贷款的名义为张某等人办理了手机分期贷款业务，从而造成了张某等人财产损失，侵害了张某等人的个人财产法益。

(三)互联网金融犯罪侵害了金融信用法益

如前所述，在"利益法益观"的指引下，金融信用法益已经成为当前金融犯罪所保护的重要法益。因此，在互联网金融犯罪领域，需要重新界定法益的范围。具体而言：第一，需要适当限缩金融管理秩序法益，促进金融平等的实现。第二，需要在互联网金融犯罪中增加金融信用法益这一内容。因为在股权众筹融资平台、网络金融产品销售等互联网金融融资业务中，金融犯罪行为会极大地损害投资者的信赖利益和投资利益，因此，有必要将金融信用法益在保护法益中明确。也就是说，在互联网金融犯罪中，不仅要求行为违反金融秩序，更强调刑法对构建于金融信用利益基础上的秩序的保护。金融信用法益作为新型金融子法益，核心是为公平的金融交易提供前置条件。而当前互联网中的金融犯罪则一定程度上破坏了投资者对平台的信任，损害了这种金融交易之间的信用。因此，互联网金融犯罪对金融信用法益这一新型法益也造成了损害。

(四)互联网空间秩序法益

互联网是一种工具，也是一处空间，具有很强烈的虚拟性和交互性。① 近年来，随着互联网技术的高速发展与广泛应用，我们已经进入一个不同于传统社会的网络信息时代。但互联网本身是一把双刃剑，因此随着我国进入了网络信息时代，互联网不仅给人类生活生产带来了便利，同时也带来了一系列的负面影响，尤其是传统金融犯罪借助互联网这一工具和平台，手段越来越隐蔽和难以侦察，所造成的危害结果也得到了极大地加强。不仅给我国的金融管

---

① 邓超：《互联网金融发展的刑法介入路径探析——以 P2P 网络借贷行为的规制为切入点》，《河北法学》2019 年第 5 期。

理秩序和公私财产造成了极大的损害，而且对互联网这一独立空间秩序造成了严重的破坏。伴随互联网技术多年以来的进步与革新，互联网越来越成为一处相对独立的空间存在。与现实社会一样，网络空间中也必须存在着自身的运行规则和管理秩序，例如不能随意侵入他人的计算机信息系统、随意传播网络病毒或网络诈骗链接等。而互联网金融犯罪中，行为人实施的金融犯罪行为是在互联网空间中实施的，其必然破坏了互联网空间的运行规制，扰乱了互联网空间的管理秩序。因此，有必要将互联网空间秩序认定为一项法益，以便更为有效地规制互联网金融犯罪。在司法实践中，利用互联网实施金融诈骗犯罪的情形屡见不鲜，虽然其主要侵犯的是国家金融管理秩序以及公民的财产法益，但利用互联网平台实施诈骗犯罪的行为及手段本身就是对互联网安全秩序的侵害。如在肖某坤集资诈骗案①中，被告人肖某坤通过互联网这一平台招募业务工作人员，实施针对不特定人员的集资诈骗行为。这种通过互联网平台招募犯罪人员的行为显然是对互联网空间秩序的破坏。

（五）个人信息法益

互联网技术的发展也促进了信息管理技术的完善，这在方便个人信息管理的同时亦为倒卖、侵害个人信息等犯罪行为提供了条件。不仅严重侵害了公民权利，扰乱其正常生活，还侵害了社会秩序。这种对个人信息的倒卖和泄露，也是互联网诈骗犯罪的诱因。例如，在前述的刘某、孟某信用卡诈骗罪案中，袁某犯罪的前提就是刘某、孟某通过互联网购买相关设备盗取他人的关键信息，而袁某则利用二人提供的他人信息，运用互联网技术实施信用卡诈骗活动。因此，当今社会，个人信息的泄露造成了金融诈骗犯罪的层出不穷，而金融诈骗犯罪的盛行反过来也对公民个人信息法益造成了严重的侵害。所谓公民的个人信息，泛指与公民个人有关的所有信息，其外延较广，总的分为三种：首先是识别性信息。换言之，通

---

① 参见江苏省泰州市中级人民法院刑事判决书：（2015）泰中刑二终字第 00029 号。

过姓名、身份证号码等信息可以直接准确识别特定个人的信息。其次为安全性信息。此类信息在第一种信息的基础上进一步拓展，相较于前者更加私密、敏感，正如个人账户交易信息等。第三类为关键性信息，此种信息具有高度敏感，如个人财产情况、通话记录等。这种信息一旦被不法分子利用，将严重危害被害人的人身、财产安全。且此类信息中的关键信息牵涉公民的个人隐私，受刑法对隐私权的保护。但需要注意的是，并非所有个人信息都属于个人隐私，此处需予以区分。

随着互联网的发展，互联网和金融业务结合得越来越紧密，利用互联网作为工具或者平台所实施的犯罪也越来越多，而互联网空间所具有的开放性和交互性特征使得公民的个人信息面临着极大的侵害危险。尤其是利用互联网实施的金融诈骗、套路贷、P2P 等，公民的隐私权和个人信息遭到了极大的侵害。因此，互联网金融犯罪侵害的法益也涉及了公民个人信息这一法益，并且在未来的立法中，公民个人信息法益的保护值得更加重视。

第二节 互联网金融犯罪的行为 *

一、互联网金融犯罪的行为类型

目前我国刑法没有专门针对互联网金融领域设置犯罪类型。但目前主要的互联网金融犯罪可以认为是由"互联网犯罪"与"金融犯罪"两方面组成。具体包括制造法不容许的金融风险的非法经营类犯罪、借互联网金融之名达到非法占有财产目的的非法谋取他人财产类犯罪、以非法获取金融系统数据的计算机网络技术类犯罪、通过帮助其他互联网金融犯罪行为从而获利的网络帮助类犯罪、利用互联网金融名义实施的其他犯罪等，它们的具体特点如下：

1. 非法经营类犯罪

此类犯罪是指行为人虽然是在经营互联网金融业务，以获取利

---

* 本节由中南财经政法大学博士研究生李耀宇负责文献综述工作。

息等金融服务收益为目的，但其经营方式不符合国家法律法规，给资金提供者造成了巨大的金融风险（如无法获得返还的本金）。具体可能涉及的罪名包括非法经营罪、非法吸收公众存款罪、高利转贷罪等。

2. 非法谋取他人财产类犯罪

此类犯罪是指行为人形式上从事互联网金融业务，利用他人的逐利心理以及对互联网金融平台的盲目信任，骗取他人金钱或财产性利益的犯罪行为。具体可能涉及的罪名包括集资诈骗罪、诈骗罪、敲诈勒索罪等。

3. 涉及个人信息类犯罪

此类犯罪是指互联网对非法获取或使用参与互联网金融的公民个人信息，造成公民无法正常接受互联网金融服务或者无法接受正常的互联网金融服务的行为。此类犯罪一般按侵犯公民个人信息罪处理。

4. 计算机网络技术类犯罪

此类犯罪是指行为人利用计算机网络技术，非法获取用于互联网金融服务的数据（特别是个人信息）的行为。实施此类犯罪通常是为进一步实施牟利型犯罪创造条件，具体可能涉及的罪名包括破坏计算机信息系统罪、非法获取计算机信息系统数据罪等。

5. 网络帮助类犯罪

此类犯罪是指利用网络平台，向其他互联网金融犯罪提供帮助的行为。一部分人掌握了互联网金融犯罪所需的各种资源，如侵入金融服务平台的黑客攻击潜在被害人的个人信息等，却不直接参与互联网金融犯罪。而是在网络上寻找隐蔽的黑灰色交易平台将这些资源出售给准备实施互联网金融犯罪的不法分子，间接通过他人的互联网金融犯罪行为达到牟利的目的。这类行为具体可能涉及的罪名包括非法提供个人信息罪、帮助信息网络犯罪活动罪等。

6. 利用互联网金融名义实施的其他犯罪

互联网金融本身具有的金融属性决定了它在运行过程中会发生大量的资金流动，不法分子可以利用这一特性达到某些与财产有关的犯罪目的，如利用互联网金融平台实施洗钱犯罪。

二、互联网金融犯罪的行为要件

(一)各互联网金融犯罪类型的行为要件概述

1. 非法经营类犯罪的行为要件

参与互联网金融活动的企业构成非法经营罪、非法吸收公众存款罪等犯罪，其行为通常应具备以下条件：

第一，企业经营的内容是提供以资金融通为目的的金融服务。行为人首先要在互联网金融的范围之内经营，使营业对象认识到自己是在从事金融活动，才有可能在互联网金融的范畴之内构成非法经营类犯罪。如果经营者和营业对象均认识到互联网金融只是个名头，其目的是为了业务的非法性质，就不属于互联网金融犯罪。如利用互联网金融的外壳提供网络赌博服务、开设网络赌场的，应当按开设赌场罪处理。

第二，经营行为违反互联网金融法律法规，产生了法律容许之外的金融风险。一般来说，根据国家法律规定，互联网企业提供的金融服务仅限于借款人与贷款人之间的中介服务，不得未经许可提供贷款服务，更不得使自己成为实际借款人吸收社会资金。实践中经常出现互联网金融服务提供者虚构借款人信息，吸收公众存款供自己使用的情况。这种操作方式会使个体贷款人承担极大的金融风险，实质上属于传统意义上的非法集资行为。

2. 非法谋取他人财产类犯罪的行为要件

非法谋取他人财产类犯罪与非法经营类犯罪形式上具有较高的相似性，但本质上两者是两种不同性质的犯罪，与互联网金融有关的非法谋取他人财产类犯罪行为通常具备以下条件：

第一，行为人的业务模式使被害人认为自己在从事金融理财活动。被害人认为自己是在将资金借给他人使用，用于可以使资金增值的用途，在借款到期后可以获得一定的利息收益。这是此类犯罪的被害人心理特征。与非法经营类犯罪不同的是，实施非法谋取他人财产类犯罪的行为人其业务更缺乏形式上的合法特征，为了吸引被害人投入资金，通常会以更高利率的回报作为引诱。

第二，行为人具有非法占有的主观目的。行为人自始就以非法占有被害人的财产为目的，或者行为人在经营互联网金融业务的中途产生了非法占有的目的。使得被害人完全丧失了返还本金并获取利息的可能性，是非法谋取他人财产类犯罪与非法经营类犯罪相区别的本质特征。

3. 涉及个人信息类犯罪的行为要件

利用公民个人信息给实施犯罪制造方便是互联网金融犯罪中经常出现的一个特征。利用公民个人信息的行为要构成犯罪，通常应具备以下要件：

第一，公民个人信息的来源为非法途径。互联网用户为了获得更快捷、更完整的信息网络服务，会选择将自己的个人信息提交给网络服务提供者或通过其他方式将个人信息上传到网络，由此产生了个人信息泄露的风险。不法分子可以通过黑客手段或者收买信息持有者的方法获取信息，为进一步的不法活动做准备。

第二，公民个人信息的用途为不法用途。合理使用公民个人信息可以提高互联网服务的效率，而对公民个人信息用于不法目的将会对公民的生活安定和财产安全造成潜在的威胁。犯罪分子将获得的公民个人信息用于不法的用途上，获取高额的犯罪收益，是个人信息相关类犯罪的最重要特征。

4. 计算机网络技术类犯罪的行为要件

计算机网络技术类犯罪利用计算机网络技术，对用于互联网金融业务的计算机信息系统进行破坏或非法侵入活动，造成互联网金融平台无法正常运行、互联网金融用户数据被窃取等危害后果。该类犯罪通常应具备以下要件：

第一，行为人非法进入用于互联网金融业务的计算机信息系统。用于互联网金融业务的计算机信息系统都会有一定的安全保护措施，行为人为了非法访问的目的，通常会使用计算机网络技术制作的工具非法侵入。技术工具的类型包括但不限于黑客软件、爬虫软件、DDOS 攻击等。

第二，行为人明知自己对目标系统的访问属于非法侵入，即自己对目标互联网金融系统没有访问权限。行为人在明知自己访问非法的情况下仍然进入才能构成犯罪。如果行为人本身具有合法的访问权限，因为特殊原因用正常手段无法访问的情况下采用黑客工具强行进入的，不属于犯罪。

5. 网络帮助类犯罪的行为要件

构成网络帮助类犯罪通常应具备以下要件：

第一，明知帮助对象从事的是犯罪行为。行为人在实施帮助行为时，应当明知帮助对象将要实施犯罪行为，才符合主客观相统一的刑法原则精神。在实践中，明知包括"确实明知"和"推定明知"，后者是指在嫌疑人声称不知的情况下，通过行为人掌握的信息以及行为人客观上的所作所为排除行为人不知的可能性，确定行为人符合明知的主观要件的情形。在对互联网金融犯罪的帮助行为中，无论是提供机密数据还是黑客工具，这些帮助内容本身就表明了帮助对象行为的非法性，因此绝大多数情况下的帮助行为都符合明知的条件。

第二，行为人提供的资源客观上对帮助对象实施犯罪起到了帮助作用。根据主客观相统一原则，帮助行为如果不能对实行行为起到实质的帮助作用，不应承担刑事责任。由于互联网信息流动量大、信息内容变化快、安全防护措施经常更新等原因，网络犯罪帮助者提供的资源时常会出现"帮不上忙"的情况。如提供的黑客软件无法攻破目标系统的防火墙、提供的个人信息被发现经过加密处理等。这种情况下，行为人提供的帮助属于无效帮助，没有产生实质的法益侵害风险，故不应按犯罪处理。但如果行为人提供的帮助对犯罪行为的实施起到了推动作用，只是因为客观原因与损害结果之间没有产生因果关系，仍然应当承担相应的刑事责任。如 A 和 B 都向 C 提供了 100 组个人信息，帮助 C 实施互联网金融犯罪，这些信息均真实有效，最终 B 提供的信息帮助 C 骗取了 10 名被害人的财产，而 A 提供的信息没有帮助 C 获取任何财产，则 A 与 B 仍然均要承担刑事责任。

（二）互联网金融犯罪主要罪名的行为要件限缩

任何一种犯罪类型都必然会有入罪和出罪的问题。互联网金融的性质决定了它必然会与多个类型的犯罪圈产生交集，在互联网金融法律规范尚未完善的今日，为达到保护金融市场秩序和维护社会稳定等目的，将具有较大社会危害性的互联网金融违法行为用合理的解释纳入犯罪圈是十分必要的。但另一方面，一味重视入罪而忽视出罪会造成降低互联网金融市场活力、打击公众参与互联网金融积极性、抑制互联网金融创新等不利后果，有碍对互联网金融的合理利用，不符合进一步深化改革的指导方针。因此，从解释论的角度出发，将不具有社会危害性或者社会危害性轻微的互联网金融违法行为排除出互联网金融的范围，也是互联网金融刑法理论的应有之义。特别是一些互联网金融经常会触及的罪名，有必要对其进行限缩解释。在此，笔者试图从法益保护的角度出发，探讨互联网金融背景下这些罪名的法益保护之所在，进而对罪名进行限缩解释，将一些具备形式要件特征却并未侵害法益的互联网金融行为排除在犯罪构成要件之外。

1. 非法吸收公众存款罪的要件限缩

（1）互联网金融背景下非法吸收公众存款罪的保护法益

目前学界有关非法吸收公众存款罪的理论中，对该罪保护法益的争论较为激烈，其中主要的观点有如下几种：

第一，金融秩序说。该说又可分为金融管理秩序说与金融交易秩序说两个分支。其中，金融管理秩序说是较早的观点[1]，而金融交易秩序说是在对前者批判的基础上形成[2]。本质上，金融管理秩序与金融交易秩序都属于金融秩序，前者偏向于金融管理者（国家）与金融参与者之间的关系，而后者主要是指金融参与者内部之间的关系。按照后一种观点，金融管理秩序这一概念偏向于形式，而且行政保护色彩浓厚，不适合作为本罪的保护法益。而金融交易秩序是金融秩序的核心，也是金融管理制度的实质保护对象，将金融交易秩序作为非法吸收公众存款罪保护的法益更为合理。根据金

---

① 高铭暄、马克昌：《刑法学》，中国法制出版社 2017 年版，第 399页。

② 乔远：《刑法视域中的 P2P 融资担保行为》，《政法论丛》2017 年第 1期。

融交易秩序说，只有经过金融中介机构的间接融资行为才有可能构成本罪，而资金需求者与资金供应者之间的直接融资行为一律被排除在本罪之外。

第二，公众资金安全说。有学者认为本罪的理解与适用应当是基于保护金融秩序和公民个人资金安全这一目的的。① 作为我国《刑法》中破坏金融管理秩序一节中的一个罪名，金融管理秩序是本罪的形式上的犯罪客体，而公民个人的资金安全才是本罪本质性的保护法益。该观点认为，虽然 1998 年国务院出台的《非法金融机构和非法金融业务活动取缔办法》第 4 条第 2 款规定了非法吸收公众存款是指"未经中国人民银行批准，向社会不特定对象吸收资金，出具凭证，承诺在一定期限内还本付息或履行类似义务的活动"。从形式上理解似乎"未经中国人民银行批准"是本罪构成要件成立的关键，但向社会不特定对象吸收资金实际上侵害的是人的生活利益，因此该罪的实质法益是公众投资者的资金安全。

第三，商业银行设立准入制度说。主张该说的学者认为②，《商业银行法》第 81 条"未经国务院银行业监督管理机构批准，擅自设立商业银行，或者非法吸收公众存款、变相吸收公众存款，构成犯罪的，依法追究刑事责任"是本罪设立的主要依据，因此本罪的立法目的应与《商业银行法》上述规定的精神相一致，即非法吸收公众存款和变相吸收公众存款行为与擅自设立商业银行的行为都属于违反国家对于商业银行设立的准入制度的行为。由此可以推断出非法吸收公众存款罪实际上破坏的法益是国家的商业银行设立准入制度。

第四，金融风险防范化解说。③ 该说主张包括非法吸收公众存款在内的非法集资活动损害了金融秩序的稳定性，产生了系统性的

① 金霞：《安全法益维度下非法吸收公众存款罪分析》，《犯罪研究》2012 年第 1 期。

② 王韬、李孟娣：《论非法吸收公众存款罪》，《河北法学》2013 年第 6 期。

③ 江海洋：《金融脱实向虚背景下非法吸收公众存款罪法益的重新定位》，《政治与法律》2019 年第 2 期。

金融风险。当非法吸收公众存款行为产生的风险累积到一定程度，就需要刑法进行规制。通过设置吸收公众存款罪，可以防范和化解三种金融风险：一是由非法吸收公众存款行为在某一特定区域扩散传播时引发的区域性、系统性金融风险；二是集资人缺乏资金保障导致的信用风险；三是信息不对称所导致的逆向选择和道德风险。按照此标准，非法吸收公众存款行为累积的风险是否达到值得刑法处罚的程度是本罪入罪和出罪的主要依据。

在以上观点中，金融秩序说明显不符合目前金融市场的特征和精神，特别是在互联网金融模式出现之后，金融秩序的内涵发生了深刻的变化，以传统金融秩序理论为基准的金融秩序说已经和时代脱节。如采用公众资金安全说，只有当非法吸收公众存款行为给作为资金提供者的公众造成财产损失时才能构成犯罪，将会过度缩小处罚范围。如果采用商业银行设立准入制度说的观点，本罪就会与《刑法》第 174 条规定的设立金融机构罪有重合之嫌，同样有明显不合理之处。

笔者认为，只有将非法吸收公众存款罪的法益界定为防控化解非正常性金融风险，才能合适地规制互联网金融背景下的非法吸收公众存款行为，理由如下：

第一，对于面向公众的金融产品和金融服务而言，风险大小是衡量其是否健康的主要标准。金融中介机构的存在，本身就有降低金融融资活动中金融风险的作用。金融中介机构依托其健全的制度和丰厚的资金保障，对金融融资活动中的风险进行管控，降低资金供应者和需求者对风险的焦虑，促成交易的达成。互联网金融中的中介机构同样应当起到此作用，一旦金融中介机构本身成为投机者，不仅无法起到风险控制的作用，反而会增加系统性金融风险，这是金融刑法所不允许的情形。因此，是否存在抬高金融风险的行为，行为是否使金融风险达到无法容忍的程度，应当是互联网金融活动中吸收公众存款行为是否构成犯罪的重要衡量标准。

第二，将本罪的法益界定为防控化解非正常性金融风险符合相关司机解释的精神。2016 年 8 月 17 日，银监会、工信部、公安部、网信办联合发布了《网络借贷信息中介机构业务活动管理暂行办法》(以下简称《网贷中介暂行办法》),《网贷中介暂行办法》的第三章标题为"业务规则与风险管理",其中第 10 条规定了网络借贷信息中介机构不得从事的 13 种活动类型,均具有明显的风险增加属性,特别是第 11 项"向借款用途为投资股票、场外配资、期货合约、结构化产品及其他衍生品等高风险的融资提供信息中介服务"直接说明高风险的融资服务应当被禁止。2017 年 2 月,银监会发布的《网络借贷资金存管业务指引》第 22 条规定:"商业银行担任网络借贷资金的存管人,不应被视为对网络借贷交易以及其他相关行为提供保证或其他形式的担保。存管人不对网络借贷资金本金及收益予以保证或承诺,不承担资金运用风险,出借人须自行承担网络借贷投资责任和风险。"这也是进一步暗示了风险防控化解对于互联网金融法律法规的重要性。

第三,互联网金融作为一种仍在发展上升期的模式,其稳定形态尚未形成,行业规范仍处于逐步探索的过程中。在当前的发展阶段,对互联网金融环境下的非法吸收公众存款行为的入罪不宜采用过于严格的形式构成要件,否则可能会抑制互联网金融的行业活力。如果不规范的互联网金融经营活动产生的风险尚处于正常可控的范围内,应当由金融行政机构进行监管与规范,避免金融风险的进一步扩大。如果非法吸收公众存款行为造成的风险超出了正常范围,才需要刑法介入予以规制。

综上所述,在互联网金融背景下,相较于其他学说,将非法吸收公众存款罪的法益界定为防控化解非正常性金融风险具有明显的优势,更有利于在维护互联网金融行业健康发展的同时惩治利用互联网金融实施的犯罪行为。

2. 互联网金融领域中对非法吸收公众存款罪的限缩路径

就我国改革开放以来经济发展的历程来看,互联网经济的繁荣无疑极大地推动了非公有制经济的发展,互联网金融模式的出现也起到了增加民间资本活力、促进民间融资的作用。虽然公有制经济的主体地位不可动摇,作为补充的非公有制经济特有的活力对于推动社会主义市场经济的发展也是必需的。但与此同时,非公有制经济也存在着规范度不够、容易被不法分子利用等缺陷,互联网金融亦是如此。如果对互联网金融中的非法吸收公众存款行为打击过于严厉，必然会挤压非公有制经济在金融领域的生存空间。反之，如果放任不管，会引发金融秩序乃至整个社会经济秩序的失控。因此如何在对本罪法益正确理解的基础上，对处罚范围进行适当限缩，是在互联网金融领域适用非法吸收公众存款罪首先要解决的问题。

对于非法吸收公众存款罪的限缩，具体可以从以下几个方面入手：

首先是非法吸收公众存款罪的数额标准，目前对于本罪的定罪量刑数额标准，最高人民检察院、公安部《关于公安机关管辖的刑事案件立案追诉标准的规定（二）》第28条作出了明确的规定：符合以下三个条件：①个人非法吸收或者变相吸收公众存款数额在二十万元以上的，单位非法吸收或者变相吸收公众存款数额在一百万元以上的；②个人非法吸收或者变相吸收公众存款三十户以上的，单位非法吸收或者变相吸收公众存款一百五十户以上的；③个人非法吸收或者变相吸收公众存款给存款人造成直接经济损失数额在十万元以上的，单位非法吸收或者变相吸收公众存款给存款人造成直接经济损失数额在五十万元以上的非法吸收公众存款行为均应立案追诉。在传统的金融模式下，这些数额或人数确实属于较为巨大，但在互联网金融模式出现后，吸收公众存款一百万或者一百五十户以上就变得十分平常，借助互联网的信息传播效率，互联网金融企业很容易实现数百万乃至上千万的融资。如果对这些互联网融资行为一律追究刑事责任，将会使互联网金融活动时刻背负着巨大的刑事责任风险，难以得到更进一步发展。因此，结合现有的经济发展形势，应当提高非法吸收公众存款罪的数额标准。

其次是非法吸收公众存款罪的行为类型。传统金融模式下的直接融资行为与间接融资行为的可罚性与否之区分依然具有一定意义，但并不具有绝对性，必须结合"是否可能引起非正常性金融风险"这一实质标准对二者予以进一步判断。①对于属于间接融资的非法吸收公众存款行为，原则上可将其列为可能引起非正常性金融风险的行为类型。通过司法解释原则上将非法吸收公众存款罪的规制内容限定为间接融资行为，从而从原则上剔除直接融资活动，这样才能在实现非法吸收公众存款罪立法目的的前提下，保障互联网金融的有序发展。现行刑法规定混淆了直接融资与间接融资，遏制了民间金融的发展空间，也不能为法律支持民间金融发展提供基础。就立法目的而言，非法吸收公众存款罪是为了防范化解非正常性金融风险，从而维护稳定、有序的金融秩序。但是，直接融资行为通常并未引起非正常性金融风险。因此，司法解释所规定的入罪条件就应当相应地有所调整，原则上仅处罚扰乱金融秩序的间接融资行为，即仅对将公众存款用于发放贷款等货币经营活动的行为进行定罪处刑，以非法吸收公众存款罪论处。②对于属于直接融资的非法吸收公众存款行为，原则上应当否定其可罚性。但是，在例外情形下，对于那些将公众资金用于从事风险极高、可能引起非正常性金融风险的生产、经营业务的直接融资行为，由于其在本质上侵犯了本罪的保护法益，因而仍应当对其以非法吸收公众存款罪论处。反之，对于那些属于正常风险的生产、经营业务，由于在本质上并未引起非正常性金融风险，因而不能以非法吸收公众存款罪论处。

总之，互联网金融的出现使得金融活动的形式和内容都发生了深刻的变革，坚持原有的非法吸收公众存款罪的入罪标准必然是刻舟求剑之举，在司法解释和司法实践中对入罪范围进行限缩是将非法吸收公众存款罪正确适用于互联网金融活动的必经之路。

2. 集资诈骗罪的要件限缩

(1)集资诈骗罪保护法益在互联网金融中的定位

集资诈骗罪与非法吸收公众存款罪无论是在保护法益上，还是在客观构成要件上均有着千丝万缕的联系。根据 2010 年最高人民法院《关于审理非法集资刑事案件具体应用法律若干问题的解释》第 4 条的规定，以非法占有为目的，使用诈骗方法非法吸收或者变相吸收公众存款的，以集资诈骗罪定罪处罚。这意味着，集资诈骗罪在本质上是以非法吸收或者变相吸收公众存款的方式实施诈骗的行为。因此，刑法理论通说认为，集资诈骗罪保护的是双重法益，即公私财产权以及国家金融管理秩序。问题在于，在互联网金融背景下，将集资诈骗罪的保护法益之一仍旧界定为"国家金融管理秩序"是否合理？笔者认为，基于上述有关非法吸收公众存款罪保护法益的重新定位之相同理由，有必要对集资诈骗罪的保护法益也作出相应的调整，从而使本罪更好地适应和契合互联网金融时代金融犯罪治理的新形势和新政策。据此，笔者将集资诈骗罪的保护法益重新界定为公私财产权以及防范化解非正常性金融风险。

对于本罪保护的双重法益，如何确定一个先后或者主次的位阶，理论上也存在不同观点。有不少学者认为，应将国家金融管理秩序这一集体法益作为本罪的主要法益，从而将本罪视为破坏金融管理秩序犯罪的一种具体犯罪类型。也有部分学者主张，应将公私财产权这一具体的财产法益作为本罪的主要法益，从而将本罪视为诈骗犯罪的一种具体犯罪类型。有关集资诈骗罪保护法益的主次之争，关涉到本罪既遂标准的确立问题，因而对于司法实践具有重要意义。笔者认为，集资诈骗罪的首要保护法益应当是公私财产权，其次要保护的法益应当是防范化解非正常性金融风险。只有当集资诈骗行为同时侵犯了这两个法益，才成立集资诈骗罪的既遂。倘若非法集资行为只侵犯了公私财产权，而并未造成非正常性金融风险，则其应当构成普通的诈骗罪。反之，倘若非法集资行为造成了非正常性金融风险，但是尚未对公私财产权造成实际侵害，而只存在侵害危险性，则其应当成立集资诈骗罪的未遂犯。

（2）互联网金融领域中对集资诈骗罪的限缩路径

在确定了集资诈骗罪保护的双重法益及其位阶的基础上，有必要依此对其司法适用范围予以相应的目的论限缩。值得强调的是，集资诈骗罪历来属于我国刑法中最为严厉的经济犯罪之一，尽管《刑法修正案(九)》取消了本罪中的死刑规定，但是，这并未改变本罪刑罚配置极为严厉的现状。在 2019 年召开的"两会"上，甚至还有代表建议恢复集资诈骗罪的死刑适用规定。之所以如此，根本原因还在于真正的集资诈骗行为的社会危害性通常十分严重，其远超普通侵犯财产类的诈骗罪和破坏金融管理秩序类的非法吸收公众存款罪。因此，对于集资诈骗罪的司法认定应当尤为慎重，切实做到罚当其罪。

当前司法解释对于集资诈骗罪的定罪量刑采取的是单纯的数额

标准，但犯罪数额只能反映非法集资的诈骗行为对公私财产权所造成的侵害，而不能准确反应犯罪行为是否对本罪保护的双重法益均造成了侵害危险。因此，有必要结合非法集资行为可能引起非正常性金融风险这一法益侵害性要求，对集资诈骗罪的处罚范围予以进一步限制。

首先，集资诈骗罪作为普通诈骗罪的特别罪名，其独特的罪名属性在于诈骗行为所兼具的非法集资性，正是这种非法集资行为的存在，使集资诈骗行为比普通诈骗行为多出了"可能引起非正常性金融风险"这一金融犯罪的法益侵害属性。在这个意义上，我们完全可以认为，集资诈骗罪亦是非法吸收公众存款罪的特别法条，集资诈骗罪是在成立非法吸收公众存款罪的基础之上，再多出了主观上的非法占有目的之要件的特别罪名。因此，成立集资诈骗罪，首先要求在客观上或形式上存在可能引起非正常性金融风险的非法集资行为。倘若在客观上不存在可能引起非正常性金融风险的非法集资行为，那么该集资诈骗行为在实质上便没有侵犯防范化解非正常性金融风险这一金融犯罪的法益，这连非法吸收公众存款罪都不构成，对其以集资诈骗罪论处便罚过其罪了。

笔者认为，根据我国司法实践对于集资诈骗罪的认定传统和逻辑，完全可以借鉴上述有关非法吸收公众存款罪的司法限缩路径和方法，从客观上限制集资诈骗罪中的非法集资行为的类型和范围。具体而言：如果采取的是间接融资模式的非法集资行为，那么原则上应当认定其属于可能引起非正常性金融风险的非法集资行为，在此基础上再行考察行为人主观上是否具备非法占有目的；如果采取的是直接融资模式的非法集资行为，那么原则上应当否定其属于可能引起非正常性金融风险的非法集资行为，从而直接否定其成立集资诈骗罪。当然，在例外情形下，对于那些承诺将公众资金用于从事风险极高、可能引起非正常性金融风险的生产、经营业务的直接融资行为，由于其在本质上可能造成非正常性金融风险，因而仍应肯定其具有本罪中的非法集资属性。总之，对于集资诈骗罪，司法认定的第一阶段应当放在其中的非法集资行为的法益侵害性判断上，即其在客观上是否属于可能引起非正常性金融风险的非法集资行为，如果得出肯定结论，则再进行第二阶段的主观目的判断；如果得出否定结论，那么就直接可以否定成立本罪。

其次，集资诈骗罪在本质上属于诈骗罪的一种特别形式，因而其要求行为人在主观上具备非法占有目的，在客观上实施了诈骗行为。正是这种诈骗性质的存在，使集资诈骗罪又比非法吸收公众存款罪多出了侵犯公私财产权的法益侵害属性。因此，成立集资诈骗罪，不仅要求客观上存在可能引起非正常性金融风险的非法集资行为，而且在此基础上，还要求行为人在主观上具有非法占有目的，并在该目的的支配下实施了诈骗行为，即通过虚假承诺回报的方式非法集资。

从我国现行刑法的规定来看，集资诈骗罪与非法吸收公众存款罪的区别可以概括性地认定为前者的犯罪成立需要"非法占有目的"的存在。随着集资诈骗罪入罪标准的不断细化与完善，我国司法解释中对于"非法占有目的"的认定标准也日趋具体，但同时也在逐渐减低门槛，扩大规制范围。到2010年司法解释为止，非法占有目的的认定已有八种情形，其中最常适用的是"逃避返还集资款"这一情形，即用事后行为推定行为时的主观目的。从"非法占有目的"的认定整体来看，司法解释对该构成要件的界定显然是趋于宽泛的。之所以会产生这样的现象，根本原因在于"非法占有目的"的主观性过于抽象，必须要通过司法解释的方式予以明确才能够符合刑法所要求的明确性，才能具有实践意义的可操作性。但是，就刑法理论层面而言，明确性的满足应当具有一定的限度，否则必然会因为追求形式主义而间接地扩大了集资诈骗罪的规制范围。正如有学者提出，不能仅仅依据行为人的挥霍事实就认定其必然具有非法占有的主观目的，而是应当以行为人就集资款的用途来具体划分，仅有行为人对集资款消耗的比例超过其用于生产经营的比例时，才能认定行为人具有非法占有目的。[1] 为此，把握刑事法律要求的明确性原则，才能进一步完善司法解释对于"非法占有目

---

① 刘宪权：《刑法严惩非法集资行为之反思》，《法商研究》2012年第4期。

的"的认定标准。

笔者认为，要完善我国司法解释对于"非法占有目的"认定的规定，首先应当对认定标准与无法归还融资款的因果联系予以强化，对于其中缺乏因果联系或因果联系显著不强的，应当认定其即使符合司法解释规定的情形，也不具有非法占有目的。这种做法实质上应当是依据因果关系判断犯罪实质而对司法解释所作的一种限缩。例如行为人携带公众存款潜逃的，如行为人仅仅是出于资金链断裂后携带剩余钱款出逃，则仅能认定行为人对这部分钱款有非法占有目的，而不应当延伸于全部案款。其次则是应当限缩事后行为在认定非法占有目的中所发挥的作用。刑法中的罪刑法定要求以行为人的客观行为对其主观目的进行推定，这样的推定一般依据的是行为人在实施犯罪行为时的客观行为，不包括犯罪实施完成后的事后行为。但是在互联网金融领域的集资诈骗罪的认定过程中，"拒不交代资金去向，逃避返还资金的"这一事后行为情形反而成为认定行为人具有非法占有目的最为频繁适用的规定。这样的推断显然不符合我国刑法所要求的罪刑法定原则，因此笔者认为对此类非法占有目的的认定情形必须加以限缩适用，缩小其适用范围，例如互联网金融融资犯罪中的行为人将融资款项已用于既定项目，项目亏损后将剩余部分隐匿，则对其隐匿部分可认定为具有非法占有目的，其他部分则不能扩张认定。

3. 侵犯公民个人信息罪的要件限缩

（1）互联网金融中侵犯公民个人信息罪的法益界定

第一，公民个人隐私权说。该说认为该罪侵犯的法益是民主权利中的名誉隐私权，作为犯罪对象的公民个人信息的范围应当限定在公民姓名、年龄、家庭住址等能够识别公民个人身份或暴露公民个人隐私的信息、数据。①

第二，公民人格尊严与个人自由说。该说认为，"侵犯公民个人信息罪所保护的法益是公民人格尊严与个人自由，从出售或提供公民个人信息行为的实质违法性角度出发，应当将个人信息限缩在

---

① 　张明楷：《刑法学》（第五版），法律出版社 2016 年版，第 921 页。

具有危害该法益的'公民个人信息'"。该说的实质与个人隐私权说实质相同，都是将侵犯个人信息行为等同于侵犯某一种传统的个人法益。①

第三，以隐私权为主体的复合权利说。该说认为侵犯公民个人信息罪应当发挥类似侵犯个人隐私罪的公民隐私保护作用，同时对其他可能影响到公民平稳生活的个人信息也要进行保护。②

第四，公民个人信息权说。该说认为，"'公民个人信息'具有复杂权利属性，单纯将其作为隐私权，或者作为财产权加以保护，都存在权利属性的不周延性"，并指出公民个人信息权是一种独立的权利，该权利同时兼具人格权利和财产权利属性。③

第五，公共信息安全说。该说认为侵犯公民个人信息行为只有在同时侵害到公共信息安全时，才能构成犯罪。

第六，社会新型管理秩序说。该说认为侵犯公民个人信息罪的"入罪标准设置为具有规模性、整体性的个人信息保护，而非单纯个体权利的保护，根据其立法目的以及规范方式，其法益应当评价为社会信息管理秩序"。④

这些学说可以大体上分为两大类：个人法益说与超个人法益说。个人法益说包括上述前四种观点，后两种观点则可划入超个人法益说的范围之内。笔者认为，虽然侵犯公民个人信息罪在实践中的表现形式通常是同时侵犯多人的个人信息，但实质上威胁的是其中每一个具体个人的生活安定，是一种抽象危险犯。将数量累积作为一般情形下的入罪要件是由于多数情况下分摊到任意一个受害者个人的风险较小，在数量较小时法益侵害程度并未达到足够入罪的

---

① 高富平、王文祥：《出售或提供公民个人信息入罪的边界——以侵犯公民个人信息罪所保护的法益为视角》，《政治与法律》2019年第2期。

② 王昭武、肖凯：《侵犯公民个人信息犯罪认定中的若干问题》，《法学》2009年第12期。

③ 于冲：《侵犯公民个人信息罪中'公民个人信息'的法益属性与入罪边界》，《政治与法律》2018年第4期。

④ 凌萍萍、焦冶：《侵犯公民个人信息罪的刑法法益重析》，《苏州大学学报(哲学社会科学版)》2017年第6期。

水平。但是，相关司法解释并没有排除给单一个人造成严重危险的情形的入罪可能性。如最高人民法院、最高人民检察院《关于办理侵犯公民个人信息刑事案件适用法律若干问题的解释》第5条列举的十种侵害公民个人信息"情节严重"的情形中的第（2）项就是"知道或者应当知道他人利用公民个人信息实施犯罪，向其出售或者提供的"，该项没有附加任何数量要求。因此相对于超个人法益说，个人法益说更符合本罪的立法精神。在个人法益说的几种子学说当中，将侵害公民个人信息等同于侵害某种传统人身权利的观念具有明显的片面性。侵害公民个人信息可能产生的危害后果十分复杂，可能包括被害人正常生活秩序的破坏和财产的损失等，因此公民个人信息权说更为可取，也是笔者主张的学说。

（2）互联网金融中侵犯公民个人信息罪的限缩路径

根据侵犯公民个人信息罪的保护法益，也就是保护公民个人信息权的观点，对公民个人信息的获取和使用只有在对公民的人格权利或者财产权利产生潜在的危险时，才具备入罪的条件。对此，笔者认为从获取和使用公民个人信息行为的手段、内容、用途三个方面提出本罪出罪的条件，亦即限缩的路径。

第一，获取和使用公民个人信息的手段必须是非法手段，以合法的方式获取和使用公民个人信息的行为不构成犯罪。例如，在公民个人授权许可后使用公民的个人信息，结果对公民的个人生活造成侵扰的，不应按犯罪处理。

第二，获取和使用的公民个人信息内容必须是通常意义上被认为具有识别公民个人身份等可能产生权利侵害的内容。如公民的姓名与年龄、姓名与住址、住址与性别等信息组，如果是单独的性别、年龄等信息的获取和使用，不应按犯罪处理。

第三，必须是将公民个人信息用于可能对公民的生活权利或财产权利产生危险的用途的行为才能构成侵犯公民个人信息罪。仅为了更方便地提供互联网金融服务而使用公民个人信息的行为不构成犯罪。例如，互联网金融服务提供者提前获得了用户的个人信息，在用户填写资料时，App自动将相关信息填上的做法不构成侵犯公民个人信息罪。

　　总之，目前实践中有很多不规范获取和使用公民个人信息的行为，并不是其中所有的行为都应按犯罪处理，只有造成的危险性达到一定程度时才能构成犯罪，对于不构成犯罪的不规范获取和使用公民个人信息的行为，可以用其他手段治理。

三、互联网金融犯罪的行为特征

（一）互联网金融犯罪行为的主体特征

　　1. 行为主体以互联网企业为主

　　金融的专业性和互联网的技术性特征决定了大多数互联网金融犯罪的实施者为机构主体，而作为互联网金融市场从业主体的机构主要包括传统金融机构和互联网企业。由于我国对金融行业实行垄断保护政策，传统的金融机构绝大多数为国有企业，合规意识较强，在进入互联网金融领域后的行为以对传统金融业务的互联网扩展为主，且方法相对保守，鲜有违法犯罪的情况发生。而在专门的互联网金融行业监督细则出台之前，大量非金融机构的互联网企业利用这一灰色地带，借助"中介"身份绕开传统金融法律法规的限制，纷纷涌进金融市场，用"P2P""众筹"等新壳提供资金融通服务。在运行过程中，受资本逐利动机的驱使，这些新兴的金融服务提供者在运营策略上往往较为激进，在市场发展过程中，容易背离中介机构的职能地位，从事货币经营、数据买卖等行为，从而触犯刑事法律。另一方面，互联网企业一般对传统金融法规政策缺乏系统的学习认识，对相关刑事法律更是知之甚少，在经营过程中无法对自身形成有效的约束，从而容易发生越过红线的行为。

　　实施互联网金融犯罪行为的企业除了有在经营正当互联网金融服务业务过程中因合规意识不强触犯刑法的之外，还有一些企业在设立之时的目的就是为了以互联网金融的名义实施犯罪，非法敛财。犯罪分子通过设立企业的方式，将自己包装成正规的互联网服务提供者和互联网技术公司，使受害者产生麻痹心理和盲目信任。

　　2. 行为主体分布于互联网金融各种参与者身份之中

　　相对于传统金融活动，互联网金融的参与形式较为灵活，参与者身份较为多样化，不同身份的参与者都有可能实施互联网金融犯罪行为。具体包括：①贷款人；②借款人；③金融中介等。金融活动中提供资金的一方通常是以资金的使用权换取资金的增值，最常见的表现形式就是贷款人将资金提供给借款人使用，向借款人收取利息。在这一过程中，贷款人为了让自己的资金获得更大程度的增值或者借款人为了避免或减少支付利息带来的财产损失，都有可能实施规范之外的操作，进而引发刑事责任风险。如贷款人的高利转贷行为、借款人的非法集资行为等。

大多数互联网企业是以中间平台的身份参与互联网金融活动。这其中的原因很容易理解：通常互联网企业本身并不具有丰厚的资金基础，而且互联网金融相对于传统金融的优势在于便利性和信息传播效率，互联网企业作为中间平台最容易发挥互联网的信息媒介优势。作为互联网金融中间平台的互联网企业实际上在法律上具有双重身份：金融中介和网络服务提供者，这两种身份都有可能引起相应的刑事责任。

(二) 互联网金融犯罪行为的手段特征

1. 作案手段具有线上线下相结合的特点

互联网金融从其各种行业的具体业务来看，不管是 P2P 网络借贷、众筹还是第三方支付，现有案件中突出表现为互联网金融犯罪行为人通过线上通道虚构融资项目，通过线下和线上的虚假宣传和高额利诱，实现侵财等犯罪目的。如犯罪行为人为实现非法占有的目的，利用互联网企业平台虚构融资项目和较高利率，同时通过线下办公场所展示虚假材料，用现场讲演、推介等方式，非法占有不特定投资人投资款潜逃。这种线上和线下共同实施犯罪具有较高的迷惑性和隐蔽性。例如，目前多起互联网金融集资诈骗案件中相关平台均采用线上推介项目，利用线上形式合规推出虚假融资标的，线下实施自融或者将相关钱款投向高风险行业，甚至用于挥霍或者犯罪活动，这种线上手段与线下手段相结合的作案方式是互联网金融犯罪有别于传统犯罪的一大特点。

2. 暴力手段与技术手段相结合

　　互联网金融犯罪依托互联网这一平台，有时候会借助一些计算机网络方面的技术，从而使其看起来具有高科技犯罪的外衣。但为了最终获取不法利益，犯罪实施者往往还是需要依靠传统的暴力、威胁手段迫使受害人交付自己的财产，显露出其野蛮的本性。

　　以互联网金融犯罪中最为常见的"套路贷"为例，为了便于实施后续的犯罪行为，放贷者们通常都要先获取受害人的个人信息。而获取个人信息需要用到技术性手段，主要有以下两个方面：第一，利用网络贷款 App 非法窃取储存在被害人手机里的个人信息数据。在这个移动互联网时代，手机已经由单纯的通信工具变成重要的生活工具。人们为了获得智能手机提供的巨大便利，将自己重要的个人信息储存在手机之中，却也因此产生了安全隐患。个人的身份信息和通讯录等社会关系信息都可以通过手机 App 轻易获取。由于缺乏相应的规范，App 获取信息缺乏有效的限制，是否将其用于不法目的全凭开发者的操守。许多不法之徒开发的 App 表面上是用来给用户提供网络服务，实际上是在干着窃取用户个人信息的非法勾当。"套路贷"App 自然也不例外。当被害人下载"套路贷"App 时，犯罪分子实际上就已经掌握了被害人的一些重要信息，从而能在之后掌握主动，不断"套路"被害人。第二，利用一种被称为"网络爬虫"的数据抓取工具获取其他互联网金融服务平台上的被害人信息。"网络爬虫"的原理是自动输入指令访问网络服务提供者，从网络服务提供者反馈的信息中提取需要的数据。"网络爬虫"对目标服务器的访问方式与真人操作其实没有本质区别，但自动运行的"网络爬虫"行动效率却远胜过真人，真人最多一秒钟只能点击访问几个网页，而"网络爬虫"可以在一秒钟之内访问数万个页面。而"套路贷"犯罪分子从其他互联网金融服务平台获取被害人信息的方式，则是通过前述 App 获取到被害人的个人信息之后，结合被害人在 App 注册时使用的用户名与密码等信息，可以很轻易地试出被害人在其他互联网金融服务平台的账号和密码。一些大型的互联网金融服务平台，如支付宝、微信等，掌握的数据比较全面、准确度较高，如果不法网贷企业能够从这些平台上获取特定用户的一些个人信息，特别是与财产状况有关的信息，就很容易

"看人下菜碟"，有针对性地对目标用户实施"套路贷"犯罪。

不过仅仅依靠技术手段只能知道被害人大概有多少财产可以"套路"，但是被害人就算进了套并承认自己的债务，通常也不会心甘情愿地将自己重要的财产拱手交给他人，而要最终让这些财产成功落入自己的口袋，犯罪分子往往还是需要骚扰、威胁、辱骂等软硬暴力手段迫使被害人就范。当被害人暂时无法偿还贷款时，犯罪分子就用各种名目在利息上增加巨额违约金，一旦累积的数额达到一定程度，犯罪分子就开始强行要求被害人还款。一旦被害人不从，犯罪分子就使用各种手段扰乱被害人的正常生活，使其在掏空家底还债和永无宁日的生活中作出选择，具体方式包括：利用之前非法获取的被害人亲友联系方式，非法骚扰被害人的亲友，间接给被害人施加压力；组织所谓的专业讨债人接近被害人住所，在被害人住所外用横幅、喷漆等方式辱骂被害人，或者直接堵住被害人家门，使被害人无法自由外出。被害人最终不堪其苦，轻则倾家荡产，重则屈辱自杀。可以看出，"套路贷"犯罪本质是非常野蛮的，为了获取被害人的财产肆无忌惮地践踏被害人的尊严，完全不顾被害人的死活，将被害人逼入绝境。而一种被称为"裸贷"的犯罪形式则更为丑陋，犯罪分子利用被害人（一般是女性）急于获取金钱消费的心理，向被害人提供较高额度的贷款，代价是被害人要拍下自己的裸照交给犯罪分子，以便在被害人拖欠贷款时犯罪分子能够以裸照为要挟逼迫被害人偿还。"裸贷"犯罪以金钱为诱饵，诱使女性出卖自己的尊严，严重破坏了社会秩序并伤害了社会伦理道德，体现了互联网金融犯罪分子贪婪且丑陋的本性。

互联网金融犯罪分子借助计算机网络技术，披上了一层高科技的外衣，使被害人一定程度上产生了麻痹心理，认为犯罪分子是"文明"的，不会用野蛮的方式强行获取自己的财物，只有当犯罪分子派人找上门时，被害人方才醒悟，原来给自己提供贷款的是一群"狼"。

互联网金融犯罪技术与暴力相结合的特性使得在追究犯罪分子刑事责任时对行为的定性变得较为复杂。"套路贷"中非法获取个人信息的行为可能涉及非法获取个人信息罪、破坏计算机信息系统罪、非法获取计算机信息系统数据罪等罪名；而线下骚扰的行为则可能构成敲诈勒索罪、寻衅滋事罪等罪名。

(三) 互联网金融犯罪行为的规范特征

1. 二次违法性特征明显

二次违法性是指行为既违反了行政法、民法等，又违反了刑法，且刑法具有后置性，即行为首先违反其他法律，然后违反刑法，没有前者的违法，就没有后者的犯罪。互联网金融犯罪一般属于广义的行政犯，其二次违法性突出表现在其首先违反了金融、互联网监管等方面的行政法规等，如行为人违反了金融行业的从业准入、经营范围限制等行政监管，然后方才进行刑法否定评价。当然，根据最高人民法院的相关司法解释，行政违法性认定并非刑事处罚的前置程序，即司法机关在没有行政违法认定的情况下，也可以对相关行为进行刑事处罚，这主要是防止行政违法认定阻碍刑法追责。当然这并不能否认互联网金融犯罪的二次违法性特征。

2. 行为规范意识缺乏

我国互联网金融由于与传统金融存在重合之处，且传统金融监管较为严格，在涉及传统金融业务时，从业人员由于对相关法律认识不清，忽略了行政监管规定，在未取得行政许可的前提下，以互联网金融名义开展传统金融业务，误以为只要不发生资金链断裂或者携款潜逃就不存在相关刑事风险。

第三节　互联网金融犯罪的主观要件 *

随着阶层论引入的形式故意说在互联网金融等非传统领域出现了刑事干预的盲区和误区，该学说与我国实定法之间存在一定程度的抵牾。由我国《刑法》第 14 条所引申出的实质故意理念，在互联网金融领域恰当出入罪的微观视角下，和经济刑法体系建构的宏观层面上都存在明显的制度优势。将互联网金融领域的法定目的犯界

---

* 本节由中南财经政法大学博士研究生韦春发负责文献综述工作。

定为直接故意犯罪，同时廓清该领域中属于开放构成要件的非法定目的犯；在目的融入主观要件后而形成的实质故意概念可发挥较强的出入罪之功能。面对规范频繁变更和涉罪风险较高等互联网金融领域的现实问题，将不法意识作为实质故意的考察要素，同样能够成为出入罪的重要调节器。

传统金融领域的创新行为在互联网技术深度应用的加持之下，呈现出与以往不同的众多新形态。作为新生事物，其中不免掺杂着尚难识别的不法行为类型。在鼓励金融创新的同时加强监管已成为我国社会的基本共识，协调好安全与发展的关系，"在服务实体经济和遵从审慎监管的前提下守正创新，防止资本无序扩张，牢牢守住不发生系统性风险的底线"①是当前的重要任务。刑法在参与网络金融领域的社会治理中理应发挥其应有的功能。对金融领域的刑事监管，除却客观层面对不法行为类型的探查之外，还应对其主观要件保持应有的观照。本节对互联网金融领域中作为一般主观要件的故意问题作出初步探讨。

一、问题的提出

无论行为人是出于合法利用互联网经营金融业务的目的，抑或是出于将互联网平台作为其实施不法金融行为工具的动机，就当下我国在强化金融监管的整体政策走向来看，种类各异的网络金融行为都存在相应的刑事风险。"互联网金融服务提供方的角色主要有借贷中介和资金平台等。"②而就其通常开展的业务种类看，往往会涉及刑法中的擅自设立金融机构罪，非法吸收公众存款罪，擅自发行股票、公司、企业债券罪以及洗钱罪，等等。③ 应当说，随着技术手段的日益深化，线下传统的金融不法行为绝大多数已经能够转

---

① 陈雨露：《工业革命、金融革命与系统性风险治理》，《金融研究》2021 年第 1 期。

② 于健宁：《我国互联网金融发展中的问题与对策》，《人民论坛》2014 年第 3 期。

③ 刘宪权：《互联网金融面临的刑事风险》，《解放军报》2014 年 5 月 7 日，第 5 版。

移到互联网当中完成，而因网络行为自身的匿名化和一对多等特点，又势必导致法益侵害的范围和程度呈现出指数级的增长。当系统性的金融风险和网络安全风险叠加在一起之后，其社会危害的量级已经成为现代社会所不能承受之重。

面对这种造成无可估量的法益侵害的潜在风险，刑法的适时介入颇为必要。但我们亦可发现，传统意义上刑法规制金融不法行为的制度和理念恐怕并不能完全与互联网时代的网络金融行为相契合。由此，刑事监管的盲区和误区不免同时产生，前者导致刑法未能及时有效地参与金融风险管控，后者则存在过分干预而阻滞互联网金融创新的嫌疑。比如，在伪造货币罪中，传统的见解是将其视为一种非法定的目的犯，像"德日等国的刑法所规定的'以行使为目的'"①那样。然而，当前我国已经开始试行的数字货币显然要在相当程度上动摇这种观点，倘若将行为人并不出于行使的目的而伪造数字货币的行为排除在伪造货币罪之外，则无疑是对"国家的数字货币发行权这种首要保护法益"②的漠视。又如，按照当前有效的司法解释规定，对非法吸收公众存款罪的认定主要是对非法性、公开性、利诱性和广延性的考量，如果继续按照这种客观性的标准，那么众多的互联网金融企业的经营行为通常会因为"业务未经批准"而构成本罪，或者构成擅自设立金融机构罪。招商银行曾经推出的"小企业 e 家"被叫停就是例证。以上任何一种现象都是我们所不愿看到的。

深思上述现象，我们发现，问题的症结可以归结到互联网金融不法行为的入罪要件当中来，而作为入罪规格的核心要素之一便是其主观要件。如前述案例即分别涉及目的犯与故意的关系，故意与违法性认识及其可能性的关系等。可见，作为一般主观违法要素的故意成了这里的连接点。而对于故意的理解，我国刑法学自引入德

---

①　张明楷：《论短缩的二行为犯》，《中国法学》2004 年第 3 期，第 148 页。

②　高铭暄、王红：《数字货币时代我国货币犯罪的前瞻性刑法思考》，《刑法论丛》2019 年第 2 卷，第 261 页。

日知识形态以来，形成了一种"形式故意说"，其将故意理解为对客观构成要件要素的事实性前提条件的认识与容认，这种容认说的立场在很大程度上不再关注行为人对其行为的社会性质与法律后果的意义认知，而只强调其对构成事实是否有容认。由于意义认知的缺位直接导致对故意犯罪的责任非难受到影响，因而德国学者又在责任要素中提出所谓的"思想要素"观念，认为"思想要素能够表明心理状态，直接体现了反伦理价值的精神态度"。① 其实，所谓思想要素不过是我国语境下的罪责故意。当承载着无价值评判的思想要素成为独立的责任要素时，构成要件故意便仅具有形式意义，而正是这种形式的故意理论导致了当前的司法实践在包括互联网金融等一系列新兴领域中对入罪与否的问题形成了前述误区。因为形式的故意观念和我国长期从实质层面理解犯罪故意的思维惯性之间存在一定程度的抵牾，所以即便理论上已经接纳了形式的故意说，而实践中在具体判定行为人是否故意时，还是会存在相应的自我怀疑以及社会认同方面的争议。

世界各国刑法通常并不规定何谓"故意"，我国立法则与之不同，明确在《刑法》第 14 条作出相应说明，这便为我们研究犯罪故意提供了文本基础。所谓明知自己的行为会发生"危害社会"的结果，只关注结果而忽略其修饰语意义的做法显然是不妥当的。"国外刑法理论无视社会危害的意识，于我国刑法理论来说，这种形式主义的研究方法是不足取的。众所周知，犯罪所侵犯的并非是法律规范本身，而是法律规范所维系的社会关系，我国刑法正是以犯罪的实质定义为核心，说明犯罪故意不是纯粹的心理学概念，也不是单纯的法律概念，而是具有反社会心理的法律概念。"②任何理论归纳都不能违背实定法，这也是倡导教义学研究者的基本立场，不过在故意理论中，其似乎有所偏离。以我国刑法的明确规定为据，笔

---

① ［德］汉斯·海因里希·耶塞克、托马斯·魏根特：《德国刑法教科书（总论）》，徐久生译，中国法制出版社 2017 年版，第 633 页。

② 高铭暄主编：《刑法学原理（第 2 卷）》，中国人民大学出版社 2005 年版，第 35 页。

者认为，应当重申中国刑法学传统意义上的实质故意理念。

二、实质故意说的源流与根据

（一）源流：形式说嫁接下的实质故意式微

形式故意说的观念在我国学界传播开来基本上是与德日阶层式犯罪论体系的引进同步而生的。且不说我国，即便是在德日理论上，关于故意的体系定位问题，争论至今依旧甚嚣尘上。如果从总的历史趋势上看，犯罪论体系演进的一条重要线索就是故意的地位不断在向审查步骤的前端移动。在李斯特贝林时期，构成要件被视为纯粹客观和记述的，贝林认为："如果硬要把'内在要素'从行为人精神层面上塞入构成要件，那么就会陷入方法论上的歧途；因为这种不纯粹的构成要件根本不可能再发挥客观方面和主观方面共同指导形象的功能。"①不过这种见解在随后的学说演进中即被否定了，固然学术史上也曾出现过将主观不法要素归结为主观构成要件的做法，但应当说真正将过去视为责任形式的故意确定为主观构成要件还是在韦尔策尔倡导目的行为理论的影响之下才得以实现的。自此以后，构成要件中存在一般层面上的故意逐渐成为共识，但也由此衍生了问题。当故意被提升到构成要件阶层中后，行为人对于正当化事由的事实性前提条件的错误即假想防卫等情形，按照三阶层的审查体系却得出了故意结论，这与人们的一般观念不符。因此，为解决这种所谓容许构成要件的错误问题，开始对故意作出区分，寄希望于罪责故意的实质考量来进行出罪。然而从这里又生出了新的难解之题，即"在于分清哪些主观因素属于构成要件，哪些主观因素属于责任。区分的关键被认为是某一主观因素是否与构成要件的具体行为类型具有联系"②。这种努力能否实现尚值得怀疑，

---

① ［德］恩施特·贝林：《构成要件理论》，王安异译，中国人民公安大学出版社 2006 年版，第 16 页。

② 李海东：《刑法原理入门——犯罪论基础》，法律出版社 1998 年版，第 58 页。

正如耶塞克所说："可以说，区分是非常困难的，但又必须加以区分，若非如此，错误问题和共犯问题难以得到恰当的解决。"①晚近以来，阶层式审查体系在我国刑法学界的引介，直接将其故意理论也顺势带入，并日渐取代了我们既往所理解的故意。但是，正如德国学者自己所认为的，构成要件故意和罪责故意的区分本就陷入巨大的困境之中。而且更值得我们关注的是，"中国和德国的犯罪论之构造差异，根源于两国刑法典对犯罪的不同规制方式"②。因此，德国刑法学在其实定法未明确规定故意的情况下固然可以作出各种理论归纳的尝试，但是我国既然已经确定了犯罪故意，那么在理论构造上则必须以此为基础。因此，我国当前以犯罪论的引介为潮流而将德国形式化的构成要件故意强行嫁接在中国刑法学中的做法并不合适。"引入那些与当下中国社会发展趋势、立法表述相兼容的教义学知识，尽可能摆脱对德日理论体系的过度依赖"③应当说是当前强化我国刑法学自主性的重要任务。晚近以来，我国有学者倡导实质刑法观，对这一立场笔者是支持的。但有必要指出，虽然立场上不少学者赞同实质刑法观，但是在具体问题研讨中却并未能真正贯彻，对形式故意说的拥趸便是适例。实质刑法观的本质不过是要实现一种实质合理性，体现在刑法中，按照耶塞克的说法，"实质的考察方法使得根据作为构成要件基础的目的和价值观"④来理解构成要件自身。而故意作为犯罪构成要件的核心要素仅从形式意义上理解显然是不可行的。

我国传统的实质故意有其立法和理论的渊源。"苏俄刑法典第10条对故意是作的如此界定：对于实施危害社会的行为的人，只

---

① [德]汉斯·海因里希·耶塞克、托马斯·魏根特：《德国刑法教科书(总论)》，徐久生译，中国法制出版社2017年版，第633页。

② 冯亚东：《刑法典对犯罪论的制约关系——基于中德刑法典的比较分析》，《中外法学》2012年第3期。

③ 周光权：《论中国刑法教义学研究自主性的提升》，《政治与法律》2019年第8期。

④ [德]汉斯·海因里希·耶塞克、托马斯·魏根特：《德国刑法教科书(总论)》，徐久生译，中国法制出版社2001年版，第289页。

有在他们的行为是出于故意，即预见到自己行为的结果具有危害社会的性质，而仍然希望这种结果发生，或者有意识地放任这种结果发生的情况下，才能适用司法改造性质的社会保卫方法。"①按照特拉伊宁的见解，这种规定具有深刻的道德意义和法律意义。苏联的审判实践中还曾据此对使用伪造支票的行为予以出罪，如果在形式的故意说那里，恐怕至少要认定行为人要具有构成要件故意了，在出罪较晚这一点上也可看出实质说的部分优势。我国在借鉴前述立法例的基础上，形成了故意理论通说，其中"对行为的认识，主要是对自己行为的形态及其社会危害性质的认识"②。一旦涉及行为人对社会危害性质的认识，那么便触及实质的故意说了，因为"故意的认识因素不应止于对行为构成客观要素的罗列，而是要揭示其实质内涵，即对行为性质的认知。这种行为性质，不是指行为的违法性质或者犯罪性质，而是指行为的归罪性过程所体现的社会意义内容"③。所谓社会意义，不外乎是由法益侵害后果所承载的社会危害性评价。这种实质的故意理念将行为人对客观事实的认知及其社会意义统一起来，真正负担了作为罪过形态的非难性评价功能。由此，"故意应当至少包括三个成分：对构成要件的认知，实现构成要件的愿望，认识实现构成要件将与社会敌对"④。形式故意理论只强调前两者而忽视关键的后者，人为地将故意概念作了割裂。故意，就其本体构造而言，理当属于对对象的认知及其评价。也正是在这个意义上，我国通行的刑法教科书中才没有辟出专门的章节讨论在德日理论中成为关键的违法性认识及其可能性等问题，因为其已经蕴含在实质故意的评价当中了，只是在德日语境中的形式故意无法彰显行为人的法敌对意识，才需要作出专门讨论。晚近以来，我国的立法实践增设了大量的法定犯，而且各种旨在实现秩序

① ［苏联］A. H. 特拉伊宁：《犯罪构成的一般学说》，薛秉忠等译，中国人民大学出版社1958年版，第162页。

② 齐文远主编：《刑法学》，北京大学出版社2011年版，第117页。

③ 刘之雄：《违法性认识的刑法学理论异化与常识回归——基于解读犯罪故意实质内涵的分析》，《法商研究》2019年第4期。

④ 林东茂：《刑法综览》，中国人民大学出版社2009年版，第104页。

维护的行政文件频出，互联网金融领域新的不法行为形态的不断涌现就是例证。这些罪刑规范的刑事政策色彩较为浓厚，在一定程度上遮蔽了其伦理基础，使得行为人对其行为的无价值评判容易陷入误区，这才导致了在互联网金融等领域中其是否具有犯罪故意的司法判断也时常出现两可的现状，应当说这都是对故意在理论上作出切割所导致的。

（二）根据：实质故意说的问题思维与体系兼顾之哲思

中国传统刑法学没有区分事实层面作为纯粹心理要素的形式故意和承担责任非难功能的罪责故意，而是采取存在与规范相统一的实质故意理念，其首要根据当然是源于实定法，前文对此已有介绍，不再赘述。然则在其背后，还存在着其他理由来共同为实质故意说奠定合理性基石。

首先，实质故意说的哲学根据乃是人本主义思潮。故意归责的核心前提是行为人享有相对的意志自由，这种意志自由内含着认识和控制的能力，在与意志自由相关联这一点上可发现对行为人加以故意非难的核心是对其人性的尊重。实际上，自文艺复兴伊始，"为了摆脱受教权和传统的束缚，文化方面的改革家便开始重新发现人性"①。而应当说自"古希腊哲学从苏格拉底那里来看，本质上就是人本主义转向的。不过这里所说的'人本主义'是广义的'human-ism'的普遍思潮，通常亦译'人文主义'，其根本观念特征是消解神圣的外在超越者，而赋予人以本体的地位"②。"辩证决定论认为，在认识必然的基础上，人可以驾驭必然，在必然所允许的范围内，具有一定的自由度。从价值论的角度上看，人的自由意味着一种选择，它是与强制相对应的。因此，选择是自由的核心。"③而

---

① ［美］梯利：《西方哲学史（增补修订版）》，葛力译，商务印书馆 1995年版，第 253 页。

② 黄玉顺：《中国哲学"内在超越"的两个教条——关于人本主义的反思》，《学术界》2020 年第 2 期。

③ 陈兴良：《刑法的人性基础》，中国人民大学出版社 2017 年版，第252 页。

自从韦尔策尔倡导目的行为论以来，"行为便不再是裸的因果流程，而是通过内在的意志对外在、因果的事实发生的操纵。具体而言，意志先是在思想上形成目标，选择为达到这一目标所必要的手段，然后再依据计划运用这一手段"①。这说明故意犯罪的内在意志经过具有很强的解释力，按照目的行为论的这种见解，"人的意志支配可能性决定行为的取向，同时决定行为不法的取向，换言之，人的意志所能支配的，才可能是不法"②。如果从此种意义出发，便应当再进一步地得出这种结论，即能否实现对该构成要件的行为与结果的归责，应当受制于行为人现实地运用其认识和控制能力的范围，唯有在其可认识和控制的场合才能认为其意志是自由的，也才能说明故意非难的基本前提。反过来说，如果忽视对行为人支配能力和意志自由的辨别，则无法判断其到底是故意还是过失。然而令人不免遗憾的是，德国刑法学界在目的行为论之后，虽然将故意等主观要素置于构成要件当中，但却只强调了行为人对客观构成事实的认知和容认，而并未侧重于其背后的意志自由所彰显的人本主义色彩，直接使得其后期为了解决其他问题而将故意进行分割，这可能主要还是其在作体系性思考时将犯罪论视为审查步骤的工具思维模式所致的。

其次，实质故意说在解决具体问题上也具备相应的优势。前面已谈到，德国区分构成要件与罪责故意的重要目标之一是为了解决正当化事由的错误问题。他们为了解决这一问题，在理论上还提出了"严格罪责说、限制罪责说、整体不法构成要件说以及法律后果援用之罪责说"③等方案。这种将问题极端复杂化的做法非但失去了审查的经济性，而且严重的像整体不法构成要件说的主张还可能

---

①　［德］汉斯·韦尔策尔：《近百年来德意志刑法学理与目的行为论》，蔡桂生译，载陈泽宪主编：《刑事法前沿（第六卷）》，中国人民公安大学出版社2012年版，第237页。

②　许玉秀：《主观与客观之间——主观理论与客观归责》，法律出版社2008年版，第11页。

③　［德］乌尔斯·金德霍伊泽尔：《刑法总论教科书》，蔡桂生译，北京大学出版社2015年版，第279~281页。

会动摇整体的三阶层体系，其实难说具有合理性。而如果运用我国实质的故意理念，这一问题实际上非常容易就能得到解决，正如黎宏教授所说："作为认识的内容，不仅在形式上对危害行为、危害结果等要有认识，还要对该行为并非排除社会危害性事由等更深层次的内容也要有认识。"①这理当是实质故意说在认识因素上的应有界定，因为在我们看来，故意的认识绝非简单形式化的客观构成事实的认识，而毋宁说是为刑事违法性奠定基础的事实的认识。如此，在德日语境下所谓困难的容许构成要件错误问题，经过实质故意的考量，径直就得出了否定结论，至于其后的主观归属则是过失论的议题了。以互联网金融领域的不法行为为例，由于行政规范频出，当行为人误以为自己在网络平台从事的传统金融行为为法律所容许时，则陷入这种错误中，按照实质故意说的观点便应当否定其存在犯罪故意；再以界限错误为例，当某种网络金融行为本来为法律所容许，但是其业务范围或者经营期限一旦超出时则需金融主管部门审批的场合，行为人对此存在误认时，也应当否定其存在犯罪故意。这些情境中，其背后所共同的逻辑是行为人欠缺前述林东茂教授所说的"法敌对意识"，而故意作为"行为的主观意思仅有一个完整的意思，不能被肢解为构成要件该当的意思，以及无法规范敌对的意思"②。其实，不止容许构成要件错误问题，如果严格按照形式故意说，在整个正当化事由的情境下，都将会存在令人难以接受的现象。正如张明楷教授分析的："如果形式地理解构成要件与故意，即如果认为正当防卫符合犯罪的构成要件，故意是对符合构成要件的事实的认识与容忍，那么，正当防卫时就具有犯罪的故意，防卫过当理所当然也属于故意犯罪。但是，这种形式的故意概念被我国《刑法》第 14 条所否认。"③由此可见，形式故意说在十分传统的正当防卫问题上都形成这种局面，如若将其运用在互联网金

①　黎宏：《刑法学总论》，法律出版社 2016 年版，第 68 页。
②　柯耀程：《变动中的刑法思想》，中国政法大学出版社 2003 年版，第 36 页。
③　张明楷：《刑法学》，法律出版社 2016 年版，第 213 页。

融领域，其所可能造成的乱象恐怕更难为我们所接受。总体而言，以解决现实问题为依归的问题式思考来看，我国传统的实质故意说具有德日形式说难以媲美的优势。

最后，实质故意说在体系性建构层面也能发挥一定的优势。"刑法学发展始终面临双重任务：理论体系构建和解决具体问题。体系思考和问题思考齐头并进，当然最好，但是通常情况下难以实现二者的兼顾。在西方，对问题的思考在前，对体系的思考在后。"①这是由于其理论体系已经实现了多元共生且相对成熟，因此将目光置于具体问题上，在解决问题中实现对体系的日益完善。如前述，我国在引进德日体系时，将其在历史建构中所形成的形式故意说未加筛选嫁接进来，在体系上还是存在一定疑问的。阶层论和四要件的论争已经持续了二十余年，一定程度上可以认为，四要件的体系与实质故意说更具有天然的亲和性，而阶层论则与形式故意说更靠近。当然这并不是绝对的，如张明楷教授即认为德日的形式故意说已被我国立法否定，所以其在观点上似可以归入实质说的阵营。

然而不论是三阶层或者两阶层，形式故意说都存在体系上的疑问。在通行的三阶层中，虽然作了形式化的构成要件故意和罪责故意的区分，但如何真正实现两者的有效辨别并不明确。而且将大量的本不该被评价为违法的行为作了如此评价。又只能寄希望于罪责故意进行出罪，这于行为人既不公平又存在不当入罪的风险。而在张明楷教授构筑的形式化的两阶层中，虽然他将故意作为积极的责任要素，但这不过是出于其结果无价值论的立场而作的选择。应当承认在这种体系中对故意的实质化理解上向前迈了一步，但是由于其立场的问题也导致构成要件失去了类型化不法行为的功能，这种类似于古典犯罪论的构造很难说是在体系选择上的进步。如果按照德国学者搭建的实质的两阶层，将客观构成要件和不存在客观正当化事由作为整体不法的客观要件，那么这种消极的构成要件要素理

---

① 周光权：《刑法学的西方经验与中国现实》，《政法论坛（中国政法大学学报）》2006 年第 2 期。

论虽然"在解决容许构成要件错误问题上具有优势，因为它能够直接认定行为人的行为不符合构成要件"①。正如一贯的评价那样，他将拍死蚊子和存在正当化事由作了同等评价，这无疑是体系建构上造成的问题。而且即便如此，这种两阶层将不法意识置于罪责阶层，实质上还是在很大程度上对故意本身的瓦解。

实际上，只要采取实质的故意理念，前述问题在体系上都能得到较为妥当的解决。例如，在三阶层中，可以直接取消罪责故意，并考虑将不法意识纳入故意审查中即为已足，因为在实质故意说这里，故意并不是一种简单的纯粹心理事实，而是要彰显出法敌对意识。虽然也有学者认为，"根据我国刑法的规定并结合实际，应当坚持不知法不赦的原则"②。但实际上这并不是要彻底放弃不法意识在犯罪审查中的作用，而正如其本人相关文章中所述的："在持通说基本观点的基础上，应通过在立法与司法两个过程运用应罚与可罚之社会危害性观念，在承认实然的社会危害性与刑事违法性对立与冲突关系的前提下，努力追求二者的相互统一的理想状态。"③由此，不过是在相当程度上将不法意识纳入了行为人对社会危害性的认识。其实，我国传统的实质故意理念并不影响阶层论的引入，不过只是需要结合我国刑法的规定，对德日三阶层作一些调整罢了。这也再次说明，当前囫囵吞枣式地将三阶层中的双重故意说引入国内并未考虑我国立法和理论的历史与现状。总之，实质故意说在体系性思考上能够很大程度弥补形式说的不足，这也应当视为我国立法的贡献之一。

三、实质故意说的出入罪功能：以互联网金融领域为例

以上就实质故意说的源流和根据作了简要说明，而在笔者看

① 蔡桂生：《论故意在犯罪论体系中的双层地位》，《环球法律评论》2013 年第 6 期。
② 齐文远主编：《刑法学》，北京大学出版社 2011 年版，第 117 页。
③ 齐文远、周详：《社会危害性与刑事违法性关系新论》，《中国法学》2003 年第 1 期。

来，此种故意观念最为核心的优势乃是其在实践中的出罪和入罪功能。特别是对互联网金融领域等相关种类的犯罪上来说，由于一方面要保护新兴的技术创新，另一方面又要对其中可能出现的不法行为作出及时有效的应对，实质故意将对对象的认知及其社会意义评价统一起来的做法则恰好能与互联网金融领域的实践需求实现相当程度的契合，在出罪上保障创新，在入罪上规制不法。主张阶层论者曾经批判我国传统四要件只是定罪的规格与标准而没有出罪机制，缺乏人权保障功能。然而正如高铭暄教授所说："四要件是相关要素的有机统一，缺乏任何一者，犯罪构成的整体便不能存在。"①难说传统理论没有出罪功能。具体到故意理论中同样如此，主张形式论者通常会认为其将故意作两重区分更能保障人权。然而在笔者看来，在出入罪这个问题上，形式论者并不具有超越实质故意说的优势。正像有研究者所分析的，实质故意说反而更能实现"处罚范围的合理性与处罚界限的明确性"②。这里以互联网金融领域为例作一简要分析。

（一）融入目的的实质故意在互联网金融领域的出入罪功能

涉及互联网金融领域的犯罪常见的多为法定或者非法定的目的犯，如伪造货币罪中的以行使为目的，集资诈骗罪中的以非法占有为目的，高利转贷罪中的以转贷牟利为目的，等等。对这些犯罪的目的的理解直接关系到罪与非罪的判断。

对于目的与故意的关系，张明楷教授认为："特定目的不是直接故意的意志因素，而是故意的认识和意志因素之外的对某种结果、利益、状态或行为的内在意向。"③这也是较为流行的见解，即将目的与故意相区分。然而，不容否认的是，"希望是受目的支配

---

①　高铭暄：《对主张以三阶层犯罪成立体系取代我国通行犯罪构成理论者的回应》，《刑法论丛》2009 年第 3 卷，第 9 页。

②　陈忠林、李瑞杰：《犯罪故意：立法比较与学理阐释》，《湖北警官学院学报》2017 年第 4 期。

③　张明楷：《刑法学》，法律出版社 2016 年版，第 299 页。

的，因而在希望构成的直接故意中具有明显的目的性；从心理机制上分析，由动机到目的及至行为与结果是一个前后推进的过程"①。也正是因为目的与故意的密切关系，德国学界才存在将目的犯视为"一级故意"的做法。区分目的犯的目的与犯罪故意中的目的的做法，大塚仁教授是这么表述的："目的犯的目的通常超出构成要件客观要素的范围，称其为超过的内心倾向，在这一点上要把目的与故意区别开来，故意需要以符合构成要件的客观事实作为行为人表象的对象；只是，目的犯的目的也并非没有处在构成要件客观要素的范围之内的。如横领罪（侵占罪）要件的'不法领得的意思'就是以与横领行为共同的范围为对象，只不过是对其进行规整并赋予其意义。"②存在不少的目的是作为主观的超过要素这一点笔者予以认可，但并不能由此即将目的完全从犯罪故意中分离出来，而且用所谓"赋予意义"来理解目的犯的目的性质并不明确，我国学者对此作了分析："法律对于行为人仅仅有意识并且有意志的实现外部的构成要件还不满足，在此基础上还要求行为人特定的附随的精神现象，即特定的心理色彩、精神内容、主观意义。"③然而，这种解说基本还是未能说明在区分论者那里，目的犯的目的性质的"意义"究竟为何。其实在笔者看来，这种意义本质上就是目的犯的目的彰显出较强的"法敌对意思"，只是区分论者将目的从故意中抽离之后，便无法说明这种目的的真实意义罢了。所以，要发现目的的意义，还是应当从故意当中找寻。正如贾宇教授所说："犯罪目的的实质是犯罪故意内的主观心理要素，是定罪所必须查明的。犯罪目的贯穿于整个意志心理过程，指引行为人实施犯罪行为。"④

---

① 陈兴良：《教义刑法学》，中国人民大学出版社 2010 年版，第 453 页。

② ［日］大塚仁：《刑法概说（总论）》，冯军译，中国人民大学出版社 2003 年版，第 124 页。

③ 付立庆：《主观违法要素理论——以目的犯为中心的展开》，中国人民大学出版社 2008 年版，第 34 页。

④ 贾宇、怯帅卫：《论法定犯罪目的的实质——兼论犯罪目的与犯罪故意的关系》，《法律科学（西北政法大学学报）》2010 年第 4 期。

既然目的犯的目的意义在于法敌对意思，那么在具体犯罪中出现目的便主要是由于行为人单纯对构成要件客观要素事实的认知并不能充分说明其主观不法，所以才需要将目的所承载的法敌对意思置于意志因素当中来，所以笔者才并不否认较多的目的属于主观超过要素。换言之，行为人希望其所认识到的危害社会的结果发生，其目的的法敌对意思是与结果的社会危害性相对应的，而非必须要有相应的结果发生与目的相对应。也正是由此出发，笔者认为我国刑法学通常认为的目的犯仅存在于直接故意中的见解是成立的，因为希望意志中的积极追求与目的犯的法敌对意思是相向而行的，而在放任意志中，这种听任结果发生与否的意志因素并不能充分证立其法敌对意思。对此，黄晓亮博士作出过精到的论述："行为人产生对危害结果的放任态度，是因为行为人追求特定目的的行为意志处于主导地位，排斥不利于实现目的的因素，因而行为目的从属于追求意志，而非属于放任意志。犯罪目的处于犯罪意志层次，但并不都属于犯罪意志因素。有些超越了犯罪意志因素。不管是对刑法典相关规定进行逻辑分析，还是考察行为人放任态度与目的因素之间的关系，都能确定目的犯中不存在间接犯罪故意。"①

根据以上分析，我们初步得出这样的结论：在我国刑法中，目的犯仅存在于直接故意犯罪中。目的犯的目的所承载的法敌对意思与构成要件规定的法益侵害结果彰显的社会危害性是相对的，因此结果未必发生，目的同样可以成为主观超过要素，但这种目的总归存在于希望意志的层次中，由此，融入目的的实质故意便具有了相应的出入罪功能。

以高利转贷罪为例，行为人将其从金融机构中套取的信贷资金放置在网络空间组建的相关平台上，广泛借贷给不特定公众以赚取利息差。要将这种所谓"小额贷公司"的行为入罪，按照刑法规定必须具有"转贷牟利的目的"。因此，"行为人在主观方面表现为直接故意，间接故意和过失便不能构成本罪，行为人只有在转贷牟利

① 黄晓亮：《犯罪目的的存在范围》，《国家检察官学院学报》2009年第2期。

目的支配下实施的高利转贷行为才能构罪。需要指出的是，这一目的是否达到，并不影响犯罪的成立"。① 这也印证了上述结论，此处的目的可以视作主观超过要素而不需要客观上必须实现。其实，立法者将本罪规定为必须要有"转贷牟利的目的"并非多余，因为在欠缺这种目的的场合，行为人的主观不法并未达到可罚的程度。如其将从金融机构套取的信贷资金转贷给众多急需资金的科技研发中小企业以解决其困境，即便其收取了部分转贷手续费，在没有特定的转贷牟利的目的的情况下，难说其行为应当入罪处罚。因此张明楷教授关于"转贷牟利目的"可以取消的观点在笔者看来并不能成立。

通过以上分析，我们可以发现，既然刑法规定的目的犯在于彰显其法敌对意思，以强化其主观不法进而使其达到应受刑罚处罚的程度，且这种目的又只存在于希望意志的直接故意中，那么在互联网金融领域的犯罪中，只要我们确定了其是法定的目的犯，就可以说相应的犯罪便只能由直接故意构成，间接故意和过失均无法成立相关犯罪。由此便为网络金融行为这种重大的技术创新提供了较为广阔的空间，这也就是融入目的之后的实质故意所具有的出罪功能。

除却出罪功能，将目的融入故意之后，故意便不再是单纯的心理事实，因此其所具有的入罪功能同样不能为我们所忽视。上面谈到，在互联网金融领域的犯罪中，除了法定的目的犯还有为数不少的犯罪被视为非法定目的犯，如金融诈骗罪中的票据诈骗罪、信用证诈骗罪等，这些特殊的诈骗犯罪类型同样要具备普通诈骗罪所要求的"非法占有目的"。简单地看，在某一犯罪的要件中添加了目的性要求，似乎提高了入罪门槛。一定程度上不能否认这种可能性，但这并未触及非法定目的犯的实质。"非法定目的犯在构成要件构造上属于开放性的构成要件，其未规定的犯罪目的属于法律漏洞。"②

---

① 刘宪权：《金融犯罪刑法学原理》，上海人民出版社 2017 年版，第 207 页。

② 刘艳红：《论非法定目的犯的构成要件构造及其适用》，《法律科学（西北政法大学学报）》2002 年第 5 期。

因此添加目的不过是作为一种解释论上的漏洞填补手段，而这种漏洞的填补当然也就为相关行为的入罪提供了空间。当然需要注意的是，将非法定目的视作开放的构成要件，在进行解释时应当时刻保持遵守罪刑法定的谨慎。另一方面，尤其需要说明的是，对具体犯罪是否应当视作非法定目的的犯，还必须综合各方面因素得出结论，如果甄别不当反而会削弱实质故意说的入罪功能。如本节开始谈到的伪造货币罪，传统意义上要求其必须"以行使为目的"，在数字货币即将推开的当下，便不再适宜对其附加这种目的性要求，因为即便没有行使目的，在当前的时代，其主观不法也已经达到可罚的程度了。正如付立庆教授所说："在承认立法的有限理性、承认非法定目的的犯的概念本身的前提下，对于非法定目的的犯的甄别标准，除了必须考虑该罪的法益之外，在保护法益并不明确的情况下，作为例外还必须将刑事政策作为非法定目的的犯的甄别标准。"①在法益和刑事政策的考量下，适时将不宜附加目的要求的犯罪筛选出来，按照实质故意的逻辑，这些犯罪便同时可以由直接和间接故意构成，这也是其入罪功能的一个面向。

综上所述，融入目的之后的实质故意在入罪层面主要呈现出两个面向，一方面，当出现规范漏洞而添加目的性要求时，这种非法定目的的犯便因其开放的构成要件性质而具有填补漏洞的入罪功能。另一方面，根据保护法益和刑事政策等多重因素的考量，仔细甄别非法定目的的犯，将主观不法不再需要目的性便能达到可罚程度的犯罪从非法定目的的犯中筛选出来，以实现实质故意在负担了评价意义之后在区分上发挥入罪功能。

（二）纳入不法意识的实质故意在互联网金融领域的出入罪功能

实质故意既然在内容上同时包括对对象的认知与评价，那么不法意识便应当成为故意的评价要素。如前所述，在全盘引进阶层论者的语境下，违法性认识及其可能性被视作故意之外的责任要素，

① 付立庆：《非法定目的的犯的甄别与定位》，《法学评论》2007 年第 1 期。

但是这无疑在很大程度上将故意概念掏空了。即便在德日等国，"近年来，实质的故意也逐渐成为有力的学说，在这种观点看来，故意并不是形式上对犯罪事实的认识，而是对所有使故意非难成为可能的犯罪事实的认识"①。也就是笔者说的为违法性奠定基础的事实的认识和评价，可见在德日也已出现了故意的实质化倾向，这并非偶然，而是有其内在根据的。

在日本对实质故意存在多种理解，如町野朔等主张故意是对不法（责任）内容的认识；石井澈哉则认为是对个罪社会危害性的认识；前田雅英教授认为实质故意是"使得行为人对其行为的违法性的认识成为可能的认识，也就是说，对于此种事实的认识，能够使得一般人认识到该罪的违法性的内容，或者说是对该罪的违法性（法益侵害性）的主要部分的认识"②。简言之，当违法性认识成为故意的要素后，在判断是否成立犯罪故意时便已经考虑了违法性认识及其可能性的问题，而不必将其作为责任要素单独抽出来进行判断。不过，前田教授作了例外分析，他认为："存在行为人具有故意，但是误认为自己的行为被法律所允许而无法予以非难的情形，此时，应将其作为超法规的责任阻却事由，作为期待可能性的问题处理。"③笔者对此持不同意见，如果作为期待可能性处理，则会出现有认识违法性的期待可能性的场合对行为人还是认定为犯罪故意，而没有认识违法性的期待可能性时则否定其责任，但依旧肯定行为人存在故意，这种例外处理方案基本上还是形式故意说的思维下所产生的结论，因此这仍然是受到形式故意说的一贯束缚而提出的例外情形，实则并没有将违法性认识纳入故意审查。既然实质故意说已经将违法性意识纳入了故意，当行为人出现错误的场合，便

---

① 陈家林：《外国刑法理论的思潮与流变》，中国人民公安大学出版社2017年版，第397页。

② ［日］前田雅英：《故意的认识对象和违法性认识》，丁胜明译，载陈兴良主编：《刑事法评论：犯罪的阶层论》，北京大学出版社2016年版，第291页。

③ ［日］前田雅英：《刑法总论讲义（第4版）》，东京大学出版会2006年版，第221页。

应当审查其是否具备认识行为违法性的可能性。在具备可能性的时候，则应当将其错误作为过失犯罪处理。在没有认识违法性可能性的时候，则应当否认其犯罪故意的存在，同时也不存在相应的过失。这才是实质故意说的应然结论。

将不法意识纳入故意中以形成实质故意的做法，在我国刑法学中可能面临一种质疑，即行为人认识到行为的违法性，但是并未认识到其社会危害性，此时是否存在犯罪故意。其实，这就是所谓的刑事违法性和社会危害性之间的关系问题，我国学界于21世纪初曾作过一些探讨，当时主要是围绕着对社会危害性概念的反对与辩护所展开的。实际上，这一问题的产生根源仍是用国外理论思维来分析我国刑法。我国刑法所规定的犯罪行为在定性的同时予以定量，不似国外刑法只作定性，而且在我国不存在国外所谓的规模极其宏大的行政刑法，由此导致行为人经常出现违法性和危害性之间认识上的偏差。也就是说，在我们这里出现上述问题的可能性在立法前端即已经被基本解决了。在我国，将某种行为规定为犯罪，必定是其具有严重的社会危害性，因此刑事违法性与社会危害性的核心关系乃是辩证统一的。当然，笔者并不是说两者之间绝对不存在对立关系，这既不符合当前法定犯不断增多的事实，也不符合辩证思维。但即便如此，我国的法定犯也仍然是达到一定危害程度的量的法定犯，而不是国外那种极其轻微的法定犯。因此必须强调，在中国两者之间仍是以相统一作为其关系主流的。正如王安异教授所说："社会性是危害行为的本质属性，其中反映了一定的社会价值，认定行为的社会危害性不考虑其社会价值是不可能的。行为的社会性结构表现为举止的社会关联性、意识和意志的支配可能性、主体的社会角色性。行为的社会性决定了其社会危害性。"①所以，在中国刑法的语境中，只要行为人认识到其行为的刑事违法性，在绝大多数场合便应当直接认定其已经认识到行为的社会危害性，仍然实施的便可确定为有实质的犯罪故意。近年来，还有研究者关注到不法意识

---

① 王安异：《重解刑法中的危害性行为——以行为的社会危害性评价为视野》，《华中科技大学学报（社会科学版）》2003年第1期。

和犯罪故意的密切关系，提出修改刑法的主张，认为："应当考虑修改《刑法》第 14 条第 2 款的规定，增加'行为人不存在违法性认识的，不成立故意犯罪；存在违法性认识错误的，可以酌情减轻或免除处罚'的内容，以明确违法性认识的法律地位。"①这一观点从立法论上来说是合适的，主张将不法意识作为故意的要素以形成与德日不同的实质故意的立法例，而且也与《刑法》第 14 条第 1 款的实质故意表述相吻合。不过从解释论上说，即便目前没有这种规定，我们仍然可以根据前述刑事违法性和社会危害性认识的辩证关系，逻辑推导出论者主张的这种立法建议所欲达到的理论和实践效果。

当在故意中纳入不法意识而使其不再是单纯认知式的纯粹心理事实的时候，故意才能真正体现出其前述的目的相同的法敌对意思。而正是这种意思的有无和程度的差异才使得犯罪故意和犯罪过失的应受谴责性不同。此时，我们即可发现，一旦实质故意要求不法意识，那么这种故意的出入罪功能将会得到极大程度的发挥。一系列引起社会舆论强烈反响的社会热点案件，诸如"赵春华案""鹦鹉案"等，都可以根据行为人并不存在不法意识进而否定犯罪故意的存在以实现出罪。反之，对同样不少应当入罪的情形也可根据行为人存在现实的不法意识而对其犯罪故意作出推导。当然，应当注意避免以此代替对客观事实认识的错误做法，以免陷入过度入罪的窠臼。如能运用这种实质故意的逻辑，亦不至于近年来连续出现众多社会热点案件。一定程度上来说，正是形式故意在理论和实务界的逐渐普及才使得法学界与一般国民在法律的社会意义认知上出现了鸿沟。在笔者看来，实质故意正是填补鸿沟的理论工具，且具备现实可行性。

以互联网金融领域为例，由于其属于新兴的重大技术创新，刑事干预需要抱持谨慎下宽容的基本态度。而且目前看到的涉互联网领域的金融犯罪通常为故意犯罪，所以必须在犯罪故意这一主观要

---

① 闻志强：《明知、社会危害性认识与违法性认识》，《北方法学》2019年第 4 期。

件层面为入罪和出罪提供较为充分的裁量空间和选择余地。

以擅自设立金融机构罪为例，《刑法》第 174 条只是规定"未经批准而设立金融机构"的情形，由于互联网金融领域通常涉及较为复杂的资金借贷，对某种行为是否属于应当经过批准的金融业务，行为人出现违法性认识错误通常是可以预见的。因此在即便其客观上不属于设立金融机构，而仅涉嫌非法从事相关金融业务的场合，在当前的司法环境下，仍旧可能被论以非法经营罪。而"在整体法秩序发展之中，基于经济、法治等外部系统的变化，非法经营罪除了要保障行政许可制度之外，还应越来越关注对市场调整方式的现实保障"①。所以在互联网金融领域这种基于内外部原因而导致的监管规范经常出现变动的场合，只要能确定行为人确实难以认识到其违法性的时候，便应当否认其犯罪故意的存在，自然也无法成立所谓擅自设立金融机构或者非法经营等故意犯罪，这便是纳入不法意识的实质故意所具有的出罪功能。

再以当前在网络平台中出现的股权众筹为例，这种网络金融行为的本质就是以股权回报的方式在互联网中募集资金。由于其存在涉嫌擅自发行股票、公司、企业债券罪的高度入罪风险，为了规避风险，实践中又衍生出了有限合伙型股权众筹，借此规避公开发行以及人数等限制。从实践中的这些做法来看，行为人对其在网络空间实施这类的资金募集活动可能涉嫌违法的认识还是较为显现的，只不过在试图通过各种所谓法律允许的途径进行规避而已。对于这种游走在法律边缘的行为，行为人应当时刻对其行为的违法性抱持审慎关注的态度，以及时唤起自己的反对动机。因此在案发后，行为人通常作出的所谓不存在违法性认识辩解的可信度基本上是不高的，毋宁说此时行为人对其行为可能存在的违法性，更多的是一种放任的主观心态，这种场合对其实质的犯罪故意审查便应当得出肯定结论。由此引申出的启发是，在涉罪风险较高的领域从事活动，行为人具备违法性认识可能性的程度也较高。因而纳入不法意识的

---

①　童德华：《非法经营罪规制目的的预设与生成》，《政治与法律》2021年第 4 期。

实质故意便由此实现其相应的入罪功能。

综上所述，为避免刑事干预在互联网金融这种新兴技术领域出现盲区和误区，仅凭借客观要件是不能完全达成目标的，犯罪故意理应成为入罪与否的重要调节器。近年来，在阶层论体系引介的风潮之下，德日等国的形式故意说也被顺势带入并得到一定程度的传播。但是，我国《刑法》第 14 条并不同于德国刑法第 15 至 17 条的规定，因此将形式故意说嫁接在我国刑法学中多少存在与实定法不符的问题。当然，笔者并不是反对阶层论体系本身，而是旨在说明，即便采纳阶层论也应当以我国《刑法》的规定为基础，毕竟任何理论归纳都不能违反实定法。而且阶层论和实质的故意之间并不存在必然的矛盾，如前田雅英等部分日本学者即在阶层论体系中倡导实质的故意说。

"罪过的实质是行为人对社会价值的敌视、蔑视或者漠视、轻视的态度；犯罪行为是犯罪主体的主观罪过在现实中的展开。对犯罪故意中'明知'的涵义应作实质理解，即是指行为人实施危害行为时对自己希望或者放任中的行为是否符合某罪特有的客观性质的明确认识。"①简言之，即为对行为的违法性奠定基础的事实的认识。实质的故意同时包括对对象的认知及其评价。这里需要最后作出说明的是，笔者之所以主张将犯罪目的、违法性评价等都纳入故意进行考察，除问题与体系等各方面的原因外，非常重要的一点就是因为在我国司法实践中，对于互联网金融这类非传统的不法行为，寄希望于司法机关运用在犯罪故意之外的违法性意识和作为主观违法要素的目的等阶层论语境下的概念范畴进行出入罪的实践操作，通常情况下还存在一定程度的顾虑。与其如此，倒不如直接将其纳入犯罪故意进行实质考察，而且这种做法既符合司法习惯，也不违反实定法，还可视为对阶层论体系的中国化改造的一种尝试，且这种对出入罪实质合理性的追求不失为当前被倡导的实质刑法观的体现。

① 梅传强：《犯罪故意中"明知"的涵义与内容——根据罪过实质的考察》，《四川师范大学学报(社会科学版)》2005 年第 1 期。

苏力教授曾指出我们应有的贡献"并不是以我们的经验、体悟，为目前主要是由西方学者提供的理论、模式提供一些注脚，充实或者补充他们的理论框架，而是一种真正的无可替代的贡献"①。以我国《刑法》第14条所规定的实质故意为线索，重申这种源自中国实践经验的传统实质理念，微观上或许能为以互联网金融为代表的众多新兴犯罪行为的出入罪发挥重要功能，宏观上则有可能成为中国刑法学无可替代的重要贡献。

第四节　互联网金融犯罪中的违法性认识 *

一、违法性认识

(一)什么是"违法性"

"行为违反法律规定"是任何犯罪，包括互联网金融犯罪定罪的决定性因素。传统四要件论认为行为人实施危害行为是成立犯罪的客观方面要求之一，在构成要件阶层理论中判断行为的"不法"是至关重要的因素。违法性起到了承前启后的重要作用，行为人行为符合犯罪的构成要件既要在形式上推断其行为是否违法，又需要对其在客观上判断是否存在实质性的违法。如果我们无法得出其具有违法性的结论，则认为其是正当性行为或者阻却违法性，基于此便无须进一步考虑行为人有责性的问题。

什么是"违法性"？学者们大多从宏观的层面对其进行定义和理解。例如，违法性的含义就是"行为违反法，即不被法所允许"②，"符合构成要件的人的行为与法秩序整体之间存在矛

---

①　苏力：《法治及其本土资源》，北京大学出版社2015年版，第3页。

*　本节由中南财经政法大学博士研究生陈鑫负责文献综述工作。

②　[日]大塚仁：《刑法概说》，冯军译，中国人民大学出版社2003年版，第299页。

盾或冲突"①,"该行为的社会危害性(有害性)"②,"与法律的矛盾"③等。针对违法性的本质,国内外在刑法讨论中主要存在着两组观点的对立:主观违法性和客观违法性、形态的违法性与实质的违法性。客观违法性认为对违法性的评估是客观的,不以个人的意志为转移。主观违法性普遍认为法规范本身就是对行为人进行的命令规范,充分地发挥作用必须以行为人明确理解规范的功效性为基础和前提,显然精神疾病患者、幼儿等人的行为就不具备违法性。④ 但是,依据三阶层或是两阶层理论,我们可以得出,违法的判断应是客观的法律评价,精神病人、未成年人或年满 75 周岁等行为主体的行为是否违反法律不因他们的精神状态和年龄变化而改变,在违法性阶段我们判断的是行为,而非行为人个体的独特特征。而主观违法性要求行为人在主观上对规范具备认知能力,若行为人在主观上欠缺这种规范的认知能力,如没有违法性认识的可能,便会否定违法事实的存在,导致行为人以不知法或误解法等理由逃脱处罚。

形式违法和实质违法最初是由李斯特在其著作中确立的,即"违法性的二重含义"。违背国家法律法规、实施了禁止实施的行为等是一种形式上的违法;行为具有严重的社会危害性是实质的违法。社会危害性就是对法律规范所保护的个人或全体的生活利益的侵害或者威胁,故侵害或威胁法益的行为属于实质上的违法行为。⑤ 相应的,形式违法性从形式上看是对法规范的违反。实际

---

① [韩]金日秀、徐辅鹤:《韩国刑法总论》,郑军男译,武汉大学出版社 2008 年版,第 254 页。

② [日]西田典之:《日本刑法总论》,刘明祥、王昭武译,中国人民大学出版社 2007 年版,第 96 页。

③ [德]汉斯·海因里希·耶塞克、托马斯·魏根特:《德国刑法教科书》,徐久生译,中国法制出版社 2017 年版,第 319 页。

④ 张明楷:《外国刑法纲要(第二版)》,清华大学出版社 2007 年版,第 139 页。

⑤ 转引自张明楷:《刑法的基本立场》,中国法制出版社 2002 年版,第 154 页。

上，违法是指对刑法规范的违反（即刑法具体规定）。违法性在各部门的法律领域中存在性质和程度的差别，不能把"刑事违法性"与其他"一般法律的违法性"等同，尽管刑法和其他部门的法律在目标上有共同之处——维护社会生活秩序。但刑法自身所具备的特殊性质，包括处罚范围的不完整、其他部门法律的补充和对其他法律的保障等，只有严重法益侵害（社会危害）的行为才能被纳入刑法规定的范围，即"刑事违法性"比一般部门法律的违法性的程度都要高。这种差别不是刑法和民法、行政法等部门法律之间关于"违法性"的理解存在矛盾，而是"违法性"本身就存在幅度和范围。正如逃税行为可能受到行政处罚或是刑事处罚一样，他们之间以行为人涉案的金额、行为的次数等因素相区别。在此，刑法所主张的行为违法应当是指行为人的行为违反我国刑法规范中的各种禁止、命令规范。实质违法性可以从其实质的根据上来分析和理解。结果无价值论者认为，这种违法性的本质就是引发了法益的损失或者其他利益受到损失的风险。而行为无价值论者则将其视为行为具有反伦理性。折中行为无价值主义论者则立足于对法益的保护，为了规范和限制处罚的范围有必要考量其行为的无价值。行为无价值从形式上理解违法性，实质违法性是在形式违法性基础上对犯罪本质进行的深层探索。实质违法性是对形式违法性作的进一步解释说明，应该说二者并不存在冲突。

（二）何为"违法性认识"

首先，我们必须明确，违法性认识中的"违法性"应该是指形式违法性。违法性认识是指行为人是否可以认识到自己行为是非法的，不同罪对违法性认识的要求不同，大多数只需要行为人认识到行为是违法的，而不需要明确自己的行为违反何种法律或是达到怎样的量刑幅度。这种违法性认识是形式的，只需要行为人在对比自己的行为与法律规定后知道行为不被法律允许即可。如行为人涉嫌走私，我们只需要确定行为人在行为时知道自己是在实施法律不允许的走私行为，对该行为会被判处三年、五年或是七年有期徒刑等不需要行为人有明确的认知。又如行为人贩卖毒品，只需要行为人在买卖过程中知道自己贩卖的是毒品即可，对毒品的种类不需要确切的认知。这种认识是形式的，实质的违法性更强调对行为人的行为作出法律评价，这需要司法工作者结合案件事实等审判后决定。通说认为刑法中的认识错误分为法律错误和事实错误两大类，并被解释为"法律的错误不阻却故意，事实的错误阻却故意"。① 这种思想最初是在民法的领域中提出的，后来被刑法所接受。其中违法性认识错误，是行为人在不知法或是误解法的条件下出现的心理上欠缺不法意识的情况。② 行为人对自己的行为事实没有认识错误，但是未能认识到其行为的法律性质。以"天价葡萄"案、"兰草案"等为例，行为人虽然对自己的行为有明确的认识和行为能力，但是他们并未认识到行为对象的价值。如"兰草案"中行为人对自己采摘"野草"的行为未认识到是刑法所禁止实施的行为，看似已经构成非法采伐国家重点保护植物罪，但是在查明确实存在违法性认识错误且没有认识可能性的情况后阻却违法性。违法性认识或违法性认识错误是我们需要进行研究和解决的一个重大问题，主要原因还是由于行为人在不知法或者误解法时，会对定罪量刑产生极大的影响。因此，在违法性概念的认识中只能仅仅指形式上的违法。

（三）违法性认识不要说和必要说之争

违法性认识不要说主张，判断行为人的行为是否违法不需要行为人对行为的法律属性有认知，这种意识存在有无不影响犯罪的成立。违法性认识必要说认为，判断行为人是否构成犯罪必须要考虑违法性认识的问题。此外，还存在着违法性认识的可能性说，他们主张在其他因素都应该具备的前提下，如果行为人不存在着违法性认识的潜在可能性，那么就会导致行为人不成立犯罪；如果行为人存在着违法性认识的潜在可能性，那么就会导致行为人的行为都被视作犯罪。违法性认识不要说曾一度在国内外法律中占据主导地位，有学者总结了不要说的三个主要的立论依据：第一，自罗马法

① ［日］大塚仁：《犯罪论的基本问题》，冯军译，中国政法大学出版社1993年版，第194页。

② 林山田：《刑法通论（上册）》，北京大学出版社2008年版，第281页。

以来，一直有"不知法律不免责""不知法律不宽宥"的法律谚语；第二，基于国家主义的立场，认为国民有知晓法律的义务，在违反法律时不能以不知法律来抗辩；第三，如果对违法性认识错误予以免责，会有损刑法的规制机能，导致法秩序的松弛。①

违法性认识在我国刑法理论上同样经历了从"不要"到"必要"的过程，特别是在法定犯的情形下，理论上一般认为违法性认识属于犯罪故意的要素。但是随着社会的发展，立法活性化特征明显，违法性认识可能说越来越得到学界的支持。"违法性错误的问题可以还原为，如何掌握故意与过失的概念、如何理解责任的内容与存在根据以及如何建立故意责任与过失责任程度差别的理论基础等根本问题上。"②在此基础上展开：第一，违法性认识不是故意与过失的分水岭。故意是指行为人对客观的不法或者基本构成要件的认知，有此种认知后，决意在实施法律所规定的过程中达到一定效力。过失虽然破坏了在客观上应当遵守的注意义务，但行为人并无意达到所构成的要件。③ 因而，故意与过失的区分在于有无实现构成要件的主观意图。在构成要件阶段，故意、过失的意义在于确定行为的存在。换言之，行为是行为人客观举动和主观意思的有机统一，以此描绘出违法行为大致的轮廓。如果将其置于构成要件中提前进行判断，则将本属于责任阶段评价的问题在构成要件阶段完成了。由此，便严重地违反了阶层犯罪理论的一个基本原则："违法性的评价对象应该是该当构成要件的行为，责任评价的对象则应该是该当构成要件的行为人之内心动机。"④第二，在责任领域通行的观点是弗兰克的规范责任论(规范的罪责)。规范犯罪理论认为，

① 孙继科：《违法性认识体系地位争论之否定——兼谈违法性认识功能定位》，《西华师范大学学报(哲学社会科学版)》2021 年第 4 期。

② ［日］川端博：《刑法总论二十五讲》，余振华译，中国政法大学出版社 2003 年版，第 238 页。

③ 张丽卿：《刑法总则理论与运用》，台湾五南图书出版公司 2012 年版，第 161~169 页。

④ 郑善印：《故意及违法性认识之可能性》，载蔡墩铭主编：《刑法争议问题研究》，台湾五南图书出版公司 1998 年版，第 219 页。

罪责的本质在于行为人意思形成与意思活动的可非难性，亦即罪责系对行为人心理事实的评价。行为人本可以实施合法的行为但却反其道而行，乃系其罪责非价的所在。① 因此，对违法性的认识（可能性）归根到底仍然是责任层面的问题。第三，违法认知可能性是一种故意、过失共通的问题责任因素。故意责任比过失责任更重的理由在于：在故意犯罪中行为人虽然已经具有其对现实中违法性的理解和认识但仍作出其相应行为，责任非难程度远远超过了其他具有违法性认识可能的场合。而在过失犯中，因为欠缺了实现构成要件的目标意思，其对违法属性的认知可能降低，所以责任非难程度更低。因此，故意、过失在对损害赔偿责任的各个要素中都以认清违法性认识的可能性为必要，只是在程度上存在差异。在缺少对违法事实的认识或认识可能性的情况和场合，便无法对不法行为给予责任上的非难，即我们应该阻却其责任，继而否定其犯罪。

（四）违法性认识的地位

1. 区分违法性认识与社会危害性认识

对于违法性的认识和对社会危害性的认识主要是两种不同的认知内容。违法性认识是指行为人对自身行为的法律属性是否了解，行为是否合法，或者行为是否违反了刑法中的禁止性、命令性条款的规定。社会危害性的认识主要是对行为人的行为对社会造成的后果进行评价，即该行为是否会对社会产生危害或造成不利影响。例如，行为人偶然地拾取了一把真枪而未上报也没有及时上交，如果一个行为人已经明知这是危险的武器，自己所持有的枪支很有可能在持有过程中产生一种危害的结果，便是意识到了这种行为的具体社会危害性。但是如果行为人认为自己并不需要上交拾得物且持有合法，便是没有意识到行为的违法性。

2. 厘清违法性认识与结果避免义务认识

虽然违法性认识和结果避免义务都是行为人在行为过程中产生

---

① 许泽天：《刑总要论》，台湾元照出版有限公司 2009 年版，第 146 页。

的意识，但是它们产生的时间不同。违法性的认识主要产生于行为人行为前后，是行为人对自身行为法律属性的评价。结果避免义务是对行为人在预期前行为中可能造成或产生的损失以及结果中是否有应当存在的避免义务的一种认知，这种先行为可能是合法实施的，也可能是非法的。在一些尽管存在违法性认识错误的情况和场合，行为人如果能够意识到自己的先行为很有可能导致严重的危害后果，那么就存在结果避免义务。因此，违法性认识的有无并不影响避免义务的存续。

二、互联网金融犯罪中的违法性认识

(一)互联网金融犯罪中常见的认识问题

行为的违法性是理解和认定互联网金融犯罪的重要因素，意图实施金融犯罪的行为人借助高速发展的互联网信息技术、国家对创新产业的扶持，披上网络的外衣扩大了金融犯罪的辐射范围。目前，我国互联网金融领域还没有建立一套适用度高和具有普遍约束力的行业准则与行业规范，也尚未建立一套严密全面的法网。不少互联网金融公司或者技术人员正在利用各种便利条件来侵害客户的利益，进行违法犯罪活动。因此，行为人的行为是否违法、是否属于互联网金融犯罪、行为人是否存在违法性认识错误，已经成为许多案件中入罪与出罪的一个关键点。目前已经有一些学者总结了关于互联网金融违法犯罪的几个重要判断标准，即该公司是否涉嫌违反了行政法规的条款；经营前该类金融业务的运作是否得到了法律支持，或者是否被批准；经营中公司是否超出了备案的范围、积极地履行各项义务；面对审计、整改等行政机关的要求，是否有公司存在隐瞒、谎报以及其他方面的抵抗、懈怠等。[①] 由前可知，违法性主要从形式的违法和实质的违法这两个维度进行把握。形式层面的判断主要依据行为人在经营过程中是否严格按照行政机关的规定

----

① 　时延安：《互联网金融行为的规制与刑事惩罚》，《厦门大学学报(哲学社会科学版)》2020 年第 4 期。

和程序办事。而实质层面强调金融从业者在经营中是否对自己的业务范围和客户服务做到了真正的诚信经营。从司法工作中可以明显地看到，不少行为人试图在我国境内实施互联网金融违法违规的行为，他们大多在起步阶段就因为受到了行政机构和部门严格的审查而落空。也存在一些公司在获取了合法的形式和条件之后，打着"互联网金融创新"的标签进行隐蔽的违法犯罪活动。还有一些企业一开始就利用伪造文件通过了国家的形式审查，之后专门从事非法活动。对这种情况我们必须严惩不贷。互联网金融犯罪的行为同逃税罪等行政犯类似，行为人事实上同时触犯了行政法规和刑法的规定，其区别在于涉案的金额或者违法行为的次数。司法实践中不免出现这样的情况，部分行为人往往以政策变化速度快、前后内容不清晰等理由辩称自己是由于"失误"才实施了不法行为，或是辩称自己已经极尽所能地尽到了查询和信息收集义务，试图借"不知法不为罪"逃避处罚或者仅接受较轻的行政处罚来实现对刑事处罚的规避。因此，在处理互联网金融犯罪的过程中需要准确界定行为人的认识错误，判断行为人是否存在主观上的故意意图，① 借助违法性认识可能学说来合理界定互联网金融犯罪的处罚范围意义重大。

此外，行为人的认识错误除了影响量刑之外，在定罪上也存在争议。国家目前大力鼓励和支持广大民众在各行各业中创新和发展，不少行为人"钻政策的空子"，试图披上互联网的"外衣"实施其他犯罪。新的互联网技术的引入促进了互联网的应用和发展，但也很容易被其他不法分子所利用，因此成为许多犯罪的有力工具。如表面设置虚假网站商城，实则为鼓励拉人入"会员"交会费并通过发展下线收取提成费的行为，其实是假借互联网新型金融模式实

---

① 2017 年 6 月 1 日，最高人民检察院《关于办理涉互联网金融犯罪案件有关问题座谈会纪要》(以下简称《纪要》)第 9 条的规定，在认定实施互联网金融犯罪活动的行为人是否因存在包含违法性认识的明知而构成故意犯罪时，并不要求行为人知晓具体违反的法律禁止性规定，而是仅要求行为人知晓自己的行为非法即可。

则线上传销的实例。或是充分利用了互联网中信息的高度不对称，导致人们较容易陷入精心设计和构建的新型骗局。这些案件在受到认定的过程中往往会产生争议，互联网金融与传销、非法吸取公众储蓄存款、集资欺诈等已经呈现民刑交织的现象，披上互联网金融的"外衣"，打着新型互联网金融的旗号，成为发生在金融领域但是"挂羊头卖狗肉"的实例。面对这种状况，法律适用已经成为难点，司法工作者不仅必须判断行为人的客观行为是否触犯法律，还必须判断他的主观意图。正如对于设立后以实施违法行为为主要目标的公司不以个人犯罪论处一样，对假借互联网金融创新发展为由掩盖其金融犯罪本质的行为人和单位应以其主观故意为依据以其实际实施的犯罪活动处罚，避免案件定性偏差，定罪量刑摇摆不定，做法不一。

对确实存在违法性认识错误的行为人，如金融公司技术人员等非主要责任人，需要判断行为人是否确有知道自己正在进行或者帮助实施互联网金融犯罪的可能性，是否确实知道行为必然会或可能会造成危害后果。[1] 这种判断方式需要以行为人存在认识的可能性作为判断标准，主要是依据认识存在的客观相一致的原则，如：行为人有犯罪的行为且必须具有犯罪的可能性和意图，行为人明知可能构成犯罪并执行之。又例如行为人虽然存在着犯罪的行为，但行政法规将该行为归为犯罪只有几天时间，还未及时整改便接受行政机关检查，这时被认定为违法的情况我们难以要求行为人有认识的可能性，或者可能已经认识到但是给予的整改时间过短，施以处罚不合理。又或行政机关对互联网金融违法行为的类型和处罚出台专门文件并举例说明，该金融机构在规定时间内并未完成整改，并以不知晓或不了解文件内容为由，这种情况应当认定为不存在违法性认识错误。行业从业人员需要有一定的专业知识，具备相关便利条件，应对该行业相关法律法规及政策尽到积极关注学习的义务，仅以不了解、不知晓不能阻却违法。正如，交通法规虽然经常变动，

---

[1]　刘宪权、朱彦：《论互联网金融犯罪中的明知》，《人民检察》2019 年第 2 期。

但驾驶人仍然要尽到必要的知悉义务，不能以不知法律变动推卸责任。据此，在进行定罪量刑的实践过程中，我们可以按照罪刑法定与主客观相一致的原理来进行定罪。

（二）违法性认识错误判断标准

1. 判断标准汇总检视

对于有关违法性认识错误之避免可能性的判断鉴定标准，域外和我国刑法理论界和司法实践都有相对主流的观点。域外违法性认识错误判断衡量标准包括以下几种观点：第一，相当理由说。① 该说认为，如果行为人出现违法性错误的场合是存在适当的理由的，这种理由是具有相当合理性的，使得行为人作出这种违法行为具有应当充分认同的理由。反之则应当认定行为人行为具有可避免性。第二，最大努力说。② 意大利宪法法院在其判决中将避免性的判断描述为"最大努力"，亦即行为人尽最大努力仍不能得到对相关法律条文的正确理解。在这种情况下，行为人难以清楚地知道相关法律的具体内容，就可以用来作为其排除成立违法犯罪的依据。在罪刑法定原则业已建立的现实条件下，公民个人只有充分地认识到刑法规定内容含义和违反该规定带来的危害后果，才能真正自由地选择行为，从而更好地发挥刑法对人民安全保障的作用。与那些未履行上述义务且对法律毫无知觉的人相比，法律应当宽宥那些认真履行义务但却难以避免产生法律认识错误的公民。第三，良心紧张说。③ 该说认为违法性的认识错误是否能够避免，在于行为人决定

---

① ［日］西田典之：《日本刑法总论（第 2 版）》，王昭武、刘明祥译，法律出版社 2013 年版，第 213~216 页。

② ［意］杜里奥·帕多瓦尼：《意大利刑法学原理》，陈忠林译，法律出版社 1998 年版，第 189 页。

③ 对于良心紧张，德国联邦最高法院在公民表决案的判决中指出，良心紧张指的是，行为人有义务运用他全部的认识能力和整个伦理世界观，如果这样能够形成对某一特定举止合法性或违法性判断的话。转引自［德］罗克辛：《德国最高法院判例刑法总论》，何庆仁、蔡桂生译，中国人民大学出版社 2012 年版，第 96 页。

实施违法行为的过程中是否存在出现良心上紧张的可能，无良心上的紧张则被认定为即使行为人在行为时履行了高度集中的注意义务也难以避免认识错误的发生，反之则属于能够避免的违法性认识错误。第四，合理信赖说。① 该说起源于美国《模范刑法典》的规定，行为人因合理的信赖而实施行为时，如对行政机关工作人员的信任，在政府网站上咨询后实施的行为，有些情况下可以作为阻却犯罪成立的理由。

以上诸种观点为我们提供了一个可以借鉴的具体标准来证明违法性认识错误确有可能阻却违法的情形，但是他们的角度并不相同，有些立足于一般人的标准（如合理信赖说），有些立足于行为人个人的具体情况（如良心紧张说）。因此，对于违法犯罪实施的规范性认识错误判断必须要求法定人员能够准确地把握规范性违法认识错误的判断依据，并且要提出更加具体明确的、有利于实际操作性的判断标准。

2. 违法性认识错误的判断基准

判断基准，亦是站在什么样的立场来判断法定犯的违法性认识错误可以被避免。长期以来，在对违法性的认识错误能否采取统一的判定标准等方面存在着诸多的争论，大致可以概括为以下不同的观点：①一般人标准，即以普遍公民大约一致的标准为准。在同等条件下，考察一般人在此种情况下的行为是否能够避免违法性认识错误。如果在同样的条件下，一般人都会错误地认为他们的行为是正当和合法的，就无法对其他行为人进行惩罚谴责或者是非难。②行为人标准，即以具体案件中的当事人自身的状态为标准。结合案件背景、案法过程、行为人自身的认知能力和行为能力等综合判断，如果行为人不可避免地陷入了违法性的认知错误则阻却违法，类似于具体情况具体分析的研究方法。③

---

① 对于合理信赖的认定，《美国模范刑法典》列举规定两种情形：其一，行为人不知道法律对犯罪的规定，并且亦无知悉该法律存在之可能。其二，基于对正式法律解释的合理信赖而实施行为。正式解释应当被信赖，纵使其后被判定为失效或错误，不影响先前行为的合法性。

混合标准说。该说主张在通常的情况下我们应当以行为人自身的状况为标准，但是对于那些涉及行为人专门职业的某些工作领域，或者对于法律上需要进行特别规制和调节的社会生活领域，我们应当选择适用该领域中一般人的标准进行评价，哪怕行为人的工作技术能力较低也不能免责。换句话说，基于工作领域与日常生活场所的实际差距而需要采用不同的差距判定方法标准，这也就是我们通常说的区别说。也有学者认为，应当以行为人认识能力为基础，兼顾社会中一般人的认识能力的"本来是否可以认识"具有合理性和可操作性，也兼顾了责任主义的原则和形势政策的目标。①

我们认为，混合标准说指出了我们个体的认知能力和与其他人在具体工作领域中所处的差异。在特定领域中，坚持一般人的标准似乎具有其合理性，实际从规范意义上看，行为人在特定领域、专业领域比一般人更需要较高的合理性和具有违法能力。此时，如果一个行为人未能正确认识并看到其所作出的行为是否具有违法性，也就相应地认为一个行为人对其违法的认知错误是不可避免的。

3. 违法性认识错误的具体标准

如何判断违法性认识错误是否能够避免，"应当参酌行为人的社会地位及其个人能力，在可期待行为人运用其认识能力与其法律与伦理价值观的范围内，视其是否能够意识到行为的不法，并且在行为人对于行为是否涉及不法有所怀疑时，行为人负有查询义务，不可以恣意地以不确实的自我判断，擅作主张"。② 因此，判断行为人能否真正地避免违法性认识错误可以从以下几个方面着手：

（1）行为人是否能认识到行为不法的性质，与行为人本人社会地位（与其在社会上的职务、身份、任职履历、工作经历存在紧密关联）、个人能力（依据个人状况、受教育程度、生活状态而存在

---

① 孙国祥：《违法性认识错误的不可避免性及其认定》，《中外法学》2016 年第 3 期。

② 林山田：《刑法通论（上册）》，北京大学出版社 2008 年版，第 285 页。

差异，由此在对行为不法性认识上存在高低之分）和法规性质密不可分。认知特定领域的法律、法规是开展经济活动的前提。因此，如果行业从业人员使用违法性认识错误的辩护理由，通常因被认为具有违法性认识上的期待可能性而失败。在行为人对于行为的不法性意识缺少期待可能性的场合，应当将其认定为一种不可避免地造成了违法性认识的错误。

（2）在对行为的性质存在怀疑时，行为人负有积极查询的义务，如果一个行为人尽了最大的努力仍然无法确定其行为中具有违法性的情况和场合，则应当明确地认为这些行动都是一种不可避免的对违法性认知的错误（即最大努力说的主张）。问题在于，在经过查询后确认行为是合法的，但事实上属于违法的场合，是否能够阻却违法？这个问题解决的关键就在于，究竟什么样的解释才能给予行为人对其他人的合法信赖存在坚实的基础（即存在合理信赖的内容）？其一，查阅相关法律规定及司法判决。在这个网络信息资讯如此发达的现代社会，对于性质存疑时，最常见的方式便是积极利用互联网的优势进行信息的检索与查询。一般而言，法律文本及司法判决能够为行为人合法信赖奠定基础。原因在于行为合法性与否正是通过国家机关制定的法律体现出来的，法律是行为合法与否的衡量标准。法律一旦公布便处于可得而知的状态，公民能够通过对法律的查阅为行为提供基础。对于司法判决而言，判决是法律文本在个案判决中的运用，不仅对彰显法律精神具有指导作用，也能够为行为提供必要的明示。问题在于，如果发现了相冲突的法律规定或司法判决时，应该如何确认行为的性质？冲突现象使得行为性质始终处于模糊不清的状态，这时需要借助特定的规则或其他的辅助性资料实现对行为性质的进一步确认。对于我国相关法律规定而言，可能需要考虑的规则是：特殊法优先于普通法，高阶法优先于低阶法。对于司法判决而言，或许需要通过其他的路径进一步实现对行为性质的确认。但是，普通民众对规则的了解程度可能不够深入，只要行为人积极地查阅并合理地探寻，就应该认为其已经履行了查询的义务，即使最终在实践中发生了违法性认识错误，也应该认为这种错误的出现是不可避免的。其二，寻求主管部门的意见。

一般而言，主管部门的意见可以作为合法信赖的基础。因为主管部门相对而言对于行为性质的确定具有专业性和公信力，如果连主管部门的意见都不能信服，那么恐怕很难准确明晰行为的性质。同时，由于主管部门的意见是由特定的国家机关工作人员作出的，因此，在通过贿赂、欺骗、威胁等行为获得的意见以及明知给出的意见不合适的场合，意见并不能成为合法信赖的基础。其三，咨询法律界人士的意见。法律界人士具体包括法官、检察官、律师和法律学者。相对而言，法律界人士较一般人而言具有专业的法律技能，能够为行为性质的确定提供专业的法律意见或建议。但是，法律界人士的意见通常并不能为行为性质提供明确的基础。首先，法律界人士尽管具有一定的法律素养，但是仍旧存在专业水平上的差异，即使是针对同一问题也可能由于认识差异而给出不同的法律意见。其次，作为私人意见提供者的个人受诸多因素的影响，可能作出背离法律规定本身的意见。由此，使得存疑者基于错误的信息实施行为。最后，刑法作为对严重社会危害性行为的规制，以剥夺自由甚至生命作为法律效果，合法与否的判断直接决定罪与非罪的成立及相应的刑罚。因此，如此重要的事项不能单纯通过私人意见予以明定。对于法律界人士的意见通常不应当成为合法信赖的基础。

此外，行政不作为不等于肯定法定犯行为的合法性。实践中，当行政机关不作为时行为人是否能够径直肯定行为的合法性并实施行为，在事实上行为是违法的场合，能否主张不可避免的违法性认识错误？此外，在行为人向行政机关咨询后，在合理期限内并未答复的情况下，是否能够按照内心确信径直实施行为？同时，在违法行为被明确实施的过程中，行政执法机关并未依法取缔或处罚相关的行政违法行为，是否可以默认为其行为合法。如果此时陷入对行为违法性错误认识时，是否主张这一类的认识错误不可避免？实践表明，在行为人实施违法行为期间，行政机关的不作为行为在客观上很容易引起"行为合法"的假象。然而，行为性质判断的依据应为法律规定本身，而非行政机关的不作为。行政不作为或许由于辖区地域广阔而无法顾及，或许是故意不实施必要的作为，此时行为的性质仍旧处于模糊的状态。如果行为人在未得到明确答复的情况下贸然实施可能是违法行为的行为，这时存在可以避免的可能性，因为行为人有选择实施或不实施的余地。

总体来说，不可避免的违法性认识错误阻却违法，行为人可以免除刑罚。因此在认定认识错误的场合，应当谨慎对待，做到不枉不纵。在认定上，违法性的认识错误能否避免应采取规范性的判断方法，结合行为人社会地位、个人能力、法规性质等要素进行综合判断，确定行为人是否能够认识到行为性质。对行为不法存疑时，仍然要进一步考察行为人是否履行了必要的查询义务。在司法实践中不应强化入罪思想对有入罪必要的行为设置较高门槛，而应采取行为人标准，只要行为人结合自己的实际情况来履行忠实的查询义务，即使存在违法性认识错误，也应当明确地认定这些错误都是不可避免的，从而在违法性层面实现出罪的效果。此外，行政机关的不作为并不能为行为的合法性提供依据，即使行政机关未采取措施取缔违法组织或未及时回复公民的疑惑，公民也应积极寻求其他途径进一步明晰行为的法律性质。若因为坚持实施行为而导致产生违法性的认识错误时，不能以此为理由主张任何无法避免的违法性认识错误，毕竟行为人还存有其他的选择余地。

导致违法性认识错误出现的起因主要可以分为两种情况：对法律规范内容的不知晓和错误理解。因此，应当将违法性的认识错误原因作为理论基础，具体问题具体分析。总结各种违法性的认识错误不可避免的情况：①违法行为人自身完全不知道相关法律的现行条款的情况。具体表现为以下情形：（a）规定与常识有出入。如捕食麻雀可能构成违法狩猎野生动物罪，又如自家种植罂粟面积到达国家禁止的范围，或者游乐场气球射击使用的气枪可能被认定为枪支等，应该认为这种违法性的认识错误是合理存在的。（b）由于地域的改变引起的不知法。如国与国之间的法律可能有不同或者相反的规定。如有些国家的交通惯例是靠左行驶，那么第一次去往他国的中国公民就有违法性认识错误存在的可能性。②在行为人误解法律规定的情况下，行为人的误解都必须有足够理由表示自己的误解或者错觉是合理或正当的。例如法院已依据此项规定的法律作出过生效的判决，行为人询问了有关部门和机构，司法官员、律师等专业人士所提出了意见并进而执行了此项违规行为，一般亦相应地认定这种具有违法性的行为具有很高的不可避免性。无论是行为人不知法的内容还是行为人误解法的目的，虽然产生认识错误有高度的盖然性，但是我们依旧要从严把握，避免行为人钻法律漏洞，破坏法秩序和权威。

　　但是，互联网金融犯罪与普通犯罪在违法性认识上有较大的区别，一般认为互联网金融领域的违法性认识错误应该是可以避免的，这主要有三个方面的原因：第一，在我国网络信息技术的发展和信息化进程迅速发展的今天，行为人获取信息的能力正在逐步提高。基于当代社会的发展现状，对行为人不知法的辩解提出质疑有足够的合理性。第二，互联网金融犯罪的主要行为人大多数是具备金融行业相关知识的专门从业人员，非金融行业专门从事这类犯罪活动的行为者在开展互联网金融违法活动之前必然也会从不同渠道深入了解互联网金融行业的发展现状和趋势。由于特殊行业的从业标准更高，我们对从业者不违反相关法律有更高、更合理的期待可能性。第三，大多数行为人对自己不知法或误解法的解释缺乏合理性，行为人难以证明自己已经尽到穷尽一切途径查询的义务。法治社会要求公民知法、学法、守法、用法，但是大多数以不知法为由提出抗辩的行为人在对行为性质存在疑问时，心存侥幸，试图将对法规的不关心或者忽视心理正当化，这必须严格处理。我们应当特别指出的问题就是，行为人对于特定的行为在经过了判决后，再次予以执行的，应当承认行为人具有违法的可避免性。例如禁渔期捕鱼的行为，近年来我们可以看到一些行为人因在禁渔期或禁渔区捕捉少量鱼类受到了行政处罚等新闻，这些处罚的法律效力业已形成。对于那些已经实施过该种行为的个体和群众来说，禁渔期、禁渔区捕捉鱼类的行为违法自不待言，对于社会中的一般人来说，这些案例往往因与常识有出入（如只在近海或浅滩捕捉了几斤或是几十斤的鱼类、贝类）而引起过社会关注。尽管其行为是否值得处罚还存在很大的争议，但我们也应当从理论上推定一般人已经清楚地认识到禁渔期、禁渔区捕食行为的违法属性。

三、我国违法性认识的立法完善路径

违法性认识并非我国本土概念，我国在刑事立法上也没有对违法性认识及其错误作出明文规定。在罪刑法定原则业已确立的情况下，对法定犯违法性认识错误仍然需要在立法上加以明确，从而能够为司法的实践与法律的适用发展提供明确的法律前提与依据。在立法上如何将违法性认识错误进行系统的、体制化的界分，就需要我们能够立足于当前我国的立法发展现状与实际国情，借鉴国外有利经验，促进我国法律制度更加科学性、系统性、针对性和有效性。

（一）违法性认识的立法现状

在中华人民共和国成立初期的刑事立法历程中，对违法性认识及其错误都给予过关注。例如 1957 年《中华人民共和国刑法草案》第 22 稿有一条关于违法性认识的规定："对不知法律而犯罪的，不能免除刑事责任；但是根据情节，可以从轻或减轻处罚。"但在之后修订的第 33 稿中又将此条删去，这证明立法者曾有犹豫是否要将违法性认识问题法定化，但是后来又基于其他考虑放弃之。仔细思考，我们也可以得出原因。首先，在司法实践中行为人是否存在违法性认识是很难准确判断的，司法工作者需要结合行为人的生活环境和他的自身状况来分析，还必须考虑到社会一般人的立场；其次，行为人提出不知法律而犯罪的抗辩理由，目的必然是为了逃避应受的处罚，这样必然会存在一些犯罪分子借此钻法律的漏洞；① 再者，法治国家法治社会要求全民知法守法，如果将"不知法"作为量刑情节考虑，且没有统一的判断标准，必然会有大量"不知法"抗辩理由提出从而损害刑法的权威和秩序。由此可知，在没有建立一套完善统一的违法性认识判断标准之前，盲目立法并不可取。

---

① 高铭暄：《中华人民共和国刑法的孕育诞生和发展完善》，北京大学出版社 2012 年版，第 25 页。

因此，从其立法形式上来说，固然存在一个对法定犯违法性认识错误的立法空白。但是如果选择依靠立法将违法性认识确立下来，必须要考虑以下几个问题：

第一，行政法与刑法的界限问题。我们从前述可知，逃税罪、醉驾等现今社会频发的犯罪类型，既违反了行政法规定，又触犯了刑法规定，他们之间有着一套连贯统一的判断标准，接受处罚的类型主要依照行为的违法程度来选择。因此，互联网金融领域必然需要建立起一套量刑标准，连贯行政法与刑法规范，具体可以以涉案金额或者违法行为的次数等变量因素为依据。

第二，违法性认识及错误的体系地位需要明确。违法性认识是对行为属性的认识。虽然行为人提出自己存在违法性认识错误，但是并不阻却行为本身的违法性，只是阻却自己的责任。因此在三阶层或是两阶层理论中，它既不属于违法阶层的内容，也不属于责任阶层中故意和过失的要素，它不是行为人故意或过失忽视法律而造成的错误。

第三，刑事责任到底在什么样的情形下才得以减免？对于这个问题，我们所处理的司法科学和技术领域各个方面的解释都很复杂，立法上也无从做到穷尽式地列举，最终的结果必然还是存在着部分犯罪分子被放纵的现象。结合上一节的内容，我们将违法性认识错误分为了两种情形，即不知和误解。因此在考虑行为人的认识错误时应该严格区分这两种情况，作出合理判断。

因此，违法性认识法定化困难重重，违法性认识错误标准的判断应当重视刑法和行政法规的衔接，建立一套衔接两法、内外统一的处罚体系。同时，在立法上准确定位违法性认识错误的地位，依照违法性认识错误的不同类型具体考究不同状态下的行为人认识错误的判断标准，为法律条款的恰当设置创造条件。

（二）域外相关立法经验考察

我国要想在立法上正确地承认违法性认识上的错误，指导实践的适用，就必须对国外的相关立法经验给予有益的借鉴。事实上，域外对于违法性认识错误的理论研究比较早，在其立法上经验已经成熟，对于目前我国的违法性认识错误的立法条款设置具有启发和指导意义。

就域外立法的体例来看，我们主要可以将其分为四种类型：第一种类型是虽然法典中存在有关规定对违法性的认识错误有规制，但是认为行为人存在违法性认识错误并不会直接影响到该行为人的刑事责任，如加拿大、土耳其等。第二种类型则是直接规定违法认识错误在特定条件下可以免除的刑事责任，比如韩国、西班牙、美国的《模范刑法典》等。第三种类型则是在规定了违法性认识错误在一定的情形下可以减轻或免除处罚，比如瑞士的刑法规定。第四种则是刑法典中无违法性认识上错误及其法律效果的规定，出现此类案例则依靠判例解决，如法国、英国等。

在上述四种立法模式中，第一种立法模式否定了由于违法性认识错误对于刑事责任产生的影响，也就是说，法律一旦得以宣告，便会推定其他行为人知法、守法。这种模式会导致确实存在违法性认识不能的场合失去司法公正，损害公民的正当权益。第二种和第三种模式虽然都承认了违法性认识错误可能会对量刑造成影响，但是没有区分到底是阻却了责任还是直接不成立犯罪。第四种模式涉及了复杂的司法实践和未知法律需要进行反思和抗辩的特殊性。但是在我国，判例作为审判依据并未成为常态，目前只有两高发布的指导案例对各地法庭审判有实际上的指导借鉴意义。此外，提出违法性认识错误的抗辩理由且被法庭支持的场合占少数，如果盲目引入判例制度，很容易导致"法官造法"事件发生。

纵观将违法性认识及错误纳入立法的国家法律条款，我们可以发现存在以下几个特点：第一，不区分自然犯和法定犯。如德国、日本。具体而言，在关于违法性的认识和错误立法的条款中，对于自然犯和法定犯同等对待，自然犯和法定犯都需要充分考虑到行为人是否存在违法性的认识，不因犯罪类型的不同而差别对待，从而形成了一体化的规制路径。第二，违法性认识错误被放置于刑法总则中。如德国刑法被置于第二章行为第一节可罚性基础；日本刑法中则规定在第七章犯罪的不成立与刑罚的减免；韩国刑法与日本刑法相似，被置于罪的成立与刑的减免一章。由于需要将自然犯和法定犯进行统一的整合和规制，在对承认其他违法性的认识及错误进行规制的立法中，违法性认识及错误的概念作为与故意、过失相并列的独立的责任要素考量，从而充分发挥了其在确定犯罪的全过程中的安全防线功能。

（三）违法性认识的立法完善建议

通过以上的论述我们可以得知，违法性认识作为司法实践中不可避免的问题，必须得到立法上的明确回应。目前，违法性认识可能说逐渐显现出优越的地位，面对行为人确实存在违法性认识错误的场合，罔顾认识错误存在的可能性会严重侵害行为人的合法权益。此外，在对行为人违法性认识错误进行判断的场合，需要考虑行为人自身和社会一般人的状态。在特殊行业领域，如互联网金融行业，还需要考虑行业内一般人的整体水平。处理好违法性认识错误在行政法和刑法之间的衔接问题，明晰违法性认识错误对故意、刑事责任所产生的影响。在总则部分设置专门规定违法性认识的条款，为分则个罪的适用提供统一的依据。在技术层面，确保违法性认识错误判断的可操作性。据此，提出以下建议：

第一，在刑法总则部分故意和过失规定之后设置专门条款，规定违法性认识错误问题（如增添新 16 条为违法性认识错误条款，原 16 条不可抗力和意外事件向后顺延）。在此位置设置该条需要注意以下三点：一是将违法性认识错误与故意和过失明确区分。行为人不是基于故意或者过失的心理导致对法的不知或误解，而是出于客观条件、生理状况、法律文本的变化等原因。二是要明确违法性认识错误是影响量刑的因素，而非影响定罪的因素。行为人存在违法性认识错误并不影响其行为的实质违法性。三是文本中要包含违法性认识错误的适用情形。首先需要有特定的行为背景，如基于地处偏僻、法域变化、行为人认知水平等因素；其次行为人的认识错误分为不知法和误解法两种类型，要结合认识可能性进行判断。

在法律公布实施较短的时间内民众尚未知晓法律内容时，特定场合下亦应当承认对法律的不知是不可避免的。如果认识错误无法避免，行为人无论是不知法类型还是误解法类型都不应当追究其刑事责任，成为其出罪的重要依据。如果错误有避免的可能性，那么可以根据行为人行为危害结果的严重程度，选择对其从重或者从轻、减轻处罚。

第二，注意分则和总则的衔接。刑法分则中常常有"违反国家规定"（如第 338 条 污染环境罪）、"违反药品管理法规"（如第 142 条之一 妨害药品管理罪）等法律用语的使用，这些规定将刑法与其他部门法联系起来。此外，虽然有些条款并未使用这些文本，但是内含一些隐藏的行政法规范的内容，如委任性、准用性规则的使用，这是刑法与行政性法规范互动的情形。尽管在总则中规定违法性认识错误的内容可以有效地指导法律适用，但是分则各罪出自不同的行政法规范（如税法、海关法、环保法、毒品管理条例），这就需要各个行政法规与刑法在处罚上衔接得当。行刑衔接这一大问题仍然不容忽视。

第三，两高可以就一些典型的违法性认识错误案例进行说明，并作为指导性案例提供各地各级法院参考使用。尽管我国不支持判例法，但是就目前司法实践而言，违法性认识错误案件虽不高发但是往往能够引起社会极大的关注度，如"天价葡萄案""兰草案""山民抓壁虎案""掏鸟案""非法收购玉米案"等。这些案件内容和对象虽然各不相同，但是都展示了在某些特殊领域，公民确实存在不知法的可能性。引起社会讨论的原因也是由于其他公民在此案中产生共鸣，代入之后觉得认识错误确情有可原，这些情况急需指导性案例为法院和公众指出一条明路。

综上，在设置违法性认识错误条款时，应将我们所需要借助的行政法律规定等隐性规定统一合理地镶嵌进去，区分认识错误是否存在避免可能性的情形，由此增设《刑法》第 16 条：违法性认识错误不阻却行为的违法性。行为人以社会一般人为标准，行业从业人员以行业一般人为基础标准，结合行为人的自身情况，如果认识错误不可避免，应当不予追究行为人的刑事责任；如果该错误可以避免，对行为人可以从轻或减轻处罚。

第五节 互联网金融犯罪中共犯认定必须
考虑罪量要素[*]

随着科技的迅猛发展，互联网被广泛应用到了生活的各个方面，为人们的生活提供了巨大的便利。与此同时，互联网也与诸多传统行业进行结合，互联网金融便是在这样的时代背景下应运而生。不得不承认，互联网金融的产生与发展，为我国产业结构注入了一剂强心针，同时也为新的经济增长点注入了一剂强心针。但就好像中国古语说的那样，"孤阴不生，孤阳不长"。互联网金融在带来一系列好处的同时，也导致了相应的问题，其中，互联网金融犯罪的猖獗便是随之而来的挑战。

这一趋势自然而然地吸引了我国诸多学者的目光，连续几年互联网金融犯罪都成为我国刑法学中的一大研究热点。康均心教授于2018 年、2019 年连续两年在其撰写的《中国刑法实施报告》中对互联网金融问题进行概括与梳理，并指出了互联网金融犯罪的特点，在司法实务中适用的常见罪名、主要类型、应对措施等诸多内容。①

互联网金融是指传统金融机构与互联网企业利用互联网技术和信息通信技术实现资金融通、支付、投资和信息中介服务的新型金融业务模式。② 对于互联网金融这一新兴产业模式来讲，一方面，其毋庸置疑地推动了传统金融行业的创新与变革；另一方面，其也毫无疑问地对传统金融业形成了冲击与挑战。互联网金融本身所囊

---

* 本节由中南财经政法大学博士研究生杨博负责文献综述工作。

① 康均心：《2018 年中国刑法实施报告》，《湖北警官学院学报》2019年第 2 期。康均心：《2019 年中国刑法实施报告》，《湖北警官学院学报》2020年第 1 期。

② 郭华：《互联网金融犯罪概说》，法律出版社 2015 年版，第 201 页。

括的模式①极其丰富，与其相关的犯罪也呈现出诸多种类，例如互联网金融诈骗、互联网非法集资、网络信息犯罪等。

在北大法宝上，以"互联网金融"为关键词进行检索，可得到共计264条检索结果，其中包括35条中央法规、165条地方法规、3条立法资料以及61条法律动态。② 这还不包括由互联网金融犯罪衍生出来的更为具体的一些类型化网络犯罪检索内容。例如，互联网金融犯罪的发展带来的"杀猪盘"的存在，又与电信网络诈骗犯罪产生了千丝万缕的关联。笔者拙见，从某一定程度上来讲，电信网络诈骗也可归入互联网金融犯罪的研究范畴。由此，不难发现，其实从立法层面来看，针对互联网金融犯罪的内容已然是较为充实的了。然而，并不是有了相应的规制手段，互联网金融犯罪就能立马得到很好的遏制。在实践中，互联网金融犯罪的犯罪黑数较大，侦破难度较高，现有的规制手段缺乏足够的理论研讨，在应用的过程中产生了一系列的问题。不仅如此，互联网金融犯罪更呈现出团伙作案的特点——这也就是说，在互联网金融犯罪中，共同犯罪成为重要的表现形式。③ 牵扯到共同犯罪的问题，互联网金融犯罪的相关内容显得愈发棘手。在司法实践中想做到合法规制已经十分困难了，更何况做到既合法又合理。而本节则是为追求互联网金融犯罪刑法规制中能达到既合法又合理的目标，而提倡互联网金融犯罪中在共同犯罪认定时，应当把罪量要素视为必要要素。

---

① 从目前的情况来看，互联网金融主要有以下六种模式：第三方支付、众筹、大数据金融、P2P网贷、互联网金融门户和信息化金融机构，它集合了信息中介服务、融资、支付和投资理财等诸多功能。参见王良顺、杨成：《互联网金融下融资犯罪与法律规制——以P2P网贷和众筹为视角》，《山东警察学院学报》2016年第4期。

② 参见北大法宝：http://abd67ba845ea656af7d07b3b9050c65d.f7cdbe24.libvpn.zuel.edu.cn，最后访问日期：2021年8月29日。

③ 上海市第一中级人民法院课题组：《互联网金融案件专题分析报告》，《法律适用》2018年第4期。

一、问题的提出

2020 年杭州下城区人民法院曾审结了这样一个案件，在其判决书中，尤其是对第三被告人的审判结果论理的过程和内容其实体现出了法与情之间的挣扎与纠结。据杭州市下城区人民检察院以诈骗罪进行指控，2020 年 3 月至 5 月，被告人唐某某、许某某、唐某伙同他人，在明知是违法犯罪资金的情况下，持续多次将电信诈骗赃款通过其个人账户、微信账户、支付宝账户进行走账，部分赃款总计人民币 14 万余元，人民币经由被告三人的账户转移。而在第三被告人唐某及其辩护律师的相关材料中，不难发现，唐某并不具备诈骗的共谋，且最终杭州市下城区人民法院也认可了这样的辩护意见，最终判处被告人唐某某、许某某诈骗罪，被告人唐某掩饰、隐瞒犯罪所得罪。在最终的判决结果之中，被告人唐某某以诈骗罪论处，判处有期徒刑二年四个月，并处罚金人民币 25000 元；被告人许某某犯诈骗罪，判处有期徒刑十个月，并处罚金人民币 10000 元；被告人唐某犯掩饰、隐瞒犯罪所得罪，判处有期徒刑九个月，缓刑一年六个月，并处罚金人民币 10000 元。[①]

倘若单纯从判决结果来看，结合案件中出现的量刑情节，似乎并没有什么问题，换言之，其是遵从实体法与程序法的相关规定的，即是合法的。然而，从具体的案件情况来看，难免会觉得第三被告人唐某最终的结果还是有那么一些感性上的遗憾。从案件的具体情节上来看，尤其是从判决书的表述来看，对于第三被告人的供述与辩解的描述，在最后一句说明第一被告人唐某某告诉了唐某这是赃款。具体案件的全部详细材料虽然不得而知，然而单就判决书的表述来看，哪怕这样的认定是合法的，也存在一定不尽合理的地方。

首先，从主观罪过的角度来看，掩饰、隐瞒犯罪所得罪是故意犯罪，其要求行为人主观上是明知。从明知的内容上来讲，毫无疑

[①]　浙江省杭州市下城区人民法院刑事判决书：（2020）浙 0103 刑初 235号。

问，需要被告人明确地知道相应的财物是犯罪所得，但至于是什么样的犯罪、如何获得、财物究竟是什么、价值有多少这些因素，并不要求行为人具体知晓。然而，上述的要求仅仅是针对明知的内容而言，至于对于该犯罪明知要求的程度，应当如何判定，其实并没有详尽地理解和解释。虽然，我国有学者在对掩饰、隐瞒犯罪所得罪进行分析的时候提到，对于这一个罪而言，不要求行为人在主观上对赃物有着充分、完全、准确的认识，只要行为人认识到对应的财物可能是赃物即可。① 但是也并未给出程度上的更为具体的判定方式，比如，明知到什么样的程度可以说得上是能够认定行为人可能认识到或许是赃物。不仅如此，倘若仅仅认识到涉案的财物可能是赃物的程度，同样也是难以判定的——什么样的情况下能够认定行为人认识到可能是赃物这样的问题并没有得到相应的解决。简而言之，在具体的适用过程中，对于行为人的主观认识而言，不仅要考虑到行为人是否认识到是赃物，还应当考虑到其认识的程度。当下人们的关注点在于是否认识到，而对于认识程度问题的探讨相较之下则显得孱弱无力。

其次，从立案标准的角度来对掩饰、隐瞒犯罪所得、犯罪所得收益罪与诈骗罪进行对比分析，不难发现，前者的门槛被限定在4000元人民币，而后者的立案标准则为6000元人民币。如此看来，毫无疑问的，掩饰、隐瞒犯罪所得、犯罪所得收益罪在这样的情况下更容易构罪。诚然，掩饰、隐瞒犯罪所得、犯罪所得收益罪的法定刑要轻于诈骗罪，甚至会轻于诈骗罪的从犯，但是在其更容易构罪的现实情况下，就很难说明其相较于诈骗罪而言是轻罪。倘若真的要认为掩饰、隐瞒犯罪所得、犯罪所得收益罪相较于诈骗罪是轻罪，那么势必在认定掩饰、隐瞒犯罪所得、犯罪所得收益罪时，对其构成要件要素的解释是严格的。不能仅仅因为该罪名规定的法定刑轻于诈骗罪，就从刑罚量刑较轻的角度倒逼司法实践中的犯罪定性。按照正常的逻辑理应是，由犯罪的具体行为确定适用的罪名，进而确定合适的法定刑。简而言之，按照

① 张明楷：《刑法学》，法律出版社 2016 年版，第 1102 页。

顺畅的正向逻辑进行定性分析的时候，很可能会导致罪责刑并不能很好地一致，而倘若从反向的逻辑进行定性分析，又会导致适用罪名的紊乱。

最后，从案件判决书中介绍的具体情况来看，第三被告人唐某涉及的转账金额并不是非常大，且获得的利益相对来说是极低的。也正是因为这样的情况，才会让人在感性的层面甚至不由自主地生发出对唐某的一丝同情之心。如此说来，在认定诸如此类犯罪的时候是否应当将犯罪涉及的赃款数额与最终获得利益的比例纳入定性定量的考虑范畴，也是值得我们深思的问题所在。

从上述的三点分析，不难发现，在认定这样一个个案的过程中，就会出现很多理论上"罪量"的考量空间。那么在具体的司法实践认定过程中，罪量要素应当扮演怎样的角色、对于最终结果又会产生怎样的影响、如何把握罪量要素所占的比重、罪量因素又应当囊括什么样的内容，都是值得一点一点进行剖析探讨的内容。

二、罪量的概念及其理论基础

罪量，依照其字面意思进行解释，毫无疑问，即"犯罪轻重（大小）的数量"。根据《辞海》中对"量"的解释，"量当做动词使用时，其基本的含义有如下几种：①确定、计测东西的多少、长短、高低、深浅、远近；②用计测器具或者其他作为标准的东西的确定、计测；③估计，揣测。量当做名词使用的时候，主要包含的意思有：①古代指斗、升一类测定物体体积的器具；②能容纳、禁受的限度；③数的多少；④审度"。① 而在"罪量"一词中，"量"字显而易见是作为名词出现的。既然如此，根据前边介绍的《辞海》中的界定，那么"罪量"一词理所应当地可以理解为是衡量犯罪轻重（大小）的"数"。

（一）罪量的概念界定

在整体犯罪层面，任何犯罪都是有"量"上的要求的。一个行

---

① 《辞海》，上海辞书出版社 1989 年版，第 1576 页。

为只有在危害的严重性程度上达到一定的"量"，突破了罪与非罪的"质"的关节点，此时，才能说这样的行为是具有刑事违法性的，也只有这样，行为才能够被认定为是犯罪行为。具体到任何一个具体的犯罪中，不同罪质的犯罪之所以起刑点不同、法定最高刑规定不同、罪刑区间（量刑幅度）不同，其原因也在于各自在犯罪的"量"上存在差异。① 相对于"罪质（犯罪本质）"理论，我国刑法学界对于"罪量"的研究热情显然寡淡很多。即便如此，学者们对于"罪量"概念的界定依旧是众说纷纭，诸多的观点学说都在散发着自己的魅力。

我国学者陈兴良教授认为："由于我国刑法关于犯罪的规定，存在数量因素，因而犯罪成立要件除却罪体与罪责以外，还应当包括罪量。罪量是在具备犯罪构成的本体要件的前提下，表明行为对法益侵害程度的数量要件。由此，我构建了一个罪体—罪责—罪量三位一体的犯罪构成体系。在这一犯罪构成体系中，给予犯罪成立的数量因素以独立的构成要件的地位，从而使之更加切合我国刑法的规定。"②根据陈兴良教授所著《本体刑法学》一书的定义："关于表明行为侵害法益的质的构成要件时犯罪构成的本体要件，包括罪体与罪责。罪体是犯罪构成的客观要件，罪责是犯罪构成的主观要件，两者是客观与主观的统一"。③ 因此，"我国刑法中的犯罪成立要件是表明行为侵害法益的质的构成要件与表明行为侵害法益的量的构成要件的有机统一。"④显然，在这里"罪质"即"表明行为侵害法益的质的构成要件时犯罪构成的本体要件，包括罪体与罪责"。由此可见，陈兴良教授更多的是从罪质与罪量相区别的角度来定义"罪量"的。与之相对，白建军教授则认为："罪量是关于犯

① 林竹静：《受贿罪罪量要素研究》，华东政法大学 2014 年博士学位论文，第 27 页。

② 陈兴良：《作为犯罪构成要件的罪量要素——立足于中国刑法的探讨》，《环球法律评论》2003 年第 3 期。

③ 陈兴良：《本体刑法学》，商务印书馆 2001 年版，第 226 页。

④ 陈兴良：《作为犯罪构成要件的罪量要素——立足于中国刑法的探讨》，《环球法律评论》2003 年第 3 期。

罪严重程度的综合性评价。"①

而"罪量"之所以能够分解成为上述诸多要素并得以测量，其认识论上的依据则可以追溯至贝卡利亚在论述"罪刑阶梯"时关于犯罪"量"的以下经典论述："一个由一系列越轨行为构成的阶梯。它的最高一级就是那些直接毁灭社会的行为，最低一级就是对于作为社会成员的个人所可能犯下的、最轻微的非正义行为。在这两级之间，包括了所有侵害公共利益的、我们称之为犯罪的行为，这些行为都沿着这无形的阶梯，从高到低顺序排列。"②贝卡利亚相信，犯罪的"量"（大小）与刑罚的"量"（轻重）都是可以测量的，因此，存在着"这种精确的、普遍的犯罪与刑罚的阶梯"。③ 然而，也正如贝卡利亚说的那样，犯罪是一种"无穷无尽、暗淡模糊的人类行为"，因此，在近现代刑法史上，有关"罪量"如何测算、"罪量"与"刑量"如何均衡的探索一般都只是在应然层面的理论研讨。而即便如白建军教授那样创造性地把罪量测算在实然层面加以论证、分解、赋权、运算，其关于个罪罪量的测算也绝不可能是无争议和权

---

① 在白建军教授所著《罪刑均衡实证研究》一书中，罪量是由评价关系、评价标准、评价对象三个基本要素构成的评价体系（SCO）——在这个体系中，S 代表罪量评价关系中的评价主体（subject），C 代表评价标准（criterion），O 代表评价对象（object）。作者认为，应该从评价关系、评价标准、评价对象三个维度来确定罪量的大小。通过这三个维度，作者将抽象的罪量概念进行了多次分解，根据各种犯罪学、刑法学理论，将抽象的罪量概念通过多次操作化处理，逐步降解为各种具体的变量，并根据一定的价值判断，给每个不同的变量以不同的权重赋值。最终得出 SCO 罪量综合指数的计算公式：罪量＝评价关系＋评价标准＋评价对象＝（被害人评价罪量＊0.7＋国家评价罪量＊0.3）＋（利益罪量＊0.7＋道德罪量＊0.3）＋（结果罪量＊0.7＋行为罪量＊0.3）＝（被害关系＋行为类型＋加害地位）＊0.7＋（国家被害＋犯罪暗数）＊0.3＋（法定结果＋个人风险＋利益类型）＊0.7＋伦理内容＊0.3＋（要件数量＋结果趋势＋超饱和性＋罪过形式）＊0.7＋犯罪态度＊0.3。参见白建军：《罪刑均衡的实证研究》，法律出版社 2004 年版，第 137~162 页。

② 贝卡利亚：《论犯罪与刑罚》，黄风译，中国大百科全书出版社 1993 年版，第 66、67 页。

③ 贝卡利亚：《论犯罪与刑罚》，黄风译，中国大百科全书出版社 1993 年版，第 67 页。

威性的定量。然而，撇开刑法理论上关于"SCO体系"罪量计算科学性争议不说，白建军教授关于"罪量"的上述定义足资我们学习借鉴。在该定义中，"罪量"概念并非像其在"罪体—罪责—罪量"体系中一样更多强调与"罪质"的区别。与之不同，"罪量"从本质上来讲就像是尺子上的刻度一般，是对于犯罪轻重程度的一种衡量计算。这也就是说，行为只有在达到"量"这一层面的要求，才能够被认为是达到了具有社会危害性这一"质"；而达到了具有社会危害性这一最低层次的"量"的要求之后，还要对行为本身进行二次衡量，即考察犯罪具体的轻重程度。如若从这样的角度反观罪质与罪量二者之间的关系，很难认为二者是绝对相互区别、矛盾对立的。甚至来说，用辩证统一形容才更为准确一些。

除此之外，与白建军教授对罪量的定义类似，刘守芬教授关于"罪量是影响犯罪人行为社会危害性（害）和人身危险性程度（恶）轻重强弱的各种事实"的论述也更多是从罪量与罪质辩证统一的角度来定义罪量的。① 相较之下，笔者窃以为，白建军教授与刘守芬教授对于"罪量"概念的界定更为合理一些，即认为罪量是对社会危害性的严重程度以量化的方式进行衡量计算。不过，需要特别说明的是，由于不同学者在定义上述"罪量"概念的时候论述语境是完全不同的，因此，撇开具体语境抽象地谈论概念界定的对错优劣并无意义。同理，笔者之所以选择关于罪量的第二种定义，只是基于论述角度与语境需要所作的选择。

基于本节对罪量概念所作的"量化方式表达的犯罪社会危害性严重程度"这一定义，我们进而探讨罪量概念生成的理论基础。对此，我们不妨从哲学与刑法学两个层面加以解读。

（二）罪量概念的哲学基础

构成犯罪之所以有量的要求，在哲学上可视为质与量辩证关系的具体表现。在坚定的马克思主义者看来，世间万物其实都是质与量二者的辩证统一，这也就是说，质不是单一的存在，质的存在是

---

① 刘守芬主编：《罪刑均衡论》，北京大学出版社2004年版，第50、51页。

需要一定的量的存在来体现的。犯罪作为一种社会现象，自然不外乎如此。从这样的逻辑来分析，不难发现，在事物运动变化的过程之中，"罪量"可以被认为是行为的社会危害性的一种"度"的极限的存在，而质变则是由于事物的变化达到并超越了"度"的关节极限。显然，要定义罪量，我们有必要从"度"与"关节点"这两个关于"质"与"量"的哲学基础谈起。

何为"度"？所谓"度"，简言之，即事物经由量的积累达到质的变化时所处的边界和限度。"关节点"的概念则是黑格尔在阐述量变与质变关系时提出的。黑格尔在论述质变时说："如果某一质量统一体或尺度中的量超过了某种极限，则与它相对应的质，亦随之被扬弃了。……事物在变化时有一个幅度，在这个幅度内，它对于变化仍然是漠不相关的，它的质也不会改变。但是，在这种量变中，出现了一个点，在那个点上，质也将改变。"①这里所说的"极限"和"点"指的正是"关节点"。可见，"关节点是度的突破处，是新旧事物之间的衔接地。度要通过关节点才能表现出它是有固定界限的量，但关节点绝不就是这个固定界限的全部量，而是量的活动极限"②。当处于"关节点"的状态时，同一事物内部蕴藏的不同质的矛盾双方处在一个相互平衡的时刻，此时，此质既是此质又是彼质，既非此质又非彼质。黑格尔在《大逻辑》中对这种中间状态曾作出过如下表述："界限是终结，某物与他物通过这个中介，既是又不是。"③恩格斯在《自然辩证法》中也说过："一切差异都在中间阶段融合，一切对立都在中间环节而互相过渡，辩证法不知道什么无条件的普遍有效的'非此即彼'。它使固定的形而上学的差异互相过渡，除'非此即彼'又在适当的地方承认'亦此亦彼'并且使对方互为中介。"④从这样的角度来看，这里所谓的"适当的地方"理

①　[德]黑格尔：《小逻辑》，贺麟译，商务印书馆 1980 年版，第 246、410 页。

②　兰俊、李继武：《论度及其关节极限的特点和意义》，《齐鲁学刊》1994 年第 2 期。

③　[德]黑格尔：《逻辑学》，杨一之译，商务印书馆 2009 年版，第 112 页。

④　《马克思恩格斯选集》第三卷，人民出版社 1972 年版，第 535 页。

所应当就是"关节点"。由此分析，既然这个"关节点"是"亦此亦彼"的状况，那么换言之，不难推论，"关节点"的存在本身必然是具备"此"与"彼"两个方面的特质。也只有如此，才能认为"关节点"是符合"亦此亦彼"的特殊状态的，这一点并不难理解。

从上述"度"与"关节点"的概念界定可以看出，"度"是一定的"质"所能容纳的总量；"关节点"则是两边的极限，是"度"的边缘，由量变到质变的临界点。"度"贯穿于事物量变化的始终，例如，当氧化氢（H_2O）的物理形态呈现液态水的时候，它所表现的"度"的量变范围在标准大气压下就贯穿于 0 摄氏度与 100 摄氏度之间。而"关节点"则是一事物的量在一定"度"范围限度内的起点与终点，是量变转化为质变的转折点。"度"与"关节点"之间的区别与联系同样体现为事物"量"与"质"之间的对立统一。事物的"量"是事物存在"质"的外在表现方式，而事物的"质"则是一定"量"的事物区别于它事物的内部规定性。当事物在质量一致相对稳定状态下时，"量"并不是外在于"质"的另一种东西，它就是"质"的存在方式，而一旦当"量"的积累突破一定的"关节点"，质量一致的"度"被打破，激烈的质变将会使事物在一个新的"量"上，产生一种新的"质"。

回到"罪量"的概念上，与其他事物一样，犯罪也是质与量的统一。在整体犯罪层面，"罪质"就是行为的严重社会危害性，"罪量"就是以量化方式表达的犯罪严重社会危害性的程度。在个罪层面，个罪的罪质是特定犯罪行为在侵害犯罪客体（法益）上所表现的特殊性，个罪的罪量则是以量化方式表达的，对特定犯罪客体（法益）的侵害程度。在哲学层面，以"度"与"关节点"来解读罪量定义，显然，在个罪层面讨论特定"罪质"个罪的"罪量"大小，我们都是在一定"度"的范围内，而非突破罪与非罪的"关节点"来讨论罪量的。只有在一定"度"的范围内，罪质与罪量之间才是辩证统一的。"度"是事物在同质状态下量变的整个区间或过程，在刑法个罪领域，这个"度"的范围则表现为特定个罪的犯罪构成。也就是说，我们对特定个罪罪量进行探讨，必须在该罪犯罪构成所限定的罪质范围内。

（三）罪量的刑法学基础

众所周知，并非某一个行为具有了社会危害性，就一定会被认为是犯罪。简单地举个例子，自杀的行为本质上讲就是剥夺了生命存续的权利，只不过是行为人剥夺了自己继续生存下去的权利。在通常的认识里，人们会认为，自杀虽然说侵犯了自己的生命健康权，但也属于自己对自己生命健康权的处分，很难将这样的行为与故意杀人罪的行为直接画等号。而犯罪行为，是社会危害性达到了一定严重性的行为，也只有具有相当严重性的社会危害性行为才被认为是近现代刑法中具体规定的犯罪。而这一点，对构成犯罪的行为进行程度上的限制，恰恰是刑法谦抑主义原则的要求和体现。也就是说，正是基于刑法谦抑性之要求，才有了罪量概念生成之基础。

刑罚谦抑思想发端于 16 世纪欧洲启蒙思想运动，旨在限制国家刑罚权，防止其全面出击、罪行擅断，从而保障公民个人自由。一般认为："启蒙思想立足理性主义、个人主义和自由主义，提出罪刑法定、刑法与宗教相分离、主观主义、刑罚人道、法律面前人人平等等思想，这些思想都在某种意义上体现了刑法的谦抑性，是刑法谦抑性的渊源。"[1]最早对刑法谦抑性的内涵进行阐析的是日本刑法学家平野龙一教授，他指出了刑法谦抑性应当包含刑法的补充性、不完整性和宽容性三层内涵。[2] 对刑法谦抑性的概念作出进一步明确界定的则是日本刑法学家小暮得雄教授，他认为："因为难以否认刑罚具有残酷本质，那么对于其适用的范围就应尽量加以限

---

[1]　张颖杰、李茂华：《刑法谦抑性思想溯源》，《南华大学学报（社会科学版）》2006 年第 5 期。

[2]　"平野龙一认为刑法谦抑性应包括以下三层含义：'第一是刑法的补充性。即使是有关市民安全的事项，只有在其他手段如习惯的、道德的制裁即低于社会的非正式的控制或民事的规制不充分时，才发动刑法。……第二是刑法的不完整性。……第三是刑法的宽容性，或者可以说是自由尊重性。即使市民的安全受到侵犯，其他控制手段没有充分发挥效果，刑法也没有必要无遗漏地处罚。'"参见张明楷：《外国刑法纲要》，清华大学出版社 2007 年版，第 7~8 页。

制。另外纯化刑法的内容的同时，还应将刑法的内容限在必要且合理的最小范围之内，这被称为谦抑思想或谦抑性。"[1]在我国，很多学者也对刑法谦抑性进行过解读，如张明楷教授提出了谦抑性的两层含义，认为一是刑罚应根据一定规则控制处罚范围；二是在刑事责任的承担上以必要为原则。[2]陈兴良教授则认为："刑法的谦抑性，是指立法者应当力求以最小的支出——少用甚至不用刑罚（而用其他刑罚替代措施），获取最大的社会效益——有效地预防和控制犯罪。"[3]

虽然上述学者对于刑法谦抑性的理解并不完全一致，但要表达的实质内容却是大同小异的，即刑法的适用是有限的，刑罚也要慎用。由此，不难推论，刑法的谦抑主义属性为罪量要素的刑法学理论根基。也就是说，犯罪之所以要定量，除了"质量统一"这一事物存在的一般规律使然，也是由于刑法调整内容有限性的客观限制。回归到罪量本身而言，这就是说，并不是所有具有社会危害性的行为都能够被认定为是犯罪，只有达到相应严重程度的社会危害性的行为才能被认为是犯罪。由此可见，罪量这一概念毫无疑问是刑法谦抑主义的要求和具体。

（四）我国刑法中的罪量规定

作为犯罪行为社会危害性程度的量化体现，罪量要素在刑法的总则与分则规定中均有体现。那么，刑法总则规定中的定量因素是如何体现的？刑法分则中又有哪些犯罪的具体罪状规定体现着对社会危害性程度的具体量化呢？

我国《刑法》第 13 条关于犯罪的一般性规定是罪量要素在总则中最直接的表达，同时也是我国刑法采用"定性又定量"模式最直观的体现。对此，更有学者认为，犯罪概念的定量因素是我国刑法

---

[1]　转引自李海东：《日本刑法学者（下）》，中国法律出版社 1995 年版，第 224 页。

[2]　张明楷：《论刑法的谦抑性》，《中南政法大学学报》1995 年第 4 期。

[3]　陈兴良：《刑法谦抑的价值蕴含》，《现代法学》1996 年第 3 期。

的创新。① 从结构上来看，我国《刑法》第 13 条的内容可以分为两个部分，第一部分的内容为："一切危害国家主权、领土完整和安全，分裂国家、颠覆人民民主专政政权和推翻社会主义制度，破坏社会秩序和经济秩序，侵犯国有财产或者劳动群众集体所有的财产，侵犯公民私人所有的财产，侵犯公民的人身权利、民主权利和其他权利，以及其他危害社会的行为，依照法律应当受刑罚处罚的，都是犯罪。"该部分指明了犯罪行为的类型、各类犯罪所共有的危害社会属性以及确认各类犯罪行为的法律依据，但是单纯从字面上看，犯罪一般概念的这一部分内容并无定量要素的要求。而第 13 条第二部分的内容是："但是情节显著轻微、危害不大的，不认为是犯罪。"这部分内容通常被人们习惯地称为犯罪概念的"但书"规定。有研究者认为，正是因为有"但书"的规定，犯罪的定量因素在犯罪的一般概念中才得以明确体现。"但书"是对刑法分则诸多具体犯罪构成数量要件的概括，"但书"的正面意思是社会危害达到一定程度的行为才是犯罪行为。②

可以这样理解，所谓的犯罪行为都是危害社会的行为，在危害社会的行为中只有纳入了刑法调整范围内的，才是犯罪。纳入了刑法调整范围内的犯罪行为的社会危害得达到一定的程度，才能最终被认定为犯罪。亦即，对犯罪行为的规定不仅要求行为社会危害本身的存在（质的规定），而且要求社会危害达到一定的程度（量的规定），刑法中的犯罪行为是质和量规定的统一。因此，在这一角度上，"但书"被看做是犯罪概念中存在定量因素的标志。将我国《刑法》第 13 条前后两个部分一体把握，可以看出我国《刑法》规定的犯罪都有社会危害性程度的要求。而犯罪量化要件是罪量要素刑法规定的具体表现形式。

在我国刑法分则的规定之中，有学者认为，罪量的基本类型应

---

① 储槐植、汪永乐：《再论我国刑法中犯罪概念的定量因素》，《法学研究》2000 年第 2 期。

② 储槐植、张永红：《善待社会危害性观念——从我国刑法第 13 条但书说起》，《法学研究》2002 年第 3 期。

当划定为数额和情节两类。① 与这一观点不尽相同，有的学者却认为罪量在我国刑法分则中应当划分为造成严重后果或危险、数额、情节。② 但无论是哪一种区分方法，毋庸置疑的是，从这一角度来看，我国刑法分则中有针对罪量要素的规定内容。

三、罪量要素在犯罪构成体系的定位

从以上论述之中，不难发现，罪量要素无论是在我国刑法的总则部分还是分则部分都有一定的体现。那么，对于罪量要素的定位又当如何看待呢？换言之，在整个犯罪构成理论体系之中，罪量要素扮演着怎样的角色是我们接下来必须要明晰的一点。只有对罪量要素在整个犯罪构成理论体系中的地位进行明确，才能更好地指导罪量要素在具体的司法实践当中如何运用，而并非仅仅纸上谈兵式地停留在理论层面的探讨。尽管早有学者注意到罪量因素在犯罪构成体系中的重要作用，提出"犯罪构成的情节要求"③、"区分质的构成要件与量的构成要件"④等命题，但因缺乏具体而系统的阐释，其宣誓意义远大于建构意义。而围绕《刑法》第 13 条但书规定的犯罪构成体系建构，⑤ 则不仅在立论前提——"但书"是罪量因素的表征——这一传统观点上值得商榷，而且也没有正面关注到罪量因素——作为分则规定的、具体的事实要素——在犯罪构成体系中的地位。关于罪量要素在犯罪论体系中的地位，我国刑法学界存在争议，大体上可以归纳为三类：处罚条件说、构成要件要素说和区别对待说。

---

① 陈兴良：《作为犯罪构成要件的罪量要素——立足于中国刑法的探讨》，《环球法律评论》2003 年第 3 期。

② 李洁：《罪刑法定之明确性要求的立法实现——围绕行为程度之立法规定方式问题》，《法学评论》2002 年第 6 期。

③ 刘之雄：《论犯罪构成的情节要求》，《法学评论》2003 年第 1 期。

④ 刘艳红：《情节犯新论》，《现代法学》2002 年第 5 期。

⑤ 王政勋：《犯罪论比较研究》，法律出版社 2009 年版，第 550 页；张永红：《我国刑法第 13 条但书研究》，法律出版社 2004 年版，第 164 页。

(一)处罚条件说

简单地来看处罚条件说,不难发现,在持有该种学说的学者们看来,罪量要素其实本质上在整个犯罪构成理论体系中,应被视作是一种客观处罚条件。追溯这种观点的发展便可得知,早在1988年,便有学者成为这一学说的忠实拥趸。① 无独有偶,赵秉志教授与肖中华教授也认为处罚条件说具有相当的合理性。在他们看来,"数额较大"是犯罪的客观处罚条件,它本身不是犯罪的构成要件,只是刑罚发动事由,缺乏"数额较大"这一条件,犯罪仍然成立,只是不能追究行为人的刑事责任而已。②

上述的学者们虽然本质上坚持了处罚条件说,但并未在系统性论述上过多地着墨。与之不同,陈兴良教授与熊琦博士则是这一学说的狂热粉丝,对这一观点系统地展开论述。陈兴良教授创建了"罪体—罪责—罪量"三位一体犯罪构成体系,在他看来,"罪体要素是行为人认识的对象,因而对于判断犯罪故意或者过失具有重要意义。如果将罪量要素当做罪体要素,如果行为人对此没有认识就不能成立犯罪故意而属于犯罪过失,由此而使罪责形式的判断产生混乱"③。在此之后,陈兴良教授还在其他论文中明确表示:"现在笔者认为,罪量在性质上类似于客观处罚条件。因此,在采用三阶层的犯罪论体系,将情节和数额等罪量要素作为客观处罚条件来看待是妥当的。"④无独有偶,陈兴良教授在坚持处罚条件说的道路上并不寂寞,熊琦博士持有类似的观点。但与之不同,熊琦博士主

① 高铭暄、王作富:《新中国刑法的理论与实践》,河北人民出版社1988年版,第593页。

② 赵秉志、肖中华:《数额较大在盗窃罪认定中的作用》,《人民法院报》2003年5月19日,第3版。

③ 陈兴良:《规范刑法学(上册)》,中国人民大学出版社2008年版,第191~194页。

④ 陈兴良:《刑法的明确性问题:以〈刑法〉第225条第4项为例的分析》,《中国法学》2011年第4期;陈兴良:《刑法的知识转型方法论》,中国人民大学出版社2012年版,第441页。

要是从借鉴德国刑法中客观处罚条件的视角对罪量进行论述，认为"罪量要素是无需考虑行为人故意或过失、决定犯罪成立与否的可罚性要件"——这样，罪量因素就被排除在构成要件之外，它的缺失自然与构成要件的不齐备并非同一概念，而后者才是犯罪未遂所需考虑的内容。① 从以上两位学者的论述中不难发现，陈兴良教授更侧重于罪量与罪体的辩证关系，而熊琦博士则更关注罪量要素本身所囿的理论困境。很难说二者谁的观点更胜一筹，但毋庸置疑的是，二者从不同的视角对处罚条件说进行了系统性的阐释。甚至从某种角度上来说，其实将二者观点整合的结果才是处罚条件说原本的应有之意。但无论是从谁的阐述中，都不难发现，罪量要素对于行为人行为的认定过程都是起着至关重要、不可或缺的作用的。但从另一个视角来看，处罚条件说的侧重点在于，罪量要素更多影响的是行为人实施了一定实行行为之后是否应当接受相应的处罚。由此来看，一定程度上可以认为，在坚持处罚条件说的学者看来，罪量要素是整个犯罪构成理论体系中客观层面应当注意考察的内容，行为人的主观状态并不会对其产生决定性意义的影响。对于这一点内容而言，笔者持保留意见。

（二）构成要件要素说

顾名思义，构成要件要素说的核心在于，罪量要素在整个犯罪理论构成体系之中应被视为具体的构成要件要素，在对某一行为进行定性评价时，不可或缺。而我国学者黎宏教授便是这一观点的忠实拥趸，其立足于结果无价值论和构成要件要素还原说的立场，指出："所谓超过的客观要素，作为和行为人的实行行为具有某种关系的结果，是表明该行为达到了应受处罚程度的具体体现，作为说明该行为达到了应当受到刑罚处罚程度社会危害性的标志，应当在

---

① 熊琦：《德国刑法问题研究》，台湾元照出版公司 2010 年版，第 63 页；熊琦：《论我国刑法的一个体系性困境——以中德刑法比较为视角》，《武汉大学学报（哲学社会科学版）》2008 年第 4 期。

行为人的人事范围之内，而不可能超出其外。"①另有论者提倡"狭义客观处罚条件"的概念，认为我国刑法中根本没有属于客观处罚条件的规定。② 简而言之，在坚持构成要件要素的学者看来，罪量要素仍旧是作为客观层面的构成要件要素存在于犯罪构成理论体系之中。但同样可以发现，学者们并未从正向的逻辑分析其合理性，而是从否定其他的概念或学说来论证这一学说的合理性。当然，不能否认的是，在其论述之中涉及的被批判的内容与构成要件要素是息息相关的，对其否定恰恰是对罪量要素作为构成要件要素存在的肯定。整体来说，笔者也认为罪量要素应当作为构成要件要素存在于整个犯罪构成理论体系中，但与上述两位学者的观点不完全一致。在笔者看来，罪量要素所涉及的内容，虽然在我国刑法的具体规定之中大多以客观的构成要件要素的表述方式呈现，但是这并不意味着在犯罪构成理论体系中的主观层面便不需要对罪量要素进行考察。窃以为，罪量要素作为构成要件要素存在，其不仅仅会影响客观层面的认定，还会影响主观层面的认定。从构成理论体系的角度来看，罪量要素不仅仅会影响到违法性的认定，更会影响有责性的认定。甚至罪量要素对于有责性的认定不是因为其影响了违法性的认定进而对有责性的认定产生影响，而是说其本身就会对有责性的认定产生直接影响。

(三) 区别对待说

相较于前述的处罚条件说与构成要件要素说，区别对待说的内涵相对较为复杂。可以说，在坚持区别对待说观点的学者中，观点也不完全一致。有学者从哲学层面质与量关系分析的角度展开对罪量要素的理解，在这些学者们看来，被司法解释补充与修改的我国

---

① 黎宏：《刑法总则问题思考》，中国人民大学出版社 2007 年版，第 180 页；黎宏：《论"客观处罚条件"的若干问题》，《河南省政法管理干部学院学报》2010 年第 1 期。

② 张振山：《狭义客观处罚条件论》，载陈兴良主编：《刑事法评论(第 29 卷)》，北京大学出版社 2011 年版，第 64 页。

犯罪构成，不仅是德日刑法理论意义上的为行为不法与结果不法划定预设空间的不法类型，也是一个包含了基本构成要件、加重结果、客观处罚条件以及其他刑事政策因素的"类构成要件复合体"。①

　　而与之相对，更有学者从"创设""客观的超过要素"②的角度，提出"整体的评价要素"概念，用以指代作为罪量因素重要表征的"情节严重（恶劣）"等规定，即当行为符合了客观构成要件中的基本要素后，并不意味着行为的违法性达到了值得科处的程度，在此基础上，还需要对其进行整体评价，情节严重、情节恶劣就是这种整体的评价要素。③ 更有甚者，周光权教授则认为，"客观的超过要素"的实质就是"内在的客观处罚条件"，在张明楷教授那里作为客观的超过要素看待的问题，实际上都可以按照内在的客观处罚条件加以分析，因此，没有必要"再造"概念。④ 从以上简单的介绍中不难发现，哪怕在区别对待说的内部，学者们的观点也并不一致。但总体而言，区别对待说的本质在于，罪量要素对于犯罪构成的影响是一定的，对于整个犯罪构成理论体系而言也是极为重要的，但将其纳入现有的犯罪构成理论体系，将其囊括在现有体系之下的概念之中似乎并不合适。这也就是说，在持区别对待说观点的学者们看来，罪量要素在犯罪构成理论体系中占据着较为独特的地位。

　　综合来看，上述学者的论述各有千秋，但无论如何，笔者认为都并未超越构成要件要素的范畴。由此来看，毋庸置疑，绝大多数的罪量要素都可以作为犯罪构成要件要素出现于整个犯罪构成理论

---

　　① 　王莹：《情节犯之情节的犯罪论体系性定位》，《法学研究》2012 年第 3 期。

　　② 　张明楷：《"客观超过要素"概念之提倡》，《法学研究》1999 年第 3 期；张明楷：《刑法分则的解释原理》，中国人民大学出版社 2011 年版，第 473 页。

　　③ 　张明楷：《犯罪构成体系与犯罪构成要件要素》，北京大学出版社 2010 年版，第 238 页。

　　④ 　周光权：《论内在的客观处罚条件》，《法学研究》2010 年第 6 期。

体系之中。这也就是说，在认定犯罪成立与否时，罪量要素都是不容小觑的重要内容。与前述学者们的观点有所不同，笔者认为，罪量要素对于犯罪整体的认定会有不同影响，可能影响的是违法性层面的认定，也可能影响的是有责性层面的认定。首先来讲，罪量要素会影响到违法性层面的判定这是毋庸置疑的。就我国《刑法》第 13 条明文规定的"但书"条款来讲，虽然学界对其定位主要有出罪说与限制入罪说的纷争，但无论如何，"但书"条款的存在都要求实行行为具有的社会危害性达到一定的程度才能被认为是犯罪。无论是哪一种观点，在这一基本认知上是达成了共识的。无论是哪种犯罪构成理论体系，这一规定都具有指导作用。从三阶层或者两阶层的犯罪构成理论体系来看，在违法性层面，侵害法益的程度必须足够大，进而才能进入有责性层面的判定，才能被认为是犯罪。而从传统的四要件的犯罪构成理论体系来讲，客观方面的程度会对最终的认定结果造成影响。其次，人身危险性是除却社会危害性之外，在认定犯罪时要考虑的另外一个重要因素。虽然是通过外化的客观行为来判断行为人人身危险性的强弱，但是归根结底，在判断人身危险性强弱的时候还是与主观方面的内容息息相关的。最后，不仅违法性层面的要素在判断的时候需要考虑有无和程度的问题，在有责性层面的考察也需要判断有无与程度。从这一角度出发来对罪量要素进行分析，不难发现，罪量要素作为衡量犯罪社会危害性的重要"标尺"，其应当贯穿整个犯罪构成理论体系。但无论是影响违法层面的认定，还是影响有责层面的认定，归根结底，罪量要素都可以被认为作为构成要件要素存在于整个犯罪构成理论体系之下。

四、互联网金融犯罪中共犯的规制应当重视罪量要素

(一)原因

正如上文所论述的那样，罪量要素在整个犯罪构成理论体系中应当被视为构成要件要素分散于违法性和有责性的认定过程中。既然如此，那么对于任何一个罪名的认定而言，都应当被重视。在认

定共同犯罪相关问题，如共犯的成立、共犯的责任划分时，都难以避免对于具体行为进行违法性和有责性的判断。既然如此，也就是说，在认定共同犯罪相关问题的时候，仍旧无法脱离现有的犯罪构成理论体系。由此来看，不难发现，共同犯罪问题的解决，也需要对罪量要素引起足够的重视。而在共同犯罪问题之下，互联网金融犯罪的共犯规制问题，理所当然地应当重视罪量要素。但是回归到大陆法系国家奉行的共犯体系时，却不难发现，从属性立场之下，考察罪量因素似乎会产生一些困境。然而，同时也应当注意一点，不能囿于困境便直接放弃，一叶障目之举是不可取的。应当以"罪量要素应当适用于互联网金融犯罪中的共同犯罪问题"这一命题为切入点，得知为何应当这样做之后，对现有的共犯理论进行审视，在审视与反思的回环之间，寻找合适的适用路径，这才是最应该有的态度。

首先，从刑法谦抑主义原则的要求来看，应当寻求刑法谦抑性与互联网金融犯罪之间的平衡点。从当下我国针对互联网金融犯罪规制的立法情况来看，不难发现，在积极刑法观的影响之下，互联网金融犯罪的刑法立法上呈现出了扩张化的趋势。所以，当下想要解决具体的法律适用问题，尤其是解决互联网金融犯罪中共犯认定的法律适用问题时，必须要寻求刑法谦抑性和互联网金融犯罪立法扩张化的平衡点。[1] 简单地来理解，不能否认，虽然立法态势呈现出扩张化的趋势，但是从根本上来讲，互联网金融犯罪更多的时候是与民事法律关系、行政法律关系有着紧密的联系的。想要达到对互联网金融犯罪的良好规制，仅仅依靠刑法的力量或奢望仅依靠刑法的力量是不现实的。而这样的观点则又回归到社会治理的理念。这也就是说，互联网金融犯罪的刑事规制问题还是要以社会治理这样一个大的理念背景为最基本的目标。当然，互联网金融本身对于产业结构调整以及新的经济增长点的拉动是至关重要的，对于互联网金融的刑法规制而言，也是要保障互联网金融本身良性作用的发

---

[1] 康均心：《2019 年中国刑法实施报告》，《湖北警官学院学报》2020年第 1 期。

挥的。这也就是说，既要保证在司法实践中追寻合法、合理的最终结论，还不能因为严苛的刑罚而导致个人乃至整个互联网金融行业畏首畏尾。基于互联网金融犯罪目前已有形式和特征对其进行法律规制，首先应当对已经出现的情形进行分析，正如前文已然论述的内容，罪量要素的刑法学基础正是刑法的谦抑主义原则。由此来看，罪量要素与互联网金融犯罪现阶段的规制目标在某种程度上是重合的。既然如此，在认定互联网金融犯罪中共犯问题的时候，重视罪量要素的考察与认定，便是应有之意。

其次，我国《刑法》第 13 条中明确规定了，情节显著轻微的社会危害性不大的行为不是犯罪。既然如此，不难发现，我国《刑法》第 13 条的规定，为罪量因素纳入犯罪构成理论体系，尤其是为解决互联网金融犯罪共犯问题提供了强有力的制度支撑。从我国刑法的体系来看，分则条文中仅仅针对个罪进行了罪名的规定，并未涉及共同犯罪问题的规定。而共同犯罪问题的解决最终都要追溯到我国刑法总则的规定。"共同犯罪是一种违法形态，只解决二人以上共同行为的客观归属问题。"①既然如此，那么罪量要素似乎就犯罪参与者的入罪层面并未有特殊性可言。② 毫无疑问地，无论是共犯的认定，还是共犯的责任划分，最终都应当回归到我国刑法总则的规定内容。正如前文所述，我国《刑法》第 13 条规定的"但书"内容是罪量因素在总则之中最为明显的表现。既然如此，在规制互联网金融犯罪中的共同犯罪问题时，罪量因素便是无法绕开的一项内容。

最后，面对飞速发展的当下社会，互联网金融犯罪的覆盖面逐渐扩大，未成年人、涉世未深的大学生、初入社会的毕业生这样的群体也有从受害人向参与人转化的一个趋势。面对这样的情景，司法裁判或许就是机械性的法律适用问题，然而会对这样的群体今后的人生造成难以想象的影响。故而在互联网金融犯罪的共犯问题认

---

① 于志刚、郭旨龙：《信息时代犯罪定量标准的体系化构建》，《法律科学》2014 年第 3 期。

② 王彦强：《共同犯罪中的罪量要素认识错误》，《法律科学》2015 年第 6 期。

定中，重视罪量要素的作用，统筹考虑，是至关重要的。

(二) 应对路径

我国与大陆法系国家对"罪量要素"的不同立法和司法处置模式进而影响到共同犯罪原理之适用问题，在国内被极个别学者认识到并提出了教义学应对路径。[①] 依据这些学者的看法，在坚持共犯的从属性的基本立场的前提下，当正犯的实行行为由于缺乏相应的立法中明确规定的罪量要素的时候，无法被认定为是犯罪。在这种情况下，将会得到一个显而易见的结论，即共犯便不具有可责性。从某种程度上来讲，这样的结论与现有的归责原则有所背离，而从评判结果上来说是有失公允的。简单来说，一个以正犯身份存在的人做了前述情况中共犯所实施的行为便要接受刑法的责难，而在前述情况中的共犯却逃脱了刑法的规制。在这样的对比之中，同样的行为却没有得到相同或相似的处理结果，乃至最终的结论甚至是背道而驰的。通过对大陆法系国家所坚持的共犯理论进行分析，不难发现，作为舶来品的它本身对罪量问题的考察是缺失的，或者说，大陆法系国家所坚持的共犯理论本身是不包含罪量要素的相关内容的。这也就是说，在大陆法系国家的共犯理论中是将罪量要素摒除在外的，这与前文讨论的罪量要素的强势地位显然是不相符的。那么在采用大陆法系共犯理论的前提下，罪量要素是否真的就没有容身之地了呢？

从理论上来讲，对于犯罪的标准状态，即一人一罪一既遂的状态下，罪量要素的考察是不可或缺的。那么对于共同犯罪的认定中，该要素仍旧是不能忽视的。有学者便基于这样的看法提出罪体与罪量分离的参考路径，即"先将罪量要素暂时抽出，先用共犯理论解决行为类型层面的共犯认定、客观归责问题，然后在此基础上，根据罪量要素标准，解决责任承担的具体方式和轻重问题"。[②]

---

① 阎二鹏：《网络共犯中的罪量要素适用困境与教义学应对》，《中国刑事法杂志》2020 年第 1 期。

② 王强：《罪量要素的价值属性在共犯中的应用》，《中国刑事法杂志》2012 年第 12 期。

需要事先说明的一点在于，罪体要素与罪量要素在功能上、构造上并非一致，是有差异的，这一点笔者也不否认。但如有学者所说的"罪量要素与罪体、罪责并非是处于同一层次的可并列的要素"①进而得出"共同犯罪的判断与罪量要素所决定的公权力处置措施（分工）的判断是前后两个位阶的判断"②的逻辑论证过程则有待商榷。

　　众所周知，在当下大陆法系共犯教义学原理中，共犯从属性俨然成为构建其理论体系的基本原则，并获得我国多数学者的认可。③ 而对其争议点则集中在从属性程度即要素从属性问题中，在此领域内主要体现为限制从属性说与最小从属性说之间的争论。限制从属性说下"违法连带判断、责任个别判断"成为其核心要义，故正犯具备构成要件该当性、违法性，共犯即成立，最终是否可罚需要再进行有责性的个别判断。违法的连带性判断意味着"正犯违法则共犯违法、正犯不违法则共犯不违法"的结论，将此结论套用至罪量要素的共犯论适用中，罪量要素若归属于构成要件该当性或者违法性层面的判断要素，则必然影响共犯之成立范围。④

　　限制从属性赖以建构的前提即"违法的连带性"在当今德日大陆法系共犯论领域显然已经受到强有力的挑战，"对限制从属性原则的正确定的怀疑，至今都未停止"。⑤ 也正是由于有这样的现实原因出现，最小从属性说的观点在人们的视野中开始大放异彩。诚

---

　　① 付立庆：《犯罪构成理论：比较研究与路径选择》，法律出版社 2010 年版，第 113 页。

　　② 王强：《罪量要素的价值属性在共犯中的应用》，《中国刑事法杂志》2012 年第 12 期。

　　③ 当然，也有少数学者基于"单一正犯"的立场否定这一观点。参见阎二鹏：《网络共犯中的罪量要素适用困境与教义学应对》，《中国刑事法杂志》2020 年第 1 期。刘明祥：《论我国刑法不采取共犯从属性说及利弊》，《中国法学》2015 年第 2 期。

　　④ 阎二鹏：《网络共犯中的罪量要素适用困境与教义学应对》，《中国刑事法杂志》2020 年第 1 期。

　　⑤ ［德］冈特·史特拉腾韦特、洛塔尔·库伦：《刑法总论Ⅰ：犯罪论》，杨萌译，法律出版社 2006 年版，第 326 页。

然如此，最小从属性说将要素从属性的原理建构在"如果正犯没有实施该当构成要件的行为，就不能处罚共犯"①这一意义上。由此看来，将正犯的违法性直接迁移到共犯的违法性上转变为正犯只要实施了相应的实行行为，则需要对共犯的行为进行单独的考量。这样一来，上述所说的可能产生的问题便不复存在了。进一步地将罪量因素考察在内，就会毫无疑问地得出结论，最小从属性的内容是可取的，甚至可以说，最小从属性的理念本身就是自然的应有之意。在最小从属性说之下，仍维持了共同犯罪是解决犯罪参与者客观面对结果的归责问题这样的共识，只不过其强调了"违法相对性"的观念，违法性需要个别判断。与限制从属性说对应的"共同犯罪是违法形态"相较，最小从属性说对应的则是"共同犯罪是构成要件符合形态"。从这样的角度来看，将罪量因素的考察纳入共犯问题的解决，尤其是在互联网金融犯罪的共犯问题中考察罪量因素便没有什么障碍。

五、结语

网络犯罪不知从什么时候起成为刑事法学研究的热门关键字。新兴的网络犯罪与传统的刑法理论之间的碰撞导致的问题亦悄然成为当下理论研讨中的热点问题。在这样的状况下，一如往日青灯黄卷般地恪守着固有的传统理论，奢求完全以传统理论解决新生问题，显然是有些异想天开的。毋庸置疑，犯罪逐渐呈现网络化是信息网络技术迅猛发展的网络时代必然的产物。但是以"双层空间、虚实同构、算法生态、数字主导"等为典型特征的智能互联网时代特征，②使得网络犯罪"在相当程度上改变了传统犯罪的不法属性与不法程度"。③虽然这样的趋势或现状是不容任何人置喙的，因

---

①　[日]前田雅英：《日本刑法总论讲义》，曾文科译，北京大学出版社2017年版，第294页。

②　马长山：《智能互联网时代的法律变革》，《法学研究》2018年第4期。

③　梁根林：《传统犯罪网络化：归责障碍、刑法应对与教义限缩》，《法学》2017年第2期。

为这是时代变迁的必然过程，但是这样的异化发展是否一定会必然导致传统的刑法理论进行翻天覆地的重构呢？这一点同样也是值得进一步商榷考究的。仍然以互联网金融犯罪为模板来看，虽说是在互联网的环境中进行的金融犯罪，但其本质属性依旧是金融犯罪的范畴，只是由于互联网的特殊性导致了其在规制过程中出现的一些需要进行进一步解释的困境，并非意味着以往的知识体系、经验等都变得毫无用处。

　　回归到互联网金融犯罪的共同犯罪问题之上更是如此。现阶段理论与实践中出现的一些困境，其实原因在于在这样的一些犯罪中对于罪量要素的考察是不够全面透彻的，这就导致了在具体法律适用的过程中，会出现难以解释的局面，不然则会出现合法但不尽合理的情况。换言之，在这其中，互联网金融犯罪中体现出的共同犯罪问题便是较为典型的代表。无论是在理论上还是在司法实践当中，互联网金融犯罪中共同犯罪的问题缺乏对罪量要素的考量导致了一些结论虽然合法但不尽合理，甚至出现无法与现有理论体系兼容的问题。而罪量要素作为构成要件要素，体现出了刑法的谦抑主义原则，更是我国刑法中明确规定的内容。这一系列都说明，在共同犯罪问题的解决上，尤其是互联网金融犯罪中共同犯罪问题的解决上，罪量要素都是不可或缺的重要内容。不仅如此，通过罪量要素在网络共犯领域的适用分析，将会促进对于传统共犯理论的认知、理解和重建。

第六节　互联网金融犯罪中的罪数问题 *

　　任何领域中的具体犯罪行为都会遭遇罪数方面的难题，互联网金融领域中的具体犯罪行为亦不例外。从整体上来看，目前罪数理论仍是刑法总论知识领域中较为混乱的一部分。这不仅与研究路径选择这一前提性问题有关，也与学界对各个具体罪数形态的认定仍有诸多不同意见有关。关于互联网金融犯罪之罪数问题

---

*　本节由中南财经政法大学博士研究生刘纯燕负责文献综述工作。

的专门研究相对而言比较稀少，既有研究多是关于金融犯罪的罪数，或是在具体各罪中进行个别探讨。现就我国刑法学界关于罪数理论的典型争议问题入手，探讨互联网金融犯罪中的若干罪数问题。

一、研究范围框定

(一) 研究所涉之互联网金融犯罪具体罪名

金融是一种经济活动，简单来说就是资金融通。一般认为，金融包括存款的吸收与付出，贷款的发放与回收，有价证券的发行、认购、转让等业务活动。① 金融犯罪是指发生在金融业务活动领域中的，违反金融管理法律法规、破坏金融管理秩序的犯罪行为，② 主要分布于分则第三章第四、五节中。互联网金融简单来说是指将现代互联网技术运用至金融活动中的一种金融业务模式。技术手段的创新并不能模糊事物的本质，互联网金融的本质依然是金融。这种新型互联网技术手段的介入会在金融犯罪领域中催生新的问题，但仍主要由金融犯罪规制。有论者指出，界定互联网金融犯罪时应当明确这类行为的金融特性。例如，在 P2P 网贷中发生的刑事案件主要有两类，一是非法集资类，二是套路贷类。前者是以互联网金融的形式进行非法融资，属于互联网金融犯罪。后者只是将互联网作为实施财产犯罪行为的渠道，并非金融行为，不属于互联网金融犯罪。③ 可见，把握犯罪行为的金融特性、互联网技术特性是明确互联网金融犯罪研究对象的前提。

囿于篇幅，本节无法探讨所有互联网金融犯罪的罪数问题。结合金融的最本质含义——资金融通，本节拟将研究重点置于与融资

---

①　刘宪权：《金融犯罪刑法学新论》，上海人民出版社 2014 年版，第 1 页。

②　刘宪权：《金融犯罪刑法学新论》，上海人民出版社 2014 年版，第 3 页。

③　时延安：《互联网金融行为的规制与刑事惩罚》，《厦门大学学报（哲学社会科学版）》2020 年第 4 期。

相关的互联网金融犯罪上。有论者就指出，互联网金融活动的刑事风险突出体现在 P2P 网贷中。① 还有论者分别就互联网金融的具体业务领域分析了融资活动所涉的刑事风险：在 P2P 网贷中，借款人、平台都可能利用平台非法集资；在股权众筹中，众筹者可能通过虚构众筹项目等方式骗取资金，也可能因为集资对象范围、人数、回报方式不合法而涉嫌非法吸收公众存款，还可能以众筹为名变相发行证券而涉嫌擅自发行股票、债券。② 着眼于互联网金融犯罪的金融特性，本节研究所涉的具体罪名主要是非法吸收公众存款罪、集资诈骗罪。着眼于互联网金融犯罪的互联网特性，本节研究所涉的具体罪名还包括非法利用信息网络罪、帮助信息网络犯罪活动罪。③

（二）研究所涉之具体罪数形态

通过研判互联网金融犯罪的判决书，可以发现其中涉及的罪数形态主要是同种数罪④、异种数罪⑤，也有涉及法条竞合、牵连犯

---

① 周光权：《刑法各论》，中国人民大学出版社 2016 年版，第 257~258 页。

② 刘鑫：《民间融资犯罪问题研究》，上海人民出版社 2015 年版，第 296~307 页。

③ 以下简称非法吸收公众存款罪为"非吸罪"，简称集资诈骗罪为"集诈罪"，简称非法利用信息网络罪为"非信罪"，简称帮助信息网络犯罪活动罪为"帮信罪"。

④ 主要是非吸罪、集诈罪的连续犯。

⑤ 主要是由于行为人在非法集资过程中主观目的前后发生变化而导致行为人的连续行为先后构成非吸罪和集诈罪。最高人民检察院《关于办理涉互联网金融犯罪案件有关问题座谈会纪要》（高检诉〔2017〕14 号）第 15 条规定："对于共同犯罪或单位犯罪案件中，不同层级的犯罪嫌疑人之间存在犯罪目的发生转化或者犯罪目的明显不同的，应当根据犯罪嫌疑人的犯罪目的分别认定。（1）注意区分犯罪目的发生转变的时间节点。犯罪嫌疑人在初始阶段仅具有非法吸收公众存款的故意，不具有非法占有目的，但在发生经营失败、资金链断裂等问题后，明知没有归还能力仍然继续吸收公众存款的，这一时间节点之后的行为应当认定为集资诈骗罪，此前的行为应当认定为非法吸收公众存款罪。"言下之意，在这种情形下应对前面的非法吸收公众存款行为与后面的集资诈骗行为实行数罪并罚。

的案件①。同种数罪与异种数罪的处理在实践中并无太大争议。在我国,同种数罪不实行并罚,异种数罪按照相关规定并罚即可。虽然依照检索出来的案件来看,关于法条竞合、牵连犯的案件较少,但是这两者(以及与法条竞合密切相关的想象竞合)却一直是罪数理论的研究重地。

与我国传统刑法理论总体上继受苏俄刑法理论的大背景不同,由于苏俄刑法学对罪数的研究极为薄弱,② 我国学界对罪数的研究也几乎没有受苏俄刑法学的影响。早期我们主要是从日本罪数论中汲取营养,而后又因有论者主张以德国竞合论代替传统的罪数论,从而展开了研究路径之争。不过,两者所讨论的具体现象、目的都相同,仅研究方法略有不同。③ 本节此部分的目的并不在于重构罪数论,而是在于找出具有实际意义的争议点,重点探讨某些具体的罪数形态,所以将在传统罪数论的语境之下展开。

日本罪数论先讨论一罪、数罪的区分标准,然后将罪数类型分为单纯一罪、包括一罪、科刑一罪与并合罪,将所有涉及罪数的现象都归入这四个概念中。④ 我国传统刑法学理论对于罪数的研究也首先是从罪数的判断标准入手,然后分别就一罪的类型与数罪的处理而展开研究。不过很大程度上仅停留于一罪形态的研究。⑤ 罪数

---

① 笔者在"中国裁判文书网"的"刑事案件"项下分别以下列多组条件的组合进行检索,观察其中所涉及的罪数问题:1. "互联网金融""刑事二审"(时间范围 2021 年、2020 年);2. "非法吸收公众存款罪""互联网"(时间范围 2021 年);3. "集资诈骗罪""互联网"(时间范围 2021 年);4. "集资诈骗罪""P2P"(时间范围 2021 年);5. "非法吸收公众存款罪""P2P"(时间范围 2021 年);6. "股权众筹"(时间范围 2021 年)。

② 陈兴良:《刑法的知识转型:学术史》,中国人民大学出版社 2017 年版,第 581 页。

③ 张明楷:《刑法学(上)》,法律出版社 2016 年版,第 459 页。

④ 张明楷:《罪数论与竞合论探究》,《法商研究》2016 年第 1 期。

⑤ 陈兴良:《刑法的知识转型:学术史》,中国人民大学出版社 2017 年版,第 586 页。

的判断标准多达八种①，通说采犯罪构成说②。但也有论者提出应该遵循更实质的标准，因为以什么标准来决定构成要件的评价次数是不可回避的问题，虽然可以将犯罪构成作为判断标准，但只能通过犯罪的本质即行为侵犯的法益数量来评价行为符合几个犯罪构成。③ 这固然是该论者站在结果无价值立场上提出的意见。依笔者之见，这实际上是将罪数判断标准重新归结为法益说，而法益说并不如主客观统一的犯罪构成说全面。判断行为符合几个构成要件时必定需要借助法益进行，但法益不是唯一且终极的评价标准。

再者，也有论者指出，罪数理论要解决的是在依照构成要件判断得出数罪结论而依其他标准得出一罪结论时，如何解决两者矛盾、整体考察效果、决定宣判罪名的问题。④ 此番论述基本指明了罪数理论应当研究的重点问题：选择宣判罪名、决定刑罚效果。另有论者指出，我国的罪数标准名不符实、多元混用，致使罪数体系逻辑混乱，具体罪数形态的定位多有不当。⑤ 这恰恰指出了罪数的判断标准其实并非问题的终点，即使判断出了一罪与数罪，也面临着非典型一罪、非典型数罪如何处理的难题，而这些难题才是最需要回答的问题。

依笔者之见，罪数理论所研究的应当是一个行为或数个行为触犯数个犯罪构成时是否必须数罪并罚。亦即，何时可以将数罪（无

---

① 一般被归结为如下几类：行为说、法益说、因果关系说、犯意说、法规说、构成要件说、广义的法律要件说、犯罪构成说。马克昌主编：《犯罪通论》，武汉大学出版社 1999 年版，第 611 页以下。

② 高铭暄、马克昌主编：《刑法学》，北京大学出版社 2019 年版，第 178 页。

③ 张明楷：《刑法学（上）》，法律出版社 2016 年版，第 457~458 页。

④ 陈兴良主编：《刑法总论精释（下）》，人民法院出版社 2016 年版，第 601 页。

⑤ 例如通说对想象竞合、连续犯的定位。参见方鹏：《德国刑法竞合理论与日本罪数理论之内容比较与体系解构——兼及中国罪数理论的走向选择和体系重构》，《比较法研究》2011 年第 3 期。

论是表面上的数罪还是实质上的数罪)按一罪论处。按照前述认为应当按照犯罪的本质即行为侵犯的法益数量来区分罪数的论者的观点——"行为侵犯数个犯罪构成的保护法益时，也可能不并罚"，①那么，行为触犯数个犯罪构成时也并非一定并罚。所以，问题的重点就应该是何时可以不并罚。一罪、数罪的区分本身并无决定性意义，量刑合理才具有决定性的指导意义。② 有论者基于机能主义的立场认为，罪数论的任务是在进入数罪并罚论之前，设置一个具有过滤作用的理论，把那些虽触犯数罪名但不宜并罚的情形过滤出来。③ 这是非常富有建设性的意见，其核心也是围绕是否应当对触犯数个刑法规范的情形实行数罪并罚。只是笔者另外认为，数罪并罚论也属于罪数论的范畴，罪数论所研究的应该既有并罚之反面，也有并罚之正面。"真正决定应否数罪并罚的是对处断一罪的判断。"④通说基本认为想象竞合、牵连犯是处断一罪，它们是本节的研究重点。法条竞合一是因为与想象竞合联系密切，二是因为在我国《刑法》中拥有庞大数量，所以也是研究重点。

二、法条竞合与想象竞合的相关问题探讨

通说认为，法条竞合是指行为人实施一个犯罪行为同时触犯数个在犯罪构成上具有包容或交叉关系的刑法规范但只能适用其中一个刑法规范的情况。⑤ 若以圆与圆之间的关系形容，包容关系即大圆包小圆，交叉关系即两圆重叠一部分。目前，对交叉关系的争议点是其究竟属法条竞合还是想象竞合，对包容关系的争议点主要是当特殊法条是轻法条时能否适用作为重法条的普通法条。

---

① 张明楷：《刑法学(上)》，法律出版社 2016 年版，第 459 页。
② 张明楷：《罪数论与竞合论探究》，《法商研究》2016 年第 1 期。
③ 庄劲：《机能的思考方法下的罪数论》，《法学研究》2017 年第 3 期。
④ 庄劲：《机能的思考方法下的罪数论》，《法学研究》2017 年第 3 期。
⑤ 高铭暄、马克昌主编：《刑法学》，北京大学出版社 2019 年版，第 183 页；陈兴良主编：《刑法总论精释(下)》，人民法院出版社 2016 年版，第 613~614 页；齐文远主编：《刑法学》，北京大学出版社 2016 年版，第 179 页。

（一）交叉关系非法条竞合而是想象竞合

马克昌教授认为，法规竞合是指一法律条文的全部内容为另一法律条文内容的一部分。若仅一部分为另一法律条文内容之一部分，则非法规竞合。① 可见，虽然包容或交叉关系几成解释法条竞合之铁律，但对于交叉关系是否法条竞合的情形的争议却是早已存在的。黎宏教授认为，法益之间存在部分重合的数罪成立想象竞合犯。② 可见其同样认为交叉关系非法条竞合。张明楷教授更是明确提出，"交叉关系时必须认定为想象竞合"。③

笔者赞同这些观点。其一，通说将包容或交叉关系解释为一个犯罪构成为另一个犯罪构成所全部包容或部分包容。④ 但是，既言"包容"，又以"部分"修饰，是矛盾的。包容即包含、容纳，部分重叠怎可谓包含、容纳？其二，在交叉关系的情形下，虽然行为符合的是两圆中间重叠的部分，确实任何一个构成要件都可以对这种行为进行评价，但是，着眼于全面评价原则，若不同时表明该行为同时符合两个构成要件，这种评价就是不完整的、不彻底的。有论者认为，法条竞合与想象竞合的界限在于数罪名对法益侵害的评价是否重复，若数罪名的法益存在部分重合，即使任一罪名不足以全面评价，仍为法条竞合。⑤ 但是，这是只考虑禁止重复评价而不顾全面评价的表现。运用两个罪名以实现全面评价并不意味着对交叉重叠的部分重复评价，因为那只是为了表明行为的"多面性"，并且量刑结果仅适用一个犯罪的法定刑。其三，承认交叉关系是法条竞合的论者认为此种情况下应适用重法条优先的规则，认为产生交叉竞合的两罪名的地位是平等的，任何罪名都没有强制性的优先适

---

① 马克昌：《想象的数罪与法规竞合》，《法学》1982 年第 1 期。

② 黎宏、赵兰学：《论法条竞合的成立范围、类型与处罚规则》，《中国刑事法杂志》2013 年第 5 期。

③ 张明楷：《刑法学（上）》，法律出版社 2016 年版，第 464 页。

④ 高铭暄、马克昌主编：《刑法学》，北京大学出版社 2019 年版，第183 页。

⑤ 庄劲：《机能的思考方法下的罪数论》，《法学研究》2017 年第 3 期。

用性，所以要对产生竞合的两罪名的刑罚轻重进行比较。[1] 但是，为何刑罚较重的罪名相对于刑罚较轻的罪名具有优先适用性，这一点不得而知。或许是因为该行为具有多面性从而表现出其更为严重的社会危害性？但如果不表明其多面性，怎有理由择一重论处？换言之，即使选择了刑罚较重的罪名，也还是没有对刑罚较轻的罪名同样可以评价该行为的情况作出合理交代，没有全面、完整、彻底地评价该行为。况且，这是以刑制罪的思路，没有优先考虑罪名的选择（犯罪构成的选择）在不法—有责评价上的优先地位。其四，有论者认为，在交叉重合的情形下，复杂法优于单纯法。复杂法多是双重犯罪客体的法条，单纯法指单一犯罪客体的法条。其同时认为，理解法条竞合的核心是必须有一个法律条文足以最全面地评价这个犯罪行为，无需其他法律条文进行补充评价。[2] 但是，一方面，如果交叉重合的两个法条均是双重犯罪客体或均是单一犯罪客体，该如何选择？另一方面，即使适用双重犯罪客体的法条可以评价，但也并不意味着这就是最全面的评价，因为正如只评价了硬币的一面而没有评价另一面一样，仍是不完整的评价。

　　认为交叉关系属于法条竞合的论者在分析具体问题时认为某些交叉关系是想象竞合。该论者认为，当行为人采用签订贷款合同的方式骗取银行贷款时，同时符合贷款诈骗罪、合同诈骗罪，属于想象竞合。[3] 但是，之所以认为这两罪之间是想象竞合就是因为两罪的构成要件之间存在交叉关系，为了既能评价对"贷款"的诈骗，又能评价以"合同"形式实施诈骗，亦即，为了全面评价所以才认定为想象竞合。可见存在交叉关系时，全面评价不容忽视。而将交叉关系认定为法条竞合并不能做到全面评价。此处可能的疑问是，得出想象竞合的结论是由于案件事实使两罪产生交叉关系而非两罪本身存在交叉关系。但是，以是否介入案件事实区分

---

[1]　陈兴良主编：《刑法总论精释（下）》，人民法院出版社 2016 年版，第 664 页。

[2]　姜伟：《法条竞合初探》，《西北政法学院学报》1985 年第 4 期。

[3]　陈兴良：《刑法竞合论》，《法商研究》2006 年第 2 期。

法条竞合与想象竞合的观点①值得商榷。② 两者都同时存在法条关系与事实关系。

（二）重法条优于轻法条不能成为补充性的法条竞合适用规则

当出现所谓的"特别法惟轻"时，能否补充适用重法条优先的规则？与之密切相关的问题是，当司法解释为特殊法条规定的犯罪行为设置了较普通法条规定的犯罪行为更高的定罪量刑标准时，未达到该较高标准的特殊法类型的犯罪行为可否由普通法条规制？一般来说，这两个问题的答案是同向的。在讨论这两个问题时，最常举的例子即各种金融诈骗罪（特别是其中的保险诈骗罪）、合同诈骗罪、诈骗罪。首先应明确的是它们之间的竞合关系。大部分论者认为各种金融诈骗罪、合同诈骗罪与诈骗罪之间属于法条竞合关系。笔者也持这样的观点。同时认为，各种金融诈骗罪之间、金融诈骗罪与合同诈骗罪之间是想象竞合关系，因为它们之间呈现出交叉关系。

但也有论者认为从法益同一性的判断标准来看，诈骗罪是侵犯个人法益的犯罪，合同诈骗罪、保险诈骗罪是侵犯社会法益的犯罪，财产权是它们的次要保护法益，所以它们与诈骗罪之间是想象竞合关系。③ 但有学者反驳道，想象竞合意味着需要同时宣告两罪，既然上述论者也承认金融诈骗罪侵犯财产权，同时宣告必然导

---

① 陈兴良：《刑法竞合论》，《法商研究》2006 年第 2 期。

② 例如，黎宏教授指出："法条竞合果真与事实问题无关吗？假如现实中没有人实施金融诈骗行为，法官自然不会面对诈骗罪与金融诈骗罪的选择适用这一问题。所以将法条竞合归类为法律问题，想象竞合归类为事实问题的说法，并不确切。"（黎宏、赵兰学：《论法条竞合的成立范围、类型与处罚规则》，《中国刑事法杂志》2013 年第 5 期）；又如庄劲教授指出，法条竞合必须借助"一行为"才能成立法条竞合，这恰恰是以案件事实为中介，而如果想象竞合的各法条之间本身就没有关系，也无所谓激活"沉睡"的法条之间的关系，所以，法条竞合和想象竞合都既是法条关系，又是事实关系。（庄劲：《机能的思考方法下的罪数论》，《法学研究》2017 年第 3 期）

③ 吕英杰：《刑法法条竞合理论的比较研究》，《刑事法评论》2008 年第 2 期。

致对财产法益侵害的重复评价。① 反驳意见是适当的。金融诈骗罪的双重法益完全可以包容诈骗罪的单一法益。金融诈骗罪侧重于保护社会法益只是因为立法者将其安排至分则第三章第五节的类罪中，这并不能抹杀其原本是保护财产权、从诈骗罪中分离出来的本质，所以不宜否认它们之间是法条竞合关系。并且，只要对比金融诈骗罪与合同诈骗罪之间的想象竞合关系，就可以否定金融诈骗罪与诈骗罪是想象竞合关系。各金融诈骗罪与合同诈骗罪虽然都同样保护财产法益，但又有各自独特的保护法益，所以它们之间在法益保护方面仅仅有重合关系，相互不能完整评价，仅成立想象竞合。② 金融诈骗罪在保护财产法益这一点上就足以完全涵盖诈骗罪，已经能够完整评价行为，并不需要由想象竞合来实现全面评价。③

张明楷教授早期曾明确认为金融诈骗罪与诈骗罪是法条竞合关系。其一，在法条竞合中，无论现实案情如何两个条文都具有竞合关系，例如诈骗罪与票据诈骗罪均使用了诈骗这一动词，且诈骗的对象均为财物。④ 其二，法条竞合只有一个法益侵害事实，例如票

---

① 王强：《法条竞合特别关系及其处理》，《法学研究》2012 年第 1 期。

② 黎宏、赵兰学：《论法条竞合的成立范围、类型与处罚规则》，《中国刑事法杂志》2013 年第 5 期。

③ 在以"互联网金融""刑事二审"为条件检索出来的案件中，有一个案件涉及集资诈骗罪与普通诈骗罪之间的法条竞合关系。在许某某等集资诈骗案中，二审法院认为，一审法院将该案中被告人以非法占有为目的，以不具有销售商品、提供服务的真实内容方式向不特定公众非法吸收资金，并最终骗取部分集资款项的行为认定为诈骗行为，违反了法条竞合关系的适用原则，定性不准，应纠正为集资诈骗罪。二审法院的纠正是正确的。（该起犯罪事实为：被告人等以某公司名义，以销售起霸饮料为幌子，以给予商品及积分、每天百分之二分红、炒卖积分等三种获利方式为诱饵，通过安排业务员在微信群中发广告信息、召开宣讲会、加 QQ 推广、个人介绍等方式吸引社会不特定公众投资，而投资人最终则未获得包含饮料在内的利益。（参见广东省高级人民法院刑事判决书：（2020）粤刑终 519、520、521 号。）

④ 张明楷：《法条竞合中特别关系的确定与处理》，《法学家》2011 年第 1 期。

据诈骗行为既侵害了财产也侵害了金融管理秩序，虽然同时触犯诈骗罪，但其侵害的法益并没有超出票据诈骗罪的保护法益。① 后期他倾向于认为两者不是法条竞合的特别关系。② 不过张明楷教授也认为，在我国当前的理论背景下，或许还是需要被迫承认两者存在法条竞合关系。③ 依笔者所见，张明楷教授并不是完全否认了两者之间的法条竞合关系，而是顾及其认为特别法条设置的法定刑轻于普通法条或定罪量刑标准高于普通法条不具有合理性，会导致罪刑不相适应、刑事处罚有漏洞的情况，所以认为两者是想象竞合从而可以直接择一重论处。例如他指出，如果认定为特殊诈骗罪不能全面评价行为的不法内容的，应当认定为想象竞合。保险诈骗数额特别巨大按照合同诈骗罪或诈骗罪应当判处无期徒刑就是适例。④

其实，这种所谓的实践中可能出现的罪刑不相适应或刑事处罚有漏洞的情况通常是较为少见的，而在大部分情况下依特别法条论处确实也是依重法条论处。所以，将一般情况下的特殊法条优先（同时也是重法条优先）与罕见情况下的重法条优先统一起来的最终结果就是全部择一重论处，所以直接认定想象竞合关系或许更为便捷。但是，即使认为保险诈骗罪与合同诈骗罪之间具有交叉关系而可以认定为想象竞合，那么保险诈骗罪与诈骗罪之间明明具有包容关系却被认定为想象竞合关系似乎就难以理解。由此，在法条竞合中，作为重法条的普通法条究竟能否补充适用？未达特殊法条定罪量刑标准的特殊法类型的犯罪行为可否转由普通法条规制？

陈兴良教授、周光权教授等主张否定说。陈兴良教授承认自己观点的前后改变，其认为定罪只能根据犯罪构成而不应受量刑的影响，

---

① 张明楷：《刑法分则的解释原理（下）》，中国人民大学出版社 2011 年版，第 688 页。

② 张明楷：《刑法学（上）》，法律出版社 2016 年版，第 468 页。

③ 张明楷：《法条竞合与想象竞合的区分》，《法学研究》2016 年第 1 期。

④ 张明楷：《刑法学（下）》，法律出版社 2016 年版，第 1009 页。

特别法条优先是立法逻辑的必然结论，只有立法者本身才能改变这一逻辑。① 周光权教授也认为，特别法条优先是不可动摇的铁律，无须过问其刑罚轻重，只要行为属于特别法条所欲规范的行为类型，普通法条适用的可能性就被排除。② 还有论者为所谓的特别法惟轻提出抗辩。他们或是认为特别法条的法定刑更轻、入罪标准更高，与特别法条所规制的特别犯罪的社会危害性及其行为人的可谴责性相适应；③ 或是认为这是立法和司法基于预防需要而理性分配刑罚资源的结果，④ 以非常态甚至根本不可能发生的设例来证明常态立法的法定刑配置不当、罪刑失衡并不合理；⑤ 或是认为金融管理秩序还没有脆弱到仅仅两三千元就需要动用刑罚的地步，即使需要，也没有理由让行为人为立法或司法解释的错误付出代价，⑥ 这些问题最终的合理解决只能依赖于立法的完善与司法解释的修改。⑦

但张明楷教授坚持认为某些特别法惟轻是不合理的。他认为，保险制度与秩序对人们越来越重要，保险公司的财产应当得到同等保护，所以保险诈骗的不法程度不可能轻于普通诈骗与合同诈骗。⑧ 无论是从法益侵害还是刑法的规定方式的角度考察，金融诈骗都是比诈骗更严重的犯罪行为，所以若行为人主观上没有打算骗取金融诈骗罪所要求的数额较大的财物，客观上所骗取的财产数额没有达到金融诈骗罪的定罪标准但达到了诈骗罪的数额标准的，应

---

① 陈兴良：《刑法的知识转型：学术史》，中国人民大学出版社 2017 年版，第 625、632、633 页。

② 周光权：《法条竞合的特别关系研究——兼与张明楷教授商榷》，《中国法学》2010 年第 3 期。

③ 古加锦：《金融诈骗罪的罪数形态探析》，《政治与法律》2014 年第 2 期。

④ 庄劲：《机能的思考方法下的罪数论》，《法学研究》2017 年第 3 期。

⑤ 王强：《法条竞合特别关系及其处理》，《法学研究》2012 年第 1 期。

⑥ 王强：《法条竞合特别关系及其处理》，《法学研究》2012 年第 1 期。

⑦ 陈洪兵：《金融诈骗罪中的罪数及法条竞合问题》，《贵州警官职业学院学报》2003 年第 2 期。

⑧ 张明楷：《法条竞合与想象竞合的区分》，《法学研究》2016 年第 1 期。

认定为诈骗罪。① 张明楷教授曾经对普通法条能否补充适用主张有限制的肯定说，认为除了"本法另有规定的，依照规定"的情形外，可以在有限的情况下适用重法条优于轻法条的规则。② 但他后期改变了论证思路，认为从法益同一性的实质标准来看，这种情形应认定为想象竞合。③ 他认为这两种路径可谓殊途同归，都是为了处理结论的合理化。④ 但有论者对这一说法提出质疑，认为想象竞合与法条竞合的适用后果不同，并非殊途同归。若着眼于最终适用重法的结论相同，只能说明不法包容论事实上否定了区分两者的意义。⑤

不法包容论确实限缩了法条竞合的成立范围。法条竞合与想象竞合存在此消彼长的关系。⑥ 将交叉关系划归至想象竞合的领域，已经可以明确两者各自的范围。若在法条竞合内部将基本没有争议的情形再次以所谓更实质的标准归入想象竞合，则不难想象真正的

---

① 张明楷：《法条竞合中特别关系的确定与处理》，《法学家》2011 年第 1 期。

② 张明楷教授认为，法律虽然没有明文规定按普通法条论处，但也没有禁止，按特别法条定罪明显不能做到罪刑相适应时，在满足三个条件时应适用重法条优于轻法条的原则。这三个条件是："（1）行为触犯的是同一法律的普通法条与特别法条，否则，应严格适用特别法条优于普通法条的原则。（2）同一法律的特别法条规定的法定刑，明显轻于普通法条规定的法定刑，并缺乏法定刑减轻的根据，而且，根据案件的情况，适用特别法条明显违反罪刑相适应的原则。（3）刑法没有禁止适用普通法条，或者说没有指明必须适用特别法条。否则，必须适用特别法条。即当刑法条文规定了'本法另有规定的，依照规定'时，禁止适用普通法条，或者虽然没有这样的规定，但从立法精神来看，明显只能适用特别法条时，禁止适用普通法条。"张明楷：《法条竞合中特别关系的确定与处理》，《法学家》2011 年第 1 期。

③ 张明楷：《刑法学（上）》，法律出版社 2016 年版，第 468 页。

④ 张明楷：《法条竞合与想象竞合的区分》，《法学研究》2016 年第 1 期。

⑤ 黄小飞：《法条竞合之特别关系类型及其适用规则》，《中国刑事法杂志》2017 年第 3 期。

⑥ 陈兴良：《刑法的知识转型：学术史》，中国人民大学出版社 2017 年版，第 613 页。

法条竞合将会越来越少。认为需要处以更重刑罚或更低的定罪量刑标准就选择适用普通法条，法条竞合理论就最终会让位于解释者自身所理解的具体案件中的罪刑相适应或解释者自身所认为的刑法漏洞。评价某种犯罪的法定刑设置得是否合理，是一种明显带有解释者自身强烈价值判断的主观性评价。合理说与不合理说各自所提出的理由确实都有值得倾听的一面。笔者认为应当推定立法者所设置的法定刑是合理的。法定刑的设置不仅需要考虑法益侵害的程度，还要考虑规范违反的程度、一般预防和特殊预防。张明楷教授批判保险诈骗罪法定刑设置不合理的最大理由就是其认为保险诈骗行为较之于普通诈骗行为的法益侵害程度更甚。但是，自其指出这个立法缺陷以来已有十年之久，立法机关始终没有修改保险诈骗罪的法定刑，这说明目前该罪的法定刑能够适应司法实践的需要。保险诈骗罪是第五节最后一个罪名，为何它之前的各种金融诈骗罪的法定刑都高于它（具体来说都配置了无期徒刑的最高自由刑），难道真的是立法者唯独"漏"为保险诈骗罪配置无期徒刑？甚至于《刑法学修正案（十一）》还提高了集资诈骗罪的法定刑，难道依然是立法者"忘记"提高保险诈骗罪的法定刑？恐怕并非如此。若保险诈骗罪的法定刑果真有如此之大的漏洞，立法者显然不会一直放任。不能轻易认为某一法条罪刑失衡，因为对这一问题的回答本就仁者见仁、智者见智，宜推定立法者设置的法定刑能够实现罪刑相适应。[①]

有否定论者提出保险诈骗罪最高刑较低的合理理由之一是保险诈骗的对象是专业的保险工作人员。[②] 笔者认为这一理由并不成立。因为贷款诈骗罪针对的也是银行或金融机构的专业人员，但为何立法者为该罪配置了无期徒刑？但该论者所提出的保险金的偿付

---

① 黎宏、赵兰学：《论法条竞合的成立范围、类型与处罚规则》，《中国刑事法杂志》2013 年第 5 期。

② 古加锦：《金融诈骗罪的罪数形态探析》，《政治与法律》2014 年第 2 期。

数额的理由①却是很有说服力的。受制于保险理赔的特殊规则，保险诈骗的最高诈骗数额往往受到限制。所以，一味地批判法定刑设置得不合理，不如结合多种因素思考法定刑为何这样设置。既然只是"从某种意义上"认为保险诈骗罪因为侵犯了双重法益所以其法定刑"应当"更重，② 那么就不能断然否定"在其他意义上"保险诈骗罪的法定刑"不必"更重。当根据某一犯罪行为的常态情形所设置的法定刑未能满足极端情形下的罪刑相适应原则时，只能被视为刑事立法所做出的必要牺牲。③ 所以笔者认为，在法条竞合关系中，即使特别法条是轻法条，也不能补充适用普通法条。

　　同样，当司法解释为特殊法条规定的犯罪行为设置了高于普通法条的定罪量刑标准时，未达到该高标准的特殊法条规定的犯罪行为也不能由普通法条规制。我国刑事立法区别于域外刑事立法的一个显著特征就是立法对犯罪行为既定性又定量，而非如域外的立法定性、司法定量。但仔细审度我国刑事立法及司法实践就可以得知，立法上的定量仅仅停留于"数额较大或巨大或特别巨大"这样比较笼统的规定之上，仅仅是宣示性地表明我国实行违法行为——犯罪行为的二元制裁体系，真正的定量其实是由司法解释来完成的。数额犯的司法解释（以及公安机关的立案标准）决定了该犯罪行为的定罪量刑标准（以及立案标准）。这种特殊情况意味着在某种程度上我国也是立法定性、司法定量。只不过我国的司法定量是由最高司法机关来完成。周光权教授指出，立法者认为不需要利用刑罚来制裁类似于合同诈骗4000元的行为，所以不存在立法漏洞，

---

　　①　古加锦：《金融诈骗罪的罪数形态探析》，《政治与法律》2014年第2期。

　　②　张明楷：《刑法分则的解释原理（下）》，中国人民大学出版社2011年版，第704页。

　　③　正如刑事责任年龄的设置一样，无论将其降低至几岁，实践中总会发生低于该年龄的未成年人实施极端恶性犯罪行为的案件，但囿于立法的限制，这只能被视为一种必要的牺牲。

也不存在司法漏洞。① 张明楷教授认为这种说法混淆了立法规定与司法解释的关系。② 认为立法者不想处罚较小数额的金融诈骗行为确实不甚妥当，毕竟是司法解释规定了定罪量刑的标准数额。但是考虑到最高司法机关实际上有定量的权力，实际上也就代表了立法中"数额较大或巨大或特别巨大"的实际含义。

与评价法定刑设置得合理与否一样，评价司法解释规定的数额标准是否合理也是一种主观性评价。最高司法机关制定这些数额标准时也并非"空穴来风"。金融诈骗罪由诈骗罪分离而来就已经说明其有独特之处，其保护的主要法益是金融管理秩序。在动用刑罚保护金融管理秩序之时，必须考虑刑法规制的代价。将几千元的数额作为保护金融管理秩序的标准，不得不谓之大炮打苍蝇。可能的质疑意见是，即使几千元的数额不值得动用主要保护金融管理秩序的金融诈骗罪来规制，但也完全值得动用保护财产权的普通诈骗罪来规制。张明楷教授指出，这种情形只是不值得特别法条处罚，但并非不值得处罚。③ 但这样处理的结果确如上述论者所言，若同一行为方式仅因数额就可易其罪质，构成要件之行为定型就会荡然无存。④

的确，金融诈骗行为首先是诈骗行为，所以在较低的数额区间回归至诈骗行为看似是坚持了诈骗行为的本质，然而这背后却透露出张明楷教授未能将其所坚持的法益侵害之基本立场贯彻到底的迹象。这里的法益是指特殊法条保护的法益。只要案件事实表现为特殊诈骗行为，就必须考虑特殊法条的保护法益，就必须思考行为对特殊法益的侵害是否达到了需要介入刑罚的程度。而这种思考必须在特殊法条的视野下进行，不能随意扩张至普通法条中，因为普通

---

① 周光权：《法条竞合的特别关系研究——兼与张明楷教授商榷》，《中国法学》2010 年第 3 期。

② 张明楷：《法条竞合中特别关系的确定与处理》，《法学家》2011 年第 1 期。

③ 张明楷：《法条竞合中特别关系的确定与处理》，《法学家》2011 年第 1 期。

④ 王强：《法条竞合特别关系及其处理》，《法学研究》2012 年第 1 期。

法条所规制的行为不保护这种特殊法益。张明楷教授的解释显然是没有考虑特殊诈骗罪所主要保护的特殊法益，仅将目光局限于财产法益。诚然，诈骗罪就是用来规制侵犯财产法益的行为，但事实行为是金融诈骗行为而非普通诈骗行为。我们不宜"一直"让目光不断地往返于犯罪构成与案件事实之间，① 直至为行为寻找到一个犯罪构成。这样"打破砂锅问到底"的做法终究会消磨特殊法条的意义，忽视特殊法条所致力于保护的特殊法益。案件事实确实可以从多角度进行归纳，但是抽丝剥茧之后的归纳若只能回归普通法条，那么特殊法条存在的意义就会大打折扣。换言之，若将特殊法条项下的行为类型不断稀释为普通法条项下的行为类型，这种特殊的行为类型在刑法的视野下就会逐渐丧失稳定的品格，导致刑法无法针对此类行为发挥一贯的行为指引作用。有论者也认为，如果在特别关系之中滥用重法条优先的规则，有可能架空特别法条的规定。②并且，认为"'依照规定'并不包含'依照规定不定罪处罚'"③的观点也是不合适的，因为"依照规定"是为此种特殊诈骗行为类型的定罪量刑指明了方向，以判断究竟是否能够适用特殊诈骗罪，这种方向性的指引已经表明不宜再走"回头路"。所以，"应当先用法条竞合理论对行为类型进行甄别、锁定，再根据行为程度标准，进行公权力分工，决定行政制裁抑或刑罚处罚"④。

（三）非法利用信息网络罪与帮助信息网络犯罪活动罪中的想象竞合

如何理解这两罪的第 3 款规定？有论者这样解释非法利用信息网络罪（以下简称非信罪）第 3 款：如果行为人发布了出售毒品、枪支等信息，实际上也出售了毒品、枪支，应按贩卖毒品罪、非法

---

① 张明楷：《刑法学（上）》，法律出版社 2016 年版，第 100 页。

② 黎宏、赵兰学：《论法条竞合的成立范围、类型与处罚规则》，《中国刑事法杂志》2013 年第 5 期。

③ 张明楷：《刑法分则的解释原理（下）》，中国人民大学出版社 2011 年版，第 739 页。

④ 王强：《法条竞合特别关系及其处理》，《法学研究》2012 年第 1 期。

买卖枪支罪处理。① 这样的解释结论是合理的。非信罪虽然是为了将刑事打击的节点提前而将某些预备行为实行化，但是如果行为人已经实施了实行行为，按照通说吸收犯中的实行行为吸收预备行为，仅论实行行为触犯的罪名就足矣，但前提是必须具有数个犯罪行为。② 而非信罪第 3 款规定的是"'同时'构成其他犯罪"，明显指向同一行为。亦即，"同时构成其他犯罪"的前提是必须是一个行为。③ 本来预备行为与实行行为就是不同的行为，在预备行为已经被实行行为化的情况下，更是可以看出行为人实施了两个不同的犯罪行为。所以，以这样的例子来解释第 3 款并不妥当。但也有论者认为，只要利用信息网络发布违法犯罪信息本身情节严重，就成立非信罪。如果本人利用所发布的信息进一步实行了相关犯罪，则超出了非信罪的范畴，应数罪并罚。④ 然而笔者认为，应以吸收犯理论来处理这类案件。即使目前理论上对通说所谓的实行行为吸收预备行为这种情形提出了一些异议，主要是认为通说所举之例似有混淆吸收关系与牵连关系之嫌，但是，非信罪是预备行为的实行行为化，其构成要件行为并非原本就存在的其他独立犯罪的实行行为，所以运用吸收犯理论来解释是相对合适的。况且，犯罪预备包括为了自己实行犯罪与为了他人实行犯罪，⑤ 非信罪的客观行为方式包括"为自己"或"为他人"非法利用信息网络。⑥ 上述解释针对的都是"为自己"，而在这种情形下，由于存在两个犯罪行为，不

---

① 黎宏：《刑法学各论》，法律出版社 2016 年版，第 369 页；周光权：《刑法各论》，中国人民大学出版社 2016 年版，第 355 页。

② 高铭暄、马克昌主编：《刑法学》，北京大学出版社 2019 年版，第 192～193 页。

③ 张明楷：《刑法学（下）》，法律出版社 2016 年版，第 1054 页；陈洪兵：《非法利用信息网络罪"活"而不"泛"的解释论思考》，《青海社会科学》2021 年第 1 期。

④ 陈洪兵：《非法利用信息网络罪"活"而不"泛"的解释论思考》，《青海社会科学》2021 年第 1 期。

⑤ 张明楷：《刑法学（上）》，法律出版社 2016 年版，第 334 页。

⑥ 喻海松：《网络犯罪二十讲》，法律出版社 2018 年版，第 95 页。

能根据第 3 款解释。只有"为他人"非法利用信息网络的行为才可能是第 3 款所欲规定的一行为触犯数罪名的情形。所以，当行为人为了他人实施非法集资类犯罪而利用信息网络实施设立网站、发布信息的行为时，其行为同时触犯非信罪与非法集资类犯罪的预备犯，应择一重论处。

这样的解释在帮助信息网络犯罪活动罪（以下简称帮信罪）第 3 款中体现得更加清晰。上述实际上以吸收犯理论解释非信罪第 3 款（其实并不正确）的论者这样解释帮信罪第 3 款：行为人共同实施诈骗时，也构成帮信罪与诈骗罪之间的想象竞合关系，择一重论处。① 这样的解释是正确的。无论是否承认帮信罪是共犯的正犯化，解释第 3 款的前提都必定是正犯已经实施了相应的利用信息网络实施的犯罪。因为若没有正犯实施相应犯罪，实施帮助行为的行为人也不会构成相应犯罪的帮助犯。所以，当行为人帮助他人实施相应犯罪的行为同时构成帮信罪与其他犯罪的帮助犯时，应择一重论处。例如，如果股权众筹平台一方明知其他人实施集资诈骗行为仍为其包装上线，就一方面构成集诈罪的共犯，另一方面构成帮信罪，应择一重论处。②

也有论者指出同时构成的也可能是其他犯罪的共同正犯，此时只能认定为其他犯罪的共同正犯，不能适用帮信罪，因为帮信罪明文表述了"帮助"。并且，即使其他犯罪的法定刑低于帮信罪，也不能适用第 3 款以帮信罪论处，因为这将导致共同正犯（甚至帮助犯或从犯）的刑罚高于正犯的刑罚，违反罪刑相适应原则。所以应将其他犯罪限制解释为法定刑高于第 1 款法定刑的犯罪。③ 在采取正犯—共犯区分制的法域，特别是在日本，帮助行为的共同正犯化的趋势愈加明显。西田典之教授指出，在日本司法实

---

① 周光权：《刑法各论》，中国人民大学出版社 2016 年版，第 356 页。

② 刘宪权：《互联网金融股权众筹行为刑法规制论》，《法商研究》2015年第 6 期。

③ 张明楷：《刑法学（下）》，法律出版社 2016 年版，第 1054~1055 页。

务中，近百分之九十八的共犯都是作为共同正犯处理的。① 而在我国《刑法》中，帮助行为若在共同犯罪中起主要作用，应认定为主犯。而即使为相关犯罪提供互联网接入或广告推广、支付结算的行为对相关犯罪的完成起到了主要作用，也不能否认其所实施的帮助行为的本质。行为人的行为仍是同时构成相关犯罪与帮信罪，应择一重论处。

三、牵连犯的相关问题探讨

(一)牵连之数罪的处理规则

通说认为，牵连犯是指以实施某一犯罪为目的，其方法行为或结果行为又触犯其他罪名的犯罪形态，应从一重从重处罚，②以往多认为是从一重处断。③ 牵连犯在我国传统刑法理论中也是讨论重地，讨论要点包括如何认定牵连关系、牵连犯是否还有存在的必要。如何认定牵连关系见仁见智，学说多达七种。④ 认定结果将直接影响是否数罪并罚，可见这一问题的重要性。在日本刑法理论中，"牵连犯与并合罪都是行为复数、法益复数的情形，难以从行为、法益的个数层面予以区分，而是求诸对牵连关系类型化、判例化的途径予以解决"⑤。虽然我国目前的通说也是主客

---

① ［日］西田典之：《日本刑法总论》，刘明祥、王昭武译，中国人民大学出版社 2007 年版，第 266 页。

② 高铭暄、马克昌主编：《刑法学》，北京大学出版社 2019 年版，第 190~191 页。

③ 马克昌主编：《犯罪通论》，武汉大学出版社 1999 年版，第 687 页。

④ 例如"通常性"说、"同一犯罪构成之一部分"说、"侵害同一客体之同一过程"说、"不可分离关系"说、"主从关系"说、"内在必然联系"说、"类型性"说等。邵维国：《我国的牵连犯是刑法分则和司法解释规定的一罪》，《法治社会》2021 年第 3 期。

⑤ 方鹏：《德国刑法竞合理论与日本罪数理论之内容比较与体系解构——兼及中国罪数理论的走向选择和体系重构》，《比较法研究》2011 年第 3 期。

观统一说①、类型说②，但是实践中仍会存在判断标准不明确、认定随意性大的弊端③。目前也有观点认为应当取消牵连犯，对所涉的犯罪行为并罚。理由是，其一，不存在一罚的客观基础，因为无论是从行为样态本身来看，还是从侵害结果来看，牵连犯的客观危害都与典型数罪没有实质差别；其二，不存在一罚的主观基础，因为牵连犯属于行为复数，行为人每实施一个行为都有一次重新选择合法或违法的机会，行为人有数次规范意识的突破。④ 域外对牵连

---

① 主客观统一说认为，认定牵连关系需要行为人在主观上具有牵连的意思，在客观上具有通常的方法或结果关系。（高铭暄、马克昌主编：《刑法学》，北京大学出版社 2019 年版，第 191 页。）或是，行为人主观上是为了实施一种犯罪而采取某种方法行为或因实施一种犯罪而采取某种结果行为，客观上其所实施的犯罪与所触犯的其他罪名的方法行为或结果行为之间，在事实上具有直接的不可分离的关系。（马克昌主编：《犯罪通论》，武汉大学出版社 1999 年版，第 684 页。）

② 张明楷：《刑法学（上）》，法律出版社 2016 年版，第 490 页。笔者认为，主客观统一说与类型说没有太大差别，因为当行为在客观上具有通常、典型的方法或结果关系时，很难想象行为人主观上没有牵连的意思。所以认定的重点还是应该在行为的通常性、类型性上。

③ 在以"股权众筹"为条件检索出来的案件中，有一个案件涉及牵连犯。在熊某某等非法吸收公众存款、伪造公司印章案中，上诉人熊某某及其辩护人提出，伪造公司印章与非法吸收公众存款属于牵连犯，应择一重罪处罚，不应当数罪并罚。二审法院对于上诉人熊某某是否构成伪造公司印章罪的问题评判道：行为人犯伪造公司印章罪的动机是多种多样的，有的是为了取得某种利益，有的是为实施其他犯罪活动而做准备。上诉人熊某某伪造公司印章，并使用伪造的公司印章在银行开户，用于非法吸收公众存款，有若干证据证实，足以认定熊某某伪造公司印章的行为。因此，对上诉人熊某某及其辩护人提出的其不构成伪造公司印章罪的辩解和辩护意见不予采纳。（参见江西省南昌市中级人民法院刑事裁定书：（2021）赣 01 刑终 26 号。）可以看到，二审法院并没有回应牵连犯应择一重论处的上诉意见，而只是认定行为人的行为符合伪造公司印章罪的构成要件。不过笔者认为，关于牵连犯的上诉意见不能成立。因为即使按照通说所谓的类型性、通常性标准来认定，伪造公司印章与非法吸收公众存款也并无这样的牵连关系。

④ 张爱晓：《犯罪竞合基础理论研究》，中国人民公安大学出版社 2011 年版，第 194 页。

犯立法规定的反思也影响着牵连犯的价值。日本 1940 年《改正刑法假案》删除了其现行刑法典第 54 条①中关于牵连犯的规定，1974年《改正刑法草案》也未保留。② 我国台湾地区"刑法"在 2005 年修订之时也废除了牵连犯，③ 理由之一是牵连犯的实质根据难有适当说明。④ 有论者认为，这不能说是其他法域立法上的偶然，而是由于牵连犯从一重处罚本身的不合理。⑤ 可见，不仅牵连关系的认定存在难点，甚至连牵连犯理论本身也岌岌可危。

正如论者们不辞艰辛地为结果加重犯寻找加重处罚根据一般，肯定牵连犯的论者们也应该不遗余力地为牵连犯寻找不并罚的理由。学说上多从行为人的主观目的方面寻求不并罚的理由。山口厚教授认为，牵连犯的复数行为之间存在着手段—目的或原因—结果的关系，可以按照一个意思决定来看待，因为责任减少所以可以作为科刑一罪处理。⑥ 西田典之教授指出，牵连犯着眼于其犯罪意思活动的单一性，作为准照于一个行为的犯罪而按科刑一罪处断。⑦当然，也有聚焦行为紧密程度这种客观面的观点。大塚仁教授认为，牵连犯虽然本来相当于数罪，但是，在罪质上一方是他方的手

---

① 《日本刑法典》第 54 条规定："一个行为同时触犯二个以上的罪名，或者作为犯罪的手段或者结果的行为触犯其他罪名的，按照其最重的刑罚处断。第四十九条第二项的规定，也适用于前项情形。"《日本刑法典》，张明楷译，法律出版社 2006 年版，第 24、25 页。

② 高铭暄、叶良芳：《再论牵连犯》，《现代法学》2005 年第 2 期。

③ 我国台湾地区"刑法"原第 55 条规定："一行为而触犯数罪名，或犯一罪而其方法或结果之行为犯他罪名者，从一重处断。"现第 55 条规定："一行为而触犯数罪名者，从一重处断。但不得科以较轻罪名所定最轻本刑以下之刑。"

④ 林钰雄：《新刑法总则》，台湾元照出版有限公司 2011 年版，第 631页。

⑤ 张爱晓：《犯罪竞合基础理论研究》，中国人民公安大学出版社 2011年版，第 196 页。

⑥ ［日］山口厚：《刑法总论》，付立庆译，中国人民大学出版社 2011年版，第 384 页。

⑦ ［日］西田典之：《日本刑法总论》，刘明祥、王昭武译，中国人民大学出版社 2007 年版，第 350 页。

段或原因或他方是一方的目的或结果，在数罪之间可以看到近乎结合犯的密切关系，按照各罪之刑中最重的刑处断时，实际上可以将对轻罪的处罚也包含于其中。① 我国学者则多注重从主客观统一的角度论证，认为牵连犯主观方面的恶性和客观行为的社会危害性比单纯一罪大而较独立数罪小，所以不并罚。②

　　但是总体来看，对牵连之数罪不并罚而仅择一重(从重)论处的理由始终并不充分。我国台湾地区学者林钰雄教授认为，许多被学说与实务纳入牵连犯概念享受从一重处断的刑罚优惠的行为类型主要是行为复数且犯罪复数，然而这些本来是数罪并罚的特征，硬将牵连犯从实质竞合中切割出来，不但打乱了竞合论的基本体系，使得行为人享受不应有的刑罚优惠，进而使得对犯罪行为不能充分评价。而且予以刑罚优惠的理由仅仅是犯罪目的终究只有一个，这忽略了竞合论中诸如罪刑相当、侵害法益的种类、数量及程度等其他考量，根本毫无道理可言。③ 该批评意见针对的主要是从主观目的方面寻求不并罚根据的观点。主观目的不等于犯罪故意。一个主观目的项下存在多个犯罪故意。对此，肯定牵连犯的论者也认为"牵连的各个行为，侵犯不同的客体，实现不同的结果，犯罪故意各不相同"。④ 问题是，为何复数犯罪故意能够因为有一个总目的做串联、统领就可以发挥降低行为不法程度、降低行为人可谴责性程度的作用？从客观行为来看，既然通说认为只能挑选出具有通常性、类型性的手段—目的和原因—结果关系作为牵连犯处理，就意味着各种犯罪行为之间原本就可能存在各种各样的关系，只不过这些关系有密切与否之分。问题是，为何具有密切关系的复数行为就能起到降低行为不法程度、降低行为人可谴责性程度的作用？如此不是有鼓励"理性犯罪人"之嫌吗？亦即，鼓励犯罪人犯罪时多做

---

①　[日]大塚仁：《刑法概说》，冯军译，中国人民大学出版社 2003 年版，第 426 页。

②　马克昌主编：《犯罪通论》，武汉大学出版社 1999 年版，第 681 页。

③　林钰雄：《新刑法总则》，元照出版有限公司 2011 年版，第 634~635 页。

④　马克昌主编：《犯罪通论》，武汉大学出版社 1999 年版，第 685 页。

周密的考虑，例如，制定一个总的犯罪目的，环环相扣、步骤清晰地实施各个犯罪行为。正如有论者所言，现实社会中，人们实施的多个行为之间往往互为手段与目的，仅因为它们之间具有所谓的通常性关系就按一罪论处，实属有罪当罚而不罚的不当行为，某种行为的不法绝不能因为其成为另外一个罪的手段或结果就消失了。①

　　理论上认为牵连犯是为了对抗数罪并罚而提出的理论，因此当立法上将符合牵连犯的情形的处罚原则规定为并罚时，论者们就将其当作牵连犯处理原则的例外，或者是，直接将其剔除牵连犯行列。② 但是，与其将立法（以及司法解释）上的特殊规定当作例外对待，倒不如审视为何这些本在理论上是牵连犯的情形会被明文规定应当并罚。而当各种为理论上的牵连犯寻求的不并罚根据都不能完全站稳脚跟之时，这个疑问就更加突出。有论者认为，牵连犯是客观存在的一种犯罪形态，所以我们应当对其进行充分研究，以指导司法实践。③ 但是，犯罪行为之间存在通常性、类型性的手段—目的或原因—结果的密切关系仅仅是一种客观现实现象，面对这种现象我们不愿意对其进行并罚才催生了牵连犯这一理论，而不能说牵连犯本身就是一种先在的犯罪形态。对于这种客观现象究竟选择并罚还是不并罚才是真正需要考虑的问题。而对于这一问题的回答，必定是对为何可以不对其进行并罚这一问题的回答，因为这两个问题是一体两面。既有的牵连犯既然是处断一罪，就意味着对这

----

　　① 邵维国：《我国的牵连犯是刑法分则和司法解释规定的一罪》，《法治社会》2021 年第 3 期。

　　② 例如有论者认为，不仅应将分则明文规定实行并罚的情形排除在牵连犯之外，还应将分则对牵连犯规定独立的较重法定刑的情形也排除在外。（张明楷：《刑法学（上）》，法律出版社 2016 年版，第 491 页。）类似观点还有："既然是牵连犯，就不应该有数罪并罚的问题，如果实行数罪并罚，也就不是牵连犯。"（刘宪权：《罪数形态理论正本清源》，《法学研究》2009 年第 4 期。）"倘若主张牵连犯一律数罪并罚，就等于彻底否定牵连犯现象，这显然与立法规定、司法解释与实务态度不相符；倘若主张仅就部分牵连犯数罪并罚，不如直接认为这部分情形不是牵连犯。"（王彦强：《〈刑法修正案（十一）〉中竞合条款的理解与适用》，《政治与法律》2021 年第 4 期。）

　　③ 高铭暄、叶良芳：《再论牵连犯》，《现代法学》2005 年第 2 期。

种实质数罪进行并罚本就是当然选择，只有当另辟蹊径不并罚之时才需要给出充足的理由。但如上所述，无论是着眼于主观目的的解释，还是着眼于客观行为的解释，都无法对牵连之数罪不并罚作出合理解释。所以，笔者倾向于认为对这种犯罪现象实行并罚。

(二)擅自设立金融机构行为与非法集资行为之间的关系

有论者认为，行为人擅设金融机构后又非法吸收公众存款的，宜实行并罚；但是，如果行为人擅设金融机构的目的仅仅是为了吸收公众存款而且事实上也是如此，则可以认定为牵连犯，择一重论处。① 还有论者在分析借私设的金融机构进行诈骗行为的定性时认为，若非法金融机构形式条件具备，但行为人设立这种金融机构并不是为了通过营业活动赚取利润，而是以此为幌子骗取他人财物的，擅设金融机构是诈骗的手段行为，两罪构成牵连犯，择一重论处；若非法金融机构形式条件具备，但行为人设立金融机构后才产生诈骗故意，擅设金融机构行为与诈骗行为并无牵连关系，应当并罚。②

但是，上述牵连犯的观点可以说是以行为人的目的认定牵连关系，这会影响司法判断的客观性。并且，也很难说擅设金融机构是非法集资的通常性、类型性手段行为。《防范和处置非法集资条例》第 19 条所列举的涉嫌非法集资的行为，也没有擅设金融机构非法集资这种情形，这在一定程度上可以说明这种非法集资形式较其他非法集资形式少见。不能想当然地认为金融机构主要从事存贷款业务，就认为行为人擅设金融机构是非法集资的通常性、类型性手段。既然非法集资行为是所谓的牵连犯之目的行为，就要从该目的行为出发认定手段行为是否具有通常性、类型性，而非从手段行

---

① 张明楷：《刑法学(下)》，法律出版社 2016 年版，第 781 页；黎宏：《刑法学各论》，法律出版社 2016 年版，第 134 页；刘宪权：《金融犯罪刑法学新论》，上海人民出版社 2014 年版，第 198 页；刘鑫：《民间融资犯罪问题研究》，上海人民出版社 2015 年版，第 198 页。

② 刘宪权：《金融犯罪刑法学新论》，上海人民出版社 2014 年版，第 198 页。

为所可能发挥的作用"反推"其是否属于目的行为的通常性、类型性手段。

况且，不对两罪并罚的理由也并不充分。擅自设立金融机构罪主要是为了保护国家对金融机构的严格审批管理秩序，进而保护金融管理秩序。金融机构在金融秩序的稳定中起着极其重要的作用，设立此罪就是为了从严格审批管理金融机构的角度上保护正常的金融秩序。在防范化解金融风险、保护金融安全、经济安全的大背景下，独立评价擅设金融机构行为的刑事违法性也有重要的积极意义。只要行为人未经批准擅设了金融机构，国家对金融机构的严格审批管理秩序即遭到破坏，公众对正规银行或其他金融机构的信用依赖就会受到影响。如果行为人不仅擅设金融机构，还利用该金融机构非法集资，即使其原本目的就是利用其擅设的金融机构非法集资，也另外破坏了国家对金融机构的严格审批管理秩序。所以，无论行为人擅设金融机构的"本意"是否为了非法集资，都是数行为触犯数罪，应当并罚。

有论者认为，私下经营放贷、融资等货币业务的地下钱庄的，不成立本罪，可能成立非法经营罪、非吸罪。[1] 但另有论者认为，私设地下钱庄经营放贷、融资等货币业务，规模较大、数额巨大的，应按擅自设立金融机构罪处罚。[2] 刘宪权教授指出这两种观点的分歧焦点在于从形式还是实质上认定"擅自设立"。前者以组织机构的形式为标准认定（形式标准），认为设立起的组织机构必须与合法的金融组织机构相仿，例如具有一定的名称及相当数量的人员、场所、资金、结构形式。如果根本不具备这些条件，但事实上又从事了非法集资等金融业务活动的，依非吸罪、集诈罪处理。后者以组织机构从事的业务活动为标准认定（实质标准），即使设立起的组织机构并无任何名称及相当数量的人员、场所、资金、结构形式，只要从事金融业务活动即可认定构成本罪。结合《非法金融

---

① 张明楷：《刑法学（下）》，法律出版社 2016 年版，第 775 页。

② 邵维国：《我国的牵连犯是刑法分则和司法解释规定的一罪》，《法治社会》2021 年第 3 期。

机构和非法金融业务活动取缔办法》的规定,① 刘宪权教授认为实质标准是合理的。② 笔者也认为应以实质标准认定金融机构的非法性。擅自设立金融机构罪打击的是金融性质业务活动本身的非法性。只要事实上从事的是非法的金融性质业务活动,就属于擅设金融机构。所以,即使行为人私设地下钱庄非法集资,也应按照擅自设立金融机构罪与非吸罪或集诈罪并罚。

(三)证券发行类行为与非法集资行为之间的关系

"资金是企业生产经营正常运作的必要要素,企业获得资金的合法途径是向银行申请贷款,或者依照法定条件和程序向社会发行股票、公司债券或者以合资、合营、联营,企业内部集资等方法筹措资金。"③对于贷款这一途径而言,企业可能骗取银行贷款,若其具有非法占有目的,则涉嫌贷款诈骗罪。就企业内部筹措资金这一途径而言,企业可能突破内部的限制而面向社会集资,若其具有非法占有目的,则涉嫌集诈罪。对于发行股票、债券这一途径而言,企业可能擅自发行或欺诈发行,若其具有非法占有目的,就同时涉嫌擅自发行股票、公司、企业债券罪④,或欺诈发行证券罪和集诈罪,应择一重论处。

有论者认为,欺诈发行证券罪、擅自发行证券罪都是非法集资行为,实施这几种犯罪的行为人都具有民法意义上的非法占有目的。行为人若以刑法上的非法占有目的,通过欺诈发行证券等方式非法集资,触犯其他罪名的,属于想象竞合犯,应择一重(集诈

---

① 2021 年 1 月 26 日,国务院令第 737 号发布《防范和处置非法集资条例》,自 2021 年 5 月 1 日起施行,上述办法同时废止。

② 刘宪权:《金融犯罪刑法学新论》,上海人民出版社 2014 年版,第 194～196 页。

③ 周光权:《刑法各论》,中国人民大学出版社 2016 年版,第 280 页。

④ 最高人民法院、最高人民检察院《关于执行〈中华人民共和国刑法〉确定罪名的补充规定(七)》(法释〔2021〕2 号)将第 160 条"欺诈发行股票、债券罪"的罪名修改为"欺诈发行证券罪"。为论述方便,下文将"擅自发行股票、公司、企业债券罪"简称为"擅自发行证券罪"。

罪）论处。① 亦即，欺诈发行证券罪与集诈罪之间存在想象竞合关系。还有论者认为，集诈罪和欺诈发行证券罪在客观上均表现为向社会公众非法募集资金，区别关键在于行为人是否具有非法占有目的，对于以非法占有为目的而非法集资的，构成集诈罪。② 这种观点没有说明两罪之间具有什么罪数形态上的关系。那么，是否仅依非法占有目的这一关键区别就可以解决证券发行类行为与非法集资行为之间的关系问题？

股票的发行是新股票的出售过程。新股票发行后，认购股票的人可以成为股东。虽然股票发行后如果没有人认购，行为人就不可能吸收到资金，但是行为人以欺诈方式发行股票就已经属于以诈骗方式集资。他人认购股票的行为相当于诈骗罪中被害人交付财产的行为，并不影响行为人诈骗行为性质的认定。因此，行为人实际上只实施了一个行为，但因这一行为同时符合欺诈发行证券罪与集诈罪的构成要件，所以宜认定为想象竞合犯。并且，虽然欺诈发行证券罪、擅自发行证券罪、非吸罪与集诈罪之间最显著的区别都在于是否具有非法占有目的，但前两者与集诈罪之间的关系，相较于非吸罪与集诈罪之间的关系，还是有所不同的。

虽然集诈罪与诈骗罪的基本构造相同，必须有特定的欺骗行为，但是具体到集诈罪与非吸罪的比较而言，欺骗行为或许不是决定性的要素，非法占有目的才是决定性的要素。因为法释〔2010〕18 号第 2 条中的"不具有发行股票、债券的真实内容"等都表明行为人在实施非法吸收公众存款的行为时很有可能会实施某些欺骗行为。但这些欺骗行为之所以不能使行为人的行为构成集诈罪，是因为行为人没有非法占有目的。非法吸收公众存款行为表现为对出资人资金的"占有"，集资诈骗行为表现为对出资人资金的"诈骗式非法占有"，可以说明后者是在前者的基础上添加了特别要素而形成的特殊罪名。在使用欺骗方法吸收公众资金的范围内，前者与后者

---

① 张明楷：《刑法学（下）》，法律出版社 2016 年版，第 798 页。
② 黎宏：《刑法学各论》，法律出版社 2016 年版，第 156 页；周光权：《刑法各论》，中国人民大学出版社 2016 年版，第 263 页。

是大圆包小圆的关系，即法条竞合的特别关系。行为人以欺骗方法实施非法吸收资金的行为时具有非法占有目的的，应当依照特别法条优先的原则直接适用集诈罪。

但是，欺诈发行证券罪、擅自发行证券罪的构成要件行为并非单纯的非法吸收资金的行为。欺诈发行证券罪重点保护证券发行内容的真实性，主要规制被允许发行证券的单位或个人在证券发行文件中隐瞒重要事实或编造重大虚假内容的欺诈发行行为。擅自发行证券罪重点保护证券发行主体及程序的合法性，主要规制没有资格发行证券的单位或个人的擅自发行行为，或虽然有资格发行证券但违反相关法律法规发行的行为。① 虽然发行证券是为了吸收资金，也正因为如此才可以说行为人仅有一个行为，但由于这两个罪名各有侧重保护的其他法益，构成要件是交叉关系而非包容关系，所以仅仅适用集诈罪不能全面评价该类行为的性质，应认定为想象竞合犯。当行为人通过违法形式发行证券（如欺诈发行、擅自发行）非法集资时，就属于一行为触犯两罪名的想象竞合犯。此处可能的疑问是，如果认为欺诈发行证券罪位于第三节，侧重保护公司、企业的管理秩序，擅自发行证券罪位于第四节，侧重保护金融管理秩序，两者分别都与集诈罪位于不同的节中，所以认定构成要件之间具有交叉关系进而认定想象竞合关系比较容易接受。然而，非吸罪也位于第四节，为什么可以认定其与集诈罪之间是法条竞合关系？这是因为金融诈骗罪的保护法益主要是金融管理秩序，次要是财产权，而非吸罪的保护法益则是金融管理秩序，所以仅适用集诈罪就可以完整评价。

四、结语

罪数理论是刑法学理论的研究重地，几乎每种具体的罪数形态都有各自的争议问题，这些争议有待教义学积极解决，而在某类犯罪中研究典型的罪数争议不失为一个好方法。罪数理论应研究一行为或数行为触犯数犯罪构成时是否必须并罚。其中，想象竞合、牵

_____

① 黎宏：《刑法学各论》，法律出版社 2016 年版，第 139 页。

连犯是研究重点，与想象竞合密切相关的法条竞合亦不容忽视。将犯罪构成之间的交叉关系认定为法条竞合存在诸多不妥之处，为求全面评价，宜认定为想象竞合。诈骗罪与各种金融诈骗罪之间是法条竞合关系，各种金融诈骗罪之间是想象竞合关系。考虑到特殊法条的特殊保护法益，也考虑到宜推定立法者设置的法定刑、司法解释设置的定罪量刑标准存在合理之处，法条竞合的适用规则只能是特殊法条优先。当司法解释为特殊法条规定的犯罪行为设置了高于普通法条的定罪量刑标准时，未达到该高标准的特殊法条规定的犯罪行为也不能转由普通法条规制。只有"为他人"非法利用信息网络的行为才可能是非法利用信息网络罪第3款所欲规定的想象竞合。帮助信息网络犯罪活动罪规制的是行为人帮助他人实施相应犯罪的行为同时构成帮助信息网络犯罪与其他犯罪的帮助犯的想象竞合情形，不宜对其他犯罪设置法定刑方面的限制。通说所谓的牵连犯之通常性、类型性牵连关系存在认定难点。更为重要的是，学界对牵连之数罪不并罚而仅择一重（从重）论处的理由始终并不充分，不妨考虑对牵连之数罪实行并罚。行为人不仅擅设金融机构，还利用该非法金融机构非法集资，应以擅自设立金融机构罪与非法吸收公众存款罪或集资诈骗罪并罚。在行为人使用欺骗方法吸收公众资金的范围内，非法吸收公众存款罪与集资诈骗罪是法条竞合关系。欺诈发行证券罪、擅自发行证券罪与集资诈骗罪是想象竞合关系。

第四章　互联网金融发展背景下的犯罪治理

第一节　论互联网金融犯罪与传统犯罪的关系[*]

自 2012 年谢平教授等人提出互联网金融概念以来，这一概念不仅在经济领域引起了诸多探讨，同样也引起了法学界的关注。近年来不断涌现的互联网贷款、互联网集资、网络洗钱现象使得互联网金融犯罪这一新兴名词成了刑法学界研究的"热词"，学者们从互联网金融犯罪的刑事风险、刑法应对等方面进行了有益探索。互联网金融犯罪是近十年来才逐渐兴起的犯罪类型，我国刑法尚未对此类型犯罪进行专门规定，此类犯罪行为的定罪量刑依据仍旧是"传统"刑法规定。先于互联网金融犯罪制定的传统刑法何以应对新兴犯罪类型，这就有必要研究互联网金融犯罪与传统金融犯罪的区别与联系。

一、互联网金融犯罪内涵厘清

(一)互联网金融犯罪的类型

互联网金融犯罪主要是指围绕互联网金融的业务过程以及互联网金融机构所形成的犯罪，主要有三种类型：①

---

[*] 本节由中南财经政法大学硕士研究生陈乾负责文献综述工作。
① 苗强：《互联网金融犯罪的防控制度探析》，广西师范大学 2016 年硕士学位论文，第 4 页。

第一类是互联网金融企业作为犯罪主体的互联网金融犯罪类型。此种类型最常见的是互联网金融企业涉嫌非法集资犯罪，即相关机构以投资、保险、理财等名义吸收社会公众资金构筑"资金池"后形成了资金流通链，被称为现代型的"庞氏骗局"。此外，此种犯罪类型也容易触犯集资诈骗罪，擅自发行股票、公司、企业债券罪，擅自设立金融机构罪等。第二类是以互联网金融为犯罪对象的类型。这类犯罪是指犯罪嫌疑人利用计算机技术对互联网金融平台实施各类犯罪活动。例如行为人利用黑客技术对互联网金融的计算机系统实施攻击，不仅可能造成互联网金融企业的计算机系统发生重大故障，而且行为人可以利用计算机技术获取客户的个人金融信息，如账号、密码等，或直接通过篡改数据的方式非法占有他人资金。第三类是以互联网金融作为犯罪工具、手段的犯罪类型。此类犯罪凭借信息化支付的互联网金融平台所形成的便利条件实施违法犯罪活动。其中较为典型的是利用互联网金融实施洗钱犯罪，例如行为人利用互联网交易平台方便快捷的特点，通过虚构交易等方法进行资金转移，规避反洗钱监管。此外，结合快捷支付与即时通信工具在网上开设赌场、聚众赌博等也是常见方式。

传统金融犯罪的范围主要是《刑法》第三章第四、五节规定的破坏金融管理秩序罪和金融诈骗罪。从上述互联网金融犯罪的类型来看，广义的互联网金融犯罪的外延已然突破了传统金融犯罪，实际上已经涵盖了盗窃、诈骗等侵犯财产犯罪、破坏计算机信息系统罪等计算机犯罪、赌博罪等扰乱社会管理秩序犯罪以及其他的犯罪类型。但是也有学者持不同意见，例如时延安教授认为，像"套路贷"案件就仅仅是徒有互联网金融犯罪之名，其本质上仍然是传统的诈骗等违法犯罪行为，互联网金融犯罪仅应指非法从事互联网金融活动并触犯刑法的行为。① 但是笔者以为此种观点有待商榷。例如，第三方支付属于互联网金融的主要表现形式之一，因为第

---

① 时延安：《互联网金融行为的规制与刑事惩罚》，《厦门大学学报（哲学社会科学版）》2020 年第 4 期。

三方支付的出现，传统的盗窃、诈骗等侵犯财产犯罪也可以被纳入互联网金融犯罪的领域。现实社会生活中不法分子可以通过非法获取他人账户密码从而盗取他人支付宝、微信账户资金或者通过替换商家收款二维码，利用支付宝、微信的付款功能侵犯商家的财产权，又或者通过在链接中植入木马病毒，盗取用户账户信息和资金。① 这些传统的盗窃、诈骗犯罪都是因为第三方支付的产生而进入了互联网金融领域，应该属于互联网金融犯罪。又比如在众筹、第三方支付中存在大量在途资金，如果这些资金被互联网金融机构人员挪作他用就会触及职务侵占罪、挪用资金罪等传统犯罪。若从业人员非法出售客户的基本信息、账户信息，还可能会触犯侵犯公民个人信息罪。② 可见，互联网金融犯罪并不仅仅涉及《刑法》第三章第四、五节的罪名，它是指在互联网金融"领域"内发生的犯罪，包括了一些传统犯罪，其外延要比传统金融犯罪的外延广。

(二) 相关概念辨析

虽然互联网金融犯罪是发生于一特定领域的犯罪，但是我国刑法并没有在此概念之下单独设立专属罪名，不像在侵犯财产犯罪或侵犯人身权利、民主权利犯罪概念下设置有盗窃罪、抢劫罪、强奸罪等专有罪名。互联网金融犯罪所涉及的盗窃罪、诈骗罪、非法吸收公众存款罪、集资诈骗罪、非法经营罪、破坏计算机信息系统罪、侵犯公民个人信息罪等均是传统财产、金融、计算机和扰乱市场秩序类犯罪的传统罪名，遍布刑法的多个章节，可谓是由现有罪名组合而形成的一种特殊犯罪。

互联网金融犯罪不同于类罪。类罪通常是指多个犯罪在客观行为方式、危害对象、危害结果方面存在差异但是却侵犯了同一类客

---

① 张英：《互联网金融创新下的经济犯罪防控机制探究》，《暨南学报（哲学社会科学版）》2018 年第 8 期。

② 戴新福、胡斌勇、袁维：《互联网金融发展现状与经济犯罪风险防范——以上海地区为例》，《上海公安高等专科学校学报》2015 年第 2 期。

体，进而刑法将这些犯罪归为一类的犯罪统称。类罪是将犯罪侵犯的客体进行分类后得出的概念，我国刑法分则将犯罪分为十大类，按照社会危害性的严重程度进行排列，如危害国家安全罪、危害公共安全罪、破坏社会主义市场经济秩序罪、侵犯财产罪等。互联网金融犯罪概念是对一领域内发生的犯罪的归纳与总结，它侵犯的客体包括金融管理秩序、社会管理秩序等多个客体，无法根据犯罪客体将其归为一类。我国刑法没有专门的互联网金融犯罪章节，所以互联网金融犯罪不是一个类罪概念。

互联网金融犯罪也不同于罪群。罪群通常指在某一类犯罪中直接客体与犯罪对象相同的罪名组合，针对同一、相近客体、对象，因主体性质、行为方式等不同而设置不同罪名。如我国关于税收和发票犯罪的几个罪名构成罪群。互联网金融犯罪是一种发散的罪名组合，其类型多样，罪名并非针对相同或相近的客体、对象，没有形成层次分明、结构完整的体系，所以互联网金融犯罪也不属于罪群。①

二、互联网金融犯罪与传统犯罪的区别

(一)构成要件方面

互联网金融犯罪与传统犯罪在犯罪构成的各个要件上都存在一些区别，明确这些区别能够更好地理解互联网金融犯罪的特点，进而帮助理解二者之间的关系。

1. 犯罪客体多样，社会秩序客体重要性凸显

互联网金融犯罪是发生在互联网金融领域的犯罪，主要以互联网和金融作为主要犯罪对象，因此此罪的客体仍然首先是我国的金融管理秩序，与此同时，计算机信息管理秩序、个人信息安全、公私财产权利也被包括在其中。尤其值得注意的是，传统金融犯罪的

---

① 万志尧：《互联网金融犯罪问题研究》，华东政法大学 2016 年博士学位论文，第 23 页。

保护客体较为单一，主要是金融管理秩序，但是互联网金融犯罪相较于传统的金融犯罪而言具有涉众性，因此在互联网金融犯罪中往往受害群众数量众多、分布广泛并容易引发较大的社会影响，侵犯社会稳定秩序的风险更大，因此稳定的社会秩序在互联网金融犯罪中越来越受到重视。

2. 犯罪对象数据化，危害结果范围广

有学者认为互联网金融犯罪对象可从互联网金融犯罪类型中概括得出，例如犯罪分子利用信息技术侵入网络通过篡改数据等方式对计算机系统造成损坏时，此种类型以计算机系统作为犯罪对象。当犯罪分子截获互联网金融机构以及客户之间相互交流的信息，获得他们的账户名与账户密码时，此种类型以数据信息作为犯罪对象。① 笔者以为互联网金融本质上主要涉及资金融通和社会征信，在互联网金融中无论是资金还是社会征信都被转化为数据，行为人利用计算机信息技术对数据进行侵犯，因此可以认为与传统金融犯罪针对实体货币或者财物不同，互联网金融犯罪的犯罪对象就是数据。

传统犯罪发生在"现实社会"这一个平台，而互联网金融犯罪发生在"现实空间"和"网络空间"两个平台。一个互联网金融犯罪行为既可以是全部犯罪过程都发生于网络空间，也可以同时跨越网络空间和现实社会两个平台，这种线上和线下协同作案的特征有别于传统犯罪。② 正是因为互联网具有突破时空、地域限制的特征，因而互联网金融犯罪更易产生严重破坏力。互联网金融犯罪借助网络的超时空特性获得了无限延展的可能性，犯罪结果的危害性可以扩展至全国甚至域外的范围，使得犯罪的社会危害性可以无限传导和复制下去。同时值得注意的是，犯罪结果的扩大化对犯罪的认定与裁量实际上也产生了影响。例如，由于互联网的涉众性，借贷平

---

① 宦彦峰：《互联网金融犯罪现状及刑法介入探析》，《经济刑法》2017年第1期。

② 贺晨霞：《互联网金融背景下第三方支付洗钱犯罪的新特征与防控》，《中州大学学报》2020年第3期。

台可以在短时间内向全国、全社会的闲散资金拥有者发出"邀约"从而实施规模更大、数额更多的非法集资行为。此类犯罪涉案金额往往以千万、亿为单位，明显高于传统犯罪手段下的涉案金额。根据最高人民法院《关于审理非法集资刑事案件具体应用法律若干问题的解释》第 3 条规定个人吸收或者变相吸收公众存款 100 万元，构成非法吸收公众存款罪的"数额巨大"标准，但司法实践中，多数案件集资数额已经超过了 100 万元。因此，100 万元作为一个界限，其区分标准的功能将被大大减弱。① 同时，近年来非法集资类互联网金融犯罪和传销呈现出融合之势，以传销的方式来吸纳社会公众资金，例如犯罪之间形成一定层级的上下线关系，并以下线的投资业绩为依据计算和给付上线报酬，牟取非法利益。② 有组织化的共同犯罪也使得此类互联网金融犯罪的社会危害性更加凸显。

3. 犯罪行为多样化、隐蔽性强

互联网金融犯罪行为与传统金融行为相比较呈现出犯罪行为多样化、隐蔽化的特点。

互联网的发展给互联网金融犯罪提供了极好的辅助工具，使得犯罪行为方式更加多样。例如，早期的洗钱犯罪主要是通过现金走私进行。在当前互联网金融时代，犯罪分子利用互联网金融平台的发展以及第三方支付的非面对面性质③转而主要通过境外银行账户过渡使得非法资金进入金融体系"洗白"或者通过地下钱庄实现非法资金的跨境转移。④ 又如非法集资中资金池的形成方式与传统金融犯罪中建立银行账户的传统方式有所不同。互联网金融平台经营

---

① 邓超：《互联网金融发展的刑法介入路径探析——以 P2P 网络借贷行为的规制为切入点》，《河北法学》2019 年第 5 期。

② 陈团：《福建省互联网金融犯罪调查报告》，《净月学刊》2018 年第 3 期。

③ 贺晨霞：《互联网金融背景下第三方支付洗钱犯罪的新特征与防控》，《中州大学学报》2020 年第 3 期。

④ 刘伟丽：《互联网金融环境下我国洗钱犯罪的惩治与预防》，《法学杂志》2017 年第 8 期。

者在与投资者签订理财协议的时候，获取投资者银行账户的代扣授权，允许随时划拨投资者银行账户的资金。在这种情形下，虽然互联网金融平台并没有在形式上设立专门账户用于存放投资者资金，但是公司对存放于客户账户上的特定资金又有实际上的控制权，可以在需要的时候随时划拨进行资金配置，实际上就已经形成了资金池，具有构成非法集资的风险。①

互联网金融犯罪行为比传统金融犯罪更加隐蔽。互联网信息技术与传统金融相融合时，货币、资本及其流转过程都被进行了数字化转化，同时也将参与主体及其行为、后果信息化，从而将实际的犯罪人与被害人匿名化，使犯罪行为具有了一定的隐蔽性，社会、被害人都难以感知到犯罪结果即财产损失的发生。② 在互联网金融领域，融资者与投资者之间往往没有直接接触，投资者一般通过互联网上的公告了解投资项目。普通投资者难以查证此类信息的真伪，在信息不对称的情况下，行为人会编造各种理由掩盖违法犯罪的真相，与一般经济犯罪相比，其方式更加隐蔽，更容易完成犯罪，造成的危害后果也更为严重。③ 同时，互联网金融犯罪方式更具诱惑性，易受到投资者的青睐和追捧。④ 比如，犯罪分子以合法公司的名义、招收投资的借口，通过设置复杂的返利算法来掩盖经济犯罪实质，有着更强的迷惑性。有的犯罪团体甚至聘请专业技术人员专门负责网站的管理与维护，定期清洗、销毁交易记录等犯罪信息，达到掩人耳目的作用。⑤

---

① 毛玲玲：《互联网金融刑事治理的困境与监管路径》，《国家检察官学院学报》2019 年第 2 期。

② 张英：《互联网金融创新下的经济犯罪防控机制探究》，《暨南学报（哲学社会科学版）》2018 年第 8 期。

③ 王志祥、单奕铭：《互联网金融犯罪刑法规制探究》，《辽宁师范大学学报（社会科学版）》2019 年第 3 期。

④ 黄凯东、张建兵：《互联网金融理财的刑法规制和防范》，《上海政法学院学报（法治论丛）》2015 年第 2 期。

⑤ 深圳市宝安区人民检察院课题组、詹先见：《互联网金融犯罪实证研究》，《行政与法》2019 年第 1 期。

4. 犯罪主体组织化、年轻化

互联网金融犯罪的犯罪主体属于一般主体。但是互联网金融犯罪的犯罪主体出现了新的变化，主要有两点突出表现，即组织化与年轻化。

首先，互联网金融犯罪多为共同犯罪，表现出以组织模式为统领、以资金运作为纽带、以技术应用为支撑、以行业配合为掩护的产业化特点。互联网金融犯罪绝大多数是团伙型的共同犯罪，这类共同犯罪为了实现规模化与高效率非法获利的目的而依托现代企业制度，将互联网金融模式与现代企业制度紧密结合。通过组织化的运作模式，将共同犯罪人扩展到社会的各个阶层，卷入大量从业者，这种犯罪模式与传统的个人或者法人型的经济犯罪有了本质上不同的表现形式。当互联网金融犯罪以现代企业的方式运行时意味着犯罪的专业化程度提升，犯罪团体内部出现细致分工，使得犯罪行为更具迷惑性，也更容易得逞。例如，普通民众无法理解专业、复杂的投资术语，这些犯罪团伙得以取得对普通投资人的信息优势，专业地实施表面合法却实质犯罪的行为。又如银行卡犯罪具有一定的专业性，技术要求较高，作案环节较多，单人难以完成，犯罪团伙中的不法分子之间相互分工、协同作案，各个环节相互衔接又相互对立，上下层级之间形成一种以共同犯罪利益为导向的互为客服关系。

其次，在互联网金融犯罪中，犯罪主体年龄趋向于年轻化。互联网金融犯罪凭借互联网的发展而兴起，而新生事物年轻人更易于接受并熟练掌握，于是利用互联网进行金融犯罪的主体也呈现出年轻化的特征。例如第三方支付、网贷、互联网众筹等都是与微信、微商等一同兴起的名词，在 80 后、90 后群体中的应用程度更高。有论者指出，在黑客行动中 20～35 岁的年轻人占 90% 以上，中青年成为此类犯罪中的技术领袖，这和中青年在互联网技术上具有较大优势有很大关系。①

---

① 苗强：《互联网金融犯罪的防控制度探析》，广西师范大学 2016 年硕士学位论文，第 5 页。

（二）互联网犯罪追诉难度更高

互联网所具有的隐蔽性、复杂性、匿名性、即时性、跨区域性等特征，在客观上为不法分子利用网络交易实施互联网金融犯罪提供了便利，这也给我国对互联网金融犯罪的查处和监管工作带来了巨大的挑战。[1]互联网金融犯罪在侦查过程中存在以下难点：[2]

一是取证更难。首先，和传统经济犯罪相比，互联网金融犯罪存在线上、线下两方面的证据，而且电子数据成为最主要的证据形式。电子数据具有分布广泛、时效性强、易受损坏等特点，比如一些电子数据甚至保存在外国的服务器上，需要展开国际合作才能完成取证。又如数据信息存在被人为篡改、删除以及在复制、转移、压缩过程中遗失、变形的风险。其次，互联网金融犯罪利用计算机犯罪，因此侦查此类案件要求司法工作人员具有相关的计算机专业技术，但是目前我国网络警察的专业素质还有待提升，不能完全满足互联网金融犯罪调查的需要。最后，互联网金融犯罪的取证会涉及商业银行、互联网平台、第三方支付平台等多方主体的配合，司法工作人员需要联系位于不同地方的涉案人员，前往位于不同地方的机构并采取相关强制措施，在此过程中需要耗费一定的时间，为犯罪分子转移、消灭证据或者冻结非法资金提供了时间。

二是跨境打击犯罪协助难。如前文所述，互联网金融犯罪往往跨国境进行，这就与传统金融犯罪仅发生于我国领域内的情况不同。一方面，跨境犯罪使得互联网金融犯罪的管辖边界不清晰。犯罪分子可以在任何国家通过互联网进行犯罪并且可以随时更改 IP 地址、连接不同服务器或更换网络服务供应商等方式来掩饰犯罪行为所在地。在各国对刑事管辖权存在不同规定的情况下，如何确定

---

① 刘伟丽：《互联网金融环境下我国洗钱犯罪的惩治与预防》，《法学杂志》2017 年第 8 期。

② 深圳市宝安区人民检察院课题组、詹先见：《互联网金融犯罪实证研究》，《行政与法》2019 年第 1 期。

刑事管辖权是打击互联网金融犯罪过程中面临的难题。另一方面，此类跨境互联网金融犯罪的侦查活动经常需要在境外进行调查取证、抓捕犯罪嫌疑人、冻结资金等，但是受各国法律对互联网金融犯罪的不同规定、中国与外国双边或多边合作条约等因素的影响，国际侦查合作与司法协助具有相当难度。

（三）刑事治理优先化

在开放、自由的互联网时代下形成的互联网金融结合了传统金融和新兴互联网的特点形成了全新的领域，但目前我国规范和调整这一全新领域的法律体系尚不健全，导致对刑罚过度依赖，刑法没有恪守"最后手段"的定位，成为规制互联网犯罪的主要对策。

我国虽然近年来出台了一些互联网金融法律法规，但是问题仍然存在，一是表现为法律体系不完善，一些关键法律缺失，因而对互联网金融机构监管缺乏法律依据以及相关监管主体的职责和义务不明确等。二是现有的规定过于原则和抽象，缺乏针对性、操作性。很多研究表明，互联网金融领域出现的各种问题，主要原因是行政监管不到位，行政规制从立法到具体实施都存在不足。[1] 在此种情形下，刑法成为治理互联网金融领域失范行为的"利器"，刑事治理被优先化。尤其是非法吸收公众存款罪与集资诈骗罪在互联网金融领域适用极为广泛。在此过程中，从严刑事政策、积极入罪思维较为明显。司法机关企图通过运用刑罚对互联网金融犯罪施以重拳，这夸大了刑罚在治理互联网金融犯罪中的作用。治理互联网金融犯罪需要建立起完善的以民事、行政法律法规为先，以刑法兜底的互联网金融犯罪监管法律体系。盲目利用刑法规制不仅难以降低犯罪率，而且可能扼杀金融创新和冒险精神，妨碍金融事业的发展。有学者就认为对于互联网金融犯罪，大量存在比刑事制裁更为

---

① 时延安：《互联网金融行为的规制与刑事惩罚》，《厦门大学学报（哲学社会科学版）》2020 年第 4 期。

有效的手段，刑事治理优先化策略缺乏对金融消费者财产权的应有保障，弱化了刑法激励金融效益的价值功能。①

三、互联网金融犯罪与传统犯罪的联系

由于刑法对诸多互联网金融行为没有作出明确规定，因此很多互联网金融行为游走在合法与违法、一般违法与犯罪之间。而刑法务必坚持罪刑法定原则，如果想要刑法介入新兴的互联网金融领域，那么势必要处理好新行为与罪刑法定原则之间的矛盾。如何处理这一矛盾，学界主要存在立法论和解释论的分歧。前者认为互联网金融犯罪已经不能为传统犯罪所容纳，只有通过对互联网金融行为进行专门立法才能解决矛盾。而后者认为互联网金融犯罪只是传统犯罪在互联网上的延伸，通过对现有犯罪的解释即能够达到规制的目的。

(一) 立法论之观点

此种观点认为互联网金融犯罪是不同于传统金融犯罪的行为类型，如果仍然照搬传统犯罪的法条规制互联网金融犯罪则势必侵犯罪刑法定原则。在立法缺失的前提下，各司法机关对同一犯罪行为的定罪量刑缺乏统一的裁量标准，也影响了司法公平。因此，现有的刑法规范已经不足以调整互联网金融领域的失范行为，应该通过立法的方式进行补充，弥补立法漏洞。

首先，从互联网金融领域的行为类型特征来看，传统金融犯罪侵犯的法益主要是金融监管秩序，但是互联网金融犯罪的法益已经不局限于此，社会秩序、个人财产等法益在互联网金融犯罪中越来越受到重视。以传统法益继续指导互联网金融犯罪的解释已经不足以将一些行为纳入犯罪圈，而且以传统的金融犯罪定罪量刑精准保护法益的作用被打了折扣。另外，互联网金融犯罪在犯罪方法、犯罪手段上与传统金融犯罪有区别，互联网技术加持下涌现的诈骗、

---

① 全威巍：《互联网金融刑法规制扩大化的反思与限缩》，《河北法学》2021 年第 1 期。

盗窃、挪用资金等传统犯罪行为的变异能否认定为犯罪、认定为何罪都出现了争议，刑法的滞后性凸显。

其次，从立法趋势来看，现代刑法应当从"厉而不严"转向"严而不厉"，这也就意味着对于互联网金融犯罪首先就是要不断严密刑事法网，弥补刑法立法的空缺，以积极立法观面对互联网金融犯罪。通过增设新罪名以及修改罪状的方式将互联网犯罪行为逐步纳入刑法的调控范围，这是完善互联网金融监管法律体系的客观需要。同时，严密法网并不意味着刑法的过度扩张，在严密法网的同时也要坚守刑法谦抑性，仅在社会危害性达到一定程度时才根据刑法处罚，严密法网的主要目的是防止无法可依的情形出现。①

(二)解释论之观点

此种观点认为，包括互联网金融犯罪在内的多数网络犯罪，只是传统犯罪在网络空间中的延伸或者再现。其特殊之处仅在于技术因素使得犯罪的某些方面发生了变化，这种变化不需要通过立法的方式来规制，通过刑法理论和解释规则的"调适"，对传统罪刑规范进行解释足以应对现有的绝大多数互联网金融犯罪。只有极少数的情况侵犯到了全新的法益，需要通过立法设置新的罪刑规范。此种观点认为，主张不断通过立法的方式规制互联网犯罪的观点落入了"为现象立法"的情绪性立法中，破坏了刑法的稳定性。面对未来日益多样的互联网犯罪行为，正确的做法应是不断概括行为类型，提炼不同行为类型的最大公约数，适应社会发展需要的同时又维护新法的稳定性。②

比如，学界关于网络虚拟财产是网络技术发展起来以后出现的新兴事物，犯罪行为的犯罪对象虽然从现实中的财物扩展到网络中

① 王志祥、单奕铭：《互联网金融犯罪刑法规制探究》，《辽宁师范大学学报(社会科学版)》2019 年第 3 期。

② 于志刚：《网络犯罪与中国刑法应对》，《中国社会科学》2010 年第 3 期。

的虚拟财产，但是其承载的价值属性、代表的刑法法益仍然在传统刑法的保护范畴内。如在利用互联网支付模式进行的互联网金融犯罪案件中，犯罪行为人建立高仿银行的钓鱼网站获得他人信用卡信息后，登录真实银行网站最终获取他人钱财。此种行为发生在互联网金融背景之下，与盗窃罪、信用卡诈骗罪的传统行为方式不同，但是并不意味着现有的刑法条文无法规制此类行为。分析此类行为的本质特征可以发现，此类行为获取了信用卡信息并进而利用了信用卡的提现、消费、转账等功能，所以仍然属于冒用他人信用卡的行为，应认定为信用卡诈骗罪。①

　　笔者以为解释论观点更为可取。立法始终不可能与社会发展保持同步，多数情况下只能对已经发生的行为进行事后性立法，因此我们不能总是寄希望于通过改变立法的方式规制互联网金融犯罪。在更多的情形下我们要依靠刑法解释，通过对刑法进行合理解释将实质相同的行为纳入已有的规范调控范围内。刑法学的核心就是刑法解释学，能不能合理应对新的犯罪行为正是对当代刑法教义学的一次重大考验。但是同时值得注意的是，刑法解释只能在罪刑法定的框架内进行，不能为了打击犯罪而滥用刑法解释甚至采用类推解释。只能在刑法条文可能的文义内进行解释，否则将会陷入刑法工具主义与刑法万能主义的泥淖，侵犯国民自由。这就要求我们在对传统犯罪的规范进行解释时，要处理好形式与实质的关系。形式理性应优先于实质理性，首先应做形式判断然后再做实质判断。另外，还必须认识到刑法并不是调整互联网金融犯罪的唯一手段，甚至不是最好的手段，应始终秉持刑法的谦抑性，民法、行政法能够调整好的事情，刑法不能提早介入，刑法应作为兜底手段克制适用。可见，构建谦抑性的刑法体系，防止在互联网金融领域入罪解释的泛化是我们面对互联网金融犯罪的正确态度。② 在坚持解释论

---

　　①　深圳市宝安区人民检察院课题组、詹先见：《互联网金融犯罪实证研究》，《行政与法》2019 年第 1 期。

　　②　胡江、刘宛春：《互联网金融犯罪的刑事规制路径探究——以金融创新背景下的刑法谦抑性为视角》，《山东警察学院学报》2019 年第 4 期。

为规制互联网金融犯罪的主要途径之后，也必须认识到对于极少部分不能通过刑法解释予以刑法规制但具有严重社会危害性的行为应当通过适时立法的方式将其纳入刑法的规制范围。立法论者所主张的"严而不厉"的立法方式有合理之处，在保持刑法稳定性的同时也应与时俱进，符合时代的要求。

四、结论

互联网金融犯罪是一个新的犯罪领域，与传统犯罪存在一些区别，但是这些区别并不能说明现有刑法对其无能为力。互联网金融犯罪的犯罪客体仍被包含在传统犯罪客体中，其行为方式在互联网技术的外衣下也并没有发生质的改变，犯罪主体也仍是自然人或单位，通过对传统犯罪的解释能将绝大多数互联网金融犯罪纳入刑法规制范围。但是互联网金融犯罪更容易出现严重的危害结果，对此类犯罪的侦查、追诉难度也更高，而且一些互联网金融行为能否用刑法规制也仍需讨论，因此完善互联网金融法律监管体系，合理发挥民、行、刑三大法的调整作用，提高互联网金融犯罪的侦查、追诉能力是未来治理互联网金融犯罪的关键。

第二节　互联网背景下传统金融犯罪治理

第一目　骗取贷款、票据承兑、金融票证罪研究 *

据相关权威机构统计，截至 2021 年二季度，我国商业银行不良贷款余额达到 2.8 万亿元，且有持续增加的趋势。① 金融安全事关国家根本大计，同时可以看出越是经济发达的地区，金融安全形

＊ 本目由中南财经政法大学硕士研究生颜廷杰负责文献综述工作。

① 参考自银保监会《银保监会发布 2021 年二季度银行业保险业主要监管指标数据》，载 http://www.cbirc.gov.cn/cn/view/pages/ItemDetail.html?docId=1001081&itemId=915&generaltype=0，2021 年 8 月 10 日访问。

势越严峻，金融诈骗屡禁不止。为此，我国《刑法》第三章专门规定了对于破坏社会主义市场经济秩序的相关犯罪，且第五节第193条专门规定了贷款诈骗罪，即以非法占有目的使用不当行为诈骗金融机构贷款。但是，由于案件中非法占有目的难以证明，同时伴随着骗用金融机构贷款于经营或其他活动日益增多，其并没有非法占有目的，针对这些情况就很难追究刑事责任。于是，2006年《刑法修正案(六)》增设骗取贷款、票据承兑、金融票证罪这一罪名，以此打击日益猖獗的金融犯罪。

但是随着司法的逐步适用，该罪名呈现出不当扩大处罚范围的"口袋罪"趋势，《刑法修正案(十一)》也对本条款进行了改动，删除"或者有其他严重情节的"，亦是对本趋势的一个回应。

一、罪名探析

《刑法修正案(六)》中并未对本罪罪名进行具体明确，为此引发了学术界的争论。较具有代表性的观点主要是以下几种：一是骗取贷款、票据承兑、金融票证罪①，二是骗用贷款和银行信用罪②，三是骗取金融机构贷款、信用罪③，四是虚假信用申请罪④，五是金融诈欺罪⑤。最终，决定使用"骗取贷款、票据承兑、金融票证罪"。可以看出该罪是选择罪名，可以细分为骗取贷款罪、骗取票据承兑罪和骗取金融票证罪。下文将首先对该罪名予以探究。

---

① 刘艳红：《〈中华人民共和国刑法修正案(六)〉之解读》，《法商研究》2006年第6期。

② 胡康生、郎胜：《中华人民共和国刑法释义》，法律出版社2006年版，第236页。

③ 王作富：《刑法分则实务研究》，中国方正出版社2007年版，第486页。

④ 何帆：《刑法修正案中的经济犯罪疑难解析》，中国法制出版社2006年版，第126页。

⑤ 何泽宏：《解读〈刑法修正案(六)〉》，《现代法学》2006年第6期。

（一）欺骗手段

欺骗，即行为人将虚假事项或者不真实的信息传递给受害人。①在刑法中，欺骗指被害人基于错误的认识处分财产。具体到本罪，应为财产占有主体的银行或者其他金融机构在错误的认识下处分财产。欺骗手段主要可以表述为两种方式，一是虚构事实，二是隐瞒真相。针对第一种方式，行为人必须通过有意地捏造、积极地作为来达到虚构事实的目的。显然是一种主动地作为，也是最常见的方式。但是对于第二种方式，隐瞒真相既可以表现为作为，例如行为人故意不告知真相，也可以表现为不作为，例如在银行贷款业务中事关是否发放贷款材料的银行并未主动告知，而贷款一方也没有提供，这种情况下是否可以成立欺骗？

从欺诈类犯罪来看，我国承认不作为的欺诈行为，也即不作为行为可以成立犯罪，但是这一前提需建立在主体有作为义务之上。笔者认为骗取贷款、票据承兑、金融票证罪的欺骗手段不应该包括不作为的欺骗，理由有三：第一，针对金融类欺诈犯罪，往往比普通欺诈类犯罪更难，行为人面对的是具有专业知识技能的银行或者其他金融机构的工作人员，被骗的可能性要远远低于一般人；第二，我国《商业银行法》中规定，对于信贷业务，应该对其申请人进行严格审查；第三，针对信贷业务，商业银行实行审贷分离、分级审批制度。

上述是建立在银行或其他金融机构②工作人员认真履行职责之上，倘若机构工作人员因为过失而导致贷款等发放成功，或者是与申请人串通导致贷款等发放成功，该如何处理？针对第一种情况，工作人员由于过失导致贷款等发放成功，笔者认为在满足其他要件

---

① 张明楷：《诈骗罪与金融诈骗罪研究》，清华大学出版社 2006 年版，第 58 页。

② 笔者认为此处的银行或其他金融机构应根据 1994 年 8 月央行发布的《金融机构管理规定》予以确定。未经央行批准从事贷款业务的金融机构不能成为本罪被害人。

的基础上申请人仍应成立犯罪，被害人过失并不阻碍犯罪的成立，相反，银行或其他金融机构工作人员在造成重大损失的前提下也会构成犯罪。针对第二种情况，以银行为例，无论是与具有决定权的工作人员串通，还是与不具有决定权的工作人员串通，此时工作人员并不是为了本单位利益，而是与申请人共谋企图骗取银行贷款，属于骗取贷款罪的骗取行为。

（二）贷款、票据承兑、金融票证

1. 贷款

贷款在日常生活中经常用到，比如房贷、车贷等，其指银行或者其他金融机构按照一定的利率等条件出借自身资金给贷款一方，贷款一方必须归还的信用活动形式，通俗来说就是附利息的借钱。只有银行或者其他金融机构将自身的货币资金通过权力转移给贷款一方时，该笔货币资金便成为贷款。根据《贷款通则》第9条对贷款的分类规定，贷款可以分为信用贷款、票据贴现和担保贷款。信用贷款指凭借贷款一方的信誉从而发放的贷款。票据贴现指贷款一方通过购买借款一方尚未到期的商业票据的形式获得贷款。日常最经常用到的是第三种——担保贷款，它又可分为保证贷款、抵押贷款、质押贷款三种类型。保证贷款即我们俗称的"人保"，需要有第三方保证人的保证；抵押贷款指贷款一方需要向对方抵押自己或者第三人的财产以此获得贷款；质押贷款指贷款一方通过将自身或第三人的动产或者权利质押给对方以此获得贷款。

2. 票据承兑

票据有广义和狭义之分。广义来说包括各种有价证券以及凭证，此处我们讨论狭义票据，即《票据法》中规定的汇票、本票和支票。而承兑则指在汇票中执票人在汇票到期之前要求付款人承诺到期付款，是汇票中特有的一项从属行为，因此，此处的票据承兑也即指汇票承兑。同时，根据我国的相关规定，汇票仅指银行承兑汇票，因此汇票经银行承兑，银行便成为债务人，有义务向持票人付款。在这种情况下，行为人骗取票据承兑危及银行资金安全，破坏了我国的市场秩序。

3. 信用证、保函等

信用证实际上是一种给予保证性质的付款凭证，其由买方向银行申请开给卖方，在一定条件下可由卖方去开证行获得支付资金，实际上也是由银行开具，由银行承担信用风险。本罪的骗取信用证，也即行为人以虚构事实或者隐瞒真相的手段向银行或者其他金融机构申请开立信用证，银行给予开具。

保函一般指银行、保险或者个人等应申请人的请求开具的给予第三人的信用保证。在我国，银行开具的一般称为保函。如果申请人与第三人约定的权利义务关系未能实现，那么将由开具保函的金融机构向第三人承担付款责任。

法条中仅列举了贷款、票据承兑、信用证、保函四种情况，贷款直接体现出银行或其他金融机构与贷款一方或者是申请人的债权债务关系，而后三种，可以看作银行或其他金融机构处于一种担保关系，在这四种情况之后使用"等"表示其他情况。需要指出的是，此处"等"字的含义应该与前述四种类型相同或相近，如贴现业务，但是像存单、资产协议书等内容则不能纳入考量范围，应被本罪所排除。

（三）侵害法益

我国经济刑法保护的法益，历来以经济秩序为中心。对于该罪侵害何种法益，主要有单一法益说和二元法益说。单一法益也有两种观点，一是认为侵害了金融管理秩序，[①] 二是认为侵害了信贷资金安全。[②] 二元法益说的第一种观点认为该罪侵犯了正常的金融管理秩序和信贷资金安全，[③] 第二种观点认为侵害了金融机构的信用

---

① 张兆松：《论骗取金融机构信用罪的若干问题》，《和谐社会的刑法现实问题（下卷）》，中国人民公安大学出版社 2007 年版，第 1511 页。

② 段蓓：《骗取贷款罪的体系性解读：回归刑法第 175 条的尝试》，《法律适用》2020 年第 17 期。

③ 王作富：《刑法分则实务研究》，中国方正出版社 2007 年版，第 486 页。

和管理制度。①

骗取贷款、票据承兑、金融票证罪置于《刑法》第 175 条第 1 款，位于第三章第四节破坏金融管理秩序罪中，故不少学者认为本罪的侵害法益是金融管理秩序，在体系解释上也能说通。但是回归到法益之中，首先，法益归根到底是一种利益，具体到本罪是一种申请人对银行或其他金融机构的具体侵害，能够落于实处的东西，而并不是其宏观概念或者说是一种抽象的虚无缥缈的东西。其次，不同于非法吸收公众存款罪等罪名，侵犯的是国家的金融信贷秩序，且在法条中有明确的体现，而骗取贷款、票据承兑、金融票证罪在法条中未具体体现出某种秩序，且有更适合的法益存在。最后，对于有观点认为侵犯的是金融机构的信用和管理制度，笔者也并不认同。该罪名的设立已经属于在银行或其他金融机构的期望下将预防金融风险的防线前移，如果保护法益再次将该信用和制度纳入其中，那么将会过于倾斜性地保护金融机构。

为此，笔者认为骗取贷款、票据承兑、金融票证罪所保护的法益为单一法益，即信贷资金安全。第一，将信贷资金安全作为保护法益有利于实务中判断行为人的骗贷等行为是否对银行等金融机构产生具体危险，因为骗取贷款行为是否对金融机构造成重大损失取决于实际损失或者是否将贷款置于重大风险中。第二，我国应从以秩序法益为中心转变到以权益法益为中心。计划经济时代以秩序为中心为我国的社会发展作出了重要贡献，但是随着市场经济的发展，权益法益正显得尤为重要，这就好比我们不能只重视"有形的手"，因为"无形的手"也在自动调节。

(四)重大损失的界定

针对重大损失的定位，理论界有不同看法。柳忠卫教授认为重大损失是客观超过要素，② 而郝川教授则认为重大损失是客观

---

① 吴华清：《论骗取金融机构贷款、信用罪》，《中国检察官》2006 年第 9 期。

② 柳忠卫：《骗取贷款、票据承兑、金融票证罪疑难、争议问题研究——兼论我国刑法立法模式的完善》，《法学评论》2009 年第 1 期。

处罚条件。① 笔者认为，重大损失本身即是法益侵害结果。

第一，在普通欺诈类犯罪之中，例如诈骗罪，行为人只要取得财产所有权，那么法益侵害结果便已经出现，因为其侵害的法益是资金的所有权，所有权完成了转移占有，自然结果已经出现。但是在骗取贷款、票据承兑、金融票证罪中，根据上述所得其法益是资金安全，故申请人取得贷款等并不必然表示银行或其他金融机构造成了重大损失，这只是正常的信贷业务。只有在当该资金安全受到侵害时才成立该罪，将重大损失界定为客观超过要素或者是客观处罚条件会将犯罪前置化，扩大了打击范围。第二，从内涵上来看，重大损失与客观超过要素或是客观处罚条件均无法一一对应，其并不在二者的含义之内。② 第三，倘若认定为客观处罚条件，则会导致处罚范围的极度膨胀③，同时基于责任主义原则，认定为客观超过要素也有所不妥。

通过将重大损失界定为法益侵害结果，在另一侧面也有利于缩小该罪的打击范围，将该罪的入罪门槛后移，有利于充分地保障申请人的权利，避免民间借贷纠纷等问题刑法化。

二、罪名现状

该罪立法之初，本意是与贷款诈骗罪、高利转贷罪等罪名共同构成危害金融安全的罪名体系，其的确也发挥了重要功效。但是随着经济的发展，近年来该罪呈现出扩张化、滥用化的现状，孙国祥教授直接指出目前司法适用的混乱以及处罚范围的扩大使该罪成了"口袋罪"④，更加说明了这一现状。在司法实务中，骗取贷款、

① 郝川、欧阳文星：《骗取贷款罪：反思与限定》，《西南大学学报（社会科学版）》2018 年第 3 期。

② 张兆松：《论骗取金融机构信用罪的若干问题》，《和谐社会的刑法现实问题（下卷）》，中国人民公安大学出版社 2007 年版，第 1511 页。

③ 杨绪峰：《骗取贷款罪中"其他严重情节"的体系性反思——基于 169 份刑事裁判文书的实证分析》，《法商研究》2020 年第 2 期。

④ 孙国祥：《骗取贷款罪司法认定中的三个问题》，《政治与法律》2012 年第 5 期。

票据承兑、金融票证罪出现了诸多问题，主要体现在片面看重贷款等数额或次数而入罪、片面看重申请材料瑕疵而入罪以及对定罪要件把握不统一。同时将该罪与相近犯罪进行比较，以求更好地对其予以治理改善。

（一）存在问题

1. 数额论和次数论

为打击经济犯罪，最高人民检察院和公安部于 2010 年 5 月联合制定了《最高人民检察院、公安部关于公安机关管辖的刑事案件立案追诉标准的规定(二)》，其中第 27 条对骗取贷款、票据承兑、金融票证罪进行了规定①，通过该规定，只要行为人满足标准第一、二条所达到的数额或者是第三条的多次，便会对其进行追诉。但是，这种情形显然不合理，该标准是立案标准，并不是裁判标准，立案之后即使侦查完成也需要移送检察院审查起诉，即使审查起诉也需要由法院进行判决，唯数额论和唯次数论没有考虑其他影响因素，合理性有待怀疑。其次，随着以审判为中心的司法改革进程逐步推进，此种情形将势必减少。最后，《刑法修正案(十一)》已经将"其他严重情节"删除，也是为了避免该罪的扩张适用。

2. 材料论

由于该罪在客观方面需要使用欺骗手段，同时所有申请人若想获得贷款等，必须提供充分的材料，因此材料中进行虚假陈述或者有瑕疵也极易被认为是欺骗手段而被追究刑事责任。但是如果这样实施就面临所有材料必须完全真实有效，出现一点瑕疵等问题都会被追究责任，这样显然不合理。骗取贷款、票据承兑、金融票证罪所保护的法益是银行或其他金融机构的信贷资金安全，而不是对一切不合规的贷款等业务行为都进行惩治。② 根据丁培喆在无讼网

---

① 本条规定四种情况应予立案追诉：一是数额在一百万以上；二是造成直接经济损失二十万以上；三是多次骗取；四是兜底条款其他情形。

② 王新：《骗取贷款罪的适用问题和教义学解析》，《政治与法律》2019年第 10 期。

判例调查数据统计显示，从主体上来看民营企业犯罪率要更高，达到53%①，这也从侧面说明民营企业融资难、贷款难现象。在面对银行等金融机构融资繁琐要求时，许多企业为了便于获得贷款而在申请材料中进行虚假陈述，当出现问题时，公安、司法机关便以此认为其使用欺骗手段获得了银行贷款等，从而扩大了打击范围。

3. 定罪不统一论

在司法实务中，针对该罪构成要件的理解适用并不统一，多数观点认为该罪是结果犯，但是究竟是以"取得贷款"作为结果还是以"重大损失"作为结果方面，观点并不一致。例如，案例一②：管某、韩某等人为偿还借款以及公司经营需要向银行贷款1000万元，到期后不能偿还而由担保公司代为还本付息，公诉机关以骗取贷款罪提起公诉，经二审法院审理认为其并不构成骗取贷款罪，在案发前其贷款金额已经由担保公司进行偿还，故作无罪处理。案例二③：赵某为公司经营需要贷款1000万元未全部用于约定事由，且隐瞒公司财务状况，虽然贷款到期后已由担保公司代为偿款，但其行为仍然构成骗取贷款罪。两个基本相同的案件，判决结果却大相径庭，这正说明了这一问题，缺乏标准门槛，导致司法定罪不统一，从而使该罪名扩大化、滥用化。同时还要注意两点问题，第一点是案例二中公诉机关对其起诉的一个理由便是上文提到的在申请贷款时隐瞒公司状况，进行虚假陈述，但是在该案中银行的资金并没有受到实际损失，甚至都没有处于危险之中，判决结果有待考虑。第二点是该罪的扩张化、滥用化势必会导致个人或者企业，尤其是民营企业融资难、贷款难问题，影响经济的持续平稳发展。对此，2019年2月中共中央办公厅和国务院办公厅联合下发《关于加强金融服务民营企业的若干意见》，重点解决民营企业融资难问

---

① 丁培喆：《宽严相济刑事政策下骗取贷款罪疑难问题研究》，华东政法大学2020年硕士学位论文，第38页。

② 辽宁省抚顺市中级人民法院刑事判决书：(2017)辽04刑终94号。

③ 四川省高级人民法院刑事裁定书：(2014)川刑终字第617号。

题，希望此举能够倒逼司法机关更新观念，强化统一，为真正谋求经营发展的企业解决后顾之忧。

(二) 与相关罪名区分

1. 与贷款诈骗罪

首先对骗取贷款、票据承兑、金融票证罪与贷款诈骗罪进行区别，原因在于二者都是金融诈骗罪，且罪名较为相似，容易引起混淆，同时该罪与普通民众的生活联系紧密，具有多发性。贷款诈骗罪指行为人以非法占有为目的，通过欺骗手段，也即采用虚构事实或者隐瞒真相的方法，诈骗银行等金融机构的贷款，并且数额较大。在进行贷款诈骗罪时，与该罪相似，行为人一般也会编造虚假理由、使用虚假合同等，但二者仍有区别，主要体现在以下几点。

第一，二者的主体不同，贷款诈骗罪只能是自然人犯罪，单位不能构成贷款诈骗罪的主体，因此，当单位实施此种诈骗行为时，根据《全国法院审理金融犯罪案件工作座谈会纪要》规定应当以合同诈骗罪定罪处罚。而骗取贷款、票据承兑、金融票证罪的主体是一般主体，即自然人和单位都能构成本罪。第二，主观目的不同，这也是两罪之间最大的区别。虽然两罪的罪过形式均为故意，但是成立贷款诈骗罪，需要行为人"以非法占有为目的"，也即目的犯，行为人在贷款时便没有打算归还，准备将贷款占为己有。本罪并不要求"非法占有目的"或其他目的的，是非目的犯，行为人本不符合贷款要求却采用了欺骗手段获得贷款，意图进行牟利等行为。第三，行为对象不同。贷款诈骗罪仅针对贷款，而本罪对象较多，比较常见的法条中已经列出，如贷款、汇票、信用证、保函等，都可以成为本罪对象。第四，程度和处罚范围不同。成立贷款诈骗罪只要达到数额较大即可，且法定刑最高为无期徒刑，但是成立本罪需要达到使银行或其他金融机构造成重大损失，法定最高刑仅为七年有期徒刑。可以看出，贷款诈骗罪要比本罪严重得多。

2. 与高利转贷罪

高利转贷罪与本罪同时规定在《刑法》第 175 条，前者是指行为人以转贷牟利为目的，对金融机构的资金予以套取又高利转贷给他人，从中牟利且数额较大。可以看出，两罪都没有非法将资金占为己有的目的，且法定刑也相差无几，但仍有不同之处。

首先，侵害的法益二者不同，高利转贷罪侵害的是国家的信贷资金管理制度，而本罪根据上文所述侵犯的是银行或其他金融机构的信用资金安全。其次，行为方式不同，高利转贷罪需要行为人在银行等金融机构套取资金后又高利转贷给他人，由前后两个行为构成，倘若只实施某一行为并不构成该罪，而本罪则是从银行或其他金融机构骗取贷款等造成重大损失。再者，主观方面不同。高利转贷罪以转贷牟利为目的，本罪则只是骗取贷款等，只有占有贷款的故意。最后，在刑罚方面，两罪略有不同。附加刑罚金方面，高利转贷罪是并处一倍以上五倍以下罚金，本罪则未作细致要求，只规定了并处或者单处罚金。

三、司法认定的重构与限制

(一)司法认定的重构

周强法官认为此罪属于诈骗类犯罪，故此罪的行为模式应为行为人实施欺骗行为，银行或其他金融机构产生错误认识，被害人基于错误认识提供了贷款，行为人取得贷款，被害人的资金安全受到了影响。① 张明楷教授观点与此相类似，只是缺少最后一步——被害人资金安全受到影响，由此可以看出前者认为若成立骗取贷款、票据承兑、金融票证罪必须有最后资金损失这一步，而后者是将行为人取得贷款作为法益侵害结果，可以说后一观点有将本罪入罪门槛前移之嫌，基于上述观点表达，相比较而言本书支持前一种观点。虽然本罪与贷款诈骗罪等经济诈骗类犯罪的构成要件存在相似之处，且二者共同打击了该类犯罪，但并不代表二者完全一致或者相互适用。目前，有观点认为骗取贷款、票据承兑、金融票证罪与贷款诈骗罪是高低位阶的关系，当行为人没有非法占有目的时，成

---

① 周强、罗开卷：《骗取贷款罪疑难问题探讨》，《法律适用》2012年第2期。

立骗取贷款、票据承兑、金融票证罪，如果有非法占有目的，则成立贷款诈骗罪，本书恕不能认同此观点。由于两罪在理论和实践上的紧密关系，也往往造成以参照贷款诈骗罪处理方式来处理本罪。

回归到刑法条文本身，《刑法修正案（六）》将骗取贷款、票据承兑、金融票证罪放置在第 175 条第 1 款自然有其考量，因此，本书认为应更多地将目光投向第 175 条——高利转贷罪，以此对骗取贷款、票据承兑、金融票证罪进行审慎判断。要想成立高利转贷罪，需要行为人以转贷牟利为目的，首先套取金融机构资金，其次转贷给他人，达到数额较大。根据上文对两罪的区别分析，可以得出如下骗取贷款、票据承兑、金融票证罪的行为模式：行为人实施骗取行为——银行或其他金融机构陷入错误认识——银行或其他金融机构基于错误认识发放贷款——行为人取得贷款并且使银行或其他金融机构遭受重大损失。虽然前几步观点与上述表述无异，但关键在于最后一步，普通经济诈骗犯罪中，第四步和第五步是同时发生的，当行为人取得资金时，被害人就已经遭受损失，因此可以成立具体诈骗犯罪。但是在本罪中，这两步并不同时发生，中间有一段时间间隔，此段间隔便是部分或全部贷款期限。只有在出现贷款期限中行为人明确表示不还款或者出现转移财产、大肆挥霍财产等危及被害人债权，再或者达到还款期限之后行为人并不进行还款等情形时，才能够明确说明银行或其他金融机构出现重大损失，即使出现犯意转化等情形，行为人取得贷款和被害人遭受财产损失也不会同时满足，也即只有在同时满足本罪第四步的两部分时，才能成立该罪。

鉴于该罪目前适用范围广的问题，本书认为应进行限制适用，将入罪门槛后延，以正确与普通民事行为和金融类诈骗罪犯罪相区分，同时，还要注意将一些行为排除在犯罪之外。

（二）限制适用的主要情形

综合上述分析，基于体系解释立场，为限制适用骗取贷款、票据承兑、金融票证罪，本书认为应将以下行为排除在入罪之外。

1. 贷款等到期时已还本付息或表明具有清偿能力

如上文所言,行为人骗取到贷款后具有一定的还款期限,在还款期限内,行为人往往将获得的贷款等投入实际的生产经营,此时银行或其他金融机构的工作人员应当综合考虑贷款人的资金使用用途、还款能力、经营状况等,即使资金没有全部做到专款专用,但只要用于正常活动,那么在该期限内以贷款未专款专用、丧失偿债能力等缘由对行为人进行定罪量刑是不正确的。由于市场风险的不确定性,贷款等业务到期后只要行为人已经还本付息,或者表明自己具有清偿能力,那么不应以犯罪论处,即使由于波动性暂时丧失清偿能力,只要行为人与银行或其他金融机构能够达成新的真实有效的还款协议,也应尽量避免刑法的适用,而交由民商事争议去解决。

2. 新贷还旧贷行为

以借新贷还旧贷行为应如何认定,对此有不同意见。2006 年 6 月,犯罪嫌疑人杨某为做生意冒用员工信息以员工为买方向当地信用社贷款 200 万元,期限 2 年,到期后杨某未能归还,信用社遂让其采用借新还旧的方式,使得以上贷款变为新贷款。针对这种案件,本书倾向于不构成该罪。在本案中,行为人并未还款,信用社只是变更了贷款凭证和转贷手续,即 2006 年所借的 200 万元与 2008 年的 200 万元实为一笔借款。行为人主观上不是为了骗取新的贷款,而是为了延长还款期限,客观上银行也并未发放新的贷款,并未造成损失,因此并不成立骗取贷款罪。但是,如果犯罪嫌疑人杨某合同到期后仍无力还款,致使信用社造成重大损失则可能构成骗取贷款罪。

3. 存在真实有效的担保行为

一般在向银行或其他金融机构贷款或进行票证交易时,金融机构往往需要行为人提供物保或人保,本书认为在存在真实有效的担保下,并不成立骗取贷款、票据承兑、金融票证罪。回归到本罪根源,该罪保护的是银行或其他金融机构的信贷资金安全,当行为人已经提供了足额且真实有效的担保后,无论是进行抵押、质押类物保还是找自然人法人进行人保,金融机构的信贷资金安全已经有了充分保障,并不会造成重大损失。如上文提及的案例一,在贷款逾期前，其担保公司已经代为偿还欠款，银行的信贷资金处于安全状态，并未受到重大损失，因此，经二审法院审理认为并不构成骗取贷款罪。此外，从该案例可以看出一审法院认定行为人已经构成本罪，通过上诉到二审法院才使自己无罪，由于司法实务中的断案差异，这无疑浪费了司法资源。

4. 银行或其他金融机构没有被骗，在明知情况下

根据上文对本罪行为模式构成的分析，本罪第二步、第三步是被害人陷入错误认识，被害人基于此种错误认识发放贷款，成立本罪需要建立在被害人的错误认识之下，如果被害人明知，则应认定为本罪。首先，成立本罪需要行为人的骗取行为与造成金融机构重大损失存在因果关系，在金融机构明知的前提下，因果关系基于此种特定原因被切断。其次，行为人与银行或其他金融机构的业务需要通过银行工作人员来实现，在正常情况下银行工作人员代表了银行的意志，银行工作人员明知行为人提供材料不真实依然为其发放贷款，这样便形成了被害人推动行为人对自己实施加害行为，从而构成犯罪，这在犯罪学界被称为被害人的主动被害模式①。本文认为在此种情况下金融机构已经丧失了刑法保护的必要性，处于自陷风险之中，应当承担由自己的行为造成的一切后果。

5. 对金融机构、担保人双重欺骗行为

此种情况下，行为人对金融机构和担保人都实施了欺骗行为，使双方都处于错误认识中，行为人通过欺骗担保人从而获得保证顺利得到银行贷款。当行为人不归还贷款时，只能由担保人代为归还，此时银行或其他金融机构并未遭受损失，真正遭受损失的是保证人，保证人成为被害人，行为人虽不构成本罪，但可能构成合同诈骗罪等。

（三）完善建议

经济类犯罪的设立以及发展反映了我国市场经济程度的不断深

---

① 李伟：《犯罪被害人学》，中国人民公安大学出版社 2010 年版，第 57 页。

入，但是刑法对平等民事主体之间财产关系的过度介入势必影响市场经济的有序发展，同时也会削弱民法、行政法等对社会的规范作用。回归到刑法条文，本文认为尚有待进一步改进。

第一，正确认识"有其他特别严重情节"。《刑法修正案（十一）》删除了"其他严重情节"这一表述，体现出该罪的犯罪圈正在呈现收缩之势，但是在第二量刑幅度内对"有其他特别严重情节"仍予以保留则体现出立法机关的审慎态度。目前趋势为限缩该罪使用范围，不能因为贷款达到一定金额而没有造成经济损失就定罪，同理，在量刑升档的情形中，不能认为在第二档量刑中对经济损失没有要求，相反，还必须造成"特别重大损失"或"有其他特别严重情节"。第二档量刑幅度须以行为人构成骗取贷款、票据承兑、金融票证罪为前提，其为情节加重犯，也即行为人实施了符合基本犯罪构成要件的行为，具有严重情节从而对其加重处罚。在司法认定上，对于"有其他特别严重情节"应将其与"特别重大损失"同等看待，因为法条条文在二者之间用"或"连接，表明这种"特别严重情节"应达到"特别重大损失"的程度。最后，在对该情节进行认定时，需要以谦抑性为原则。

第二，第一量刑幅度内删除单处罚金，只保留并处罚金。现行刑法第175条第1款在附加刑方面还是并处或者单处罚金，这就表明对于有些罪犯既要判处主刑还要缴纳罚金，有些罪犯则只需要缴纳罚金。虽然罪犯也有罪轻和罪重之分，但是本文认为仅保留并处罚金更加合理。首先，从立案侦查到审查起诉再到开庭审判，经过这一系列流程在对犯罪嫌疑人作有罪宣判后其已经是一名罪犯，对于能否入罪我们进行严格的限制，确保普通民事行为等不纳入刑法规制范畴，但是已经入罪则需从严处理，以此做到外松内紧，宽严相济。其次，此类案件为金融诈骗类犯罪，且往往涉案金额较高，对罪犯处以罚金更能达到震慑和教育目的。最后，因为各地的判决本就不一，在全国范围内同案不同判现象突出，通过对该法条进行修改，以求尽可能做到不同地域内的同案同判。

第三，明确罚金数额，完善资格刑。首先，本罪罚金数额并不明确，法官自由裁量权较大，可参照刑法第175条高利转贷罪的规定，将罚金定为一定幅度范围内，比如一倍以上五倍以下，以更好达到罪刑相适应。其次，在资格刑方面大力推广从业禁止，我国尤其是金融行业已经对此项规定作出明确要求，① 本罪也可以参照适用。比如通过采取措施禁止行为人在一定期限内从银行或其他金融机构获得贷款或票证，禁止从事某一行业，禁止参加某项活动等，以此给予犯罪行为人以惩戒，达到不敢犯、不能犯的目的。

第二目　窃取、收买、非法提供信用卡信息罪的理解与适用 *

一、立法目的

现代社会的快速发展，使得公民信息安全存在巨大隐患，而其中信用卡信息就是金融犯罪中的重点对象。经济的迅速发展促进信用卡的普遍使用，但是刑法有关信用卡的相关保护规定却存在着漏洞。完整的信用卡犯罪流程包括初期非法获取信用卡信息、中期伪造信用卡、最终使用信用卡。在《刑法修正案（四）》中，信用卡犯罪的中期阶段设立伪造、变造金融票证罪，最终阶段设立信用卡诈骗罪对相关信用卡犯罪行为进行规制，但是对于初期阶段的非法获取信用卡信息的行为，即使可以将其作为信用卡诈骗罪的共同犯罪或者预备犯罪进行处理，但是由于难以证明非法获取信用卡信息的行为与实施信用卡诈骗行为之间的关联性或者因果性，使得对非法获取信用卡信息的违法行为打击效果不明显。为了从源头制止违法行为，《刑法修正案（五）》在第 177 条之后增加 177 条之一，其中第 2 款就明确规定非法获取信用卡信息的

---

①　如《公司法》第 148 条规定，董事、高级管理人员不得有下列行为：（一）挪用公司资金；（二）将公司资金以其个人名义或者以其他个人名义开立账户存储……

＊　本目由中南财经政法大学硕士研究生徐修茜负责文献综述工作。

行为属于犯罪行为，设立窃取、收买、非法提供信用卡信息罪，适用单独的法定刑。

二、窃取、收买、非法提供信用卡信息罪的构成要件解析

（一）本罪的行为对象为信用卡信息

从窃取、收买、非法提供信用卡信息罪的罪名名称来看，就很容易辨别其犯罪对象为信用卡信息，但是对于信用卡信息包含的内容则存在争议。中国人民银行曾将信用卡信息描述为主账号、发卡机构标识号码、个人账户标识、校验位、个人标识代码五类。[1] 关于本罪的保护对象，有学者认为，法律既然没有明确规定身份信息的内容，那么有关持卡人信用卡上的所有信息都是本罪的行为对象。[2] 也有学者认为，信用卡信息没有特定的范围，完成犯罪需要的相关信用卡信息就是本罪的行为对象，即在一般情况下，信用卡信息仅指信用卡磁条信息，特指信用卡账号和密码，一般的身份等信息并不能危害信用卡安全，但当行为人获取磁条信息后，需要持卡人身份等信息才能完成犯罪时，此时的身份信息就属于该罪中信用卡信息的保护范围，利用非法手段获取该种身份信息的行为就构成窃取、收买、非法提供信用卡信息罪。[3] 还有学者认为，信用卡信息分成两种情况进行认定，对于已启用的信用卡，窃取、收买、非法提供信用卡信息罪的保护对象为信用卡磁条信息；对于未启用的信用卡，还需要相关个人验证信息才能激活信用卡，所以窃取、收买、非法提供信用卡信息罪的保护对象就扩大为信用卡磁条信息

---

[1] 中国人民银行 2000 年 11 月发布《银行卡磁条信息格式和使用规范》中将信用卡信息规定为主账号、发卡机构标识号码、个人账户标识、校验位、个人标识代码五类。

[2] 卢勤忠：《信用卡信息安全的刑法保护——以窃取、收买、非法提供信用卡信息罪为例的分析》，《中州学刊》2013 年第 3 期。

[3] 王全：《窃取、收买、非法提供信用卡信息罪疑难问题研究》，《辽宁公安司法管理干部学院学报》2011 年第 1 期。

和启用信用卡时所需的持卡人个人验证信息。[1] 在笔者看来，设立窃取、收买、非法提供信用卡信息罪的立法目的在于保护信用卡使用安全，提前打击针对信用卡实施的犯罪行为，所以不应当将信用卡信息进行限制规定，否则有违立法本意，当行为人非法获取的信用卡信息危害持卡人利益或者金融机构等利益时，就可以将其纳入本罪的保护范围进行刑法规制，即信用卡信息的内容就应当为中国人民银行规定的主账号、发卡机构标识号码、个人账户标识、校验位、个人标识代码五类信息。

窃取、收买、非法提供信用卡信息罪侵犯的是复杂客体，包括他人的信用卡信息安全和国家有关信用卡信息的管理秩序，所以对于外国人的信用卡信息是否属于本罪的保护对象就存在争议。有学者就认为应当包括外国人的信用卡信息。[2] 在笔者看来，争议重点不是持卡人的国籍，而是信用卡的发卡机构，本罪的客体包括他人的信用卡信息安全和国家有关信用卡信息的管理秩序，其目的之一在于维护信用卡管理秩序，所以本罪应当保护的是中国的金融机构发行的信用卡信息安全，只有本国的金融机构发行的信用卡信息受到侵害时才会威胁到国家的信用卡管理秩序。

(二)罪名的客观行为方式

从罪名的基本表述来看，本罪有三种基本行为方式：窃取、收买和非法提供。所谓窃取，是指行为人采取秘密的手段获取他人的信用卡信息，但是在近年来逐渐认可盗窃可以采用平和的公开方式的情形下，对于窃取是否可以采取公开方式存在争议。所谓收买是指行为人采取利用财物或者其他财产性利益等方式换取他人的信用卡信息。所谓非法提供是指行为人将自己手中以合法或者非法手段获取的信用卡信息提供给他人的行为。本罪是选择性罪名，行为人

---

[1]　余小海：《窃取、收买、非法提供信用卡信息罪的司法适用》，《上海政法学院学报(法治论丛)》2013 年第 28 卷第 5 期。

[2]　余小海：《窃取、收买、非法提供信用卡信息罪的司法适用》，《上海政法学院学报(法治论丛)》2013 年第 28 卷第 5 期。

只需要实施其中一种行为就可以定罪处罚。关于本罪的行为方式，笔者提出以下观点：

1. 对"窃取"行为的认定

对于"窃取"，争议点在于窃取是否同盗窃一样可以采用平和的公开方式进行。所谓公开的方式进行窃取，最直接的方式就是当着被害人的面通过网络操作等手段获得信用卡信息，被害人知悉行为人实施的危害行为以及行为所能够带来的后果。有学者将这种采用公开的平和手段进行的窃取行为排除在本罪的规制范围之外，理由在于当行为人实施这种公开行为时，持卡人能够迅速作出反应，通过修改密码等行为使得行为人实施的危害行为丧失实现结果的可能性，从而中断行为人行为所能带来的经济价值。当行为人实施的危害行为并不能带来危害结果时，就没必要对其行为进行打击。①但是笔者并不赞同这种观点，上述观点以行为人的行为不能造成最终的危害结果为理由而否认行为人行为的危害性并不妥当。本罪设立的目的在于打击行为人非法获取信用卡信息，当行为人采用公开的方式获得持卡人信用卡信息时，即使持卡人及时阻止了信用卡损失的事实，但是并不能消除行为人实施的已经非法获取了持卡人的信用卡信息的行为，且其行为已经实施完毕，获得信用卡信息的结果已经出现，符合刑法规定的本罪的构成要件，其后续所造成的危害结果也并不是本罪的规制范围，并不影响本罪的成立。同时如果将采用平和的公开方式排除在"窃取"的范围之外，对于在被害人未能及时阻止行为人的行为以至于其以该种方式成功实现犯罪目的情况下不能进行刑法规制。所以，"窃取"的行为手段不仅包含秘密窃取，同时还包含公开的方式获取信用卡信息。

2. 非法提供的认定

非法提供信用卡信息是指行为人实施的提供信用卡信息的行为并没有获得银行或者持卡人的同意，并不存在事实和法律上的依据。关于"非法提供"行为，需要关注的点首先是对行为人提供的

---

① 余小海：《窃取、收买、非法提供信用卡信息罪的司法适用》，《上海政法学院学报（法治论丛）》2013 年第 28 卷第 5 期。

信用卡信息来源是否存在限制，据此可以将行为人提供的信用卡信息分为行为人合法掌握的信息以及行为人非法获得的信息。行为人合法掌握的信息是指行为人通过职务或者其他合法途径管理、知悉的信用卡信息，此时行为人虽然是合法获得他人信用卡信息，但是对该信用卡信息并没有处置权，所以未经持卡人和银行的同意将其提供给他人的行为仍然侵犯了持卡人和银行的利益，行为具有危害性，属于"非法提供"的行为方式。行为人非法掌握的信用卡信息是指行为人通过骗取、夺取、敲诈、胁迫等非法手段获取他人信用卡信息。对于非法获得的信用卡信息可以通过两种途径论证其属于"非法提供"信用卡信息的行为方式。其一，根据举轻以明重的原则，既然合法掌握的信用卡信息都能成为非法提供信用卡信息的信息来源，那么刑法应当更加规制提供非法来源的信用卡信息的行为，否则容易造成刑法漏洞，对以非法方式获得信用卡信息又将信用卡信息予以非法提供的行为无从处置，不利于惩治犯罪。其二，本罪中的后半段规定了银行或者其他金融机构的工作人员实施本罪从重处罚，就表明本罪的行为主体并非仅限于金融机构工作人员，而除金融机构工作人员外的其他人员合法获取他人信用卡信息的可能性较低，主要还是通过非法途径。所以本罪要想打击"非法提供"他人信用卡信息的行为，就不能在信用卡信息来源中将非法获取他人信用卡信息的行为排除在外。其次，还要考虑"非法提供"是指无偿提供的行为还是有偿买卖的行为。

《刑法》第253条之一侵犯公民个人信息罪中规定的行为方式就是向他人出售或者提供个人信息，该罪将"出售"明确列举，此时的"提供"就特指无偿提供。据此，本罪中的"非法提供"至少就应当包含无偿提供的含义。并且本罪的侵犯客体是持卡人的利益和信用卡管理秩序，所以当行为人实施提供给他人信用卡信息的行为时，其行为本身就具有危害性，威胁了持卡人利益和信用卡管理秩序，是否获利并不是衡量行为人行为危害性的标准。而根据举轻以明重的原则，当行为人实施无偿提供信用卡信息的行为都具有危害性时，那么对于有偿实施买卖的行为更应当进行规制。除此之外，本罪中并没有如侵犯公民个人信息罪一样规定出售的行为方式，所以有必要将"提供"进行扩大解释，同时包含有偿与无偿两种行为方式，刑法才能更加全面地打击犯罪行为。

3. 本罪三种行为之外其他行为的认定

除了本罪当中明确规定的三种行为方式外，采取骗取、夺取、劫取、敲诈等方式取得信用卡信息的能否以本罪定罪处罚？有学者将本罪的三种行为方式分为"取得"和"提供"两类，认为窃取、收买、非法提供信用卡信息罪的行为方式仅限于窃取、收买、非法提供这三种，对于实施其他"取得"和"提供"的行为方式，被害人能够迅速发觉并制止，其行为不一定构成犯罪，刑法没有必要将其纳入处罚范围。① 还有学者认为，尽管骗取、夺取等行为并没有在立法上独立规定，但是这些行为方式仍然属于伪造信用卡或者使用伪造的信用卡进行诈骗的环节中，所以可以结合整个犯罪事实对骗取、夺取等行为进行评价，成立伪造信用卡等罪名的共犯，而不必单独进行评价，将其强行加入本罪中。② 但是笔者并不赞成以上观点。首先，同窃取的行为一样，笔者并不认为采用骗取、夺取等行为获得信用卡信息的行为不构成犯罪，理由上文已经进行论述，所以并不能以这些行为方式可能不会导致危害结果的出现而将其排除在本罪之外。并且，根据第一种观点所说，将本罪行为方式分为"取得"和"提供"两类，那么同属于"取得"和"提供"的表现形式的骗取、夺取等行为为何不能定罪，按照本罪进行评价？其次，本罪中采用的列举式立法本身就无法穷尽所有客观现象，将获取信用卡信息的行为方式限制为窃取、收买、非法提供，并不能适应客观情况，不利于打击犯罪。对此，笔者认为可以将本罪的罪名改为"非法取得、提供信用卡信息罪"，以概括性的罪名将所有具有危害性的取得和提供信用卡信息的行为评价在内，通过相关司法解释进行解释适用。此外，还有观点认为窃取、收买、非法提供信用卡信息

---

① 余小海：《窃取、收买、非法提供信用卡信息罪的司法适用》，《上海政法学院学报（法治论丛）》2013 年第 28 卷第 5 期。

② 黄太云：《刑法修正案解读全编》，人民法院出版社 2015 年版，第222 页。

罪的立法目的在于保护信用卡信息安全，而骗取、夺取、劫取等行为不仅侵害了信用卡信息安全，同时还具有"骗""夺""抢"等违法行为，所以可以将这类行为着重评价其"骗""夺""抢"等行为性质，并以相应的罪名进行处罚。① 笔者认为这种观点的缺陷在于忽视信用卡信息是否能够作为财产性利益被诈骗、抢夺、抢劫等，而笔者认为信用卡信息并不是财产性利益，行为人在以此类公开的手段获得信用卡信息时一般不会给行为人带来经济损失，经济损失是由于后续的伪造信用卡等行为带来的，信用卡信息只是行为人伪造信用卡的前提条件，其并不具有财产性质。如果以"诈骗""抢夺""抢劫"等罪名评价行为人的行为，极易造成罪责刑不相适应，导致刑罚过重，而且对于行为人的涉案金额也无法进行合理评价，以信用卡内金额定罪的理由不够充足，且在行为人已经实施完毕相应行为，但未造成损失的情况下，对于既遂、未遂的认定同样存在争议。

(三)本罪的犯罪主体

本罪根据处罚力度的不同规定了两种犯罪主体：一种是一般主体，即达到法定刑事责任年龄、无精神病、具备完全刑事责任能力的人，这类人适用基本刑罚；另一种是特殊主体，即银行或者其他金融机构的工作人员，这类人适用加重刑罚。所以按照法条的规定，本罪的犯罪主体并不包含单位，那么关于单位实施窃取、收买、非法提供信用卡信息的行为应当如何定性就存在争议。

一种设想是利用法条竞合关系对单位实施的窃取、收买、非法提供信用卡信息罪进行归罪。在这种设想中，单位是侵犯公民个人信息罪的主体，可以将信用卡信息视为公民个人信息中的一种特殊信息，所以在单位实施侵犯信用卡信息的行为时，可以适用侵犯公民个人信息罪对单位进行处置。这是一种反向适用罪名的做法，在《刑法》中，这种反向适用的方法是存在先例的。例如，《刑法》第

---

① 石奎：《窃取、收买、非法提供信用卡信息罪的刑法分析》，《吉首大学学报(社会科学版)》2014 年第 4 期。

149 条就规定："生产、销售本节第一百四十一条至第一百四十八条所列产品，不构成各该条规定的犯罪，但是销售金额在五万元以上的，依照本节第一百四十条的规定定罪处罚。"该条规定的情况就是典型的不适用特殊法条的规定时，就适用一般法条来予以刑法规制。① 但是在笔者看来，在适用这种反向规定时，存在隐形的限制，即《刑法》第 140 条和第 141 条至第 148 条同属于生产、销售伪劣商品罪这一节，一般法条与特殊法条之间存在的是一种包容关系，而窃取、收买、非法提供信用卡信息罪位于《刑法》分则第三章破坏社会主义市场经济秩序罪一章中，侵犯的不仅仅是公民特殊信息，还侵犯了信用卡管理秩序，而侵犯公民个人信息罪是位于《刑法》第四章侵犯公民人身权利、民主权利罪一章中，二者属于一种法条交叉关系，保护的法益并不完全相同。所以，对于单位实施的侵犯信用卡信息的行为，并不能直接以侵犯公民个人信息罪定罪处罚。

　　另一种设想是将单位实施的窃取、收买、非法提供信用卡信息罪的行为按照个人犯罪处罚规定直接追究单位中相关责任人员的责任。对此，学界中并没有关于本罪是否能以追究个人责任而处罚单位实施的犯罪行为的争议。但是参照信用卡诈骗罪等相关犯罪中的争议来看，学界对于此种犯罪主体不包含单位的罪名对单位实施的犯罪行为进行处罚存在两种观点：一是"无罪说"，即不应将单位实施的窃取、收买、非法提供信用卡信息的行为视为犯罪行为。首先，"法无明文规定不为罪"，根据罪刑法定原则的要求，刑法中并没有规定单位可以作为本罪的犯罪主体，所以当单位实施以自然人为犯罪主体的行为时，并不能处罚单位。其次，单位犯罪是单位成员在单位的意志支配下实施的犯罪行为，犯罪的主体是单位而不是自然人，在单位犯罪中处罚单位的相关责任人员是以单位违反法律规定为前提，是自然人对单位所应负的刑事责任的一种分担，如果在刑法没有规定单位成立犯罪的情况下，因单位的不当行为而处

---

　　① 　余小海：《窃取、收买、非法提供信用卡信息罪的司法适用》，《上海政法学院学报（法治论丛）》2013 年第 28 卷第 5 期。

罚单位的责任人员，属于在没有犯罪的情况下处罚无辜的自然人，违反了"违法"与"有责"之间的因果联系。二是"等同说"，将单位实施的行为等同于个人实施的行为，进而适用窃取、收买、非法提供信用卡信息罪。该种观点认为，即使刑法并没有将单位规定为本罪的犯罪主体，但是并不能因此忽视单位行为带来的法益侵害性，并且单位的行为本身就是通过自然人实施的，自然人也具有一定的责任，追究自然人的行为并不存在不合理性。①　笔者认为上述两种观点中，"等同说"更为合理，理由如下：

第一，由单位实施的犯罪行为，最终让实施了具体行为的相关责任人员承担刑事责任并不违反罪责自负原则。首先，单位犯罪虽然是在单位意志支配下实施的犯罪行为，但是该行为最终是由自然人实施，并且自然人在实施犯罪行为时，是具有一定的意志自由的，即单位的相关责任人员可以选择实施符合单位意志的行为，也可以选择不实施单位意志要求下的违法行为。在相关责任人员选择实施违法行为后，其主观上就具有违法的故意，因而具备非难可能性，应当承担相关的刑事责任。其次，《刑法》中关于单位实施犯罪行为的处罚原则是以双罚制为主，单罚制为辅，所以存在单位实施犯罪行为后，只处罚相关责任人员的情况，最高人民检察院就曾出台过相关司法解释，明确规定："涉嫌犯罪单位被撤销、注销、吊销营业执照或者宣告破产的，应当根据刑法关于单位犯罪的相关规定，对实施犯罪行为的该单位直接负责的主管人员和其他直接责任人员追究刑事责任，对该单位不再追诉。"②所以，单位与相关责任人员的刑事责任具有可分割性，司法解释上也存在明确规定只处罚自然人的情况，这就说明单位中的相关责任人员具有独立承担刑

---

① 赵秉志：《新千年刑法热点问题研究与适用（下）》，中国检察出版社2001年版，第1394页。

② 2002年7月4日，最高人民检察院《关于涉嫌犯罪单位被撤销、注销、吊销营业执照或者宣告破产的应如何进行追诉问题的批复》中规定："涉嫌犯罪单位被撤销、注销、吊销营业执照或者宣告破产的，应当根据刑法关于单位犯罪的相关规定，对实施犯罪行为的该单位直接负责的主管人员和其他直接责任人员追究刑事责任，对该单位不再追诉。"

事责任的能力。以上虽然都是在单位能够成为犯罪主体的情况下存在的相关规定，但是同时也表明单位中的相关责任人员具有承担刑事责任的非难可能性以及可以脱离单位独立承担刑事责任的依据，因而在单位实施了窃取、收买、非法提供信用卡信息罪时，直接惩罚单位中的相关责任人员并不违反罪责自负原则。

第二，单位实施本罪的行为时，相关责任人员的行为符合本罪的构成要件。相关责任人员在单位意志支配下实施非法获取信用卡信息的行为时，主观上具有实施该犯罪行为的认知性，客观上实施了非法获取信用卡信息的行为，侵犯了他人的信用卡信息安全和信用卡管理秩序，并且相关责任人员是达到刑事责任年龄、具备刑事责任能力的自然人，所以，单位中的相关责任人员的行为完全符合本罪的构成要件。单位犯罪行为最终是由自然人实施的，虽然窃取、收买、非法提供信用卡信息罪并没有将单位规定为犯罪主体，但是并不能否定自然人的行为符合本罪构成要件的事实。如果根据法无明文规定不为罪的原则将单位实施的非法获取信用卡信息的行为排除在本罪的适用范围之外，那么将会导致放纵以单位名义实施非法行为的相关责任人员，造成刑法的漏洞，以本罪是由单位实施的为借口来忽略行为人行为的危害性并不符合刑法的立法宗旨。

所以，在笔者看来，在本罪未将单位规定为犯罪主体时，直接追究相关责任人员的责任存在一定的合理性，也并没有无中生有地追究自然人的刑事责任，至于法律上的依据则可以通过相关司法解释进行规定。

三、窃取、收买、非法提供信用卡信息罪的犯罪形态

（一）本罪的完成形态与未完成形态

本罪属于行为犯，关于行为犯的概念，刑法理论中存在着诸多争议，主要分为两大类，一是从犯罪既遂的角度来定义行为犯，只要行为人实施了刑法分则规定的犯罪行为就成立行为犯既遂，如高铭暄教授就将行为犯定义为"只要实施刑法分则规定的某种危害行为就构成既遂的犯罪"。二是根据刑法条文的规定来定义行为犯，

即刑法条文中没有明确规定危害结果，只规定了特定的危害行为的就是行为犯。① 在对行为犯的理解存在差异时，对于行为犯是否存在既遂与未遂的观点就存在争议。早期我国刑法学界的通说观点认为行为犯不存在犯罪未遂，犯罪未遂是实质犯及故意犯的特有形态，行为犯属于形式犯，着手实行即为既遂，所以不存在未遂的状态。但是随着刑法的深入研究探讨，目前学界认为行为犯存在犯罪未遂形态的学者已占多数，在他们看来行为犯只是不要求犯罪结果的发生，但是对于其行为本身并没有另外规定，所以同一般犯罪行为一样可能存在未遂。② 笔者赞同行为犯存在未遂状态的观点，行为犯并不是行为一经实施就是犯罪既遂，同样存在着完成形态与未完成形态。由于本罪存在三种行为方式，所以笔者从三个方面探讨本罪的既遂、未遂问题。就窃取信用卡信息来说，并不是行为人实施了窃取的行为就成立犯罪既遂，本罪设立的目的在于保护信用卡信息安全，防止行为人通过获取的信用卡信息进一步实施信用卡诈骗等犯罪行为。所以，在行为人开始着手实施窃取信用卡信息的行为，但尚未获取信用卡信息之前，其行为只能认为是未遂，例如，在 ATM 机上安装摄像头想要获取相关信用卡信息，但是在获取信用卡信息之前就被发现该设备的，就是犯罪未遂。就非法收买信用卡信息来说，并非行为人实施了收买行为就成立犯罪既遂，收买的信息向他人发布并不代表一定会购买到信息，行为人未获取信息的以未遂论处更加合理。就非法提供信用卡信息来说，主要的打击对象是提供者，所以对于本罪只要实施了提供行为就代表行为实施完毕，成立犯罪既遂，而不要求出现接受者实施接受行为。

（二）本罪的罪数形态确定

"刑法检讨行为评价的基础，是建立在单一行为事实的单一规

---

① 韩士队：《行为犯若干问题探析》，中国政法大学 2009 年硕士学位论文，第 5 页。

② 韩士队：《行为犯若干问题探析》，中国政法大学 2009 年硕士学位论文，第 20 页。

范评价，这是犯罪行为论所要检讨的问题，亦即在观察一个行为是否属于犯罪行为时，刑法评价的出发点，都是立于一个构成要件的评价基础上，这是理解刑法评价行为的初步。"①由于《刑法》将利用信用卡获取非法利益的各个环节都规定为犯罪，所以行为人在实施一个完整的信用卡犯罪行为时，在《刑法》中就可以拆分为一系列行为，往往同时触犯数个罪名。以信用卡诈骗罪为例，首先需要非法获取信用卡信息，则构成窃取、收买、非法提供信用卡信息罪；其次是要利用非法获取的信用卡信息来伪造信用卡，则触犯伪造金融票证罪；再者，持有、运输、出售、购买为他人提供伪造的信用卡的，则成立妨害信用卡管理罪；最后使用伪造的信用卡则成立信用卡诈骗罪。这便是本罪的罪数问题，存在同一行为触犯数个罪名或者数个行为触犯同一罪名的情形。对于本罪的罪数问题，可分为以下三种情形进行考虑：

1. 牵连犯

同一主体实施的不同行为，以牵连犯论处，从一重罪处罚，所谓"不同行为"应当满足刑法中规定的不同构成要件，所以在考虑行为人的行为是否成立牵连犯时，就需要考虑行为人的行为是否满足各构成要件的规定。比如，行为人为了伪造信用卡就通过非法行为获取他人的信用卡信息资料，则伪造信用卡是目的行为，非法获取信用卡信息资料是手段行为，二者成立牵连犯，按照择一重罪论处原则，以伪造金融票证罪定罪处罚。这里存在争议的是，由于信用卡相关犯罪一般存在数额要求，所以对于实施未达到犯罪标准的行为，能否成立牵连犯。以信用卡诈骗罪为例，对于作为手段行为的非法获取信用卡信息资料成立犯罪，而对于作为目的行为的使用信用卡进行诈骗的行为最终诈骗数额并未达到定罪标准的，是否成立牵连犯？在笔者看来，成立牵连犯的首要要求就是手段行为与目的行为或者原因行为与结果行为都要达到犯罪的标准，否则容易造成在法定刑较高的重罪行为未成立犯罪时，根据牵连犯的处罚原

---

① 柯耀程：《参与与竞合》，台湾元照出版公司 2009 年版，第 178 页。

则，对成立犯罪的法定刑较轻的犯罪行为的放任而导致对行为人作出无罪处罚的结果。在本例中体现为，作为法定刑较重罪名的信用卡诈骗罪并不成立犯罪，而作为法定刑较轻罪名的窃取、收买、非法提供信用卡信息罪成立犯罪但是并不能处罚。所以，对于此种情况就不应当认定为牵连犯，而是根据其能够成立的罪名即成立窃取、收买、非法提供信用卡信息罪进行刑罚处罚。

2. 实施同一行为的共犯

不同主体实施同一行为，原则上以共同犯罪论处。因为涉及信用卡的相关犯罪的犯罪形式具有选择性，比如窃取、收买、非法提供信用卡信息罪在法条中至少就展现出三种行为方式，妨害信用卡管理罪、信用卡诈骗罪也包含四种行为方式，所以，即使在一个罪名下，行为人之间也可能存在实施不同行为的情况。比如两个以上的行为人在预谋实施非法获取他人信用卡信息的行为时，就可能存在不同主体采用不同的行为方式来实现犯罪目的的情形，即有的犯罪行为人采用窃取的犯罪手段获取他人的信用卡信息，有的犯罪行为人采用收买的方式获取他人的信用卡信息，在该种情形下，行为人之间具有明显的意思联络，触犯的也是同一罪名，成立共同犯罪似乎并无争议。所以在选择性罪名成立共同犯罪时，应当将"同一行为"解释为在一个构成要件内的行为，即使不同的犯罪主体分别采用某一罪名中的不同行为方式，但当其之间具有意思联络时，同样属于该罪名的共犯，体现的只是犯罪主体为了实现犯罪目的实施的行为的差异。

3. 实施不同行为的共犯

对于不同主体实施不同的行为，在不存在意思联络时，分别定罪并无争议，但是对于存在意思联络，只是分工不同的犯罪主体，是否以共犯论处？笔者认为，共同犯罪是指二人以上存在意思联络，共同实施犯罪的行为，这里的"共同实施犯罪"就不应当局限于共同实施"同一犯罪行为"。在涉及信用卡犯罪时，各犯罪主体之间虽然存在不同的分工，比如有的负责非法获取信用卡信息资料，有的负责伪造信用卡，还有的是负责实施信用卡诈骗行为，但是其最终目的都是实施信用卡诈骗。对于为了同一犯罪目标，在对行为存在差异的行为人以不同的罪名进行定罪，可能存在罪责刑不相适应的情况下，以信用卡诈骗罪共犯进行刑罚处罚更加合理。同时适用共犯还有利于处理一种特殊情形，即当犯罪团伙中的某些行为人实施的行为并没达到构罪的标准时，如果将其分别定罪处罚，则这部分人会被认定为无罪，进而不承担刑事责任。所以，为了处罚这部分人有必要将其认定为共犯，使其承担相应的刑事责任。

四、结语

在《刑法修正案（五）》之前，涉及信用卡的相关犯罪只有伪造金融票证罪和信用卡诈骗罪，而《刑法修正案（五）》增加了不少罪名，将伪造金融票证罪与信用卡诈骗罪相关的一些辅助行为都独立进行归罪。而立法机关之所以如此规定，主要有两个原因，第一，对于伪造金融票证与信用卡诈骗之外的行为，其应当也认定为犯罪行为的一部分，具有社会危害性，司法机关要想定罪，就必须证明这些辅助行为与伪造金融票证、信用卡诈骗的行为之间具有因果关系，辅助行为就是为犯罪行为所做的先行准备，辅助行为实施者主观上具有犯罪的故意，进而适用共犯理论对其进行刑法规制，但是在侦查实践中却很难对这种关联性进行证明，结果就是只能放任该行为的实施。第二，将信用卡犯罪的处罚范围进行扩大，有利于从源头上遏制伪造金融票证与信用卡诈骗的行为，使其从客观上丧失部分犯罪条件。同时也回避了信用卡共犯的认定困难，降低信用卡犯罪门槛，加重处罚力度。窃取、收买、非法提供信用卡信息罪的设立，是国家强力打击金融犯罪的一种体现。从该罪设立至今司法实践适用已有十几年，对于该罪的立法司法认定已经有了初步的标准，但是社会是不断进步、变化的，法律要想适应社会的发展需要，也需要对该罪名进行不断的重新解释，实现该罪的社会价值和司法价值。

第三目 互联网金融平台中立帮助行为的
刑法评价*

互联网金融作为近些年来蓬勃发展的新兴金融模式，其实现了互联网技术与金融功能的高度融合，对社会资金的快速流通以及充分整合社会闲散资金起到了极为便利的作用。同时，互联网金融由于其具有普惠性、投资门槛低、金融信息齐全、操作简便快捷等不同于传统金融的特征，日益受到我国民间投资、融资实体单位和个人的青睐，我国实体经济的发展在很大程度上也得益于互联网金融所带来的效益，国家也相应肯定了互联网金融发展与创新的积极作用。但不可否认的是，互联网金融在大步向前迈进的同时，由于监管措施不到位、相应配套的法律规范没有来得及跟上等因素，许多互联网金融单位和个人为了谋取非法利益，常常铤而走险，游走在法律法规的"真空"地带，因此互联网金融领域实质性的违法犯罪现象也是与日俱增，不容小觑。其中，互联网金融平台所提供的技术性业务属于中性行为，一般而言不具有社会危害性，可即便如此，其仍然存在着不小的刑事风险，本目拟就互联网金融平台的中立帮助行为作出相应的刑法评价并且尝试提出限制平台中立帮助行为刑事可罚范围的判断思路。

一、概念的澄清以及问题的提出

由于我国《刑法》并没有规定中立帮助行为的概念，自从"快播案"爆发以来，学界对中立帮助行为的探讨进入热潮。公诉方与辩护方在"快播案"被告构罪与否问题上的关键交锋点就在于快播公司所主张的"技术中立"观点是否成立？快播公司提供视频缓存服务器的技术能否以"中立帮助行为"理论而免除其刑责？由此，关于中立帮助行为理论的研究在我国进入白热化阶段，有的地方也称"中性帮助行为"等。许多学者虽然研究得"热火朝天"，但

---

* 本目由中南财经政法大学硕士研究生王炜负责文献综述工作。

是对于中立帮助行为的概念始终没有统一，所以他们实际上是在不同频道上各说各话。为了避免在概念上纠缠不清而陷入"鸡同鸭讲"的尴尬境地，首先需要对中立帮助行为进行一个概念上的界定。

笔者以为，中立帮助行为之所以能够进入刑法深度研究的视野，在于中立帮助的行为人对正犯者的犯罪活动是有所认识的。正如有人讲道，如果行为人对正犯者的犯罪意图没有认识，则不属于刑法所调整的中立行为，不需要将此类行为纳入中立帮助行为讨论之列。① 陈洪兵教授也认为，中立帮助行为人主观上存在明知，客观上促进了他人犯罪。② 因此，本文所提到的中立帮助行为，都是行为人主观上对正犯者的犯罪意图存在认识的情形。

互联网金融平台亦存在着诸多外表上无害但又实际上促进了犯罪发生的行为，此可谓"中立帮助行为"，比如第三方支付机构已经认识到客户间巨额资金往来异常，可能涉及洗钱活动，其仍然根据客户指令提供转账结算的服务。这样类似的行为从其外观上来看，都具有"职业相当性"或者"业务性"，这也是互联网金融平台中立帮助行为所呈现出来的一个共同的特点。本文无意将社会上所有的中立帮助行为拿来进行讨论，因此有的学者认为中立帮助行为还具有"日常性"的特点，则不太适合于本目以互联网金融平台为背景的场合之下。在此基础上，互联网金融平台能否以其服务行为具有正当业务性的理由而排除相应犯罪的帮助犯或者是帮助信息网络犯罪活动罪③（以下简称"帮信罪"）的刑事责任呢？

---

① 孙万怀、郑梦凌：《中立的帮助行为》，《法学》2016 年第 1 期。
② 陈洪兵：《中立帮助行为出罪根据只能是客观行为本身——有关共犯司法解释的再解释》，《四川大学学报（哲学社会科学版）》2021 年第 4 期。
③ 《刑法》第 287 条之二：明知他人利用信息网络实施犯罪，为其犯罪提供互联网接入、服务器托管、网络存储、通讯传输等技术支持，或者提供广告推广、支付结算等帮助，情节严重的，处三年以下有期徒刑或者拘役，并处或者单处罚金。单位犯前款罪的，对单位判处罚金，并对其直接负责的主管人员和其他直接责任人员，依照第一款的规定处罚。有前两款行为，同时构成其他犯罪的，依照处罚较重的规定定罪处罚。

《刑法修正案(九)》第 29 条所增设的帮信罪,似乎已经为这种疑问表明了官方立场,但实际上由于我国司法实务中缺乏对"明知"认定的一个明确客观的标准,机械化理解法条的现象大量存在,认为只要中立帮助行为人认识到正犯者的犯罪意图,客观上助推了他人犯罪,就必须受到刑事处罚。因此,这种理解很容易走上全面处罚中立帮助行为的道路。许多学者之所以放弃"全面处罚说",是因为如果将中立帮助行为全面纳入刑罚轨道,将会导致社会生活的停滞,人们将陷入永无宁日的焦虑与担心中。① 其实这样的担心和忧虑是有道理的,在全面处罚中立帮助行为的高压之下,互联网金融平台必须事无巨细地审查每一次经办完成的业务,因为说不定哪天就要为自己的正常业务行为而担负刑事责任。显然,这种全面处罚机制过度限制了行为人的自由活动,也不利于互联网金融的发展与创新,因此"全面处罚说"并不可取,也不现实,于国家经济金融的发展更是无益。而中立帮助行为"无罪说"②,则有可能过度地放纵犯罪行为,任其"野蛮生长"无疑将会破坏互联网金融秩序,不利于国民人身、财产等法益的保护,所以这种"无罪说"的论调基本上没有什么太大的市场。而"限制处罚说"具有打击犯罪和自由保障的双重面向,对中立帮助行为的犯罪与非罪进行了筛选,具有合理性。笔者也持"限制处罚说"的立场,但是在该说的内部,可谓呈现出了"百家争鸣"的景象,主要有"主观说""客观说"以及"综合说"三大类限制路径。另外,还有学者主张应当放弃寻找一种统一的正当化根据的这种执著做法,应当多角度地逐步解析职业条件下各类帮助行为。③ 笔者认为这种观点是一种具体问题具体分析的做法,有一定的可取之处,但是没有一个相对统一的衡量标准,恐怕会走上随意解释的道路,并且作者所列举的那几类中立帮助行为的处理办法,是对现实中已经出现情形的归纳总结,很

---

① 张伟:《中立帮助行为探微》,《中国刑事法杂志》2010 年第 5 期。

② 刘天:《中立帮助行为无罪论》,《北京政法职业学院学报》2018 年第 1 期。

③ 王华伟:《中立帮助行为的解构与重建》,《法学家》2020 年第 3 期。

难直接照搬过来去适用未来新发生的案件，因此这种观点还有待完善。下面，笔者将对"限制处罚说"的诸多观点进行简要评议。

二、理论学说之检视

(一) 主观说及其质疑

顾名思义，主观说是依靠行为人的主观方面来限定中立帮助行为的刑事处罚边界的学说。即如果行为人明知自己的中性业务行为会促进正犯所实施的犯罪并引发危害结果，而仍然为其犯罪提供服务，那么就应当以帮助犯的刑事责任处罚这类业务行为。正如有学者言道："如果行为人明确知道正犯实施犯罪行为而仍然给予实质性的帮助，促进正犯实现犯罪目标，此时行为的中立性已经严重地被动摇了。"①反之，如果行为人不明知，则不应当处罚。但首先，众所周知，主观说存在先天上的"缺陷"而历来被理论学者所不以为然，其被诟病的主要地方在于，人的主观世界的东西向来难以捉摸，法官判案更不是上帝视角，无法精准地认识到行为人主观方面的想法。如何证明行为人存在"明知"？"存在认识""高度怀疑""间接故意"算不算"明知"？显然这些问题都无法得到很好的回答，法官存在过大的自由裁量空间，法官当天的心情好坏都有可能影响案件的判决结果。可见，从主观方面出发的路径，其工程量过于庞大，所以这并不是一个明智之举。其次，正如许多刑法学者所担心的那样，过早地关注行为人的主观方面，容易陷入主观主义刑法的泥潭，② 也许行为人一个诡异的微笑，都可能被认定为"明知"而导致入罪。再次，中立性的标准不应当完全由主观方面界定，如果行为人因为知识渊博、比一般人都知道得多，就以此认为其丧失了中立性而要被科以刑责，这未免有失公允。最后，由于笔者在前文

---

① 王华伟：《网络语境中帮助行为正犯化的批判解读》，《法学评论》2019 年第 4 期。

② 王华伟：《中立帮助行为的解构与重建》，《法学家》2020 年第 3 期，第 142 页。

就已经明确表明，中立帮助行为是指行为人主观上已经认识到正犯的犯罪活动且客观上帮助了他人犯罪的情形，再引用主观说的理论，如果对"明知"与"存在认识"不加区分，稍有不慎将会导致这类行为被全部处罚的危险，这与主观说限制中立帮助行为刑事处罚范围的初衷背道而驰。

因此，主观说由于其理论本身存在较多无法克服的弊病，已经成为少数说，而笔者也对主观说持反对立场。

（二）客观说及其质疑

客观说在中立帮助行为的客观层面谋求行为合法与不法的边界，相比于主观说，客观说因其更加确定的判断标准而成为多数说，在客观说之下，又主要有职业相当性说、假定的因果流程说以及利益衡量说的理论分野。

职业相当性说是从社会相当性理论的基础上发展起来的，是由德国著名学者哈塞默率先提出。该说的主要观点为，应该以客观视角观察，区分出不同的职业类别，只要行为人的行为被广为接受或者遵守了职业规范的，应当被视为具有职业相当性，而不能被刑事追责。该说强调了职业规范的重要性，看似具有一定的道理并且与本文所提到的互联网金融平台的中性业务行为背景相吻合，但实际上该说在理论上也难以自洽。其一，"相当性"这个词语本身就含混不清，弹性极大，标准不明确，难保不会有暗箱操作的可能，容易导致认定的恣意性。其二，正如有论者所提出的那样，仅仅以职业的正当性作为免罚事由，存在放纵犯罪的嫌疑。① 如此下去的必然结果就是，会有更多的人假借职业行为之名行违法犯罪之实。例如，P2P 平台在知道了贷款人即将用借贷过来的大笔数额资金用于非法经营，在审查了贷款人提交的材料后依然为其提供广告推广以及资金的划转结算服务，如果仅以形式上的职业相当性为由不处罚这类行为，显然将会导致危害结果的进一步扩大。其三，职业相当

---

① 姚万勤：《中立的帮助行为与客观归责理论》，《法学家》2017 年第 6 期。

性说面临的最大批判就是其将职业规范置于刑法规范之上，赋予职业群体免于非难的特权。① 如果将该说彻底化，则世界上所有基于正当业务行为所造成的法益侵害，一律都不是犯罪行为，显然这种结论难以令人接受。

假定的因果流程说的核心观点为：如果没有该中立帮助行为提供便利，正犯行为人依然能够从别处广泛获取帮助渠道实现犯罪，那么该行为与正犯所实施犯罪引发的危害结果之间没有因果关系，自然就不能成立相应犯罪的帮助犯。假定的因果流程说在我国也有不少的学者支持，比如，黎宏教授认为应当用事后的立场对比有中立帮助行为与无中立帮助行为的情形，看该行为是否导致了构成要件结果的重大变更。② 这种观点看上去有一定的道理，但是也存在疑问。对于一个实实在在已经发生的因果流程来说，具有实在性和具体性。正如周光权教授所言："不能因为假定的因果经过而排斥客观归责。"③另外，刑法中的因果关系很少具有不可替代性④，尤其是这种中立帮助行为，其实它的可替代性很强，若认为凡是实施具有可替代性的行为就否定因果关系，那么这个世界上就几乎很少存在刑法上的因果关系了，随着大量实际发生的因果关系被否定，则无疑会形成处罚漏洞而不利于保护法益。

利益衡量说的背后逻辑是结果无价值理论，主张中立帮助行为是否能够被科以刑责，要将其所造成损害与其带来的裨益进行利益衡量，如果弊害明显大于其所带来的利益，那么行为人的自由活动受到的限制也就越大，从而追究相应帮助犯责任的可能性也就越大；反之，则得出否定结论。在国内学者中，陈洪兵教授就是持这

---

① 郭玮：《中立的帮助行为司法犯罪化的标准探讨》，《西部法学评论》2018 年第 1 期。

② 黎宏：《论中立的诈骗帮助行为之定性》，《法律科学（西北政法大学学报）》2012 年第 6 期。

③ 周光权：《刑法总论》（第 3 版），中国人民大学出版社 2016 年版，第123 页。

④ 陈洪兵：《网络中立帮助行为可罚性探究》，《学术论坛》2021 年第 2期。

种立场，他主张，考虑到自由保障与法益保护之间的权衡，否定帮助行为本身应是排除中立帮助行为可罚性的主要途径。① 然而这种判断标准虽然看上去具有很强的可操作性，就像比较两个数字的大小一样简便易懂，但实则不然。首先，利益衡量说受到最大的批判就是，作为一个统摄性的指导原则，下位的判断标准却略显粗糙，保护自由与保护法益在具体情形下应当倾向于哪种利益较难抉择②，所以从理论上来说，结论作出的随机偶然性成分较大。其次，业务活动自由的权利显然并不是没有边际，在保护国民法益框架下的自由才是我国宪法③规定自由的应有之义。因此，在实践之中，相比于个人的业务自由，国家往往会使国民的法益保护处于更加优越的位置，这在某种程度上来说就使得利益衡量说沦为全面处罚说的境地，这与其理论初衷——中立帮助行为人的自由更具重要性的观点相抵牾。

客观说提倡限制中立帮助行为处罚范围的切入点应当是行为的客观方面，并且始终将解决问题的办法定位在更加确定的客观要件上，相比诉诸并不那么确定的行为人的主观而言，毋庸置疑是更具合理性的，但是客观说也存在一些疑问尚待解决。

(三) 综合说及其质疑

综合说对以往的主观说与客观说进行了整理总结，主张从主、客观两方面来进行探索，可谓是兼采两家之长，比如有观点认为，在中立帮助行为的认定上，应当同时考虑行为的主观方面与客观方面。④ 当然，这种观点是主观说与客观说折中调和的结果，持综合

---

① 陈洪兵:《论中立帮助行为的处罚边界》,《中国法学》2017 年第 1期。

② 郭玮:《中立的帮助行为司法犯罪化的标准探讨》,《西部法学评论》2018 年第 1 期, 第 110 页。

③ 我国《宪法》第 51 条规定, 中华人民共和国公民在行使自由和权利的时候, 不得损害国家的、社会的、集体的利益和其他公民的合法的自由和权利。

④ 付玉明:《论刑法中的中立帮助行为》,《法学杂志》2017 年第 10 期。

说立场的学者认为单从主观方面或者客观方面的角度出发都是片面的。

德国刑法学家罗克辛主张的客观归责论可谓是综合说的代表性立场，具有很强的影响力，其认为在判断中立帮助行为可罚性的问题上，应当将行为人确定的故意与未必的故意区别开来，以及在未必故意的场合下，原则上首先适用信赖原则，不必对行为人进行客观归责。综合说将行为人的主观和客观综合起来，并从更为全面的视角出发，这是值得赞赏的，但是该种学说尤其是罗克辛所倡导的故意二分法，以及没有犯罪意义关联性的中立帮助行为也可以免去客观归责，这些理论在解决实际问题上可能存在疑问。一则，信赖原则的广泛适用有可能导致过度放纵犯罪行为，不利于保护法益以及在未必故意的情形下为什么原则上适用信赖原则，这是没有回答清楚的问题；二则，引入信赖原则限制处罚范围的思路值得肯定，但目前信赖原则主要在交通运输、医疗等相对规范的行业内得到肯定①，那么将该制度"嫁接"到目前尚不规范的网络平台领域是否合适，则成为问题。三则，所谓犯罪意义关联性的标准是什么，没有给出明确的答案。

总体来说，客观归责论在判断中立帮助行为可罚性的问题上，可能是所有单种学说里面最具说服力的一个，我国刑法学者对其追捧的也不在少数。客观归责论将归因与归责严格区分，其因果关系的判断以条件说为依据，在条件关系成立的情况下，具体的判断流程主要有三个步骤：一是行为人的行为制造了不被允许的危险；二是实现了不被允许的危险；三是结果在规范构成要件的保护范围之内。② 如果行为人的行为能够一一满足前述的条件，就可以将结果归责于行为人的行为。有不少学者对客观归责论在处理中立帮助行为问题上的优越性表达了肯定态度，比如有人论述道，客观归责理

---

① 黄瑛琦：《论中介型 P2P 网贷平台的刑事风险及规制限度》，《长春理工大学学报(社会科学版)》2020 年第 33 卷第 3 期。

② 张明楷：《外国刑法纲要》(第 3 版)，法律出版社 2020 年版，第 98~100 页。

论在处理中立帮助行为时有利于克服我国刑事法律及实践中认定主观明知的困难，以及能够明确中立帮助行为人作为共犯的处罚依据。① 的确，客观归责论相比其他的学说，显示出了优越性的一面，但是些许疑问也经常不由自主地油然而生。第一，该理论似乎将全部精力放在中立帮助行为人的身上，而不管不问正犯者对法益侵害的紧迫性以及中立帮助行为与正犯者行为的关联性，笔者认为，这有失妥当。例如，众筹平台明知融资人筹集资金之后将要组织人手行贿国家工作人员，其仍然准许其项目在该平台上宣传推广（以广告形式），争取获得更多投资人的支持和关注，援助其资金。请问众筹平台的行为能否以帮信罪论处？第二，什么样的"危险"才是不被允许的危险？怎样判断危险是否升高？正常的业务活动被犯罪分子利用的算不算制造了不被允许的危险且升高了危险？对于这些问题，客观归责论给出的标准，笔者以为太过于宏观而并非明确具体，在实务案件适用过程中可能存在障碍。

综合说尤其是客观归责论，的确能够合理分辨某些中立帮助行为的刑事处罚边界，但是笔者以为，适用某一种学说是无法涵盖千变万化的案情的，并且客观归责论本身也存在一些疑问，因此我们不妨转换一下思路，不必拘泥于以往"高高在上"的理论学说，用具体的办法去实现突围也未必不可。

笔者始终坚持中立帮助行为部分刑事可罚的立场，鉴于之前的理论学说或多或少都有一些问题，因此，笔者尝试着以自己的方式探寻出中立帮助行为可罚性的判断规则。

三、互联网金融平台中立帮助行为可罚性判断的逻辑进路

为了合理地限制互联网金融平台中立帮助行为的刑事处罚范围，必须先客观后主观，用客观限制主观的思路进行探索，笔者以为下列判断步骤具有合理性。

---

① 吴鸣：《互联网金融创新背景下第三方支付中立帮助行为研究》，《财会月刊》2019 年第 4 期。

（一）以正犯成立犯罪为前提

首先，互联网金融平台的中立帮助行为因其具有较强的业务性特征，被冠以"业务性"特征的行为在一般情况下因其具有正当性而属于行为人的自由活动范围。那么，这种中性业务帮助行为要成立帮助犯并被科以刑责，第一步需要考量的就是正犯者的行为必须是实质意义上的犯罪行为。这是遵循共犯从属性原理的必然选择，帮助犯是依附于正犯者构罪而存在的。一般来说，正犯的实行行为所侵害的法益远比帮助犯的帮助行为要大得多，从保护法益的角度出发，如果刑法认为正犯的实行行为都不构成犯罪，那么法益侵害性更小的帮助行为理所当然就更不能构成犯罪，正所谓"皮之不存，毛将焉附？"就是这个道理。既然如此，要认定中性业务行为是否构成相应犯罪的帮助犯，最优先考察的应当是正犯行为能否构成犯罪。比如，第三方支付机构明知客户间的资金往来是用于卖淫嫖娼活动的，平台仍然为其提供支付技术，第三方支付机构能否以帮助犯或者帮信罪处罚？答案显然是否定的。在我国法律中，卖淫嫖娼行为都不是犯罪行为，而只是一般行政违法行为，因此即便第三方支付机构对客户的违法事实知情，而仍然提供支付服务，也不应以犯罪论处。

其次，帮信罪的出台，似乎意味着网络平台提供的广告推广、支付结算等技术性的服务可以独立入罪而不受被帮助对象是否构罪的影响，这其实是一种误解。其一，帮信罪在性质上属于量刑规则，而不是帮助行为的正犯化。①所谓帮助犯的量刑规则，是指其本质依然是帮助犯，在共同犯罪之中的地位仍然是从属于正犯，只是因为分则条文对其规定了独立的法定刑，而不再适用刑法总则关于帮助犯（从犯）的处罚规定的情形。② 因此，虽然帮信罪拥有独

---

① 黎宏：《论"帮信罪"的性质及其适用》，《法律适用》2017 年第 21 期。

② 张明楷：《论帮助信息网络犯罪活动罪》，《政治与法律》2016 年第 2 期。

立的"帮助行为"性质的构成要件和法定刑，该罪名的认定仍然需要遵循帮助犯认定之共犯从属性法则。其二，即便是持此罪是帮助行为正犯化立场的学者，认为该罪的认定也需要遵从一定的从属性规则。例如，有学者认为，帮信罪在性质上并非量刑规则，适用该罪原则上具有独立性。然而，帮助行为正犯化的特殊内在构造和该罪构成要件行为的特殊性质还是让其保留了一定的实际从属性。①其三，从该罪的文义表达来看，"明知他人利用信息网络实施犯罪，为其犯罪提供互联网接入……"那么这里的"为其犯罪"到底是为谁的犯罪？答案当然是他人的犯罪、被帮助对象的犯罪。从这里也可以看出，此罪的成立，前提是他人的犯罪行为获得了网络平台提供互联网接入等技术性服务的帮助。

综上，在判断中立帮助行为可罚性问题上，无论外界如何变幻，第一步始终都是认定正犯的行为是否构罪，即便中立行为客观上导致了危害结果，具有强因果性，但如果正犯不能构成犯罪，那么中立帮助行为人也不应当承担刑事责任。

(二) 以存在因果关系为基础

毫无疑问，中立帮助行为与正犯危害结果之间的因果关系是认定该行为能否构成帮助犯的关键。而关于因果关系的学说，主要有条件说、相当因果关系说以及客观归责论，由于客观归责论并不仅仅是在讨论因果关系的问题，且笔者在前文也提及了该种理论的一些疑问，所以笔者不予采纳。而条件说最大的弊病就是导致因果关系的无限宽广，因此在条件说基础上发展出来的相当因果关系说进一步合理化地限缩了因果关系的范围，其提出了因果关系要满足"相当性"的要求，"相当性"是以一般人的视角出发进行一般的、符合生活常理的判断，从而更具合理性。在相当因果关系说的内部又有客观说、主观说和折中说的分歧，由于主观说和折中说都不免将"相当性"的判断资料寄托在行为人或者一般人所认识到的事实，

---

① 王华伟：《网络语境中帮助行为正犯化的批判解读》，《法学评论》2019 年第 4 期。

这可能会导致因果关系认定偏离现实情况，有违因果关系的客观性。因此，相当因果关系的客观说更具有合理性，为笔者所采纳，它强调用社会一般人的视角，以客观存在的事实为依据来判断因果关系的有无。

中立帮助行为与正犯危害行为以及结果的关联性是否紧密是相当因果关系说内容的应有之义。如果该中立帮助行为与正犯行为所造成的危害结果之间的关联性十分松散，则一般人不会认为这具有相当性。有人言到，关于中立模式的 P2P 网络借贷平台能否构成刑事犯罪，讨论的前提就要考虑 P2P 网络借贷平台与正犯行为的关联性程度。[1] 再比如，拿之前的一个例子来说，即"众筹平台明知融资人筹集资金之后将要组织人手行贿国家工作人员，其仍然准许其项目在该平台上宣传推广（以广告形式），争取获得更多投资人的支持和关注，帮其援助资金"。笔者以为，虽然众筹平台提供了让大家便利筹集资金的渠道，融资行为人拿着资金去行贿国家工作人员，但是众筹平台提供筹集资金的渠道与融资行为人拿着资金去行贿并不存在强关联性，一般人应当也不会得出存在因果关系的结论。理由在于，筹集资金所直接导致的结果理应是为项目所记载的内容服务，如果项目是非法的且导致了危害结果，则可能会归因于众筹平台的提供服务渠道的行为。然而，融资人将筹集到的资金挪作他用比如行贿，这无论如何也不应将结果归咎到众筹平台头上。假如否认这一点，那么只要融资人将筹集来的资金用在除项目记载内容以外的违法犯罪活动上，就都会得出存在因果关系的结论，这必然会导致无限且随意追因的现象，显然无法让人接受。

有人可能会产生疑问，如果社会一般人的意见不一致怎么办？笔者给出的思路是遵循多数人意见原则，至于关联性的程度如何把握，笔者以为应当从中立帮助行为导致正犯危害结果的直接性和紧迫性角度思考。比如上例，众筹平台所提供的筹资渠道与融资人将筹集的资金用来行贿就并没有直接性。

---

[1] 俞小海：《P2P 网络借贷平台的刑事责任问题研究》，《汕头大学学报（人文社会科学版）》2015 年第 31 卷第 5 期。

(三) 引入不作为犯理论

在考察完因果关系之后，笔者以为还应当考虑不作为犯的作为义务，这样的判断思路会使问题的考虑更加周详。

本目之中限定的互联网金融平台主要是指汇集各种金融类信息、提供投融资项目的建议和配对以及资金周转的支付技术等具有典型业务性质的一个类似中介机构，与我国古代"媒人"的作用异曲同工。互联网金融平台的这类中性业务行为为广大的金融需求者提供了很大的便利，在绝大多数情形下，这是对国家金融大有助益的行为，并不具有危害性。然而，有时这种中性业务行为却为犯罪分子实施犯罪提供了客观上的帮助。在犯罪分子利用中性业务行为实施犯罪的场合，该种业务行为已经发生变质，其有利的一面受到了压缩，它的有害性显露了出来，此时中立业务行为似乎包含了有利与有害的双重性质，成为一个矛盾复合体，这也许就是大部分人不赞成全部处罚这类行为的原因吧！互联网金融平台的这些业务技术服务一旦设计成功且投入运营之后，就像已经开始运转的机器一样，没有特别的理由不会停止。对于平台来说，其一般并不会积极主动地利用自己的技术去参加犯罪，否则就难以称作中立帮助行为。然而平台上的技术服务所导致的危害结果往往是被正犯者积极利用，如果平台完全坐视不管，那就相当于放任这样的犯罪现象发生，因此平台就不能不有所作为。应当说，当平台明知客户利用其业务技术实施犯罪并且具有导致危害结果的直接性时，此时为了保护具体的法益不再继续受到侵害，平台就有中止包含有害性一面的业务行为的义务。刑法上的犯罪阻止义务的其中一种情形便是行为人基于对物或场所的支配或管理关系，而负有的阻止他人利用被管理物品或场所实施犯罪的义务。① 而此处互联网金融平台显然对自己的产品技术具有管理关系，因此负有自己的技术服务不被他人利用实施犯罪的义务。

---

① 　郭泽强、张曼：《网络服务提供者刑事责任初论——以中立帮助行为的处罚为中心》，《预防青少年犯罪研究》2016 年第 2 期。

然而由于互联网金融平台上每天的交易量巨大，再加上其中性业务服务对象的广泛性以及不特定性，并且客户间存在大量的匿名现象，苛求平台去发现每一处犯罪，赋予其过重的防止犯罪义务，则是过分要求，也不太现实，长此以往更会压制互联网金融的创新与发展。因此，笔者认为，在平台已尽严格审核义务的情形下，确定投融资方出于合法的交易目的，即使客观上帮助了投融资方的犯罪活动，亦不能追究其刑事责任。①

（四）以行为人明知为必要条件

行为是主客观的统一体，在考察完客观方面之后，中立帮助行为人的主观方面也同样需要限定。笔者以为，在互联网金融平台对正犯者利用其中性业务行为实施犯罪存在认识的情况下，应当将这种认识严格限定为"明知"。这种"明知"包括直接故意的"明知"，当然也包括间接故意中的"明知"。理由如下：其一，是为了将不明确的认识排除在外，比如"怀疑""可能"等。因为如果存在可能性的认识，也将该行为人科以刑责，无疑会使刑罚的打击范围过大。互联网金融平台原则上只是一个为投资和融资各方牵线搭桥的中介机构，只是为其提供技术性服务，这种中立性的技术性服务为各方都带来了极大便利，促进了互联网金融的创新与发展。平台连接着融资方、投资方以及贷款人、借款人等各类金融主体，让他们互通有无、任意"配对"，平台的存在让他们打破了时间、地理上的束缚，更快捷地实现了资源整合，可以毫不夸张地说，互联网金融平台就是整个互联网金融产业的中流砥柱。因此，如果平台只存在可能性认识而处以刑罚，那么所有互联网金融平台方将会陷入人心惶惶的境地，最终导致的结果无疑会使互联网金融逐渐走向凋敝。其二，众所周知，中立帮助行为无论如何只用承担帮助犯的责任，而互联网金融平台利用网络所提供的技术性业务帮助行为，要么构成《刑法》第 287 条之二的帮信罪，要么构成相应犯罪的帮助

---

① 黄瑛琦：《论中介型 P2P 网贷平台的刑事风险及规制限度》，《长春理工大学学报（社会科学版）》2020 年第 33 卷第 3 期，第 39 页。

犯。而帮信罪作为单独的帮助犯的量刑规则，其法条原文明确规定为"明知"。因此限定为"明知"是为了保证帮信罪与相应犯罪帮助犯的主观认识相一致。

而在司法实务之中，对"明知"进行证明则是一个令人头疼的问题。"明知"包括"已知"和"应知"两个方面的内容，"已知"是基于上帝视角由于理论教义的需要所作的分类，而实务之中往往以司法推定"应知"的方式来完成对"明知"的认定。在众多判断规则中，笔者赞同刘宪权教授的主张，即"大于半数规则"①。他主张，互联网金融平台的业务为犯罪提供的帮助与为正常的金融活动提供的帮助之间有一个客观比例，司法机关在查证、计算、分析之后，如果显示该平台所服务的对象半数以上是实施了犯罪行为，那么此种情形下，司法机关就可以推定互联网金融平台主观上"明知"。笔者以为，这个规则标准相对来说比较客观，而且也容易操作，是值得借鉴的。

（五）必须达到"情节严重"

为了尽可能地限缩互联网金融平台的中性业务行为刑事可罚性的范围，平台的中性业务行为在客观上还必须达到情节严重，如果并不是情节严重的行为，采用行政手段处理足矣，这是为了让刑法尽可能地退居到"幕后"，谦抑原则不可破。笔者之所以如此建议，理由主要有两方面，其一，常见的帮助犯（和我国司法实务之中的从犯作用类似），由于其一般表现为积极主动参加正犯者的犯罪行为，但是立法者仍然考虑到其相比正犯来说对法益的侵害性偏小，因此我国《刑法》规定了对其应当从轻、减轻或者免除处罚，那么互联网金融平台的这种并不是积极主动参加正犯犯罪的中性业务行为要成立相应犯罪的帮助犯并处以刑罚，就更加要求其所造成的法益侵害要比之一般的帮助犯所造成的法益侵害相当甚至更严重，因此"情节严重"这个要素必然不能缺少。其二，由于互联网金融平

---

① 刘宪权：《互联网金融平台的刑事风险及责任边界》，《环球法律评论》2016 年第 5 期。

台所提供的大部分中性业务服务都与《刑法》第287条之二帮信罪构成要件中的"提供广告推广、支付结算"相同或类似，而该罪的实质又是帮助犯的量刑规则，成立该罪明确要求"情节严重"。为了使认定的标准相一致，因此有必要考虑"情节严重"。当然，"情节严重"的因素，应当从形式与实质两方面集中焦点对正犯行为所犯罪名的大小、对法益侵害的紧迫性程度以及特定时期等因素进行考量。

四、结语

互联网金融平台的中性业务服务是互联网金融发展不可或缺的一部分，为国家的经济金融的发展作出了巨大贡献。但与此同时，不法分子利用互联网金融平台的业务服务进行犯罪的现象也不在少数。笔者认为，并不是全部中立帮助行为都具有刑事可罚性，因此主张部分可以追究刑事责任。而各类学说在寻求中立帮助行为的可罚性问题上或多或少地存在一些问题，而笔者考虑到互联网金融蓬勃发展的趋势，有利于国家经济的发展，并且互联网金融平台所提供的中性业务技术本身可谓是整个互联网金融发展的中流砥柱，危害性有限，只是偶然被犯罪分子利用时才体现出来，因此，笔者用自己的思路尝试着将互联网金融平台中立帮助行为的刑事可罚性限缩在一个极小的范围之内，以期能够为互联网金融平台中立帮助行为可罚范围作出理论上的贡献。

第四目　互联网视域下利用未公开信息
交易罪的认定 *

我国金融业的发展虽然较国外起步略晚，但发展速度之快远超预期。加速腾飞的金融证券市场在创造了巨额财富的同时，也催生了大量与金融相关的犯罪。金融犯罪的种类随着金融市场体量的不断壮大，日益显现出多样化和复杂化的趋势。近年来，利用未公开

＊ 本目由中南财经政法大学硕士研究生马雪萌负责文献综述工作。

信息交易行为(又称"老鼠仓"行为)成为证券业监管机构和司法机关重点关注和打击的违法犯罪活动。"老鼠仓"行为严重破坏了国家的金融管理秩序,损害公众投资者的利益,应当追究刑事责任。① 2009年2月28日全国人大常委会通过的《中华人民共和国刑法修正案(七)》(以下简称《刑法修正案(七)》)增设了利用未公开信息交易罪,此举为"老鼠仓"行为入罪提供了法律依据,有利于进一步稳定和发展资本市场。

互联网时代的到来对于利用未公开信息交易罪的治理来说既是机遇,也充满了挑战——大数据系统的应用为利用未公开信息交易罪的查处提供了技术支持,提升了查处效率,降低了查处难度,但多元的互联网技术同时也成为犯罪分子实施该罪的得力武器。有鉴于此,本文拟通过分析互联网背景下利用未公开信息交易罪的认定困境,从行为主体、规制范围、行为模式等方面,探索认定该罪的合理标准,以期对于该罪的治理能够更好地适应互联网时代的发展趋势。

一、互联网时代利用未公开信息交易罪的治理优势与困境

互联网技术是一把"双刃剑"。一方面,将大数据系统广泛应用于对"老鼠仓"行为的查处上,有效提升了对该类行为的查处效率,从根本上扭转了困扰证券监管机构已久的"老鼠仓"行为查处不力的局面。另一方面,互联网技术又具有传播信息速度快、手段多元化、辐射范围广等特点,极大地丰富了"老鼠仓"行为的表现形式,令监管部门防不胜防;而立法的相对滞后性又决定了其无法提前对所有新产生并将不断变形的"老鼠仓"行为进行全面而及时的刑法规制。因此,互联网时代如何将层出不穷的相关违法违规行为认定为利用未公开信息交易罪就成了司法机关要面临的重大难题之一。

---

① 全国人大常委会法制工作委员会刑法室编:《中华人民共和国刑法条文说明、立法理由及相关规定》,北京大学出版社2009年版,第337页。

（一）大数据系统对查处利用"老鼠仓"行为的优势

大数据技术在中国金融证券市场上的应用，并未首先投射于证券投资交易领域，而是以"捕获硕鼠"为开端。金融犯罪的专业性和隐蔽性一般少有犯罪能够企及，在进入互联网时代后其负面特性更愈发凸显。但大数据系统的应用为查处"老鼠仓"行为提供了有力的技术支撑，依靠大数据分析就能够迅速找出藏匿于交易背后的蹊跷之处。"你所经之处，必留痕迹。"有金融交易活动，就会产生数据。在"前大数据时代"，"老鼠仓"行为极为隐秘，很难被发现，然而随着大数据系统对海量数据的整合与分析，在海量交易中精准捕捉违规行为，"老鼠仓"行为正面临着无处遁形的窘境。[1]

"老鼠仓"行为一般表现为金融机构从业人员以自己名义或假借他人名义，或者告知其亲朋好友，在用客户资金将金融产品价格拉升至高位前，先行买入该金融产品，然后在拉升至高位后率先卖出获取暴利。[2] 简而言之，"老鼠仓"行为就是相关从业人员的抢先交易行为。互联网将大数据技术推向了金融证券行业，为证券投资交易活动的监管带来了根本性的变革。具体而言，大数据系统的应用对"老鼠仓"行为的查处主要起到了以下四方面的积极作用：

1. 大数据系统使得对"老鼠仓"行为的查处从被动转向主动。在大数据系统应用之前，"老鼠仓"行为这种自己实施或通过有密切关系的人实施的犯罪行为一般十分隐秘，难以被发现。证券监管机构对"老鼠仓"行为的查处通常极为被动，他们将监察工作的重点放在对于内幕交易和操纵市场等违法行为上，很少关注"老鼠仓"行为，对于"老鼠仓"行为的查处大多属于调查内幕交易和操纵市场时的"意外收获"或是通过举报才开展调查工作。而大数据系统引进以后，目前证监会以及上海、深圳金融监管部门各自拥有大数据监测系统，该系统以智能化、云数据为平台，从海量数据中

---

①　尹靖霏：《大数据成为打击老鼠仓利器》，《中国金融家》2014 年第 7 期。

②　黄太云：《〈刑法修正案（七）〉解读》，《人民检察》2009 年第 6 期。

动态监测并查验个股移动、敏感信息等线索，对当天的交易数据进行实时分析，一旦发现股价偏离大盘走势，监管机构便会立刻主动着手查探异动背后的人或机构活动，无须被动无助地等待犯罪行为的现形。

2. 大数据系统使得对"老鼠仓"行为的查处效率显著提升。"前大数据时代"对于"老鼠仓"行为的查处效率不高，在认定被告人的行为是否属于利用未公开信息交易罪以及应当在何种档次量刑的问题上，需要十分复杂繁琐的取证和研判过程，且通常人工的统计很难避免对账户或相关人员的查处存在遗漏之处。而大数据系统的使用，使得金融证券交易时刻处于证监机构的实时监测之下，一旦有可疑账户出现，就能够立刻被监管机构锁定，对其交易时点和数额的调查于大数据系统来说更非难事，大大提升了对于"老鼠仓"行为的查处效率。

3. 大数据系统使得对"老鼠仓"行为的查处从局部转向整体。在大数据系统引进前，监管机构查处的"老鼠仓"案件的涉案金额均不超过 1 亿元。而自从 2013 年启用大数据系统后，监管机构查处的该类型案件涉案金额大多过亿，轰动一时的"马乐利用未公开信息交易案"的涉案金额甚至高达 10.5 亿元。① 涉案金额不断上涨的背后固然有我国金融证券市场飞速发展、体量不断壮大以及"老鼠仓"行为持续时间长等因素，但更多的是大数据系统对个案交易记录的精准分析和整合，使对"老鼠仓"行为的个案查处愈发全面，滴水不漏。

4. 大数据系统使得对"老鼠仓"行为的查处从片面转向全面。如前所述，2013 年以前监管机构对于"老鼠仓"行为的查处较为被动，查处面较窄，从 2009 年利用未公开信息交易罪出台到 2013 年大数据系统的应用的四年内，全国仅有十几例"老鼠仓"行为被查处，其中部分案件最终甚至并未被认定为犯罪。而自 2013 年下半年开始，我国金融资管业"捕鼠风暴"骤起，证券监管机构通过大

---

① 李耀杰：《大数据时代"老鼠仓"行为的刑法规制》，《证券市场导报》2015 年 9 月号。

数据系统查处多名明星基金经理，曝光多起"老鼠仓"窝案。①"老鼠仓"行为查处难的局面，因为大数据系统的应用而在一定程度上得以扭转。

（二）互联网背景下利用未公开信息交易罪的认定困境

《刑法修正案（七）》将"老鼠仓"行为以"利用未公开信息交易罪"的罪名入刑。一般认为，利用未公开信息交易罪是指金融机构从业人员以及有关监管部门或行业协会的工作人员，利用因职务便利获取的内幕信息以外的其他未公开的信息，违反规定，从事与该信息相关的证券、期货交易活动，或者明示、暗示他人从事相关交易活动，情节严重的行为。② 利用未公开信息交易罪一经出台便引发刑法学界和金融资管业激烈的讨论，将"老鼠仓"行为入刑一方面对于打击该类违法犯罪活动起到了至关重要的作用，有利于我国金融证券行业朝着健康、有活力的方向迈进；但该罪部分较为简略或模糊的罪状表述使其对于司法实践的指导作用相对有限。尽管2019 年 7 月 1 日最高人民法院 最高人民检察院《关于办理利用未公开信息交易刑事案件适用法律若干问题的解释》（以下简称《解释》）得以施行，在一定程度上细化了该罪的司法适用标准，但面对日新月异的互联网技术，对于该罪不断涌现的新形式的治理仍有很长的一段路要走。

有数据分析专家认为，目前证监机构所使用的"大数据"不同于我们通常认知的需借助"云计算"的"大数据"，而是金融监管机构一系列监察系统工作设备和团队口语化的统称。这种"大数据"实际上是一套检测模型，这种检测模型对传统的"老鼠仓"行为几乎可以做到"见血封喉"，但如果出现更加聪明的违法者，"绕过"大数据系统的监测，或者通过更高级的行为模式得以堂而皇之地躲避监测，那么大数据系统的功能就会大打折扣。因此，只能说大数

---

① 李耀杰：《大数据时代"老鼠仓"行为的刑法规制》，《证券市场导报》2015 年 9 月号。

② 张明楷：《刑法学》，法律出版社 2016 年版，第 787 页。

据终结了"老鼠仓"行为的"草莽"时代，而互联网时代的"捕鼠行动"才刚刚拉开帷幕。①

互联网时代，传统犯罪不断涌现出新的特质，利用未公开信息交易罪自然也不例外。《解释》对于本罪"未公开信息"的范围、行为方式和情节要件的认定作出了较为细致且具有可操作性的规定，但仍有不逮之处，具体表现在：首先，利用未公开信息交易罪将犯罪主体限于金融机构从业人员，但随着互联网技术的不断更新迭代，通过互联网合法或非法得知信息的相关人员，如负责相关证券公司资质审核的律师或者非法闯入的黑客，能否作为本罪的规制主体？其次，本罪的规制领域限于金融产品及其有限的衍生品，以"邮币卡电子盘交易"为代表的新型金融衍生品是否属于该罪的规制领域？最后，证监机构以及司法实践中在认定趋同交易行为时一般依照"前五后二"或"同日后二"的计算原则，在借助互联网飞速传播信息的今天，这种认定原则还是否应当继续得到贯彻，抑或是存在例外情况？以及通过网络泄露未公开信息的行为能否纳入本罪的规制范围之中？种种问题都亟待解决。

二、利用未公开信息交易罪主体要件的适度扩张

根据《刑法》第 180 条第 4 款的规定，利用未公开信息交易罪属于身份犯，犯罪主体须为金融机构的从业人员以及有关监管部门或者行业协会的工作人员，② 其中，对于监管部门和行业协会的范围限定一般争议不大，但法律规定将从业人员的来源限定为"金融机构"，很可能遗漏了部分与金融业务挂钩的"非金融机构"，不利于司法实践的顺利推进。此外，《刑法》针对本罪只规定了上述未公开信息的合法知情人员作为犯罪主体的情形，忽略了非法获取未公开信息的人员成立本罪的可能性，这种做法也有待商榷。

---

① 王柄根：《大数据能否终结老鼠仓时代》，《股市动态分析》2014 年第9 期。

② 根据《刑法》第 180 条第 4 款规定，金融机构包括证券交易所、期货交易所、证券公司、期货经纪公司、基金管理公司、商业银行、保险公司等。

（一）未公开信息的合法知情人员范围的重构

根据利用未公开信息交易罪的相关规定，"非金融机构"的从业人员原则上不能作为本罪的犯罪主体。但在当前的金融证券市场中，部分非金融机构的从业人员利用职务便利获取未公开信息的情形也是有可能发生的。例如，承接证券相关法律业务的律师，以及从事证券审计业务的会计师等相关人员，虽然他们隶属于非金融机构的律师事务所、会计师事务所，但其完全有可能在受托从事证券相关的业务时接触到金融机构的内幕信息，或者获取到证券公司集合资产管理计划、证券发行计划、证券投资基金募集计划、证券相关审计报告等内幕信息以外的未公开信息，进而利用这些信息自己实施或建议他人实施证券交易，扰乱金融证券市场。在这种情形下，非金融机构的从业人员的不法行为的社会危害性和危害程度不亚于金融机构从业人员的类似行为，甚至可以说二者并无本质上的区别。因此，不应将本罪主体之一限定为金融机构的从业人员，在非金融机构中从事相关金融证券法律服务或审计业务的从业人员也应当纳入本罪的规制主体之中。换言之，对相关机构的从业人员的划分不应仅取决于其是否隶属于金融机构，而应当考虑在广义的金融证券行业中，各种相关机构和人员的业务范围及内容、与未公开信息的接触可能性和程度，以及相关人员能否借助职务便利获取未公开信息等因素，进而确定本罪的犯罪主体。① 只要相关机构的人员能够通过职务便利获取金融证券业务的未公开信息，并实施交易行为或建议行为，就应当认定为利用未公开信息交易罪。

（二）非法获取未公开信息的人员应为本罪主体

利用未公开信息交易罪与内幕交易、泄露内幕信息罪一同被设置于《刑法》第180条，量刑标准也是统一的，但二者的犯罪主体范围却明显不同。利用未公开信息交易罪的犯罪主体仅包括通

---

① 张绍谦、颜毅：《论利用未公开信息交易罪的立法完善》，《上海政法学院学报（法治论丛）》2017年第3期。

过正常的业务渠道获取未公开信息的人员，而内幕交易、泄露内幕信息罪的犯罪主体则不仅包括合法知情人员，还包括非法获取内幕信息的人员。非法获取内幕信息的人员或者与内幕人员存在特殊关系，或者凭借非法手段，获取相关内幕信息，如黑客入侵、监听等。

利用未公开信息交易罪的犯罪主体并没有像内幕交易、泄露内幕信息罪一样将非法获取未公开信息的人员纳入规制主体中，这样立法的原因主要是立法者对未公开信息重要性的轻视，认为其对于金融证券市场的影响较内幕信息要小得多，刑法没有必要给予前者以同样的重视和保护。① 但这种观点并不应当被简单地予以肯定。讨论这一问题的前提是明确内幕信息与未公开信息的区别，二者最根本的区别是前者主要包括对证券发行或交易价格有重大影响的公司内部直接信息，一旦提前知悉并交易便会取得巨大利益；而后者则主要包括对证券价格产生重大影响的内外部间接信息，不会对价格产生直接影响，如外部监管政策或公司内部对于资金流向等信息的计划和决策，对该类信息的提前知悉与交易并不必然会带来高额的利润回报。② 金融证券市场的健康发展得益于市场信息的正常形成、高效披露和平等使用，③ 一旦出现对于市场信息的滥用行为，就难逃法律的制裁。而市场信息的属性和价值就决定了对于不同类型的滥用行为的定罪量刑边界。有学者认为，内幕信息以外的未公开信息无法直接反映金融资产的内在价值状况，且其对这种价值的间接反映和影响也缺乏准确性和长期性。④ 这种观点值得商榷。证

---

① 浙江省丽水市人民检察院课题组：《利用未公开信息交易罪疑难问题探析》，《河北法学》2011 年第 5 期。

② 钟芸：《以内幕交易、利用未公开信息交易为视角探讨〈证券法〉与〈刑法〉的联动修订》，《中国证券期货》2020 年第 2 期。

③ 谢杰：《"老鼠仓"抗诉案引发的资本市场犯罪司法解释反思》，《政治与法律》2015 年第 7 期。

④ 孙万怀、江奥立：《我国刑法罚金刑适用的理念和规则——以利用未公开信息交易罪现实争议为视角》，《东南大学学报（哲学社会科学版）》2020 年第 5 期。

券的价格是其价值的主要表征，这种价格首先当然受到公司经营状况和业绩等内部因素的影响。但在互联网时代，信息技术水平突飞猛进，全球经济形势、国内外经济政策的变化都会迅速抵达投资者面前，进而影响其投资热情和信心，这种外部因素同样需要受到重视。此外，证券价格也受到市场供需关系的影响，某一时期内大量资金汇集于同一证券，导致其供需关系紧张，其结果必然会反映在证券的价格上，即证券价格上涨；而如果在某一时期内大量资金从同一证券中退出，又会出现证券价格下跌的情形，这两种情况在证券市场上并不少见。而这种资金流向信息明显属于内幕信息以外的未公开信息，但却在实质上影响着证券的价格。可见，未公开信息的影响力，尤其是在某一时期对同一证券价格的影响力，并不比内幕消息的影响力低，因此不宜提倡未公开信息重要性次于内幕信息的主张。此外，《刑法》采取了利用未公开信息交易罪的法定刑援引内幕交易、泄露内幕信息罪的法定刑规定的模式，根据罪责刑相适应原则，这种规定模式也能够从侧面反映出二罪的社会危害性并无本质上的程度差异。①

通过内幕信息与未公开信息对比可知，二者对于证券价格的影响尽管处于不同侧面，但影响力并无本质差别。信息时代的来临，各种合法或非法的通信技术手段层出不穷，金融业的发展已经步入刑法必须对种种手段予以合理规制的阶段。基于此，应当参考内幕交易、泄露内幕信息罪对犯罪主体的规定，将非法获取未公开信息的人员纳入利用未公开信息交易罪的犯罪主体之中，实现对未公开信息和内幕信息的同等保护。

三、利用未公开信息交易罪规制领域的合理延伸

以证券、期货等为基础资产的衍生品交易目前已经成为金融证券市场的重要组成部分，但近年来，除了这种传统的金融衍生品以外，"邮币卡电子盘交易"这种新型的金融衍生品也逐渐步入投资

---

① 张绍谦、颜毅：《论利用未公开信息交易罪的立法完善》，《上海政法学院学报(法治论丛)》2017 年第 3 期。

者的视野，吸引了大量投资者和资金，丰富了金融证券市场的投资交易结构。邮币卡电子盘交易采取实物挂牌、实物提取的方式，将分散于现货市场的邮票、纪念币、电话卡、纪念章等具有收藏价值的实物证券化，通过集中分类、托管上市、定价发行，使其像股票一样得以在网络上交易。尽管经过了较长时期的整改，但邮币卡电子盘交易市场仍然存在不少乱象，诈骗等犯罪行为屡禁不止。电子交易平台先天不足，制度漏洞多，技术水平存在局限，导致平台无法严格规制庄家操纵价格的行为，更多时候也不愿意蹚进浑水之中。邮币卡电子盘交易平台主要在文化产权交易所（以下简称文交所），这种公司制模式在我国发展时间较短，各项制度章程以及面向的市场均尚未成熟，因此非常容易在交易中出现操纵交易的情形，庄家为赢利大肆炒作，拉高价格后寻找中小投资者"接盘"的情形已不足为奇，在邮币卡电子盘交易市场中甚至还出现了文交所与庄家合谋获利的情况。虽然 2016 年出现了文交所临时停盘整顿的事件①，但之后邮币卡电子盘交易复盘后，这种乱象能否得到有效的治理仍未可知。因此，司法实践应当注意到邮币卡电子盘交易的刑事法律风险，将邮币卡电子盘交易纳入利用未公开信息交易罪的规制领域，以规制互联网时代新型金融衍生品的投资交易行为，推动社会资本的良性运作。

我国金融领域的刑事立法长期以来将目光集中于对于证券、期货的规制，而对于金融衍生品的刑法约束则明显关注度不足，也难怪有学者认为，我国当前金融犯罪立法缺乏超前性和预见性。② 面对日益复杂多元的金融衍生品，刑事立法存在"心有余而力不足"的情况，其规制的步伐远不及新型金融衍生品的产生速度。虽然从目前来看，利用未公开信息交易罪的规制领域已经包括了部分金融

---

① 2016 年 8 月 15 日，天津文化产权交易所邮币卡交易中心临时停盘整顿，有媒体认为本次暂停邮币卡交易很可能是借贷交易模式涉嫌违规，从事非法证券活动。本次停盘是自 2015 年底邮币卡虚拟电子交易风险暴露以来，由政府批准的文化产权交易所首次宣布暂停邮币卡交易。

② 卢勤忠：《论我国金融犯罪的刑事立法政策——以刑法修正案为视角》，《上海公安高等专科学校学报》2009 年第 1 期。

衍生品交易，但是其对于邮币卡等互联网时代新产物的规制仍然有限。作为互联网时代的新型金融衍生品，邮币卡电子盘交易目前对于普通投资者而言可能略显陌生，但这并不会熄灭具有"赌徒心态"的部分激进投资者的投资热情。在这一过程中，具有信息优势的人员会非常容易通过利用与投资者之间的信息不对称情形，借助尚未成熟的邮币卡电子盘交易牟取暴利。从这一角度看，对于邮币卡的投资交易与对基础资产的证券、期货的交易没有本质差别，邮币卡电子盘交易市场同样会出现相关人员利用未公开信息交易并获利的现象。基于此，利用未公开信息交易罪的规制领域应当适当延伸至邮币卡电子盘的投资交易市场，不断推进对于新型金融衍生品的监管，促进健康、有序、合理、全面的金融证券市场监管体系的建立。金融市场刑法规制的相对超前性和预防性实际上有利于保持相关犯罪刑法规范长期的稳定性，也有助于缩减频繁修改相关规定的法律成本。[1]

四、利用未公开信息交易罪行为模式的衡量标准

（一）趋同交易行为的认定质疑

"老鼠仓"行为的交易事件比金融机构的交易时间早，因此在国外常常被称为"抢先交易"。但实际上，无论是在证监会作出的行政处罚还是在司法实践作出的刑事处罚中，认定"老鼠仓"行为的交易时间几乎不存在全部早于金融机构交易时间的情形，大部分"老鼠仓"行为的交易时间都不仅包括先于，还包括同期交易，甚至还有稍晚于金融机构交易时间的情形。[2] 这种认定标准脱胎于中国证监会所提出的"趋同交易"理论。利用未公开信息交易罪中的趋同交易主要是指犯罪主体使用私人账户进行与他管理的基金相同

---

① 刘宪权、谢杰：《证券、期货犯罪刑法理论与实务》，上海人民出版社 2012 年版，第 84 页。

② 王涛、汤琳琳：《利用未公开信息交易罪的认定标准》，《法学》2013年第 2 期。

方向的买进卖出行为,[1] 计算的时间段为"先五后二",即计算交易前 5 个交易日到交易后 2 个交易日的账户投资交易行为的趋同性。但对于交易天数的划定理由,以及为何交易后的 2 个交易日也要计算,证监会并未给出明确解答。近年来,证监部门通过大数据系统所分析研判出的趋同交易行为,成为发现和认定利用未公开信息交易罪的有力线索,但是由于缺乏理论支撑,趋同交易对于本罪成立的影响和作用不应被无限放大。

在司法实践中,被告人及其辩护人常常会以趋同交易产生并非基于被告人获知了未公开信息为由为己方辩护,反驳其交易行为与未公开信息之间存在因果关系。[2] 事实上趋同交易行为的产生原因较为复杂,知悉未公开信息并非其唯一产生原因。以证券投资基金为例,对于基金公司而言,建仓时期的股票持仓信息虽属机密,但在互联网时代,要想在交易过程中实现一定程度的趋同于普通投资者也并非难事,甚至无需以得知未公开信息为前提。如果投资者希望通过合法途径与某基金实现股票的趋同交易,他可以搜索"天天基金网"或使用支付宝理财模块的基金栏目,浏览部分公募基金收益排名和各时期持仓明细。一般而言,排名越靠前,基金的前景就越好,而在排名靠前的基金中持仓股票数量越少的基金,投资就越集中。在限定基金范围后,投资者可以对比该基金的持仓明细与股票走势,进而判断出哪些股票是该基金新建仓的,哪些是其采取了加仓或减仓操作的。由于这些操作的资金数目和流向属于公开信息,基于这些已公开信息甚至可以大致判断出基金重仓股所在。因此,普通投资者可以通过在排名靠前的基金中选择其持仓数量较少的一只股票,通过一段时间的跟踪和分析,进而作出买入或抛出的操作,实现一定程度的趋同交易。[3] 此外,在了解了其跟踪基金的

---

① 王晓磊:《利用未公开信息交易罪中未公开信息的认定》,《中国检察官》2019 年第 3 期。

② 山东省青岛市中级人民法院刑事判决书:(2018)鲁 02 刑初 50 号。

③ 韩振兴、薛玉梦:《趋同交易行为的司法认定——以利用未公开信息交易罪为视角的逻辑展开》,《山东法官培训学院学报》2020 年第 4 期。

基金经理的交易风格或交易习惯后，投资者的趋同交易行为可能会更多，进而达到更高的趋同比率。还有一些趋同交易常发生在行业内的业务交流中，① 例如一些相关从业人员在网络聊天群中以股票业绩好、技术指标优等事项为由相互推荐、购买股票，这种情形也很难认定为其泄露了未公开的信息。由此可知，趋同交易的实现并非以未公开信息的挖掘为必要，趋同交易行为的产生并不能作为认定利用未公开信息交易罪的直接且最有力的证据，司法实践中仍需以行为人是否真正获取并利用了未公开信息为标准认定其是否存在犯罪行为。

与趋同交易的典型模式即抢先交易不同，实践中还有一种被称为"模仿交易"的"老鼠仓"行为模式，模仿交易践行追随策略，即紧随金融机构的交易行为进行即时的跟随交易。例如，某些为证券交易提供集中登记、存管与结算服务的市场基础设施机构，其从业人员并没有提前获知未公开信息并交易的合法路径，但却能够较普通投资者稍早得知相关信息的走向或趋势，进而实施交易。因此，这些从业人员的"老鼠仓"行为完全没有抢先交易的机会，只能选择同期交易或稍晚时段的交易。这种模仿交易很多时候是模仿者通过网络对明星私募基金账户的跟踪和分析而采取的操作，在性质上与趋同交易有显著区别，应当予以关注，在司法实践中予以谨慎认定。②

（二）泄露未公开信息行为的认定

通过对比利用未公开信息交易罪与泄露内幕信息罪可知，利用未公开信息交易罪并未将泄露未公开信息作为本罪的行为模式，因此，从原则上讲，行为人单纯向公众披露未公开信息，但未明示或暗示他人从事相关交易活动的，不能被认定为利用未公开信息交易

---

① 刘宪权、林雨佳：《利用未公开信息交易共同犯罪的认定》，《政治与法律》2019 年第 4 期。

② 彭冰：《重新定性"老鼠仓"——运动式证券监管反思》，《清华法学》2018 年第 6 期。

罪。这种规定方式实质上属于立法遗漏①，依然是立法者对未公开信息重要性的轻视。实际上，部分泄露行为仍属于"暗示"的情形之一，属于一种建议行为。互联网时代通信技术发达，使得未公开信息的知情者有了更多的渠道传播、泄露该信息，如果行为人出于让他人实施与该信息有关的投资交易活动而向公众泄露未公开信息，情节严重的，应当认为其成立利用未公开信息交易罪；如果其出于其他目的，则不应认定为本罪，在成立其他犯罪时从其规定定罪处罚。

五、结语

规范、透明、开放、有活力、有韧性、多层次，这是我国资本市场不断努力的发展方向。在建设这一特性的市场的进程中，不断净化金融证券市场的投资交易环境，利用刑事法律规范打击重大金融违法犯罪，是保障众多投资者利益、促进我国资本市场腾飞的重中之重。互联网时代的到来和加速发展，为我国金融证券市场的发展提供了巨大的动力，也不可避免地布下了重重险阻。利用未公开信息交易罪的出台是我国刑事法律规范应对"老鼠仓"行为的有力举措，但在互联网背景下，该罪的规定不应一成不变，而应当在犯罪主体、规制领域以及行为模式的认定上作出必要的扩张与合理的限制，以使该罪能够适应瞬息万变的互联网社会和资本市场。

第五目　我国洗钱罪上游犯罪范围界定新论 *

关于洗钱罪上游犯罪范围问题在学界一直争论不断。上游犯罪是洗钱罪成立的前提和基础，没有基于上游犯罪所产生的非法收益，洗钱行为也就没有了掩饰、隐瞒的对象，相应的洗钱罪也就不

---

①　浙江省丽水市人民检察院课题组：《利用未公开信息交易罪疑难问题探析》，《河北法学》2011 年第 5 期。

*　本目由中南财经政法大学博士研究生徐前负责文献综述工作。

复存在。① 为了应对日益猖獗的洗钱犯罪，我国的刑事立法对洗钱罪的上游犯罪范围进行了不断的扩容，但刑法学界对于是否应当进一步扩容其范围仍然歧见纷呈。因此，本文拟在梳理洗钱罪上游犯罪立法演进的基础上，对上游犯罪应否扩容的学说争议进行了分析，并结合我国洗钱罪的入刑情况，就上游犯罪范围之扩容略抒管见。

一、洗钱罪上游犯罪的立法演进与理论争议

(一)洗钱罪上游犯罪范围之立法演进

从立法沿革上讲，我国洗钱罪的法律演变大致可以分为三个阶段：1990—1996 年是我国反洗钱立法的初创时期，这一时期我国的反洗钱立法经历了从无到有的过程；1996—2002 年是我国反洗钱法律体系的逐步建立时期，这一时期洗钱罪被单独设罪规定在1997 年的《刑法》中；2003 年至今，是我国反洗钱法律体系的修正和完善时期，以《刑法修正案》的形式对洗钱罪进行了三次修正②，形成了如今我们所见的《刑法》第 191 条。

1. 源起：掩饰、隐瞒毒赃性质、来源罪

从 20 世纪 80 年代起，毒品犯罪开始在我国蔓延并呈逐步上升趋势，洗钱与毒品犯罪之间的密切关系，决定了其在毒品交易中的关键作用："漂白"贩毒所得的赃款，以逃脱缉毒机构的追踪和取得、使用贩毒赃款。③ 鉴于"毒品的非法生产、需求及贩运的巨大规模和上升趋势，构成了对人类健康和幸福的严重威胁，并对社会的经济、文化及政治基础带来了不利影响"④，1988 年 12 月 19日，联合国在维也纳通过了《禁止非法贩运麻醉药品和精神药物公

---

① 阴建峰：《论洗钱罪上游犯罪之再扩容》，《法学》2010 年第 12 期。

② 由于《刑法修正案(十一)》关于洗钱罪的修改并不涉及上游犯罪的扩容问题，故下文只论述了关于洗钱罪上游犯罪的两个修正案。

③ 王新：《〈刑法修正案(十一)〉对洗钱罪的立法发展和辐射影响》，《中国刑事法杂志》2021 年第 2 期。

④ 《联合国禁止非法贩运麻醉药品和精神药物公约》，"引言"。

约》，并于 1990 年 11 月 11 日生效。该公约第 3 条规定：各缔约国应采取必要措施将掩饰或隐瞒相关毒品犯罪所得财产的非法来源，或转换、转让该财产的行为确定为其国内法中的刑事犯罪。这是最早出现的被国际社会普遍认可的关于洗钱的规定，我国于该公约通过的第二日就予以签署，1989 年 9 月 4 日获全国人大常委会正式批准，并于 1990 年 12 月通过《关于禁毒的决定》（以下简称《决定》），以遏制我国日益猖獗的毒品犯罪。该《决定》第 4 条第 1 款规定："……掩饰、隐瞒出售毒品获得财物的非法性质和来源的，处 7 年以下有期徒刑、拘役或者管制，可以并处罚金。"最高人民法院于 1994 年以司法解释的形式将该行为确定为"掩饰、隐瞒毒赃性质、来源罪"①。虽然我国司法部门当时并未将此罪正式命名为"洗钱罪"，但是从立法渊源上讲，这是我国首次关于反洗钱行为的刑法规制，标志着洗钱罪立法雏形的出现，具有开创性的历史意义。因而，此时的洗钱罪上游犯罪仅限于毒品犯罪。

2. 1997 年《刑法》第 191 条

虽然《联合国禁毒公约》被视为国际反洗钱立法的起源，但其主要目的是为了预防和打击毒品犯罪，洗钱行为作为毒品犯罪的下游罪犯，对这种行为的打击有利于遏制毒品犯罪，以消除犯罪人从事毒品犯罪活动的利益刺激因素。因此，我国《关于禁毒的决定》中对洗钱行为的相关立法只是毒品犯罪的"附属品"，其立法尚未真正独立。

1996 年 7 月，公安部在向最高国家立法机关提交关于修改刑法分则相关条款的书面意见时，正式提出了"增设洗钱罪"的立法建议，并提出了较为详尽的立法草案。② 1997 年 3 月 6 日，王汉斌

---

① 《最高人民法院关于适用〈全国人民代表大会常务委员会关于禁毒的决定〉的若干问题的解释》第 6 条规定：掩饰、隐瞒毒赃性质、来源罪，是指明知是出售毒品所得的财物而通过金融机构中转、投资等方式，掩盖其非法性质和来源，或者明知是出售毒品所得的财物而有意向司法机关隐瞒其非法性质和来源的行为。

② 高铭暄、赵秉志主编：《新中国刑法立法文献资料总览（下）》，中国人民公安大学出版社 1998 年版，第 2686 页。

在第八届全国人民代表大会第五次会议上专门提及了增设洗钱罪的立法情况："……目前，洗钱犯罪时有发生，已不限于毒品犯罪。因此，草案对明知是毒品犯罪、黑社会性质的组织犯罪、走私犯罪的违法所得及其产生的收益，为掩饰、隐瞒其来源和性质而进行洗钱的行为规定了刑罚。"①在其后颁行的 1997 年《刑法》中第 191 条专门规定了洗钱罪，并将该罪的上游犯罪范围规定为毒品犯罪、黑社会性质组织犯罪和走私犯罪。

3. 洗钱罪上游犯罪两次修订

第一次修订是 2001 年的《刑法修正案（三）》。20 世纪末，恐怖主义犯罪席卷全球。1999 年 12 月通过的《制止向恐怖主义提供资助的国际公约》不仅严厉打击恐怖主义，而且将反恐融资与反洗钱联系起来共同打击。2001 年 9 月 11 日，震惊全球的美国恐怖袭击事件发生后，反恐再次成为国际社会共同热议的话题，也正是在这一国际背景下，我国于 2001 年 11 月签署加入了《制止向恐怖主义提供资助的国际公约》，以积极打击恐怖主义。

"针对最近出现的恐怖活动的一些新情况……为了严厉打击恐怖活动犯罪"②，2001 年 12 月起草并通过了关于针对恐怖活动犯罪的《刑法修正案（三）》。该法案指出，针对恐怖活动犯罪的洗钱行为，将"恐怖活动犯罪"增设为洗钱罪的上游犯罪；此外，王维澄委员在修正案草案的《审议结果的报告》中指出，"有的委员指出，单位洗钱犯罪在一定程度上比个人洗钱危害更大，建议对单位洗钱罪的责任人员的处罚增加一档刑"③。因此，洗钱罪上游犯罪

---

① 王汉斌：《关于〈中华人民共和国刑法〉(修订草案)的说明》，载中国人大网，http://www.npc.gov.cn/wxzl/gongbao/2000-12/07/content_5003708.htm。

② 参见胡康生：《关于〈中华人民共和国刑法修正案(三)(草案)〉的说明》，载中国人大网，http://www.npc.gov.cn/wxzl/gongbao/2002-01/28/content_5284092.htm.

③ 王维澄：《全国人大法律委员会关于〈中华人民共和国刑法修正案(三)(草案)〉审议结果的报告》，载中国人大网，http://www.npc.gov.cn/wxzl/gongbao/2002-01/28/content_5284093.htm.

范围在既有的基础上又增加了黑社会性质的组织犯罪。

第二次修订是2006年的《刑法修正案(六)》。随着国内和国际社会情势的不断发展，我国洗钱罪上游犯罪范围过窄的缺陷日趋明显。无论是2003年我国批准的《巴勒莫公约》规定洗钱罪的上游犯罪包括腐败犯罪、妨害司法犯罪，还是2005年我国批准的《反腐败公约》规定洗钱罪的上游犯罪也包括贪污、贿赂等腐败犯罪，以及2005年我国成为其观察员的"金融行动特别工作组"(Financial Action Task Force，FATF)要求"各国所规定的洗钱罪的上游犯罪必须包括贪污、贿赂等20类严重犯罪或者……"①，都表明目前我国关于洗钱罪的规定不仅与国际反洗钱的标准不相符，而且也不符合我国批准或承诺履行的国际公约的要求。

针对这一问题，"有关部门提出，不少贪污贿赂犯罪、金融犯罪的违法所得数额巨大，为其洗钱将严重破坏金融管理秩序，危害金融安全，应当将为这两类犯罪洗钱的行为，按洗钱犯罪追究刑事责任"②。因此，法工委及司法机关等有关部门研究决定，在《刑法》第191条规定的洗钱罪中新增"贪污贿赂犯罪和金融犯罪"作为其上游犯罪。此外，鉴于国际公约所要求的，"对明知是严重犯罪所得，协助进行转移、转换或者以其他方式掩饰、隐瞒其性质和来源的行为，都应规定为犯罪"③。对此，有的常委会委员和部门建议对洗钱罪的上游犯罪的范围进行进一步扩大。针对这一建议，法律委员会研究认为，除《刑法》第191条的规定外，《刑法》第312条也是涉及洗钱的犯罪，只是没有使用洗钱罪的具体罪名。因此，

---

① 参见林安民：《我国反洗钱立法演变研究》，华东政法大学2008年博士学位论文，第126页。

② 安建：《关于〈中华人民共和国刑法修正案(六)(草案)〉的说明》，载中国人大网，http://www.npc.gov.cn/wxzl/gongbao/2006-07/20/content_5350751.htm.

③ 周仁坤：《全国人大法律委员会关于〈中华人民共和国刑法修正案(六)(草案)〉修改情况的报告》，载中国人大网，http://www.npc.gov.cn/wxzl/gongbao/2006-07/20/content_5350750.htm.

法律委员会经同有关部门研究决定对《刑法》第 312 条作补充修改，将"明知是犯罪所得的赃物而予以窝藏、转移、收购或者代为销售的"改为"明知是犯罪所得及其产生的收益而予以窝藏、转移、收购、代为销售或者以其他方法掩饰、隐瞒的"，并将该罪的罪名由"窝藏、转移、收购、销售赃物罪"修改为"窝藏、转移、收购、销售、掩饰、隐瞒赃物罪"。之后，2007 年出台的司法解释将该罪更名为"掩饰、隐瞒犯罪所得、犯罪所得收益罪"。由此，洗钱罪的上游犯罪范围得到进一步扩大，在将贪污贿赂犯罪、破坏金融管理秩序犯罪、金融诈骗犯罪共同列为洗钱罪的上游犯罪之后，我国的洗钱罪形成了现有的七类上游犯罪的基本框架，这彰显出我国大力惩治洗钱犯罪的力度和决心。

（二）洗钱罪上游犯罪应否扩容之理论争议

自 1997 年《刑法》第 191 条规定洗钱罪以来，关于洗钱罪上游犯罪的立法经历了《刑法修正案（三）》和《刑法修正案（六）》两次修改，这虽然使我国洗钱罪上游犯罪的范围得到进一步扩大，但我国作为国际社会反洗钱合作中负责任的大国，为积极履行我国的国际义务以惩治日益泛滥的洗钱犯罪，我国刑法理论和实务界关于洗钱罪上游犯罪范围的研究和争论从未停止过。

1. 肯定说与否定说之争

扩容否定说认为，《刑法修正案（六）》将洗钱罪上游犯罪进一步扩大后，我国洗钱罪上游犯罪的范围已经相当完善，符合我国目前打击洗钱犯罪的实际情况，因而不需要再对其进行扩容。[1] 例如，有学者认为，《刑法》第 191 条将洗钱罪上游犯罪限定为七类具有严重社会危害性的犯罪，有利于确保我国的刑事立法将反洗钱犯罪的打击重点始终集中于最突出、最严重犯罪所得的洗钱活动上。[2]

---

①　参见王铼、胡金彪、王晨翼：《我国洗钱罪上游犯罪之扩展》，《中国检察官》2021 年第 7 期。

②　参见黄太云：《立法解读：刑法修正案及刑法立法解释》，人民法院出版社 2006 年版，第 143 页。

此外，也有学者认为，如果不断扩张洗钱罪上游犯罪范围，将与我国目前的司法能力不相符，极易造成对司法资源的过度浪费，从而有损于严厉打击洗钱犯罪的实际效果，违背设立洗钱罪以保护金融秩序和金融安全的立法初衷。① 同时，《刑法》第 312 条作为《刑法》第 191 条的兜底条款，《刑法修正案（六）》对《刑法》第 312 条的修正实际上已经弥补了《刑法》第 191 条的缺陷，也符合国际公约对我国关于洗钱罪刑事立法的要求，故我国洗钱罪上游犯罪范围过于狭窄的问题已然不存在，② 因而没有继续扩容的必要。

扩容肯定说认为，虽然《刑法修正案（六）》将洗钱罪上游犯罪范围扩容至七类严重犯罪，但随着经济的发展，并结合目前我国的司法实务，作为最具有社会危害性之一的洗钱犯罪对我国经济社会的危害愈加严重，当前洗钱罪上游犯罪的范围具有一定的局限性，已经不能满足我国严厉打击洗钱犯罪的实际需要，因而需要对其进行进一步的扩容。此外，无论是英美法系还是大陆法系的一些国家，其刑法立法趋势都是将洗钱罪上游犯罪范围予以最大化，因而有学者认为，我们可以参照、学习并且吸收；同时，《联合国打击跨国有组织犯罪公约》以及《联合国反腐败公约》要求各缔约国应当积极寻求将洗钱罪适用于范围最广泛的上游犯罪，我国作为这些国际公约的成员国，因而有责任按照公约的要求扩张洗钱罪上游犯罪的范围。且更为关键的是，由于我国反洗钱的刑事立法与境外绝大多数国家和地区的刑事立法并不趋同，这将妨碍我国有效参与国际反洗钱犯罪的协同与合作。③ 故而，我国应当更加积极地扩大洗钱罪上游犯罪的成立范围。

2. 激进扩容说与有限扩容说之争

即使在扩容肯定说中，对于洗钱罪上游犯罪的范围应扩容到何

---

① 参见马长生、辜志珍：《论〈刑法修正案（六）〉对洗钱罪的扩容》，《河北法学》2007 年第 9 期。

② 参见曲新久：《中国反洗钱的法律框架及其主要内容》，《法学杂志》2007 年第 2 期。

③ 参见孙振江、骆细芬：《论洗钱罪上游犯罪之再扩容》，《理论界》2011 年第 6 期。

种程度，也存在不同的见解，主要包括激进扩容说和有限扩容说。激进扩容说的主张者对上游犯罪的范围提出了最大化建议，认为应当加强对洗钱罪的打击力度，把上游犯罪范围扩张到所有可能产生犯罪所得及其收益的犯罪领域。例如，有学者认为，凡是掩饰、隐瞒犯罪所得及其收益的来源和性质的行为将会影响司法机关追诉犯罪活动的犯罪所得，均可成为洗钱罪的规制对象，从而纳入洗钱罪上游犯罪范围。[1] 也有观点认为，与现有立法对七类上游犯罪违法所得及其产生的收益进行规制一样，采用相同的方法也同样可以规制相同数额的其他违法犯罪所得及其产生收益的行为，因此，洗钱罪上游犯罪的范围应当扩张至一切犯罪。[2]

相反地，有限扩容说则从节约司法资源、合理配置司法资源的角度出发，主张将洗钱罪的上游犯罪限定在一定的范围之内。有观点认为，洗钱罪上游犯罪的范围应予扩展，但其扩展应以《联合国反腐败公约》所规定的"最小范围"为限。因为就目前我国的国情、司法实务以及刑事法律制度而言，将洗钱罪上游犯罪扩容至所有犯罪领域，并不现实，故不能盲目跟随国际公约。也有观点认为，如果将洗钱罪上游犯罪范围无限扩容，这将导致洗钱罪与《刑法》第 312 条掩饰、隐瞒犯罪所得、犯罪所得收益罪之间关系的混乱。[3] 换言之，这种做法将使得外延较窄的洗钱罪由特别法地位上升为普通法，即处于与外延较宽的掩饰、隐瞒犯罪所得、犯罪所得收益罪同等地位，从而使该罪处于一种名存实亡的虚置状态。因此，洗钱罪上游犯罪的范围，至少应扩容至诈骗、绑架、赌博、偷税、漏税等犯罪在内

---

　　① 　参见莫洪宪主编：《加入〈联合国打击跨国有组织犯罪公约〉对中国的影响》，中国人民公安大学出版社 2005 年版，第 115 页。

　　② 　参见侯国云、安利萍：《洗钱罪相关问题探讨》，《河南师范大学学报（哲学社会科学版）》2007 年第 1 期。

　　③ 　参见马克昌：《完善我国关于洗钱罪的刑事立法——以〈联合国打击跨国有组织犯罪公约〉为依据》，载赵秉志主编：《联合国公约在刑事法治领域的贯彻与实施》，中国人民公安大学出版社 2010 年版，第 731 页。

的违法所得及其收益巨大的严重犯罪领域。①

二、洗钱罪上游犯罪范围扩容之必要性与适度性

(一)洗钱罪入罪率低的现状及原因

在《刑法修正案(六)》对洗钱罪进行修改之后,洗钱罪形成了七种上游犯罪并立的格局,但根据多家权威机构调查分析公布的结果来看,洗钱罪的入刑力度仍然较低。根据2015—2018年中国人民银行公布的《中国反洗钱报告》,我国洗钱犯罪呈现出发案多但入刑少(尤其是上游犯罪入刑多、洗钱罪入刑少)的特点。② 此外,从全国各级检察机关公布的信息来看,我国每年批准逮捕的涉嫌洗钱犯罪的案件数量较多,但实际具体以洗钱罪为由批准逮捕的案件数量占比较少;从各级人民法院公布的审理信息来看,以涉嫌洗钱犯罪为由进行审理的案件数量庞大,但实际以洗钱罪定罪处刑的案件数量仍然较少。总结而言,造成我国洗钱罪入刑比例较少的原因主要有以下几点:

首先,洗钱罪上游犯罪范围过于狭小。无论是《巴勒莫公约》还是《反腐败公约》《联合国有组织犯罪公约》都要求各缔约国应将洗钱行为适用于所有违法所得及其收益数额较大的严重犯罪领域,而不应对洗钱罪的上游犯罪范围有所限制。因此,对我国而言,应当继续扩容洗钱罪上游犯罪范围,这种将上游犯罪限定为特定七类犯罪的违法所得及其收益的做法,不仅制约了相关法律法规的作用,而且限制了涉嫌洗钱罪成立的立案数量。

其次,对反洗钱义务机构的刑事制裁存在法律漏洞。在我国,有些金融机构在经营过程中忽视了客户资产来源的合法性,未能严格履行反洗钱义务,从而在提供服务的过程中促成了洗钱行为的实现。这些金融机构的行为在某些国家和地区的法律规定中通常被认

---

① 参见贾宇、舒洪水:《洗钱罪若干争议问题研究》,《中国刑事法杂志》2005年第5期。

② 刘锷:《洗钱罪入刑范围亟待拓宽》,《基层声音》2020年第11期。

定为洗钱犯罪，但由于我国刑法只将洗钱罪的犯罪主体限定为自然人，因而并不处罚这些提供服务的金融机构。

最后，侦查机关在侦办涉嫌洗钱犯罪的案件时存在协调不顺畅的问题。在公安机关内部，七类洗钱罪上游犯罪的刑事侦查分别由缉毒、缉私、刑侦、经侦、国宝等部门管辖，因而在案件侦办过程中可能出现不协调、各自为政的现象。即只关注本部门负责的罪名，即使发现涉嫌洗钱行为也是按照上游犯罪的延续进行追赃，而不是向其他相关负责部门移送案件或者提供线索，当部门之间缺乏相互协助或配合时，洗钱犯罪也就难以查处。此外，由于合作机制的缺失，公检法等机关在案件侦办、线索获取以及证据收集方面也会显得力不从心，从而导致司法机关对案件性质的认定缺乏专业保障和支持。

（二）上游犯罪扩容之必要性：否定说之局限

洗钱罪上游犯罪扩容之否定论者通常认为，在我国现行法律框架下，《刑法》第 312 条掩饰、隐瞒犯罪所得、犯罪所得收益罪已成为洗钱罪的兜底条款，二者相互补充、密切配合形成了一套较为完善的法律体系，洗钱罪的上游犯罪范围已变更为所有具有犯罪所得及其收益的犯罪。① 这一观点将洗钱罪置于整体现行法律框架下考虑，在严密法网的层面上具有相当的合理性。但需要指出的是，洗钱罪与掩饰、隐瞒犯罪所得、犯罪所得收益罪之间虽然属于一种法条竞合关系，但二者之间在犯罪主体、犯罪客体、明知的内容、法定刑以及犯罪目的等方面都存在较大的差异，后者不能完全取代前者，否则就忽视了洗钱罪所具有的独立的立法价值。此外，《刑法》第 312 条掩饰、隐瞒犯罪所得、犯罪所得收益罪作为洗钱罪的兜底条款，其重在维护司法机关的正常活动，该罪在惩治洗钱犯罪的过程中处于辅助地位而非主体地位，设立洗钱罪的目的是为了惩治金融犯罪，维护正常的金融管理秩序。如果将应由洗钱罪调整的

---

① 参见阴建峰：《论洗钱罪上游犯罪之再扩容》，《法学》2010 年第 12 期。

行为转而由掩饰、隐瞒犯罪所得、犯罪所得收益罪调整，这就与洗钱罪设立的初衷不相符合。因此，尽管《刑法》第 312 条掩饰、隐瞒犯罪所得、犯罪所得收益罪属于第 191 条洗钱罪的兜底条款，该条也不应成为限制洗钱罪上游犯罪继续扩容的根本理由。上游犯罪是否应予扩容取决于该罪自身的特点以及我国惩治犯罪的现实需要和切实履行国际公约的义务。就此而论，洗钱罪上游犯罪范围具有继续扩容之必要，断然否定再扩容，不仅不符合我国立法的实际，而且也难免会落入立法僵化的窠臼。

洗钱罪上游犯罪再扩容之必要性的原因首先在于它是各成员国履行国际公约义务的基本要求。2000 年，我国签署的《联合国反腐败公约》第 2 条要求各成员国应将所有严重犯罪都纳入洗钱罪的上游犯罪范围。虽然从公约的性质来看，并不强行要求各成员国履行相应的义务，只是授权其按照本国国情自行决定是否扩容以及如何扩容，但就公约的基本立场和精神而言，公约实际上是主张洗钱罪上游犯罪应当继续扩容的。① 从我国目前关于洗钱罪上游犯罪的刑事立法来看，其上游犯罪范围与国际公约所要求的上游犯罪范围之间仍然存在较大差距，因此，从履行国际公约的基本义务出发，我国洗钱罪上游犯罪的范围具有继续扩容的必要。

其次，洗钱罪上游犯罪再扩容，能够更好地满足我国惩治洗钱犯罪的客观实际需要。近年来，洗钱罪的犯罪形式已经突破了传统领域犯罪的限制，不断向新的犯罪领域蔓延，如果将洗钱罪的上游犯罪范围仍然只局限于传统的七类犯罪，将对我国司法实务严厉打击洗钱犯罪提出新的、更高的挑战。根据中国人民银行公布的近年来中国反洗钱报告数据统计，非法经营犯罪、赌博犯罪、网络电信诈骗犯罪以及涉税犯罪等相关领域的洗钱犯罪占比大幅上升，这些犯罪早已成为我国反洗钱打击的重点犯罪，司法实践在惩治洗钱犯罪时也已经远远突破了传统七类上游犯罪。因此，洗钱罪的上游犯罪范围确有进一步扩展之必要。

---

① 参见井晓龙、张宝：《我国洗钱罪上游犯罪扩容的立法建议》，《人民检察》2017 年第 23 期。

最后，洗钱罪上游犯罪再扩容，将有利于我国开展国际反洗钱犯罪的刑事司法合作。由于洗钱罪具有跨国性、国际性等典型特征，在全球化背景下，仅仅依靠某一个国家的法律法规去打击各类洗钱犯罪并不现实，而是需要不断加强打击洗钱犯罪的国际刑事司法合作，实现案件调查、案犯追捕以及引渡等方面的沟通协作。而要实现这一点，就必须以各国之间的反洗钱立法以及司法制度不存在明显的差异为前提，否则就不可能有效遏制现代社会频发的各类洗钱犯罪。因此，进一步扩容洗钱罪上游犯罪范围是我国严厉打击全球性洗钱犯罪的国际刑事司法合作的要求。

(三) 上游犯罪扩容之适当性：有限扩容说之提倡

1. 激进扩容说之缺陷

主张激进扩容说者一般认为，洗钱罪上游犯罪范围的扩张不仅是国际公约所规定的各成员国应当履行的义务，而且也是世界各国刑事立法的发展趋势，是社会发展和司法实务活动的必然结果。例如，有论者认为，取消洗钱罪上游犯罪限制，对打击各种洗钱犯罪、威慑犯罪分子、积极开展反洗钱司法实践活动具有重要意义；而且这种做法与欧美等国放弃上游犯罪限定的做法相契合，有利于国际刑事司法协助的开展，顺应了国际反洗钱立法的潮流。[1] 其实，换一个角度讲，通过《刑法修正案 (六)》以及《刑法修正案 (七)》的修正，我国关于洗钱罪的刑事立法实际上形成了以洗钱罪为核心，以掩饰、隐瞒犯罪所得、犯罪所得收益罪与窝藏、转移、隐瞒毒品、毒赃罪为补充的立法格局。换言之，立法者实际已将洗钱罪的上游犯罪范围扩张至所有能够产生犯罪所得及其收益的犯罪。[2]

但笔者认为，上述观点将洗钱罪仅仅理解为狭义的洗钱犯罪，忽视了《刑法》第 312 条掩饰、隐瞒犯罪所得、犯罪所得收益罪作

---

[1] 参见朱静：《从洗钱犯罪的独立性再论我国洗钱犯罪的上游犯罪问题》，《中国商界》2010 年第 7 期。

[2] 阴建峰：《论洗钱罪上游犯罪之再扩容》，《法学》2010 年第 12 期。

为兜底条款的地位与作用，也没有处理好洗钱罪与窝藏、转移、隐瞒毒品、毒赃罪之间的关系，因而并不合理。此外，欧美等国虽然规定了较为广泛的上游犯罪，但其并不是简单地追求无限扩张上游犯罪，而是与其自身国家的法律制度有关，正如有学者所言："英美法系国家之所以规定最为广泛的洗钱罪上游犯罪范围，一个很重要的原因就在于他们主张要以现代的洗钱罪取代传统的赃物犯罪，从而形成刑事立法上洗钱罪'一罪独大'的局面，以弥补传统赃物罪的不足。"①这种立法模式刚好与我国关于洗钱罪的立法恰恰相反，但殊途同归，尽管在立法模式上这两种方式截然相反，但都与本国的司法制度以及惩治洗钱犯罪的实际需要相契合，因而也就无所谓借鉴了。

在洗钱罪上游犯罪扩容之适度性上，笔者认为，激进扩容说不符合我国的立法现状，因而并不可取，原因在于：第一，将洗钱罪上游犯罪扩容无限至所有犯罪领域将无法兼顾我国反洗钱立法的发展成果。可以说，经过多年的努力与完善，具有中国特色的反洗钱犯罪的刑事法律体系已然建成。当前，我国洗钱罪的上游犯罪范围已从毒品犯罪扩展至七类严重的犯罪领域，之后又通过刑法修正案的方式，对《刑法》第 312 条进行了两次修改，使之成为《刑法》第191 条洗钱罪的兜底条款，这一做法不断加大了对洗钱罪的惩治力度，使我国关于反洗钱犯罪立法的刑事法网更严密。其实，在洗钱罪与掩饰、隐瞒犯罪所得、犯罪所得收益罪形成共同打击洗钱犯罪的双层控制的情形下，"激进扩容说"的观点基本上得到了最大限度的实现，但这种将上游犯罪范围扩容至一切犯罪的主张并不可取，也不现实。第二，采取"激进扩容说"将上游犯罪扩容至所有犯罪领域将导致《刑法》第 312 条被虚化，从而沦为僵尸条款。刑法修正案通过对《刑法》第 312 条传统赃物罪的修改，使之成为洗钱罪的兜底性条款，从而形成了针对不同类型的洗钱犯罪采取不同的处理方式即适用不同条款定罪处刑的立法和司法格局。详言之，

---

①　赵秉志、杨诚主编：《金融犯罪比较研究》，法律出版社 2004 年版，第 225 页。

当行为人涉嫌毒品犯罪、走私犯罪、贪污贿赂犯罪等七种上游犯罪活动时，按照《刑法》第 191 条洗钱罪的规定定罪处罚；当行为人涉嫌上述七类上游犯罪之外的犯罪活动时，则按照《刑法》第 312 条的规定定罪处罚，这种处理模式就我国现阶段打击洗钱犯罪的形势而言具有相当的合理性。相反，若将上游犯罪扩容至所有犯罪领域，其结果必然导致内涵和外延相对较窄的洗钱罪由特别法条上升为可以适用于一切涉嫌洗钱犯罪活动的普通法条，使得同具有普通法条地位的、内涵和外延相对较宽的掩饰、隐瞒犯罪所得、犯罪所得收益罪没有适用的余地，从而处于不断被虚置的状态。

2. 有限扩容说之提倡

鉴于扩容否定说和激进扩容说所具有的缺陷以及与我国的基本国情、刑事立法和司法实践不相适应，因而不为笔者所赞同。在洗钱罪上游犯罪的范围应否扩容以及如何扩容的问题上，笔者持"有限扩容说"，认为根据我国大力惩治洗钱犯罪的现实需要以及切实履行国际条约所应尽的义务，在尊重《刑法》第 119 条所具有的独特立法价值的基础上，应当对洗钱罪上游犯罪范围作适度扩容，而这也符合我国一贯的立法修正逻辑。关于对"有限扩容说"支持的基本立场，主要出于以下几点理由：

首先，就目前我国关于洗钱罪立法的现实情况而言，洗钱罪上游犯罪的范围仍然较为狭窄，无法满足我国惩治涉嫌洗钱及相关犯罪的需要。据统计，在我国每年通过地下钱庄流出境外的人民币中，除走私、贪污贿赂等犯罪以外，一半以上是通过偷税、漏税或者逃税的方式形成的。但根据罪刑法定原则的要求，对这一部分并不能以洗钱罪定罪处罚。而且，根据中国人民银行公布的近几年关于反洗钱的报告，在涉及洗钱犯罪的案件中虽然大部分是法定的七类上游犯罪，但也有相当一部分是其他类型的犯罪，而这一部分犯罪中当属涉税类犯罪最多。① 就此而论，将涉税类犯罪纳入洗钱罪上游犯罪范围符合我国司法实践的具体要求，因而是较为合适的。

---

① 参见中国人民银行 2008 年 8 月发布的《2007 年中国反洗钱报告》。

其次，我国为严厉打击洗钱犯罪，前后加入了多个反洗钱犯罪的国际公约，适度扩容我国洗钱罪上游犯罪范围，能够更好地履行我国作为国际条约成员国的义务。虽然我国在惩治洗钱犯罪的问题上形成了一套完善的法律体系，基本上也满足了国际公约的要求，但 FATF 在对我国的评估报告中指出，《刑法》第 191 条与第 312 条之间明显存在着重叠的内容，在司法实践中很难把握两者之间的界限。① 因此，为了更好地开展国际合作，履行我国作为成员国应尽的义务，重点打击严重侵害国家金融管理秩序的洗钱犯罪，仍然需要对洗钱罪上游犯罪范围进行适度扩容。例如，根据《联合国反腐败公约》的要求，在打击涉嫌贪污贿赂犯罪的洗钱行为时，完全可以将非国家工作人员的贿赂犯罪纳入洗钱罪上游犯罪范围。

最后，即使将洗钱罪上游犯罪范围再扩容，即适度扩张上游犯罪圈也不会导致洗钱罪与第 312 条掩饰、隐瞒犯罪所得、犯罪所得收益罪之间关系的混乱。理由在于，《刑法》第 191 条的狭义洗钱罪具有其独立的立法价值，旨在维护我国正常的金融管理秩序。且洗钱罪与掩饰、隐瞒犯罪所得、犯罪所得收益罪之间属于特别法条与普通法条的法条竞合关系，根据特别法优于普通法的原则，二者各有侧重、相互配合，可以准确恰当地处理司法实务中存在的各种洗钱行为而不会造成定罪上的紊乱。此外，我国《反洗钱法》在列举了法定的七类上游犯罪之后，在最后还加了一个"等"字，这与《刑法修正案（六）》的相关规定并不一致，显然是出于进一步扩大洗钱罪上游犯罪范围的目的，而且中国人民银行连续颁布的各种反洗钱的行政规章中关于洗钱罪"上游违法犯罪行为"的规定也比刑法中规定的上游犯罪范围宽泛得多，这对刑事立法进一步扩大洗钱罪上游犯罪范围提出了客观的要求。因此，在刑事立法上将洗钱罪上游犯罪再扩容，能更好地与《反洗钱法》等相关法律法规衔接，使我国的反洗钱法律体系更加完善和协调。

---

① 参见阴建峰：《论洗钱罪上游犯罪之再扩容》，《法学》2010 年第 12 期。

三、我国洗钱罪上游犯罪犯罪扩容之建议

(一)洗钱罪上游犯罪扩容之标准

如前所述,洗钱罪上游犯罪范围之扩容,应当以一些严重犯罪或者违法所得及其收益数额较大的犯罪为标准。但问题在于,在刑事立法和司法实务中应如何界定严重犯罪的界限,是否应将所有严重犯罪都纳入洗钱罪上游犯罪范围。通常认为,界定一个犯罪行为是否属于严重犯罪以及能否成为洗钱罪的上游犯罪,主要考虑两个要件:一是刑期要件,即应判处有期徒刑以上刑罚;二是违法所得及其收益数额较大。

关于刑期要件,根据联合国《打击跨国有组织犯罪公约》的规定,所谓严重犯罪是指被判处自由刑四年以上的犯罪;我国台湾地区则将被判处五年以上有期徒刑的犯罪纳入洗钱罪上游犯罪范围;① 根据我国大陆地区的《刑法》规定,被判处三年以上有期徒刑就可以被认为是严重犯罪。但是,这种以自由刑的时间长短作为判断罪轻罪重的标准,可能导致在大多数情况下将那些不会产生犯罪所得及其收益的侵犯公民人身权利、民主权利的犯罪(如故意杀人罪等)作为洗钱罪的上游犯罪。这不仅无法有效惩治侵害公民人身权利、民主权利这类犯罪行为,而且还会导致洗钱罪这一罪名的适用率低下,造成洗钱罪罪名虚置,进而无法发挥我国洗钱罪刑事立法体系应有价值的局面。

关于违法所得及其收益数额较大,根据《刑法》第 191 条规定的洗钱罪七类上游犯罪,这些犯罪均以获得数额较大的非法利益为目的,而且在这些犯罪的实施过程中也确实产生了数额较大的非法收益。在具体判断某个罪名是否应纳入洗钱罪上游犯罪范围时,除了应考虑刑期条件外,违法所得及其收益也起到了较为重要的衡量作用。换言之,如果行为人在实施某个犯罪活动的过程中或者实施

---

① 王铼、胡金彪、王晨翼:《我国洗钱罪上游犯罪之扩展》,《中国检察官》2021 年第 7 期。

完毕后，没有获得较大数额的非法收益，则不宜将该罪名作为洗钱罪的上游犯罪。因此，笔者认为，在判断某个犯罪是否应纳入洗钱罪上游犯罪范围，除了应考虑刑期条件外，还必须将实施该犯罪的违法所得及其收益作为判断标准，只有这样才可能产生洗钱行为和活动。

(二)洗钱罪上游犯罪之扩容方式

当前我国洗钱罪上游犯罪范围确有扩容之必要，但究竟应以何种方式扩容，刑法学界主要提出了以下几种观点：一是"激进扩容说"，二是"有限扩容说"，三是"罪名易位改造说"，四是"空白罪状引入说"。其中，前两种观点笔者在上文中已有详细论述，下面重点讨论后两种观点。

第三种观点"空白罪状引入说"则主张将空白罪状引入洗钱罪的法条，从而扩充洗钱罪上游犯罪的范围。[①] 所谓空白罪状，即不直接说明某一具体犯罪构成的基本特征，而是通过指明该犯罪构成需要参照的法律、法规，把内容表达出来的一种罪刑式条文的类型化表述。在成文法系国家，空白罪状是一种较为普遍的立法现象和立法方式。刑法作为一种规定犯罪和刑事责任的公法，其所调整的社会关系的广泛性、刑法立法容量的有限性以及法律、法规所调整领域的专业化、复杂性等因素决定了空白罪状有其必然性的生成机理。[②] 因此，持"空白罪状引入说"的学者主张取消《刑法》第191条关于洗钱罪上游犯罪这种列举式的立法，通过引入空白罪状的模式，将洗钱罪的入罪前提表述为"违法洗钱法的规定"。[③]

第四种观点"罪名易位改造说"主张将《刑法》第312条掩饰、隐瞒犯罪所得、犯罪所得收益罪作为洗钱罪，而将《刑法》第191

---

① 赵远：《洗钱罪之"上游犯罪"的范围》，《法学》2017年第11期。

② 王瑞君：《刑事违法性判断前提条件：空白罪状的前提与反思》，《政法论丛》2006年第4期。

③ 阴建峰：《论洗钱罪上游犯罪之再扩容》，《法学》2010年第12期。

条洗钱罪作为特定义务主体不履行反洗钱义务罪。① 这种将两种不同罪名进行易位改造的做法能够使得我国洗钱罪的上游犯罪基本与国际立法的发展趋势趋同，从而解决上游犯罪范围不确定的问题。

笔者赞同上述第二和第三种观点，认为除了在是否对洗钱罪上游犯罪进行扩容的问题上应采取"有限扩容说"之外，同时主张应将"空白罪状引入说"作为扩容洗钱罪上游犯罪的另一种方式，但这两种扩容方式应当根据司法实务的具体情况分阶段适用。

采用空白罪状引入的方式对洗钱罪上游犯罪进行扩容，主要有以下优势：首先，将洗钱罪的入罪前提表述为"违反洗钱法的规定"有利于保持刑法的基本稳定，避免了频繁使用刑法修正案的方式进行不断修法以弥补洗钱罪在适用过程中存在的各种缺陷。有限扩容说的基本立场是根据司法实务的现状以及我国打击洗钱犯罪的现实需要对洗钱罪上游犯罪进行不断的完善。从短期来看，这种做法对于惩治洗钱犯罪、维护金融秩序确有重要意义，也能有效遏制各种洗钱行为。但是，它在刑事立法上存在着被动、滞后的立法缺陷，有损刑法的稳定性和权威性。一次次的刑法修正案以及我国关于洗钱罪上游犯罪不断扩容的历程也说明了这一点，这既影响了刑事立法工作的有效性，也不利于司法机关的实践操作。相反，采用空白罪状的立法方式，将空白罪状引入洗钱罪的罪状表述，既有利于维护刑法的稳定性和权威性，也有助于及时与社会情境变化相接轨以实现洗钱罪上游犯罪适度扩容之效果，从而有效避免司法实践中存在的一些由于不满足上游犯罪要件因素而无法认定为洗钱罪的现象。

其次，在关于洗钱罪的刑事立法上引入空白罪状有助于消除洗钱罪概念上的差异，从而严密刑事法网以更好地打击和控制洗钱犯罪。如前所述，我国《刑法》第 191 条关于洗钱罪上游犯罪范围的界定与《反洗钱法》中上游犯罪的范围在表述上缺少一个"等"字，以至于二者在范围的界定上略有出入，用空白罪状的方式来规定洗钱罪能够很容易地消除二者之间的差异。另一方面，无论是《刑

---

① 参见赵远：《洗钱罪之"上游犯罪"的范围》，《法学》2017 年第 11 期。

法》第 191 条规定的洗钱罪还是为了遏制洗钱及相关犯罪而制定的
《反洗钱法》，其目的都是为了预防洗钱活动，维护金融秩序。但
前者规定的洗钱是一种狭义的"洗钱"，在概念上与广义的洗钱略
有不同。这种概念认识上的差异容易导致司法机关和金融机构在洗
钱行为性质判定上的争议。① 但是，使用空白罪状来规定洗钱罪不
仅与《反洗钱法》中洗钱罪的概念以及上游犯罪的范围相一致，而
且也能够以此为核心构建国家的反洗钱法律体系。这样就可以在一
定程度上弥补洗钱罪上游犯罪法网不严密的缺陷，同时也避免了概
念认识上的偏差，既符合我国对洗钱犯罪治理一体化的要求，也有
利于构建统一的反洗钱犯罪的刑事法律体系，从而更好地控制洗钱
活动。② 此外，我国《反洗钱法》的出台以及打击洗钱犯罪刑事法
律体系的日渐完善，则为空白罪状的引入提供了立法前提和现实
条件。

　　最后，用空白罪状的方式规定洗钱犯罪既与洗钱罪法定犯的属
性相契合，又能够精简立法术语，避免立法条文的冗长。观察我国
《刑法》立法条文可以发现，空白罪状的立法方式多见于法定犯，
尤其是经济类犯罪行为居多。理由在于，涉嫌经济类的犯罪行为其
中所涉及的市场规则通常是以非刑事法律规范的形式表现出来，且
这些法律规范会随着社会市场经济以及国家经济政策的变化而变
化，当法律规范得到修正时，违反这些法律规范的行为也会发生改
变，相应地，具体经济犯罪的犯罪构成特征也会作出调整。因此，
为了保持刑法的稳定性、权威性，防止刑法修正得过于频繁，各国
立法机关在对涉嫌经济犯罪的相关立法中都会大量使用空白罪
状。③ 而洗钱罪作为一种典型的经济犯罪、一种法定犯，运用空白
罪状的立法方式进行刑事立法合乎逻辑。此外，刑法立法的一个基

---

　　① 　参见王肃羽、祁琳、刘坤：《洗钱罪法律适用问题探析》，《金融与
法》2019 年第 11 期。
　　② 　参见蔡桂生：《论洗钱罪上游犯罪的刑事立法界定》，《中山大学研
究生学刊(社会科学版)》2007 年第 4 期。
　　③ 　参见唐稷尧：《论我国经济犯罪的立法模式选择——兼谈空白罪状内
涵的解释与补充》，《四川师范大学学报(社会科学版)》2006 年第 6 期。

本要求就是内容简洁、表意清晰,在对洗钱罪进行刑事立法时采用空白罪状的方式不仅使得刑法条文在语义清楚的基础上精练、简洁,而且还能有效避免立法条文的冗长、繁琐,更符合我国刑事立法的要求。

(三)洗钱罪上游犯罪之扩容建议

在经过刑法修正案的数次修改之后,目前我国关于洗钱罪上游犯罪的范围仍仅限于原特定的七类犯罪,但司法实务的现状表明原特定的七类犯罪活动在所有产生犯罪所得及其收益的刑事案件中的比重已明显下降,洗钱罪上游犯罪范围应及时予以扩展。因此,为充分发挥反洗钱活动在维护国家安全、提升国家治理能力、参与全球治理以及防范化解重大风险中的重要作用,结合洗钱犯罪和恐怖融资犯罪等一些情况,以及反洗钱工作在开展扫黑除恶专项斗争,打击利用地下钱庄、离岸公司等转移资金财产和整顿互联网金融风险等行动中发挥的作用,根据上述类罪以及洗钱犯罪的相关现实情况,笔者认为,可以将以下几种特定犯罪纳入我国洗钱罪上游犯罪范围。

1. 网络电信诈骗犯罪、网络赌博犯罪

近年来,我国网络电信诈骗犯罪、网络赌博犯罪层出不穷,案件数量和受害人数正在不断呈指数上升且犯罪蔓延速度快,非法所得及其收益较大,给人民群众的财产安全造成极大的威胁。而且,此类犯罪社会危害大,影响恶劣,是影响社会稳定和群众安全感的突出犯罪问题。笔者之所以认为应当将网络电信诈骗犯罪和网络赌博犯罪纳入洗钱罪上游犯罪范围,是因为这两类犯罪尤其是跨境赌博犯罪已逐渐成为我国面临的主要涉嫌洗钱犯罪的危险行为。根据中国人民银行2013—2018年《中国反洗钱报告》的调查结果,要求重点查处网络电信诈骗犯罪、网络赌博等犯罪活动,不断深化对资金的监测,以严厉打击相关洗钱犯罪。调查显示,我国每年从境内流出的涉赌资金超过上万亿元,2020年颁布的《刑法修正案(十一)》首次将跨境转移资金财产写入刑法,从而对各种跨境赌博行为进行严厉打击。因此,无论是网络电信诈骗行为也好，还是网络赌博行为，以这两种行为为代表的网络犯罪都会衍生出跨境洗钱犯罪，从而进一步加剧我国的金融风险，并且严重影响我国的经济安全和人民财产安全。故笔者认为，在如何扩容洗钱罪上游犯罪范围的问题上，可以将这两种犯罪行为作为洗钱罪的上游犯罪。

2. 传销犯罪

传销犯罪作为一种扰乱市场秩序类犯罪被规定在刑法分则第三章破坏社会主义市场经济秩序罪中，用以规制各种传销活动。我国目前传销犯罪的形势较为严峻，且案件发生率较高，涉案金额也在不断增长。根据 2017 年《我国洗钱和恐怖融资风险评估报告》，该报告通过对已判决的案件样本库进行分析指出，我国各种犯罪非法所得及其收益平均数额最高的是非法集资犯罪，而传销犯罪的平均犯罪收益数额仅次于非法集资犯罪，且该数额又远远高于贪污贿赂犯罪和走私犯罪等。鉴于传销犯罪具有如此高额的非法所得及其收益，从维护我国市场经济秩序的角度出发，将该类犯罪纳入洗钱罪上游犯罪范围，有利于形成齐抓共管的综合治理格局，从而更好地保护我国的社会主义市场经济秩序和人民群众的财产安全。因此，笔者认为有必要将传销犯罪纳入洗钱罪上游犯罪范围。

3. 危害税收征管罪

危害税收征管罪规定在我国刑法分则第三章破坏社会主义市场经济秩序罪中，该章专门用一节(第六节)规定了此罪名(以下简称"涉税类犯罪")。我国的现行《刑法》虽然没有将涉税类犯罪作为洗钱罪上游犯罪，但是在司法实践中对于反洗钱日常监测和监管工作以及在打击洗钱犯罪的各项工作中都对涉税类犯罪给予了高度的重视和关注，以严厉打击各类洗钱犯罪。国务院办公厅于 2017 年发布了《关于完善反洗钱、反恐怖融资、反逃税监管体制的意见》，意在强调"充分发挥反逃税对反洗钱的积极作用，同时运用好反洗钱机制，不断提高反逃税的精准度"。① 此外，对于逃税、漏税以

---

① 王铄、胡金彪、王晨翼：《我国洗钱罪上游犯罪之扩展》，《中国检察官》2021 年第 7 期。

及偷税等违法行为，自 2010 年至 2018 年，国家税务总局一直在加强对这些行为的打击、控制和查处，通过这种严格执法行为，国家查补追缴的税款金额也在逐年增加。之所以笔者认为应当将涉税类犯罪纳入洗钱罪上游犯罪范围，是因为除了偷税、漏税、逃税等行为之外，骗取出口退税以及虚开增值税专用发票等涉税类犯罪行为危害极大，不仅会造成我国税款的大量流失，削减国家出口退税的政策效应，而且还会损害我国社会主义市场经济的法治基础，扰乱我国正常的市场经济秩序，影响国家宏观经济调控政策的精准性。我国目前涉税类犯罪的基本现状是，涉税类犯罪的违法所得及其收益通过地下钱庄等通道进行"漂白"已经愈演愈烈，且该犯罪行为与贪污贿赂犯罪、走私犯罪、金融诈骗犯罪等交织并存，已经严重影响我国的社会经济秩序和人民群众的生命财产安全。因此，应当尽早将涉税类犯罪纳入洗钱罪上游犯罪范围，从而让洗钱罪上游犯罪范围更加完善，以严厉打击各类洗钱行为，维护我国的金融安全。

四、结论

洗钱罪作为具有严重社会危害性的金融犯罪，其"上游犯罪"是划定洗钱罪范围的关键所在。我国洗钱罪上游犯罪范围随着刑法修正案的一次次修正，逐步经历了由少到多的立法发展过程，从而形成了如今七种上游犯罪并立的格局。在关于洗钱罪上游犯罪范围应否以及如何扩容的问题上，主要存在着肯定说与否定说以及"激进扩容说"和"有限扩容说"之争。

本目通过讨论我国洗钱罪入罪率低的现状和原因，分析否定说以及"激进扩容说"的局限，从而认为"有限扩容说"才是我国今后洗钱罪上游犯罪发展的必由之路，即洗钱罪上游犯罪具有扩容之必要性与适度性。最后，在提出如何对洗钱罪上游犯罪范围进行扩容的问题上，本目先界定了一个犯罪行为能否成为洗钱罪上游犯罪必须满足的两个要件，一是刑期要件，二是违法所得及其收益数额较大。在明确了这两个标准之后，分析洗钱罪上游犯罪的扩容方式主要包括四种，即除了上述"有限扩容说"和"激进扩容说"，还包括

"罪名易位改造说"和"空白罪状引入说"。本目通过对这几种扩容方式进行分析与评价之后，认为"有限扩容说"和"空白罪状引入说"更加适合我国洗钱罪上游犯罪的扩容。但对于这两种扩容方式，笔者认为，应当分阶段使用"有限扩容说"的列举式方法和"空白罪状引入"的方法。换言之，从短期来看，可以采用"有限扩容说"的方式，对洗钱罪上游犯罪进行列举式的扩容，如将网络电信诈骗犯罪、网络赌博犯罪、传销犯罪、危害税收征管罪等罪名纳入洗钱罪上游犯罪范围，从而对各种洗钱行为进行全方位的严厉打击；从长远来看，可以采用"空白罪状引入"的方式，将空白罪状即"违反洗钱法的规定"引入洗钱罪的法条，这样不仅可以保持刑法的相对稳定，避免频繁修改刑法以及严密洗钱罪刑事法网，而且也能全面系统地打击各种洗钱犯罪。

第六目　《刑法修正案（十一）》下集资诈骗罪的司法认定*

一、问题的提出

近年来我国民间金融发展迅猛，随之而生的还有对集资诈骗类犯罪的治理难题，集资诈骗罪自立法之初便争议不断，"吴英案"①留给我们的疑思至今未祛。对于集资诈骗罪的探讨围绕的核心主题就是如何平衡对于民间金融秩序的保护与惩治。我国立法者

　＊　本目由中南财经政法大学硕士研究生赵轩负责文献综述工作。

　①　2007年3月17日，吴英被批准逮捕，2009年12月18日，吴英因集资诈骗一审判处死刑，2011年4月7日，吴英二审当庭承认非法吸收公众存款罪，2012年1月18日，吴英案二审判决维持死刑判决，2012年4月20日，最高人民法院未核准吴英死刑，发回浙江省高级人民法院重审；2012年5月21日，浙江省高级人民法院经重新审理判处吴英死刑缓期两年执行；2014年7月11日，吴英的死缓刑减为无期徒刑；2018年3月23日，吴英的刑罚减为有期徒刑二十五年，剥夺政治权利十年。浙江省高级人民法院刑事判决书：（2018）浙刑更70号。

对集资诈骗犯罪的治理整体上采取的是从严、从重打击的态度。例如，集资诈骗罪在立法伊始便规定了死刑，虽然随后在《刑法修正案（九）》中被废除，但恢复集资诈骗罪死刑的声音仍时有出现。①《刑法修正案（十一）》第 15 条对集资诈骗罪也进行了立法调整，压缩了量刑层次以及对罚金刑的设置从定额制转向不定额制，而对以往司法解释所归纳的保护民间金融的出罪机制并没有得到立法者的回应和吸收。这次对集资诈骗罪的修改一方面可以看作国家对于集资诈骗活动"严打"方针的继续，另一方面也体现了近年来对于金融犯罪领域的重刑化趋势及情绪化立法动向。② 但对以集资诈骗罪为代表的非法集资犯罪活动采取的"严打"方针并未收到很好的社会效果，诸如 e 租宝案、湘西曾成杰案等互联网金融领域的集资诈骗乱象仍然层出不穷，其背后的原因在于，集资诈骗罪本身的涉众性与投资本身的风险性使得集资行为一旦涉罪便会波及大范围人员与巨额资金，向来以"维护社会稳定"为导向的治理思维使得我国金融发展长期处于被"束缚"的状态，需要正视的现实是，我国当下已经全面步入小康社会，随着互联网技术和教育的普及，人们对美好生活的需求会产生进行理财投资的想法，对投资渠道，金融创新的需求会日益增大。如何使集资诈骗罪不成为民营企业、民营企业家们头顶悬挂的"达摩克利斯之剑"，在司法应当保护民营企业的政策下，③ 合理解读及适用《刑法修正案（十一）》中的集资诈骗罪条款势在必行。笔者以集资诈骗罪司法适用争议梳理为切入点，为司法囹圄提出建议，以期为司法实践提供自洽之进路。

---

① 参见《P2P 凶猛，人大代表建议：集资诈骗数额特别巨大应处死刑》，搜狐网 https://www.sohu.com/a/298997843_115479，最后访问时间：2021 年 6 月 12 日。

② 参见刘宪权：《刑法修正案（十一）中法定刑的调整与适用》，《比较法研究》2021 年第 2 期。

③ 参见央广网：《最高检：保护民营企业合法权益 明确提出对涉嫌犯罪的民营企业负责人能不捕的不捕》，https://baijiahao.baidu.com/s？id＝1651904897086862552&wfr＝spider&for＝pc. 最后访问时间：2021 年 6 月 16 日。

二、集资诈骗罪司法适用争议梳理

德日理论通说认为，"每一种犯罪都具有特定的不法蕴含，并在刑法学上作了不同的法律评价；因此，在定罪的时候，应当严格区分此罪与彼罪的界限，以便正确地适用刑法"[1]。在我国，也同样将犯罪构成理论作为区分罪与非罪、此罪与彼罪的重要标准，坚持以构成要件解读罪名也是坚持罪刑法定原则的应然要求。以下将从构成要件出发对集资诈骗罪的司法适用争论进行梳理。

(一)犯罪主要客体存疑

集资诈骗行为一旦涉罪，受害者(投资者)所关心的第一个问题就是，自己投资的资金能否得到返还。实务部门对于集资诈骗罪客体的理解决定着对此类案件的办理走向。目前，一般认为本罪客体为金融管理秩序与公私财产所有权。[2] 但是就本罪保护的主要客体为金融管理秩序还是公私财产所有权存在分歧。"金融管理秩序说"认为，"集资诈骗罪是一种违反金融管理秩序的具体犯罪形态，其保护秩序的重要性远大于保护个人财产权"[3]。但也有学者支持将公私财产权作为集资诈骗罪的主要客体。[4]区分是以"金融管理秩序"还是"公私财产所有权"为主要客体对明确司法目的是以"实现社会的经济利益"还是以"对被害人遭受的财产损失进行追资挽损"具有重要意义。

(二)非法集资的评判标准不一

我国法律对于"非法集资"的内涵界定并不统一，存在两特征说、三特征说、四特征说。两特征说指，1996 年最高人民法院《关

---

①　陈兴良：《本体刑法学》，商务印书馆 2001 年版，第 382~383 页。

②　参见张明楷：《刑法学》，法律出版社 2006 年版，第 576~577 页。

③　参见李赪：《集资诈骗罪的保护法益探析》，《中州学刊》2015 年第 2 期。

④　参见李赪：《集资诈骗罪的保护法益探析》，《中州学刊》2015 年第 2 期。

于审理诈骗案件具体应用法律的若干问题的解释》(以下简称 1996 年《解释》)中曾经对"非法集资"内涵界定为"非法性""社会性",即指法人、其他组织或者个人,未经有权机关批准,向社会公众募集资金的行为。三特征说指"非法性""利诱性""社会性",其主要根据有,1999 年中国人民银行发布的《关于取缔非法金融机构和非法金融业务活动中有关问题的通知》(以下简称 1999 年《通知》)中对非法集资的概念进行了更加详尽的规定,提出了"非法性""利诱性""社会性"。① 2010 年最高人民法院《关于审理非法集资刑事案件具体应用法律若干问题的解释》(以下简称 2010 年《解释》)并未明确非法集资的概念,而是在第 4 条中规定"以非法占有为目的,使用诈骗方法实施本解释第二条规定所列行为的,以集资诈骗罪定罪处罚",2010 年《解释》第 2 条是非法吸收资金行为的十一种表现形式。② 2021 年 1 月国务院颁布的《防范和处置非法集资条例》中再次提到了非法集资构成要件的"非法性""利诱性""社会性",并将利诱的方式从"还本付息或给予回报"扩展到"还本付息或其他投资汇报等方式"。③ 四特征说指"非法性""公开性""利诱性""社会性",即认为社会性中不包括公开的要素。④ 由此可见,对于"非法集资"这一概念,不同法律存在不同的界定,并且各法律发布主体不同,效力位阶不同,司法实务中很可能忽视其他的法律规定,而将法律效力较低的司法解释的规定作为了"非法集资"的评判

---

①　《关于取缔非法金融机构和非法金融业务活动中有关问题的通知》第 1 条规定:"非法集资指单位或者个人未依照法定程序经有关部门批准,以发行股票、债券、彩票、投资基金证券或其他债权凭证的方式向社会公众筹集资金,并承诺在一定期限内以货币、实物及其他方式向出资人还本付息或给予回报的行为。"

②　具体参见 2010 年最高人民法院《关于审理非法集资刑事案件具体应用法律若干问题的解释》第 2 条。

③　《防范和处置非法集资条例》第 2 条规定:"本条例所称非法集资,指未经国务院金融管理部门依法许可或者违反国家金融管理规定,以许诺还本付息或者给予其他投资回报等方式,向不特定对象吸收资金的行为。"

④　参见童德华、贺晓红:《非法集资犯罪的刑法界定——基于刑法技术性工具的合理性研究》,《湖南科技大学学报(社会科学版)》2014 年第 3 期。

标准。

(三)诈骗方法中的"欺骗性"判断标准僵化

正确认定"使用诈骗方法"是对集资诈骗案件刑民界限把握的重要标准。一般认为,"使用诈骗方法"中的"诈骗方法"类型包括虚构资金用途,以虚假证明文件和高回报率为诱饵,或者其他骗取集资款的手段。① 但是 1996 年《解释》的规定中仅列举了"行为人采取虚构集资用途,以虚假的证明文件和高回报率为诱饵,骗取集资款的手段",即对"诈骗方法"进行了两次限缩:第一,是排除了"隐瞒真相型"诈骗的入罪;第二,是对"诈骗方法"的表现形式作了严格限制,并未使用兜底性规定。但是随着 1996 年《解释》被废止,并没有其他法律文件对"诈骗方法"重新进行明确定义,这也在一定程度上造成近年来集资诈骗罪滥用之殇。实践中,司法机关对"使用诈骗方法"的把握一般着眼于集资过程中的"欺骗",具言之,在集资过程中关注是否存在集资合法性的虚构、集资主体的虚构、集资用途的虚构等。② 但是,这样忽视了一个基本的事实,即诈骗类犯罪需要符合基本构造。一般认为,集资诈骗罪是诈骗罪的一种特殊形式,二者犯罪构造相同。③ 行为人在集资过程中的"虚构"需要导致被害人"陷入认识错误",而非只要存在"虚构"行为便可以认为"诈骗"成立。如刘某彦案,判决书中提到刘某彦存在"许诺高额利息","在投资项目设立之初,有两套房产抵押以作为担保。但在房产解押后,刘某彦并未对投资人如实告知,仍以该项目名义继续吸收资金共计近 1000 万元",④ 本案中,公诉机关坚持刘

---

① 齐文远主编:《刑法学》,北京大学出版社 2016 年版,第 396 页。

② 参见朱江等:《涉众型经济犯罪剖析与治理》,法律出版社 2015 年版,第 73 页。

③ 参见张明楷:《刑法学(下)》,法律出版社 2016 年版,第 796 页。这种犯罪构造是:行为人实施欺骗行为—使对方陷入认识错误—对方基于认识错误处分财产—行为人或第三者取得财产—被害人遭受财产损失。

④ 参见北京市第三中级人民法院刑事判决书:(2019)京 03 刑初字第 62 号。

某彦构成集资诈骗罪，而法院"房产抵押解除后还继续募集资金，但对该项目有真实投入，且其余两个融资项目尚在回款过程中，该行为系正常的经营管理活动"，将刘某彦隐瞒项目担保物解除的行为评价为"正常的经营管理活动"。另一案中，被告人王某以资金周转为由，隐瞒企业经营情况及资金用途，甚至使用"隐瞒资产、重复抵押"的手段，并许以高额利息为诱饵，非法募集资金 1 亿余元，最终被法院认定构成集资诈骗罪。① 同样是"隐瞒资产"的行为，但得到了司法机关的不同认定，其真正的原因在于不同案件中对集资过程中行为人行为的"欺骗性"的标准僵化。

（四）非法占有目的认定标准不足

非法占有目的属于集资诈骗罪的主观要素，是集资诈骗罪的故意的重要体现，对于非法占有目的的认定方式是集资诈骗罪与非法吸收公众存款罪的关键。② 非法占有目的的判断标准在实践中并未得到统一，可以从两个判例中窥其一斑。案例一，吴英案。集资人吴英向出资人林某等 11 人承诺投资高回报，并注册多家公司，通过高消费、公开宣传的方式营造自身成功的形象，并在投资亏损的情况下对投资人进行隐瞒等方式塑造其盈利的假象。③ 案例二，刘某彦案。刘某彦以某基金管理公司名义发行基金理财项目，并以高额回报为诱饵，通过散发宣传单、拨打电话的方式向他人宣传，共获得集资款上亿元，刘某彦获得资金后基本用于生产投资中。公诉方以刘某彦犯集资诈骗罪提起公诉，法院经审理认为构成非法吸收公众存款罪。④ 第一案中，吴英用欺骗方式获得的集资款进行个人

---

① 参见安徽省淮南市田家庵区人民法院刑事判决书：（2015）田刑初字第 323 号。

② 参见贾占旭：《集资诈骗罪"非法占有目的"要件的理论修正与司法检视》，《法学论坛》2021 年第 1 期。

③ 参见浙江省金华市中级人民法院刑事判决书：（2009）浙金刑二初字第 1 号和浙江省高级人民法院刑事判决书：（2010）浙刑二终字第 27 号。

④ 参见北京市第三中级人民法院刑事判决书：（2019）京 03 刑初字第 62 号。

高消费之余主要用以进行投资的情形与第二案中刘某彦获得资金后用以投资相同，但是两案的认定结果却并不相同，主要的区别在于第二案中法院认为刘某彦存在归还财物的可能，而第一案中吴英被认为并不存在这种可能。①

司法实践中长久以来以 2010 年《解释》第 4 条中列举的 11 种情形作为认定非法占有目的的标准，但这远不足以应对丰富的司法实践。且 2010 年《解释》规范本身内部存在矛盾，体现有二。第一，标准内部划分不统一。有的仅要求行为存在即可以认定，如"携带集资款逃匿的"，"将集资款用于违法犯罪活动的"；有的关注行为人的主观恶性，即"逃避返还投资款的"；有的要求案发后消极后果，即"致使集资款不能返还的"。一般认为，对兜底条款的解释采相当说，即"兜底条款既然存在于相关罪刑条款之中，也就必须与前面所列举的行为相当"。② 但在集资诈骗罪中，对 2010 年《解释》中兜底条款的相当性参照标准有三个，因此对兜底条款的理解是与三种标准各自相当，还是与其中一个标准相当即可，并没有法律或司法解释进行解答。第二，标准本身并没有正视集资诈骗罪的特殊性。该特殊性体现在两个方面，金融投资本身的风险性以及投资者自身存在一定风险评估义务。"理财有风险，投资需谨慎"这句话在商事领域永远有用，在集资诈骗犯罪案件中，商事投资是一个投资人与被投资人互动的过程，非法占有目的的认定不能仅以投资者本身"贪婪"来认定集资行为的不当。同样以吴英案为分析样本，有学者指出，"吴英案中多数出资行为为投机，少数为投资"。③ 实际上，吴英案中投资的 11 位人士敢斥巨资进行投资，并且欣然接受吴英所承诺的高额利息，这很难不让人怀疑这群人是否"主动被骗"。这批人所代表的是典型的金融投资

---

①　参见钟瑞庆：《集资诈骗案件刑事管制的逻辑与现实——浙江东阳吴英集资诈骗案一审判决的法律分析》，《法治研究》2011 年第 9 期。

②　张明楷：《注重体系解释，实现刑法正义》，《法律适用》2005 年第 2 期。

③　参见高艳东：《诈骗罪与集资诈骗罪的规范超越：吴英案的罪与罚》，《中外法学》2012 年第 2 期。

中的"赌徒心理"，就是想大赚一笔后抽身而退，将损失留给接盘者。①

三、对集资诈骗罪司法认定之完善

(一)犯罪主要客体是金融管理秩序

集资诈骗罪犯罪的主要客体应该被限定为金融管理秩序，而将公私财产所有权作为次要客体。在此涉及两个层面的问题：第一，为什么要将本罪客体的保护分主次。第二，将主要客体限定为金融管理秩序比限定为公私财产所有权更有助于规制集资诈骗犯罪。第一个问题的回答是区分主要客体有助于区分罪与非罪，集资诈骗罪立法之始的目的就是对于金融领域的以诈骗方法进行非法集资的行为进行规制，如果将金融管理秩序与公司财产所有权认为应当同等保护，便不能区分集资诈骗罪与金融领域发生的普通诈骗罪的关系，也便无法证成集资诈骗罪的立法必要性。第二个问题的回答是，集资诈骗犯罪发生的领域是金融领域，具有特殊性，这种特殊性又主要体现在集资诈骗罪的涉众性上，主张应该将公司财产所有权作为主要客体的一个理由是，这样有助于明确将办案侧重点置于对于被害人损失金额的挽救而非对犯罪人的重处罚。② 笔者认为，对集资诈骗犯罪案件中被害人进行挽损是技术层面问题，与该罪保护客体为何无关。首先，强调对金融管理秩序的保护与强调对被害人的损失进行挽救并不冲突。现实中，难以对资金进行追逃的一个重要的理由是被告人肆意挥霍或者进行了财产转移。其次，应该完善对追逃追赃的相关技术手段及法律依据，特别是对于跨境追逃追赃的法律完善。再次，强调对金融管理秩序的保护符合本罪的立法目的。金融管理秩序从多方面体现，众所周知，我国对于金融开放

---

① 参见叶良芳：《从吴英案看集资诈骗罪的司法认定》，《法学》2012年第3期。

② 参见李祯：《集资诈骗罪的保护法益探析》，《中州学刊》2015年第2期。

一直处于审慎的态度，而集资诈骗罪案件中一般涉及巨额的民间流动资金，纵使行为人的集资诈骗活动没有使得公私财产所有权遭受损失，仍然可以进行定罪处罚，例如"行为人利用集资款进行违法犯罪活动，获利后还对投资人分红"的情况，这种"无被害人犯罪"由于其本身侵害了社会的秩序而存在社会危害性，理应予以打击。正如刑法中的聚众淫乱罪，虽然并无被害人，但其本身严重侵害了社会的"善良风俗"，则成立犯罪。最后，集资诈骗罪处于我国刑法中破坏金融管理秩序罪这一章节，体现了我国立法者对本罪主要客体的选择。因此，必须强调本罪保护的主要客体是金融管理秩序，次要客体是公私财产所有权。

(二) 以符合三性为"非法集资"的成立条件

非法集资的认定关涉非法集资案件中"行刑衔接"的问题，而坚持"非法性""利诱性""社会性"作为认定非法集资的标准就是坚持司法解释对集资诈骗罪构成要件认定的核心作用。对"非法集资"的理解要回归到刑事诉讼中的意义中来，针对非法集资类案件，政府是作为第一责任人，但是由于部门间存在认定非法集资行为性质的"踢皮球"情况，使得政府部门依据其规范性文件认定的"非法集资"并不符合刑事诉讼中的认定标准、证明要求等。[1] 2019年最高人民法院、最高人民检察院、公安部《关于办理非法集资刑事案件若干问题的意见》(以下简称 2019 年《意见》)第 1 条规定，"三机关认定非法集资的非法性，以国家金融管理法律法规为依据"。中国人民银行发布的 1999 年《通知》第 1 条提到的就是三性的标准。其中，非法性指以国家金融管理法律法规为依据，集资行为未经有关部门依法批准，包括无资格部门的审批、有资格部门的越权审批；利诱性指集资人承诺以高额回报；社会性指行为的指向对象是"不特定"的。此外，2019 年《意见》第 11 条规定，"二者相

---

① 参见刘路军、韩祎：《对〈关于办理非法集资刑事案件适用法律若干问题的意见〉的解析及探讨(一)》，《中国市场》2015 年第 19 期。

互配合，但是非法集资涉罪的，需要及时移交司法机关处理"，①由此明确了司法机关在集资诈骗犯罪案件中的主导地位。

(三) 对诈骗方法的"欺骗性"进行规范判断

长期以来，大陆法系教义学对诈骗中"欺骗性"的成立是标准恒定的，② 而现实却是，每一个人感受到自己"被欺骗"都是独立的，标准不可能完全一致。因此，有必要对集资诈骗罪中的"欺骗性"要件进行规范判断，这类似于刑法中贩卖淫秽物品罪中"淫秽物品"的认定，即进行实质、个别判断，进一步地说，对集资行为的"欺骗性"判断需要考虑社会背景、地域差异、行业特点、刑罚轻重等多角度，以下将详述之。

首先，对"欺骗性"的规范判断需要考虑社会背景。党的十九大报告指出，我国的基本矛盾已经发生转变，且我国已经全面步入小康社会。随着互联网通信技术的发展，人们每天接收到的信息是爆炸式的，因此接收到虚假信息是常态，社会公众对欺骗行为的容忍度相较于直接的人身伤害的容忍度更高，这也证明对于"欺骗性"的判断要从社会一般民众的角度进行评价。前文所述吴英案在受到媒体关注后，引发了大批学者、民众对案情进行讨论，直接导致了最后吴英被判处无期徒刑而未判处死刑，这也使得吴英案成为集资诈骗罪废除死刑道路上一个里程碑式的案件。

---

① 2019 年《意见》第 11 条规定：处置非法集资职能部门或者有关行政主管部门，在调查非法集资行为或者行政执法过程中，认为案情重大、疑难、复杂的，可以商请公安机关就追诉标准、证据固定等问题提出咨询或者参考意见；发现非法集资行为涉嫌犯罪的，应当按照《行政执法机关移送涉嫌犯罪案件的规定》等规定，履行相关手续，在规定的期限内将案件移送公安机关。

人民法院、人民检察院、公安机关在办理非法集资刑事案件过程中，可商请处置非法集资职能部门或者有关行政主管部门指派专业人员配合开展工作，协助查阅、复制有关专业资料，就案件涉及的专业问题出具认定意见。涉及需要行政处理的事项，应当及时移交处置非法集资职能部门或者有关行政主管部门依法处理。

② 参见高艳东：《诈骗罪与集资诈骗罪的规范超越：吴英案的罪与罚》，《中外法学》2012 年第 2 期。

　　其次，对于案件的审判要考虑不同地域经济发展情况的不同。例如，德国与我国台湾地区对诈骗的认定就不相同，"德国法院认为将中古车的里程计数器调低情形，属于施用诈术行为，果真依照这种标准，台湾中古市场的车商，恐怕无人得以幸免"。① 对于我国民间经济发达的浙江地区与东北地区发生的集资诈骗案，有关"利诱性"中"高额利息"的认定标准就可以存在差别。

　　再次，对于在金融领域的集资诈骗活动，应该合理进行注意义务分配。当事人应当对重大交易负有更多的审查义务，在投资领域对自身的投资行为要负有主要的注意义务，若行为人自身抱有投机的想法，则可以等同于放弃了自身的部分利益，可以认为存在"被害人承诺"，进而减弱对集资人诈骗性的认定。如在吴英案中，每个出资者的平均出资额超过千万，且被承诺投资资金利息极高，而出资者们仍然"义无反顾"蒙上自己双眼加入了这场游戏。"天上不会掉馅饼"的理念在集资投资领域应被广泛宣传。投资人对自身财产的自由处分权以及金融领域投资的高风险性决定了"被害人承诺"可以在对集资者的定罪量刑中予以考虑，我们需要摒弃非法集资领域内司法案件的"家长主义"思维，不能让那些身披"投资者"外衣的投机者"一哭就有奶吃"。

　　最后，需要从"以刑制罪"的角度理解"欺骗性"。由于《刑法修正案（十一）》对集资诈骗罪刑罚结构进行了调整，使本罪基本犯的法定刑就是三年以上七年以下有期徒刑，并处罚金，这已经很明显的是重罪的范畴。将法定刑横向对比，立法者认为集资诈骗数额较大的行为的社会危险性和《刑法》第131条重大飞行事故罪中"造成飞机坠毁或人员死亡的"、第134条重大责任事故罪中"情节特别恶劣的"社会危害性相当，而纵向来看，诈骗罪中数额较大的基本犯的法定刑是"三年以下有期徒刑、管制或者拘役"，并处或单处罚金，说明集资诈骗罪中的"欺骗性"判断与一般诈骗罪的"欺骗性"不可机械等同，对于集资诈骗罪的"欺骗性"认定应该更加审

---

　　① 林钰雄：《刑事法理论与实践》，中国人民大学出版社2008年版，第283页。

慎，即重罪应当慎认。

(四)在非法占有目的的认定时引入反推标准

实践中，集资诈骗罪中"非法占有目的"的认定呈现出两个问题：第一，扩大化适用；第二，非法占有目的的证明标准过高导致集资诈骗罪认定"非吸化"。由于集资诈骗行为在民商事活动中多见，而非法占有目的的认定往往成为刑民、刑商案件界分的重要标准，笔者认为应该正视集资诈骗犯罪活动中的商事属性，不能仅以刑事立法中的"严打"态度和现有规范进行"非法占有目的"正推认定，而应该补充"行为人存在正当营利目的"为反推标准。

前文所提到的商事思维指的是认识到商事活动的根本目的是营利性，"商法强调的则是商事主体的营利利益的保护，而营利利益与一般利益不同，并不是人人都从事营利活动"[1]。当下司法实践中对于集资诈骗罪"非法占有目的"的认定方法是推定，即犯罪行为人主观非法一般难以认定，则以客观行为推定其主观上的非法性。而进行推定的司法适用的规范依据是 2001 年最高人民法院《全国法院审理金融犯罪案件工作座谈会纪要》(以下简称 2001 年《纪要》)、2010 年《解释》、2017 年最高人民检察院《关于办理涉互联网金融犯罪案件有关问题座谈会纪要》和 2019 年《意见》，这些依据只涉及了对主观非法的正推机制，其中还包含兜底条款加之立法者长期倡导的从严打击"集资诈骗"活动思维的影响，集资诈骗罪司法扩大化适用成为必然，"对'严格司法'不予鉴别地提倡，极可能会抵消公正司法所能带来的价值"[2]。并且由于"正推的结论是高度盖然性的，不能完全达到刑事诉讼法规定要求的'排除合理怀疑'的证明标准"[3]，所以这些扩张适用的案件又会经由刑事证明

---

① 王保树：《尊重商法的特殊思维》，《扬州大学学报(人文社会科学版)》2011 年第 2 期。

② 崔志伟：《"卡迪"模式与刑事公正司法的实现》，《交大法学》2021年第 2 期。

③ 胡启忠：《集资诈骗罪"非法占有"目的认定标准的局限与完善》，《法治研究》2015 年第 5 期。

程序中证明标准的要求而被排除非法占有目的，进而被认定为成立"非法吸收公众存款罪"，集资诈骗罪已经成为非法吸收公众存款罪的"加重罪名"，但是这种司法境遇与我国司法资源匮乏之间的矛盾日益凸显，且我国日益关注商事领域的发展，笔者认为应当在刑事诉讼程序标准上以反推标准对非法占有目的的适用进行合理限缩。我们要警惕非法占有目的认定中的两个极端，即"不推而定"和"轻易否定"。①

那么反推标准为"行为人具有正当营利目的"的意义是什么？笔者认为有三点需要把握：第一，正当性，即行为人获得集资款后的行为不能是非法的，否则可以直接认定具有"非法占有目的"。第二，营业性。行为人使用集资款的目的必须是具有营业的目的，具体表现可以是周转资金、投资经营等，甚至对于必要的营业目的的个人使用也可以不被认定为"个人挥霍"。第三，利益性。行为人的行为目的必须是为了获利而实施的，集资人对集资款具有审慎的使用义务，如果明知会亏损仍进行经营的，则可以认定具有"非法占有目的"，而针对那些风险较大的经营项目，笔者认为应当从投资者、集资者的角度评价，如果投资者、集资者能够达成投资的合意，则可以排除"非法占有目的"。被告人积极追赃挽损也应当作为法定刑罚减轻事由。《刑法修正案（十一）》中，在非法吸收公众存款罪中增加一款，明确将犯罪嫌疑人在提起公诉前，积极退赃退赔的，规定为法定从轻、减轻处罚情节，而对于重罪的集资诈骗罪的犯罪分子积极退赔的只作为了酌定量刑情节。②

四、结语

《刑法修正案（十一）》出台后，有关研究如雨后春笋，但是

---

① 参见刘鑫：《民间融资犯罪问题研究》，上海人民出版社 2015 年版，第 186 页。

② 孙谦：《刑法修正案（十一）的理解与适用》，《人民检察》2021 年第 2 期。

普遍集中在对新增罪名如负有照护职责人员性侵罪、高空抛物罪等的讨论，对于金融犯罪中集资诈骗罪与非法吸收公众存款罪的立法评议大多只作了评议及解析，但是有一个关键的变化是，集资诈骗罪已经成为诈骗类犯罪中最为特殊的一个罪，相较于其他诈骗类犯罪，它的法定刑最重，这种重刑体现在自由刑和罚金刑两方面的设置上；而集资诈骗罪中"非法占有目的""非法集资""诈骗方法"的认定是与非法集资类犯罪、诈骗类犯罪关联性极强的基础要件，集资诈骗罪因为其本身的"涉众性"多次被司法解释提及，但是"从严"打击方针下对集资诈骗罪的犯罪治理并未取得很好的成效，我们应该有更广阔的视野，引入多学科的思维方法来对集资诈骗活动本身的机理进行探究，进而对集资诈骗罪构成要件标准进行重构。笔者认为，在治理如集资诈骗罪类型的金融犯罪、破坏环境资源类犯罪等特定领域的涉罪行为时，对其司法认定要重点关注罪名本身的个性，粗略关注类罪间的共性。当然，笔者也深知自己的努力甚微，但是笔者相信《刑法修正案（十一）》对集资诈骗罪的修改表明了社会对此罪的关注，本罪立法变化背后所体现的治理思维变化值得我们去梳理和反思，对司法实践中的真问题更需要我们进一步探究与深挖。

第七目　互联网金融下贷款诈骗罪的刑事法律规制 *

一、互联网金融概述

互联网的发展给我们的日常生活带来了巨大的改变，促进了各种金融的创新，极大释放了社会各个领域的生产力。互联网金融是互联网发展的新产物，具备资金交易的新功能，互联网金融下的新型金融方式对于民间融资、资金流通都起到了积极的推动作用，投资者的投资选择增加，融资者的融资渠道增加，产生的 P2P 网络

＊　本目由中南财经政法大学硕士研究生李婧负责文献综述工作。

借贷、互联网基金、第三方支付等多种形式的新型金融方式已经被越来越多的人熟知和使用，[①] 为生活借贷、日常投资理财提供了更加便捷的方式。

但互联网金融在发展过程中具有"两面性"[②]，通过网络平台冲击了既有的金融管理制度，互联网金融犯罪往往涉及面广、危害性大。当前我国金融行业监管体制还不健全，互联网金融的各种新型方式并不都在监督范围之内，一方面，互联网金融平台的运营者可能以金融创新为名，表面实施符合要求的行为，实际利用平台自身的便利谋求非法利益，影响金融秩序和社会稳定，使公私财产受到侵害；另一方面，当前我国的征信体制还不健全，在此过程中很可能出现各类触碰金融犯罪红线的行为，互联网金融的消费者可能利用平台存在的漏洞实施违法行为，获取非法利益。

二、互联网金融下贷款诈骗的形成与风险

互联网金融具有业态多样化的特征，作为新型的金融发展方式，互联网金融依托的是大数据、移动通信等各种网络技术与科技，可以实现支付、存储信息、资金融通等多种功能。金融实际上就是资金融通，主要具有清算与结算、资源融合与分配、风险管控三大功能。

金融贷款对企业的发展至关重要，有时甚至关系一个企业的生死存亡，互联网金融背景下传统的金融犯罪有了新的行为方式，网络借贷的主要方式有网络银行、网络金融、众筹平台和转账支付，通过网络实施借款的对象包括银行、其他金融机构以及其他企业或个人，这些方式都具有高效、风险高的特点。随着互联网金融与信贷业务的发展，许多犯罪分子转向实施贷款诈骗行为，当对象为网络银行或者其他金融机构时则涉及贷款诈骗罪，贷款诈骗不仅会使

---

① 于健宁：《我国互联网金融发展中的问题与对策》，《人民论坛》2014年第 8 期。

② 刘宪权：《论互联网金融刑法规制的"两面性"》，《法学家》2014 年第 5 期。

银行等金融机构遭遇损失，而且损害了社会的信用，破坏社会经济发展，这种行为超越了常规的行为规范，是常规金融形态的异化，可能触及各种刑事法律风险。

对于贷款诈骗的行为，刑事法律规范很早便已制定与确立，同样，互联网金融下各种形式的贷款行为也不能以贷款诈骗的方式进行。互联网金融中贷款诈骗风险产生的因素主要包括以下几个方面。

首先，网络贷款流程简便带来的风险。互联网金融背景下产生了网络银行、互联网基金等新型金融方式，资金融通与资本运营的方式都有很大的改变，贷款行为不再拘泥于传统的线下申请审核，银行以及其他金融机构的常规业务逐渐与互联网科技相结合，通过网络同样能实现资金的融通，甚至比传统的贷款更加便捷、灵活与高效，极大缓解了小微企业以及个人资金不足的问题。通过平台线上申请贷款往往是"零人工"的模式，与传统规定贷款申请方式大不相同，实践中极易出现通过计算机信息系统冒用他人身份获取贷款的行为。当前此种行为的定性存在争议，关于此类行为是否构成贷款诈骗罪要根据贷款诈骗罪的相关刑法理论，结合互联网金融的时代背景进行分析。

其次，借款人存在违约风险，借款人依照个人信用申请借款，基于合同义务需要偿还贷款，但如果借款人未能按照合同的还款方式、期限还款可能使放款机构面临财产损失的风险，借款人可能涉嫌借款诈骗。

再次，系统性技术安全风险，新型金融的发展更多依赖计算机信息系统，受系统安全性的影响较大，有时系统可能遭遇人为破坏或者工作人员操作失误。

最后，法律法规不够健全。互联网金融背景下的金融创新不断涌现，但我国当前对金融方面的法律规制并没有专门的立法，对于客户信息核实、交易保障等方面的规定有所欠缺。在互联网金融的快速发展与其日常监管、刑事法律规制的过程中，当前的法律规范适用仍然并不明确，针对的大多是传统的金融犯罪，创新与监管的权衡也是新的难题。为了让互联网金融的发展能够更加顺利，尽量减少可能带来的金融风险与刑事风险，真正做到与时俱进，还是应当明确对于互联网金融背景下贷款诈骗的行为如何规制，互联网金融如何介入，采取何种措施才能更好地发挥保障作用。

三、互联网金融中贷款诈骗的规制

（一）采取欺骗手段通过网上银行获取贷款行为的规制

1. 典型案例简介

传统金融发展的背景下，贷款往往由大型公司获取，中小企业以及个人很难从银行获得贷款，但互联网金融增加了融资渠道，出现了新型的网络银行，降低了融资难度。例如，个人出于开办网络店铺的需求，可以向专门针对此类需求的网络银行申请贷款，网络银行将根据申请人的信用决定是否发放贷款以及发放贷款的数额。向网络银行申请贷款用于个人经营的流程与线下申请相比更加便捷高效，为缺乏资金的企业与个人带来了便利，但不法分子也趁机实施骗取贷款的行为。

以广东省某一银行员利用虚假信息骗取贷款为例①，被告人在工作期间以他人名义办理了多张借记卡，并将所有借记卡都开通网上银行。离职后，该员工通过网上银行的途径骗取贷款，首先假装欲收购某网络店铺，后与多家网店店主谈妥收购意向，骗取原店主信任，由原店主作为店铺的法定代表人申请贷款，或者是在原店主转让第三方账户时利用原店主计算机上存储的法定代表人信息申请贷款，最终涉案金额达 400 多万元。该被告人在获取网络银行的贷款之后并未实际经营店铺，也未按时还款付息，将所贷款项挥霍一空。

2. 行为定性分析

关于以上利用虚假信息，通过网上银行申请贷款且不具有归还目的的行为应当如何定性？第一种观点认为，该行为人在网络平台

---

① 王莹、张泽：《办理"零口供"网络贷款案件方略》，《人民检察》2019年第 12 期。

上利用虚假信息向网络银行申请贷款，网络银行对申请人的申请信息审核后发放贷款，行为人欺骗行为的对象为网络银行。互联网金融是利用互联网技术与信息通信技术实现资金融通、投资、支付等的新型金融服务形式，① 其本质仍然是金融，该案应当以贷款诈骗罪定性。第二种观点认为，除去贷款诈骗罪外，此案还涉及诈骗罪。被告人的行为构成贷款诈骗罪不存在疑问，但上述案件中除犯罪人自身申请贷款外，还有一部分贷款是原网店店主自己申请，对网店店主来说其通过网上银行申请贷款所使用的身份信息与店铺信息都是真实的，并未对金融机构实施诈骗，但自身受到被告人的欺骗，被告人对原网店店主应当构成诈骗罪，所以此案应构成贷款诈骗罪与诈骗罪。第三种观点认为，犯罪行为人在通过网络平台申请贷款的过程中全程都是"人机对话"，而机器不能成为被骗的对象，应当构成盗窃罪。

　　笔者认为，上述案例是互联网金融下通过网络实施贷款诈骗行为的典型案例，应以贷款诈骗罪论处。

　　首先，关于行为人利用原网店店主的身份信息申请贷款的行为构成贷款诈骗罪并不存在争议。犯罪行为人在与原店主达成转让店铺的一致，并且完成线下的工商变更登记后，仍然使用计算机内默认存储的变更前法人信息申请贷款，该行为在客观上属于贷款诈骗罪行为方式之一的"使用虚假的证明文件"向金融机构申请贷款。犯罪行为人以店铺法人的身份申请贷款，最终所得归个人所有，根据相关司法解释的规定，盗用单位名义实施犯罪，违法所得归个人所有的是自然人犯罪，所以对该犯罪行为人应当以贷款诈骗罪论处。②

　　其次，关于犯罪行为人通过骗取原网店店主信任，由原法定代

---

　　①　时延安：《互联网金融行为的规制与刑事惩罚》，《厦门大学学报（哲学社会科学版）》2020 年第 4 期。

　　②　最高人民法院《关于审理单位犯罪案件具体应用法律有关问题的解释》第 3 条的规定："盗用单位名义实施犯罪，违法所得由实施犯罪的个人私分的，依照刑法有关自然人犯罪的规定定罪处罚。"

表人申请贷款的行为定性，根据诈骗罪的基本构造，行为人通过实施诈骗行为使受害者产生错误认识，受害者基于错误认识处分了财产，后行为人取得财产，被害人遭受财产损失，该案中犯罪行为人让原法定代表人申请贷款，最终贷款获批，原网店店主并未遭受损失，反而获得了犯罪行为人收购店铺的费用，财产处分者与最终的受害对象都是网络银行，犯罪行为人属于贷款诈骗行为的间接正犯，与原店主构成共同正犯，但在有责性层面原店主不存在主观上的故意或者过失，不应当承担责任。而被告人编造欲收购网店店铺的事实，骗取原店主信任，甚至对其为债务的真正偿还人进行公证，使得原法定代表人认为此为申请贷款的正常流程。被告人通过对原法定代表人的行为进行支配来实现犯罪目的，导致犯罪结果的发生，应当认为是间接正犯，对贷款诈骗产生的损害结果应当承担全部责任。

3. 非法占有目的的判断

在金融诈骗类案件中，行为人主观上是否具有非法占有的目的是判断犯罪是否成立、成立何种犯罪的重要因素，在互联网金融下的贷款诈骗案件中非法占有目的的判断需要着重考虑。如何对非法占有目的进行判断，存在两种观点。

第一种观点是客观推定说。该说认为根据刑法关于贷款诈骗罪的规定，只要行为人实施了五种诈骗手段之一骗取了贷款，造成银行或者其他金融机构的损失即可认定非法占有目的的存在。① 客观推定说认为我国刑法中的八种金融犯罪只有贷款诈骗罪、集资诈骗罪与信用卡诈骗罪中有非法占有目的的规定，其余罪名中并不要求，此种规定并不公平。并且非法占有目的属于主观故意之一，司法实践中的认定较为困难，对其证明往往缺乏充分的证据，行为人为逃避法律有时也会编造自己并未想要非法占有的借口，增加认定为贷款诈骗的困难。许多涉嫌贷款诈骗的案件最终都由于证据不足无法认定只能定性为骗取贷款罪，最终导致贷款诈骗犯罪成本较

---

① 郑佳瑶：《贷款诈骗罪疑难问题研究》，辽宁大学 2020 年硕士学位论文，第 10 页。

低，不利于打击犯罪。因此，从打击犯罪的角度出发，客观推定说认为只要行为人实施一定的行为骗取贷款并且造成了相关损失即可认定为贷款诈骗罪，如此才能起到预防犯罪、惩治犯罪的目的，甚至一些学者认为可以取消贷款诈骗罪中非法占有目的这一主观要件的限制。①

第二种观点是主客观相一致说。该说认为，在判断非法占有目的时，主观目的的判断要根据客观的行为推定，不能单纯根据结果定罪。为避免仅能根据行为人的供述判断的情形，当前在贷款诈骗案件中坚持的基本立场是主客观相一致说，审判实践中不仅根据银行或者其他金融机构的损失判断非法占有目的，同时根据特定的行为推定，例如行为人是否在没有归还能力的前提下骗取资金、获取资金后是否有逃跑的行为等。笔者认为，在判断非法占有目的时，主客观相一致说更合理。非法占有目的实际上是该罪的核心，行为人主观上是否具有非法占有银行或者其他金融机构贷款的目的也是区分贷款诈骗罪与骗取贷款罪的重要因素。与骗取贷款罪相比，两罪客观上的行为都是通过欺骗手段取得贷款，不同之处在于主观目的上是否想要非法占有，将贷款据为己有不予返还，即刑法规定的贷款诈骗罪的行为手段同样适用于骗取贷款罪，如果取消主观方面的要求则两罪无法区分。客观推定说表面上是非法占有目的如何认定的方法，实际上对非法占有目的持否定态度，仅仅从结果出发认定还存在客观归罪的嫌疑。事实上，骗取贷款罪入刑之前，对于实践中存在着的通过诈骗手段获取贷款但非法占有目的难以证明的案例，一些拔高认定非法占有目的，定性为贷款诈骗罪，一些被作为普通的贷款纠纷处理，这两种处理方法都无法准确定性，因此骗取贷款罪的入刑将主观上并无非法占有目的，通过非法手段获取贷款的行为纳入刑法规制，弥补了法律漏洞。

在以上被告人通过网上银行骗取贷款的案件中，网上银行的贷款合同中有明确的规定，要求贷款申请人提供的申请材料真实、合

---

① 参见李文燕、姜先良：《关于贷款诈骗罪几个问题的思考》，中国检察出版社 2001 年版，第 1200 页。

法，该案被告人却在明知法定代表人已经变更的情况下，申请时隐瞒真实工商登记信息，利用线上工商登记变更存在的时间差，以店铺先前的经营信息与信用状况进行申请，并获得贷款金额。该行为人通过此种犯罪方式并非只进行了一次贷款申请，而是以相同的手段重复作案。行为人为利用原法定代表人的身份、信用等相关信息采取各种手段在其电脑上进行操作，趁其不备申请贷款。该案中被告人申请的是信用贷款，即贷款申请人无需提供抵押担保，银行根据申请人的信用状况与还款能力审批放贷，因此信用贷款的风险较大，审核也往往更为严格，该案中犯罪行为人原本为银行工作人员，对贷款要求一定有所了解，明知信用贷款对申请人信用的要求却仍然使用虚假的身份信息，冒用他人身份申请贷款，足以认定其主观上非法占有。

此外，还可以通过判断被告人是否具有归还"非法占有贷款"的意图来判断是否具有非法占有的目的。还款可能性方面，被告人以收购网络店铺为由申请贷款，但在获取贷款之后并未实际经营店铺，而是用于个人消费。被告人除将贷款金额的一部分支付转让费外，其余部分并未用于店铺经营，甚至多家店铺经营状况每况愈下，倘若被告人在一开始就具有归还贷款的意图，一定会认真经营，以营业额偿还贷款。还款能力方面，被告人还款可能性较低，其家庭并不富裕，名下也无可执行房产与汽车。最后，被告人隐瞒自己真实身份申请贷款，获取贷款资金后便藏匿行踪，在银行催收之后拒接电话，都表明被告人并无归还贷款的意图，可以认定主观上非法占有目的的存在。

（二）冒用他人花呗套现行为的规制

我国电子商务发展日新月异，相关市场从业主体爆炸式增长，为便利消费者网上购物，支付宝与蚂蚁金服推出了"花呗"借贷服务，方便消费者网上申请贷款。此种模式通过对消费者的消费与信用状况进行评判，确定贷款额度，用户在这一额度内可以直接贷款消费，其中可能出现不法分子对用户花呗内的额度进行盗用，构成贷款诈骗罪的情形。例如，在胡某甲"蚂蚁花呗"套现案①中，胡某甲以办理贷款为由，获取被害人沈某的支付宝账号、密码及绑定的手机卡，在未取得沈某同意的情况下，利用其支付宝"蚂蚁花呗"透支功能套现现金5000元用于个人消费。冒用他人花呗新型犯罪方式存在争议的主要原因在于这一方式存在的金融属性，即花呗同时具有个人资产和信用额度的双重属性，对其性质的不同理解影响犯罪行为的定性。冒用他人花呗进行套现行为如何规制的问题，有的认为构成信用卡诈骗罪，因为蚂蚁花呗是先行付款、后续还款的消费方式，类似于信用卡的使用方式，都是根据信用额度存在一定的消费额度，先行消费完成之后在规定的时间内归还即可。第二种观点认为构成盗窃罪，此类案件中的被害人是第三方支付账户所有人，行为人违背被人害意志，通过和平的手段转移了财产的所有权。② 第三种观点认为应当构成诈骗罪，因为被告人实际上是利用非本人的虚假信息实施骗取行为获得蚂蚁金服贷款。

　　笔者认为，冒用他人蚂蚁花呗的行为应当构成贷款诈骗罪。首先，虽然冒用他人花呗、支付宝等绑定的身份信息与信用卡的行为有许多都被认定为信用卡诈骗罪，此类互联网金融下的新型金融方式与信用卡的使用规则非常类似，但此类产品并不能等同于信用卡，本质上只是一种网上小额消费信贷，③ 对于冒用行为的定性仍应当根据法律严格适用，不能以类推解释的方法简单定性为是信用卡诈骗罪。

　　其次，认定为盗窃罪也存在一定的问题。盗窃罪要求受损害的财产为被害人合法所有的财产，但第三方支付账户的所有人对花呗内的资金并不拥有民法上的所有权，财产性权益并不能成为盗窃罪的对象。花呗实际上是蚂蚁金服公司对账户所有者的消费记录和信

---

① 浙江省永嘉县人民法院刑事判决书：（2016）浙0324刑初415号。

② 刘天：《冒用他人第三方支付平台信用额度行为的定性》，《江西警察学院学报》2020年第6期。

③ 苏艳华：《冒用他人支付宝账户进行"花呗"套现的定性分析》，《西部学刊》2021年第7期。

用记录进行评估之后，确定用户的实际消费贷款额度，而不是直接存储于账户所有者的账户内可以随时提取的现金额度。账户所有者在通过花呗进行消费时，首先需要开通花呗的消费借贷服务，其次才能使用一定额度的金额消费。在开通花呗消费借贷服务这一步骤中会经历申请、个人信用评估、签订接待协议等步骤，虽然实际的操作中以上步骤都较为简便，往往是软件自动判断，但蚂蚁花呗实际上仍然是账户所有者与蚂蚁金服公司之间实施借贷行为的平台，形式上的简化并不能改变行为的性质。此外，还可能存在的违法行为是冒用他人花呗额度消费后退款实施套现，采取盗窃罪的观点认为，此种行为方式下行为人的行为仍然是通过秘密的方式进行，整体上应当认定为盗窃罪。

事实上，认为成立盗窃罪的观点存在的最大问题是没有准确界定花呗的资金属性，花呗内的可用额度与支付宝内账户余额的属性并不相同，如果违法行为的实施者实施的是冒用他人支付宝账户，将账户内余额占为己有的行为，则可以认定构成盗窃罪。冒用他人支付宝账户申请花呗贷款的行为，实质上是利用他人的名义和信用进行贷款申请，对蚂蚁金服公司实施诈骗，通过线上支付或者后续退款的行为实行套现，犯罪行为的关键是冒用的行为。

反对构成诈骗罪的观点认为，冒用他人花呗的行为不属于欺骗行为，因为行为人在行为的过程中使用的支付宝账号、密码等都是正确的，蚂蚁金服公司在审查过程中只需要核对提供的信息是否与系统中备案的信息一致，以此判断是否为本人操作，随后对贷款申请所对应账号的信用状况、历史交易记录等进行综合审查决定放款数额。从放款公司的角度出发，其所接受的信息是真实的用户信息，并没有被骗。同时，该观点认为花呗中的资金属于支付宝账户所有人控制，蚂蚁金服公司无法因为违法分子实施了冒用行为就对该笔资金进行处分。事实上，以上观点同样忽视了花呗内资金的本质属性，花呗内的资金用户并不拥有使用权，只是在用户信用的基础上，经其申请可能的一种授信可能，不是已经处于用户可支配范围内且随意能够控制的资金。上述观点一方面没有明确花呗借款的流程，另一方面认为支付宝账户所有者拥有花呗内钱款的所有权，蚂蚁金服公司无权处分，实际上却是蚂蚁金服公司基于错误认识处分了财产。

支付宝账号可以由多人共同登录，即使犯罪行为的实施者掌握了他人支付宝的账号与密码，也不意味着其对账户内的资金取得了所有权，支付宝用户可以随时将账户内的余额进行提取。取得他人支付宝账户最关键的是获得了该账户的身份证明，可以利用账户绑定的身份信息以及该身份信息背后的信用信息，假借他人身份骗取贷款。

冒用他人花呗实施套现行为的关键在于利用虚假的身份信息实施"骗"的行为。根据以上分析，犯罪人冒用他人花呗实施套现的行为主观上具有非法占有他人财产的目的，可能涉及诈骗罪、合同诈骗罪与贷款诈骗罪，这三个罪名都要求行为人主观上的非法占有目的，但行为方式上，贷款诈骗罪的要求更加具体，通过编造引进资金、项目虚假理由等各种方法诈骗银行或者其他金融机构贷款数额较大的行为。冒用他人支付宝账户进行花呗套现的行为是通过使用虚假证明材料，骗取贷款的行为，并且消费金融公司也属于贷款诈骗罪中的金融机构，因此冒用他人花呗套现的行为应当认定为贷款诈骗罪。

(三)使用本人花呗进行套现行为的规制

互联网金融背景下出现的类似花呗、京东白条等新型借贷消费方式对便捷消费起到了较大的作用，但此类金融产品中的资金只能被用于消费而不能提现，于是出现了许多对支付宝或者京东白条内的消费额度进行套现的行为。犯罪分子通过虚拟交易行为帮助用户实现套现，还有一些人甚至专门从事此类套现工作。关于利用本人花呗套现的行为也可能涉及贷款诈骗罪，值得我们深入研究。

与利用本人花呗进行套现行为类似的是对信用卡进行非法套现的行为，后一行为可能涉嫌诈骗罪、信用卡诈骗罪、非法经营罪。与上述冒用他人花呗进行套现中的情形相同，花呗与信用卡不能等同，利用花呗进行套现的行为不能类比使用恶意对信用卡进行套现的行为，而应当认定为贷款诈骗罪。

但在认定利用本人花呗进行套现构成贷款诈骗罪的过程中，同样要注意"非法占有目的"的判断。贷款诈骗罪要求行为人主观上具有非法占有的目的，行为人是否具有非法占有的目的关系着犯罪成立与否，成立何种犯罪。在对套现行为进行认定的过程中可以参照司法解释中规定的具体类型对是否存在"非法占有"予以认定：第一，被告人对于在蚂蚁花呗等消费性借贷平台上的消费数额明显不具有还款能力，无法归还消费数额。第二，行为人将通过消费借贷平台借贷的资金用于不合理的用途，明显不具有归还可能性。第三，行为人在通过借贷消费平台实施了借贷消费的行为之后采取更改联系方式、隐匿行踪等各种方式躲避债务。第四，行为人对个人财产进行隐匿。第五，行为人利用借贷的资金实施违法犯罪行为。如果行为人具有以上几种情形，往往可以肯定非法占有目的的存在，否则只能认定为是一般的拖欠还款或者是其他的民事纠纷。

在对套现行为实施者的行为明确之后的进一步的问题是，套现关系中提供花呗套现服务的商家应该如何定性。如果本人利用花呗进行套现的案件中涉及商家明知该用户有恶意套现的故意仍然提供套现服务，则与套现行为的实施者构成贷款诈骗罪的共犯。[1] 但如果其并不知晓行为人主观上持恶意透支的故意，只是想通过提供套现服务获取一定的利润，那么其行为属于非法经营，构成非法经营罪。

四、互联网金融下贷款诈骗刑事法律规制的完善对策

(一)完善征信体系建设

1. 我国当前征信体系存在的问题

首先，信贷消费方面，各平台自身的征信体系并不完善，无法实现对个人信用的准确评级。各商业平台往往根据申请者在平台的身份信息、消费记录进行信用评分，但往往只要消费者在该平台进行过一定数量的正常交易活动或者有一定的活跃度即可申请较低额

---

[1]　陈罗兰：《互联网金融创新的刑法规制和司法适用》，华东政法大学2017年博士学位论文，第92页。

的贷款，总体来说，信贷消费的申请门槛较低，信贷额度也较低，信用评价标准不明确，① 不同的平台利用自身掌握的消费者信息、用户活跃程度进行不同的评价，评价标准不一，没有形成统一的制度评价标准，商业平台内部的征信体系建设也不完善。例如，京东白条的评价基础是小白信用，会根据消费者的身份信息、资产状况、投资理财的习惯偏好等各个方面评估用户信用，而支付宝花呗的评价基础是芝麻信用，二者信用评价的基础并不相同，不同的平台有不同的信用相关数据收集方法与信用评价机制。

虽然互联网技术能够对每个用户的信息实现全方位地收集，但不同的个人活跃在不同平台，各商业平台收集到的数据准确性存在疑问，有时并不能准确反映用户真实的资产状况与信用信息。多个平台对个人信息进行重复收集，反复进行信用评估，这样不仅存在数据准确性的问题，还会造成社会资源的浪费，用户信息被不同的主体掌握之后可能出现的更严重的问题是个人信息的泄露。当前存在着的使用他人账户套现的行为，更多的原因是商业平台对用户个人信息的保护程度低，造成用户信息的泄露，或者由于身份验证的要求较低，犯罪分子可以较为容易地冒用他人的身份信息，利用他人账户实施套现行为或者申请信用贷款。其中涉及的主要问题是用户个人信息的保护，进而关联个人财产的保护，应当通过加强征信体系的建设，保障用户个人信息不被泄露。

其次，我国目前没有形成统一的互联网金融信用采集系统，② 互联网金融下用户信用评价并无统一的平台、规范与标准。与此相比，传统的银行贷款更多地参考人民银行的征信评价系统，有明确的评价制度，评价标准较为规范。当具有强烈资金需求的企业或者个人无法通过传统线下银行贷款的方式获取资金时，往往会转而采取网络贷款，这是因为网上贷款的平台往往工作信息不完善，对贷

---

① 于健宁：《我国互联网金融发展中的问题与对策》，《人民论坛》2014年第 8 期。

② 曾菊凡：《互联网金融与征信业的互动耦合发展机理研究》，《中国人口·资源与环境》2015 年第 5 期。

款者提交的信息存在无法准确核实的情况，也无法获得个人完整的征信报告。即使是通过网上银行申请贷款，也缺少了传统线下贷款中面对面进行的资料审核，不能实现形式审查与实质审查的有效结合。

通过网络对用户的信息收集分析、评价信用等级，虽然能够在短时间内实现用户信息的收集与分析，但收集的资料具有片面性，存在用户信息造假的情况。不同的互联网商业平台相互独立，各自进行信用评估，可能出现的结果是单个用户在某一平台上信用交叉，但这一记录并不会同步到其他平台，仍然进行信贷消费或者申请贷款，造成商业平台的资金受损。不同的平台各自对用户的信息进行收集与分析还加大了监管的难度，导致信用监管分散。总之，我国当前缺乏统一的互联网征信平台与相应的监管机制。

2. 完善信用评价体系

确立全国统一的互联网金融线上征信体系。建立互联网金融行业内部征信数据库，统一信用信息数据，对每个人的信用等级作出明确的划分，各金融机构之间便捷地进行信用信息的共享，统一数据采集标准，深入了解贷款对象，最大可能地避免贷款人由于欺诈或者资产能力不足存在的信用风险。对信用不足的贷款对象，设立黑名单或者进行公示，避免各个征信平台之间信息不对称。当贷款申请人申请贷款时，银行根据不同贷款人的不同信用等级，批准不同的贷款额度，[1] 如果贷款申请者的信用等级较低，可以在要求其提供额外的担保或者抵押之后决定贷款额度，对于信用等级低又无法提供担保的贷款申请人可以拒绝其贷款申请。

互联网金融征信系统与人民银行信用系统信用共享。我国当前的征信系统以人民银行为主导，各金融机构向其提供贷款交易信息，然后才能通过该信用系统享受查询服务。贷款对象的信用信息主要来源于传统的征信系统，但随着互联网金融的业务创新，出现了各种形式的消费贷款平台，这些新型的机构不同于传统的金融机

---

① 王化娟：《试论加强互联网金融监管的途径》，《新财经》2019 年第 7 期。

构，但他们积极地活跃在市场交易中，推动我国互联网金融的快速发展，对用户的信息收集也更为直接。当前有必要在保证新兴金融平台用户个人信息安全的情况下，与中央银行的征信系统实现信息融合，全面记录用户信用信息，准确反映个人信用状况。互联网用户信用信息与人民银行信用信息的统一不仅能更准确、全面地收集信用信息，同时由于人民银行的征信系统对信息的收集持续时间较长，对用户信息的变更也能及时更新。此外，央行对于信息的收集与处理，无论是程序上还是实质上都更为严格，信用评价更为准确。

在建立统一征信平台的同时要注意保护被征信主体的权益。互联网金融平台用户的个人信息涉及个人人格权和隐私权，大数据时代各平台收集信息人数多、范围广，从减少互联网金融犯罪、实现其与征信行业共同发展的角度出发，相关部门要加强对用户合法信息的保护。一方面，征信系统建设部门要明确信息采集的范围与界限，不能对用户信息进行过度入侵与恶意使用，数据采集后的使用范围也要明确规定，只能用作数据评估，绝不可突破合理使用的界限。另一方面，可以通过采取电子签名、人脸识别等技术加强用户信息的保护，防止他人轻易盗取用户信息。

3. 提高贷款平台对贷款申请者的信用监管

第一，放贷平台要提高信用贷款发放的门槛与标准，降低自身遭遇贷款诈骗的风险。互联网金融时代，商家为扩大销量、刺激消费，极大鼓励消费者进行各种类型的小额消费，通过降低信用卡申请难度，信贷消费贷款快速、便捷等手段鼓励超前消费，许多贷款甚至无需提供任何担保。为避免潜在的消费套现，利用欺诈手段申请贷款等风险，商业平台有必要提高信贷门槛，严格贷款申请的审核，提高用户贷款所需的信用标准，明确规定信用评估的细节。同时，银行以及其他金融机构要设立行业规范，严格保护用户信用及其他隐私信息，防止不法分子利用管理漏洞盗用他人信息，以他人名义贷款，实施贷款诈骗。

第二，银行等具有放贷功能的机构要明确设定违约责任、警示、注意规定等。贷款机构在发放贷款时要向申请贷款者明确以各种欺诈手段获取贷款的可能情形，任何违法行为都将承担法律责任。并且可以在贷款合同中约定违约未还款的违约责任以及其他注意事项，事先预防贷款申请者可能的欺诈行为。对于有违法套现等非法行为的贷款申请者要在信用评价中如实记录，各个平台之间征信信息互通。

（二）明确银行等金融机构的法律责任

在涉嫌贷款诈骗案件中，通过互联网进行贷款的主体一方是银行或者其他金融机构，另一方主体是自然人、法人或者其他组织。商业银行通过网络推送贷款业务，贷款人申请贷款后由商业银行进行审批，银行确认后，贷款发放到借款人账户，于是资金发生流转。因此，互联网金融下的贷款业务是在双方签订网络借款合同之后形成借贷关系，在这一法律关系中，银行或者其他金融机构具有提供贷款的义务，应当根据合同约定的用途提供贷款，并且在贷款到期日前，银行具有提示借款人按时还本付息的义务，达到审慎提示的目的。

通过完善银行或者其他金融机构贷款行业的行业自律，加强对网络贷款行业的监督管理，推动网络贷款行业加强审核，减少贷款诈骗案件的发生。我国银行业协会在相关法律法规的指导下，根据金融市场发展的实际情况制定网络贷款行业监督准则，监督商业银行网络贷款的实际运营情况，及时发现其中存在的问题，规范商业银行或者其他机构的网络贷款业务，防止出现贷款漏洞，造成资金损失。

第八目　保险诈骗罪的着手 *

作为金融行业支柱之一的保险业也正在探求与互联网平台的深度融合，在大数据的基础上创新推出互联网保险产品，开展保险业务。根据 2015 年出台并于当年 10 月 1 日正式实施的《互联网保险业务监管暂行办法》第 1 条第 1 款的规定："本办法所称互联网保

＊ 本目由中南财经政法大学硕士研究生黄英负责文献综述工作。

险业务，是指保险机构依托互联网和移动通信等技术，通过自营网络平台、第三方网络平台等订立保险合同、提供保险服务的业务。"然而，有保险的地方，就会产生保险欺诈，互联网保险也不例外。虽然互联网保险业务与传统保险业务相比有其特殊性，但正如互联网金融的实质仍在于"金融"，互联网背景下保险业务的实质也并未有所改变，有的只是具体行为样态的变化。同样，与传统的保险诈骗罪类似，互联网背景下的保险诈骗罪也仍然面临困扰着传统保险诈骗罪的难题，即数额的确定、共犯的认定和着手的判断这三大棘手问题。由于文章篇幅所限，本目只能以保险诈骗罪的着手这一问题为核心展开讨论，以助力于保险诈骗罪的罪与非罪的正确界分，以期实现防控犯罪与保障人权二目标的有机统一。

根据 1998 年 11 月 27 日最高人民检察院法律政策研究室《关于保险诈骗未遂能否按犯罪处理问题的答复》(以下简称《答复》)，行为人已经着手实施保险诈骗行为，但由于其意志以外的原因未能获得保险赔偿的，是诈骗未遂，情节严重的，应依法追究刑事责任。我国刑法原则上处罚犯罪预备，但犯罪预备的处罚在司法实务中却是极为例外的情况，①根据此司法解释也能窥见一二。详言之，若行为人已经着手实施了保险诈骗行为的，则有可能成立保险诈骗罪之既遂犯或者未遂犯，从而构成保险诈骗罪；相反，若行为人尚未着手实施保险诈骗行为，即仅处于保险诈骗罪预备阶段的，则不再作为保险诈骗罪处理。保险诈骗罪的着手之认定，关乎本罪处罚范围的确定，其重要性不言而喻。一直以来，在保险诈骗罪着手的认定问题上，存在手段行为说、目的行为说和虚假信息传递说之争。本目拟在梳理与评析过往各类观点的基础之上，对目的行为说进行证成。

一、现有着手标准之检讨

手段行为说认为，行为人只要开始实施《刑法》第 198 条第 1

---

① 张明楷：《刑法学(上册)》，法律出版社 2016 年版，第 336 页。

款所规定的五种保险诈骗行为，即为本罪的着手。①申言之，只要行为人实施了故意虚构保险标的、编造虚假的事故原因或夸大损失程度、编造未曾发生的保险事故、故意制造保险事故等手段行为，即使因为各种主客观原因还未来得及向保险人索赔的，也应认为其已经实现了本罪的着手，从而具有成立保险诈骗罪未遂的可能。该说的论证理由主要有二：一是，保险诈骗罪为复合行为犯，只要行为人开始实施了前行为，即手段行为时，就构成保险诈骗罪的着手。②二是，基于防控保险诈骗犯罪以及保障国民合法权利的刑事政策目标的要求，只要行为人以骗取保险金为目的，开始实施了故意制造保险事故、编造虚假事故原因等手段行为时，就应当认定为保险诈骗罪的着手，而无需等到行为人向保险人提出索赔要求时才认定着手的成立。③该说对于保险诈骗罪为复行为犯有正确认识，但学界对于复行为犯之着手的认定并未达成一致看法，至少在保险诈骗罪、招摇撞骗罪以及诬告陷害罪等复行为犯的场合，学者们对于着手的认定仍然争论重重。那么，手段行为说武断地以前一行为的实施认定复行为犯的着手，从而认为在保险诈骗罪这一复行为犯中应以手段行为的开始作为着手认定的起点这一做法，实在是有待商榷。另外，打击犯罪固然是刑事政策的重要目标之一，但人权保障也是刑事政策的应有之义，二者均不能有所偏废。若坚持以手段行为作为着手的认定标准，则可能导致着手的认定标准过于提前，使得保险诈骗罪的打击范围被不当地扩大，且也有对手段行为重复评价之虞（手段行为既可能被独立评价为

---

①　高铭暄、马克昌主编：《刑法学》（第 8 版），北京大学出版社、高等教育出版社 2017 年版，第 153 页；陈兴良：《规范刑法学（上册）》（第 3 版），中国人民大学出版社 2013 年版，第 212 页；封志晔：《复合实行行为的着手问题浅析——以新定型说为视点》，《法学评论》2008 年第 3 期；谢望原：《保险诈骗罪的三个争议问题》，《中外法学》2020 年第 4 期。

②　高铭暄、马克昌主编：《刑法学》，高等教育出版社、北京大学出版社 2000 年版，第 156 页。

③　谢望原：《保险诈骗罪的三个争议问题》，《中外法学》2020 年第 4 期。

故意伤害罪等相关犯罪，也有可能被纳入保险诈骗罪而被整体评价为保险诈骗罪的未遂犯）。①

　　目的行为说认为，行为人向保险人索赔的行为才是保险诈骗罪的着手。该说基于法益侵害之违法性本质的立场而提出，制造保险事故等手段行为仅为骗取保险金创造了条件，只有当行为人向保险人索赔（即实施骗保这一目的行为）时，保险金融秩序以及保险人的财产才处于紧迫的危险之中，故向保险人索赔的行为才是保险诈骗罪的着手。②对此，有学者质疑道，若行为人仅实施了制造保险事故等手段行为，还未来得及向保险人索赔的，仅能成立保险诈骗罪的预备行为，这显然与《刑法》第198条对本罪的罪状描述不符。③事实上，学者之所以会提出该疑问，原因在于其对违法性的本质、复行为犯的内涵以及复行为犯的着手之认定等问题认识不透彻，后文将对此进行具体论述。同时，目的行为说的主张是否就一定要与法益侵害说之违法性本质立场的坚持捆绑在一起，仍有待进一步探讨。

　　虚假信息传递说认为，应结合诈骗犯罪本身的行为构造来认定行为的着手，故行为人以非法占有目的将虚假信息传递给保险人时即为保险诈骗罪的着手。④具体而言，在通过虚构保险标的骗保的情形下，行为人就虚构之保险标的与保险人签订保险合同时，则为保险诈骗罪的着手；而在行为人与保险人订立了合法有效的保险合同后才滋生骗保故意的，行为人就虚假信息向保险人传递时，才能认定保险诈骗罪的着手。实质来看，该说以保险诈骗罪的特殊构造为基础，以虚假信息的传递作为具体认定标准，认为在虚构保险标

---

①　龙洋：《论保险诈骗罪的着手》，《法学评论》2009年第5期。

②　张明楷：《刑法学（下册）》，法律出版社2016年版，第809页；黎宏：《刑法学》，法律出版社2012年版，第585页；龙洋：《论保险诈骗罪的着手》，《法学评论》2009年第5期。

③　张永红、姜国强：《保险诈骗罪停止形态研究》，《山东警察学院学报》2007年第5期。

④　刘远：《金融诈骗罪研究》，中国检察出版社2002年版，第296~297页；赵秉志、杨诚：《金融诈骗罪研究》，法律出版社2004年版，第366页。

的的场合应坚持手段行为说，而在虚构保险标的之外的四种情形中则应采取目的行为说。且不论这种在同一犯罪中区分处理的方式是否会导致着手认定的混乱，该种以虚假信息传递作为认定标准的做法，并未解决保险诈骗罪的行为实质为何这一根本性问题，只是在虚构保险标的情形倒向手段行为说，在其他四种保险诈骗场合则又转向目的行为说。归根结底，保险诈骗罪着手的认定，注定只能是手段行为说与目的行为说之间的论战，虚假信息传递说充其量只是前两种学说的组合应用而无法成为与之抗衡的第三阵营。

简言之，对保险诈骗罪的着手之认定，实质上是手段行为说与目的行为说二者之间的对立。手段行为说与目的行为说的对峙，在违法性本质上，体现为规范违反说与法益侵害说的争论；在复行为犯中，则是前行为说与后行为说的争执。由此，下文将带着对上述疑问的思考，展开对目的行为说的论证。

二、"目的行为说"之再提倡

（一）违法性本质：二元的违法性论的要求

对于违法性本质的认识，存在形式违法说和实质违法说的对立，目前关于违法性本质的讨论也主要限于实质违法说内部，即规范违反说与法益侵害说的争论。规范违反说着眼于刑法的行为规制机能，主张违法性的实质在于刑法法规背后规范的违反，至于"规范"具体所指为何，不同学者可能见解不一。[1]根据规范违反说的观点，行为人只要实施了虚构保险理赔原因的欺诈行为，就已经能够表明了其故意违反规范的恶意，国家就应基于打击犯罪与防控社会的立场对该失范行为进行管控。故而，只要行为人实施了《刑法》第 198 条第 1 款规定的五种骗保的手段行为之一的，就应视为保险诈骗罪的着手，进而以本罪定罪处刑。法益侵害说则认为，违法性的实质在于对法益的侵害或威胁，其强调刑法的法益保

---

[1]　陈家林：《外国刑法理论的思潮与流变》，中国人民公安大学出版社 2017 年版，第 261 页。

护机能。① 站在法益侵害说的立场，虚构保险理赔原因的手段行为
并没有直接威胁到保险诈骗罪的保护法益，只有开始实施了向保险
人骗保这一目的行为时，社会保险秩序以及保险人的财产权利才处
于紧迫的危险之中，故开始实施索赔行为才能算是本罪的着手，并
进而有可能被作为本罪处理。

　　从价值取向上来看，规范违反说所持的是一种积极的刑法观，
强调刑法的事前防范，注意发挥刑法规范的命令和禁止功能。但
是，刑法终究是作为一种保障法与事后法而存在，不可能不分场合
与时机地进行积极预防，也不能不加区分地适用规范违反立场来考
虑和解决问题，否则难免落入不当限制自由的泥沼而全然背离刑法
之人权保障的机能。② 与此同时，法益侵害说也难以合理阐释犯罪
行为对法秩序体系的对抗性这一问题。③ 仅将犯罪看作对特殊主体
的法益侵犯，也会导致对犯罪行为会陷入"仅见树木不见森林"的
片面理解。④ 但是，将法益概念进行精神化、抽象化处理后，即使
能勉强维系犯罪的本质是法益侵害这一命题，却由此而不得不放弃
其结果无价值的立场，这是法益侵害说论者所不愿看到的结果。⑤
因此，无论是单纯的规范违反说抑或是纯粹的法益侵害说，均无法
有效阐释违法性的本质这一问题，只有将规范违反与法益侵犯有机
融合起来才能合理阐释该问题，二元的违法性论也就由此应运而
生。我国通说也认同二元论的立场，认为犯罪是对刑法所保护的社

---

① 陈家林：《外国刑法理论的思潮与流变》，中国人民公安大学出版社
2017 年版，第 261 页。

② 王安异：《法益侵害还是规范违反》，《刑法论丛》2007 年第 11 卷，
第 278～302 页。

③ 牛忠志：《论犯罪本质的义务违反说优越于法益说》，《法学论坛》
2014 年第 1 期。

④ 阮林赟：《网络爬虫刑事违法的立场、标准和限制》，《河北法学》
2021 年第 7 期。

⑤ 王安异：《法益侵害还是规范违反》，《刑法论丛》2007 年第 11 卷，
第 278～302 页。

会关系的侵害或者威胁。①

　　保险诈骗罪，指投保人、被保险人或者受益人违反保险规范，通过虚构保险标的、编造虚假原因、制造保险事故等欺诈手段，向保险人骗取数额较大保险金的行为。②由此可知，保险诈骗罪实则由虚构保险理赔原因的手段行为与骗取财产的目的行为组合而成。当行为人仅实施了虚构保险标的等手段行为时，根据《刑法》第198条第1款的罪状安排，已经初步具备了规范违反性，但由于未能实施向保险人骗保的目的行为，缺乏了直接威胁本罪保护法益的面向，未能满足法益侵害的要求，也未能展现完全的规范违反性，未达到犯罪之侵害刑法所保护的社会关系之本质要求。因此，也就不宜将单独的手段行为定位为保险诈骗罪的着手，不能将之作为犯罪（保险诈骗罪的未遂犯）处理。然而，目的行为说也并非如相关学者所主张的那样，是法益侵害说在保险诈骗罪之着手认定这一问题上的具体展现。正如前文所述，行为人虚构保险标的等手段行为就已经具备了规范违反的特性，在行为人继而向保险人索赔的行为中，已经展现了完全的规范违反性，也对社会保险秩序以及保险人的财产权益造成了直接而紧迫的威胁，兼具了规范违反性和法益侵害性，同时实现了行为无价值与结果无价值，是当之无愧的保险诈骗犯罪行为。总之，在保险诈骗罪之着手认定这一问题上，笔者主张的目的行为说并非基于法益侵害说的违法性立场，而是二元的违法性论在此问题上的具体应用。

　　（二）复行为犯的着手：主客观统一说的应用

　　1. 保险诈骗罪之实行行为

　　保险诈骗罪作为诈骗罪在保险市场领域的特别犯罪类型，其与

---

　　①　马克昌主编：《犯罪通论》，武汉大学出版社1999年版，第113页；高铭暄、马克昌主编：《刑法学（上）》，中国法制出版社1999年版，第108页。

　　②　刘宪权：《金融犯罪刑法学原理》，上海人民出版社2020年版，第539页。

诈骗罪的行为构造相当，即通过虚构事实或隐瞒真相来编造虚假的理赔原因，使得保险人对于事故的发生产生错误认识，由此而错误交付其管理下的保险金的行为。简言之，保险诈骗罪是由编造虚假事故原因的欺诈行为以及向保险人索赔的取财行为所共同构成，缺少其中一项都不能使其构成保险诈骗罪。

至于《刑法》第 198 条第 1 款所规定的五种行为方式的理解，虚构保险标的、虚构事故原因以及夸大损失程度的行为无疑均可定义为编造虚假的事故原因。至于故意毁坏财物或者故意导致他人伤残以骗保的行为，其在制造保险事故后，若将其故意制造事故行为向保险人和盘托出，根据保险之"射幸性"特征与防止道德危险之要求，故意制造的保险事故等保外事故明显不应属于保险保障的范围，行为人之获赔保险金的愿望无疑会落空。那么，为了顺利获赔，行为人必须为该保外事故编造一个符合保险合同以及保险法规的虚假事故，才能让保险人基于该符合理赔要求的"虚假事故"而对其进行理赔。至于《刑法》第 198 条第 3 款之数罪并罚的规定，不影响对本罪实行行为构造的界定。因为保险诈骗罪真正的手段行为为虚构保险事故的行为，而《刑法》第 198 条第 1 款所规定的五种行为都只是虚构保险事故的具体表现形式，通常前三种行为均不涉及独立的犯罪行为，而后面的故意毁坏财物、故意伤害或杀害他人的行为经常会触犯故意毁坏财物罪、故意伤害罪或故意杀人罪，《刑法》也就对此进行注意性的规定，以提醒法官面对此种情形要按照数罪来处理。

2. 保险诈骗罪为复行为犯

复行为犯，是指由两个或两个以上非独立成罪的要素行为所组合构成实行行为的犯罪既遂类型。[1]典型如抢劫罪，其由暴力、胁迫或者其他方法的手段行为和取财行为这一目的行为构成，行为人仅实施了暴力、胁迫等行为而未能开始实施取财行为的，则不可能达致抢劫罪的既遂状态。再如，在诬告陷害罪中，捏造他人犯罪事实的手段行为以及诬告陷害的目的行为共同构成本罪的实行行为，

---

① 陆诗忠：《复行为犯之基本问题初论》，《现代法学》2007 年第 6 期。

行为人在捏造犯罪事实后向司法机关检举诬告的，才有成立本罪的可能性；反之，行为人仅实施了捏造犯罪事实的手段行为，而由于各种主客观原因未能向司法机关检举的，则难以该当本罪的构成要件进而作为本罪处理。类似地，保险诈骗罪中的实行行为由虚构保险理赔原因的手段行为以及骗取保险金的目的行为组成，行为人只有在虚构了保险理赔原因并向保险人提出索赔要求后，才有成立保险诈骗罪的可能，否则只能成立本罪的未遂犯或者预备行为（后者不再作为本罪处理）。

　　学者以数行为要素间在复行为犯形态中的联系密切程度与必须程度为标准，将复行为犯划分为紧密型复行为犯与松散型复行为犯。①其中，松散型复行为犯，指数行为要素间的紧密程度相对较弱，行为人只要实施了其中一个行为则可构成犯罪的情形，比如抢劫罪。与之不同，紧密型复行为犯则指数行为要素间的粘连程度比较紧密，要求数行为均被施行了才可能成立犯罪的情形，如招摇撞骗罪、诬告陷害罪等复行为犯可归入此类。基于此分类，有论者认为，保险诈骗罪也应属于紧密型复行为犯，因而只有同时具备虚构保险理赔原因的欺诈行为以及后续的骗保行为时，才能充足本罪的实行行为性，进而成立本罪。②事实上，根据整体与部分之间的辩证关系原理，当行为人实施了复行为犯中的一个要素行为时，其行为即具备了复行为犯的实行行为性，认为该行为人的行为不能构成复行为犯的论调显然有误，故紧密型复行为犯与松散型复行为犯的分类难以成立。③ 因此，不能以紧密型复行为犯的原理来解释保险诈骗罪的构造特质，更不能以紧密型复行为犯的观点来论证目的行为着手说的成立，至少在本文立场上的目的行为说不允许此论证路径的存在。

　　3. 保险诈骗罪的着手

　　由于复行为犯的实行行为构成之复杂性，使得学者们对复行为

----

　　① 陈兴良：《刑事法评论》（第 4 卷），中国政法大学出版社 1999 年版，第 323～325 页。

　　② 龙洋：《论保险诈骗罪的着手》，《法学评论》2009 年第 5 期。

　　③ 陆诗忠：《复行为犯之基本问题初论》，《现代法学》2007 年第 6 期。

犯之实行的着手的认定争论不休，主要体现为"后行为说"与"前行为说"间的对峙。要解决复行为犯之着手认定的问题，首先需要明晰实行行为的着手的认定标准，而要弄清楚实行的着手，则必须回到实行着手的意义这一问题。实行的着手，旨在解决处罚故意犯的可罚起点这一问题，作为区分预备行为与未遂犯的临界点而存在，而不能将之浅显地理解为实行行为的始点。①那么，作为实行行为的特殊情形之一，复行为犯之实行行为的着手也不能被简单粗浅地理解为前行为的开始实施，而应根据实行着手的基本原理来具体确定。

关于实行着手的认定，理论界存在主观说、形式的客观说、实质的客观说以及折中说的争讼。②正如有学者所指出的那样，无论是德日抑或是英美，实行的着手理论均有从客观论向主观论转变的倾向，我们必须警惕该转向对人权保障所内含的危险。③在实行的着手这一问题上，绝对的主观论抑或是彻底的客观论均不是明智的选择。相较而言，主客观统一说较为合理，强调以主客观相统一原则作为实行着手认定的基本原则，这不仅是我国主客观相统一原则在实行的着手这一问题上的具体贯彻，也与我国当前的犯罪构成体系相契合。④详言之，主客观相统一的基本原则在实行的着手之确定这一问题上的要求有二，一是需要具备行为的定型性，二是具有犯意的确定性。

具体到保险诈骗罪的着手之认定上，在行为人对保险人实施骗保行为之时，满足了保险诈骗罪的实行行为的定型性的要求，也是其骗保之犯意的充分流露与展现，故索赔行为这一目的行为的施行才应该是判定保险诈骗罪着手之具体标准。

之所以认为实施索赔这一目的行为时才具备保险诈骗罪的定型

①　劳东燕：《论实行的着手与不法的成立根据》，《中外法学》2011 年第6 期。

②　张明楷：《外国刑法纲要》，法律出版社 2020 年版，第 233~235 页。

③　劳东燕：《论实行的着手与不法的成立根据》，《中外法学》2011 年第6 期。

④　邹佳铭：《实行着手之限制与主客观统一说之提倡》，《法学评论》2011 年第 1 期。

性，是因为若行为人仅仅实施虚构保险标的的行为、单纯毁坏财物或者故意伤害他人的行为，而没有向保险人索赔的，其对保险人的财产权利以及社会保险秩序并不能造成直接的影响，可能是刑法所暂时不予评价的行为，也可能是由故意伤害罪等其他罪名来进行评价与规制的行为。也就是说，单独的虚构保险标的等行为并不一定百分百地指向保险诈骗行为，将之作为保险诈骗罪的着手标准实在是有欠妥当。与此同时，犯意的确定性与行为的定型性相辅相成，当行为人仅实施了虚构保险标的或制造保险事故的行为时，通过该单一行为难以推定行为人具有非法占有保险金的目的，存在不具有骗保故意的可能性。总之，无论是基于行为的定型性抑或是犯意的确定性，目的行为说的主张在保险诈骗罪着手的认定上均成为必然。

三、司法实务的立场

有研究者调查发现，虽然实务中法院判决的保险诈骗案件总数较少，但通过实地走访以及座谈交流等方式了解到，保险行业中的骗保情形较为严重。比如宁波市保监局就反映，40%左右的保险诈骗行为因投保人放弃索赔而不予追究，50%左右的骗保行为因为退赔、证据等原因而撤案未移送公安机关，最终经法院判决的保险诈骗案件仅仅占实际排查出的保险诈骗行为的5%左右。①由此可见，我国在实务层面对于保险诈骗罪的认定较为宽缓，若行为人放弃索赔则对此不再予以追究。结合《答复》的内容来看，行为人着手实施保险诈骗行为的，至少应成立保险诈骗罪的未遂犯，应依法追究刑事责任；若行为人未能着手施行保险诈骗行为的，则至多只能构成保险诈骗罪的预备犯，根据预备犯例外处罚的原则而对此不予追究。一言以蔽之，司法实务在保险诈骗罪的着手这一问题上，采取了目的行为说的主张，认为索赔行为才是保险诈骗罪的着手。虽然司法实务者的身体力行并不能当然地使得某一学说合理化，但这至

---

① 浙江省宁波市海曙区人民法院课题组：《保险诈骗罪案件专题分析报告》，《法律适用（司法案例）》2018 年第 2 期。

少也是实践对于理论的一种回应与支持，也侧面说明了该学说具有可操作性与实践理性。也即，司法实务的支持不能成为倡导某种学说的单一理由，但至少可以成为证立该种学说的理由之一而存在。因此，下文将通过两个典型案例来具体说明司法实务的立场，以进一步阐释目的行为说的合理性。

1. 黄某犯保险诈骗罪一案

2018 年，被告人黄某在明知其母陈某身患多种疾病的情况下，以陈某作为被保险人向保险公司投保旅游意外伤害险，保险金额共计 100 余万元，保险期限为 3 个月。在保险期限内，黄某驾驶小型轿车搭载其母自驾游。途中，黄某发现母亲陈某有异常反应并于不久后身亡，黄某为陈某换上寿衣并将其安放在副驾驶位置，继续驾驶车辆前行。几小时后，黄某驾车撞上路边护栏，由于车上放有菜油并有烧艾灸产生的明火，使得车辆失火燃烧，再加上黄某的懈怠式救火，导致了陈某尸体被烧焦的结果。事发后，黄某向交警及保险公司工作人员谎称道，是因为车辆发生交通事故起火燃烧导致陈某在车内被烧死，并向保险公司申请旅游意外伤害保险金 100 万元。保险公司工作人员通过查看现场勘查资料后，发现该事故存有蹊跷，向交警部门提出对陈某进行尸检。司法鉴定显示，死者陈某因自身疾病死亡，并非由于车辆火灾致死，故而拒绝了黄某 100 万元的保险金理赔请求。[①]

对于该案，黄某的辩护人辩称道，黄某并未编造事故虚假原因或者夸大损失骗保，其只是向保险人报告了意外事故的发生，报案本身并不构成犯罪。并且，即使黄某的行为构成保险诈骗罪，也只能算是本罪的预备行为，根据《答复》不应作为犯罪处理。对此辩护意见，法院认为，黄某向保险公司报案后，保险公司就已根据黄某的报案启动理赔程序，应认定黄某已经着手实施保险诈骗行为，只是由于保险公司根据事故相关鉴定意见而拒绝理赔，导致黄某的骗保行为未得逞，未能成功获得 100 万元的保险理赔金，黄某的行为应认定为保险诈骗罪的未遂。

---

① 四川省内江市中级人民法院刑事裁定书：（2020）川 10 刑终 73 号。

笔者认为，法院对于黄某的骗保行为的定性是准确的。首先，黄某明知其母亲系自然死亡，却仍对交警与保险公司谎称其母死于火灾，虚构保险事故的原因，是显而易见的欺诈行为。其次，通话录音证实，黄某在向保险公司报案时，询问了保险生效时间，并以陈某出交通事故被烧身亡为由向保险公司申请理赔，辩护人之报案本身不成立犯罪的论调难以成立，因为此处的报案行为包含着虚构保险事故原因以及向保险人索赔的复合行为，充分满足了保险诈骗罪的行为无价值，应认为其着手实行了保险诈骗行为。最后，在黄某向保险公司提出索赔申请后，保险公司启动了保险理赔程序，若保险公司的勘探员未能发现事故端倪，则极有可能会按照既定流程向黄某支付高额的保险金，黄某的行为已经给社会保险秩序以及保险公司的财产权造成了紧迫的危险，充分了结果无价值。只是在本案中，保险公司的工作人员发现了可疑之处并申请司法鉴定，最后证明确属诈骗，保险公司据此拒绝理赔是合情、合理、合法的，黄某因为其个人意志以外的原因而未能成功获赔，为保险诈骗罪的未遂。简言之，在该案中，法院以索赔行为作为认定保险诈骗罪的着手的标准，符合目的行为说的立场。

2. 王某犯保险诈骗、故意伤害案

2007 年，被告人王某驾驶轿车与汪某驾驶的轿车相撞，导致两车受损，交警在进行现场勘察处理后作出了"王某负主要责任，汪某负次要责任"的事故责任划分，至于具体责任份额，交警郝某让王某与汪某二人自行协商。由于王某的车并未购买商业保险，故王某在得知汪某的车购买了商业保险的事实后，为达到通过保险公司理赔事故双方车辆修理费之目的，多次教唆汪某自愿承担事故全部责任，但均遭到了汪某的拒绝。①

一审、二审法院均认为，王某教唆他人在交通事故责任上弄虚作假，夸大保险赔偿金数额以骗取保险金的行为，符合保险诈骗罪的行为构造，但由于被教唆者未犯被教唆之罪，情节轻微，一审法院决定对其以保险诈骗罪定罪但免除刑罚，而二审法院认为情节显

---

① 湖北省高级人民法院刑事裁定书：（2016）鄂刑抗 2 号。

著轻微，不认为是犯罪。终审法院则认为，王某只是想与汪某协商解决二人之间的交通事故问题，并没有骗保的故意，故王某的行为不应认定为保险诈骗罪的教唆犯。并且，在交通事故发生后，并未向保险公司提出虚假的理赔主张，亦未从保险公司获得保险金，即保险公司的利益没有受到任何损害，不应认定为保险诈骗罪的未遂。

笔者认为，本案终审法院对王某行为的定性是基本正确的，即王某的行为不能认定为保险诈骗罪的未遂，但其说理过程却仍有待商榷。交警就本次交通事故为王、汪二人划定了责任，王某应承担本次事故的主要责任，就算按照通常主次责任之"七三开"的划分办法，王某也应对汪某承担一半以上的赔偿责任。但是，王某却试图与汪某协商让汪某承担本次事故的全部责任，以实现让保险公司为本次事故全额买单的利己结果。王某劝说汪某担全责的行为，实质上是教唆汪某夸大损失程度的行为，但由于汪某的拒绝而未能开展下一步的行动（即向保险人索赔的行为）。至此，王某的劝说行为最多只能算是教唆虚构保险事故原因行为的"未遂"，而非保险诈骗罪的未遂。详言之，即使王某开始实施了教唆汪某虚构保险事故原因的手段行为，但由于汪某的不配合而未能进行下一步索赔之目的行为，未能满足保险诈骗罪的行为定型性要求，对于保险公司的财产权也未产生直接而紧迫的危险，故不能认定本罪"着手"，也就不能进一步认为其行为成立保险诈骗罪的未遂了。

四、结语

在保险诈骗罪着手的认定这一问题上，存在手段行为说、目的行为说和虚假信息传递说之争。相比较而言，目的行为说较为合理，兼具了理论理性与实践理性。目的行为说，在违法性本质上并非一定要采取法益侵害说，二元的违法性论也一样能推导出目的行为说的主张。保险诈骗罪是复行为犯，本罪的实行行为由编造虚假事故原因的欺诈行为以及向保险人索赔的取财行为组合而成。基于主客观统一说之实行的着手理论，只有行为人开始实施索赔行为时，才能同时满足犯罪行为的定型性与犯意的确定性之要求。与此同时，司法实务在该问题上也赞同目的行为说的立场。

第九目　互联网金融背景下非法经营罪的认定 *

一、互联网金融的创新发展与刑事风险的冲突

随着互联网技术的不断发展，国民的日常生活方式被大幅度改变。快速发展的互联网在带给我们极大便利的同时也带给我们一定的风险。如何在享受网络时代便利的同时尽可能规避风险是一个具有重要意义的问题。互联网时代不仅仅使民众的日常生活发生了巨大的改变，许多传统行业，也由于互联网技术的发展，发生了革命性的变化，这其中就包括金融行业。互联网金融是传统金融融合互联网技术逐步发展而成的，其与传统金融相比有自己的独特性与创新性，但本质上与传统金融并没有根本差别。互联网金融是传统金融机构与互联网企业利用互联网技术和信息通信技术实现资金融通、支付、投资和信息中介服务的新型金融业务模式。① 互联网金融是金融领域的重大创新成果，其一经诞生就飞速发展。以网贷平台数量为例，从 2007 年 P2P 在中国诞生，截至 2018 年 7 月底，网贷平台数量就已经达到 6000 多家，在 2014 年网贷平台的数量还仅仅只是 1000 家左右。再以网贷交易量为例，2018 年 10 月，P2P 网贷的余额还有 1.1 万亿元，且累积成交额已经接近 8 万亿元。② 从这两个数据就可以看出互联网金融不论在平台数量、参与人数，还是交易量，都逐步占据了金融市场的重要地位。

野蛮式生长扩张的背后往往掩盖了重大的风险，互联网金融也

---

* 本目由中南财经政法大学硕士研究生周宏磊负责文献综述工作。

① 参见中国人民银行、工业和信息化部、公安部等《关于促进互联网金融健康发展的指导意见》。

② 参见网贷之家《7 月网贷成交首破 200 亿 广东出现爆炸性增长》载 https://www.wdzj.com/dangan/？type＝problem，访问时间：2021 年 7 月 13 日。

不例外。从 2013 年开始，网贷平台逐渐"暴雷"，被停业清盘的网贷平台数量不断上涨，这其中影响的不管是投资人数量还是资金数量都是让人触目惊心的。互联网金融中的网贷平台从行业繁荣到行业萧条的迅速转变不仅仅是因为网贷平台自己的管理问题或者资金问题，也是因为政府没有及时尽到监管职责。互联网金融领域的野蛮生长造成了该行业内部出现无序竞争、劣币驱除良币的现象。许多互联网金融公司违规操作谋取暴利甚至实施违法犯罪行为，还有部分互联网金融公司骗钱跑路引发了重大社会群体性事件，这些违法乱象最终导致政府决定对互联网金融实施严格的监管措施。从 2007 年到 2015 年，政府对于互联网金融持观望态度，此时无论是政府还是社会各界，对于互联网金融这个新生事物还没有一个深刻全面的了解，部分地方政府甚至出台红头文件为其信用背书，支持本地互联网金融企业发展，这种无监管状态使得互联网金融在野蛮发展的同时也积累了巨大的金融、刑事风险。2015 年 7 月，以中国人民银行等四部门发布的《关于促进互联网金融健康指导意见》为标志，政府对于互联网金融平台开始实施一定程度的监管措施。《互联网金融健康指导意见》给互联网金融网络借贷平台进行了明确的界定，即个体网络借贷要坚持平台功能，为投资方和融资方提供信息交互、撮合、资信评估等中介服务。个体网络借贷机构要明确信息中介性质，主要为借贷双方的直接借贷提供信息服务，不得提供增信服务，不得非法集资。① 同时，意见明确指出互联网金融本质仍属于金融，没有改变金融风险隐蔽性、传染性、广泛性和突发性的特点，即防范金融风险首先必须防范互联网金融风险。从 2015 年至今，互联网金融的监管措施不断细化，国家金融监管不断加强，现阶段已经形成较为稳定、完善、严格的互联网金融监管体制机制。

二、非法经营罪在司法适用中的困境

创新往往伴随着风险，因为创新归根结底就是违反旧规定，打

---

① 参见中国人民银行、工业和信息化部、公安部等《关于促进互联网金融健康发展的指导意见》。

破旧规矩，所以创新天然地会与违法犯罪相联系。当今中国的部分著名企业家在改革开放初期就是依靠创新实现了发展。如果当初我们对创新采取严格打击的态度，现如今多少创新人才要在监狱中度日。所以笔者认为对于创新事物我们既不能一刀切，即认为只要违反法律规定就一律严厉惩处，也不能放任新事物肆意发展不受约束，正确的处理措施应当是划定底线，规定框架，在明晰框架和底线之后，让新事物能够得到发展的土壤和空间，而在刑事司法领域，互联网金融创新底线就是犯罪的构成要件，一旦符合犯罪的构成要件，毫无疑问就会构成犯罪，如果该行为不符合犯罪的构成要件，我们也决不能定罪处罚。通过分析司法实践中的判决书，笔者发现互联网金融行业中的两种被认定为非法经营罪的行为存在争议。首先是网络借贷行为，其次是私设虚拟网络投资平台行为。第一种行为从形式上看符合《刑法》第225条第4项的规定，在司法实践中极容易被法院认定为非法经营罪，但笔者认为对于这种行为要根据具体情况分别处理，不能一刀切地一律认定为构成犯罪。第二种行为在司法实践中经常被误判为诈骗罪，造成量刑过重的不利后果，通过分析诈骗罪和非法经营罪的构成要件可以明确两罪的界限。只有协调好创新与风险的平衡，我们才能实现跨越式发展，而不至于或始终落后于他人或不小心跌入万丈深渊。

（一）网络借贷行为的认定分歧

网络借贷行为是否构成非法经营罪一直是司法认定中的难题，理论界对网贷是否构成非法经营罪也存在分歧。如案例一，王某从天使投资人处得到一笔资金之后，在公司股东的建议下组织开发了一些 App，将股东的资金用于放贷。很快，资金池里面沉淀了数额高达几亿元的现金。① 王某的资金来源于公司股东，即王某用于放贷的资金都是公司的资金，所以不符合向社会不特定人吸收资金的

---

① 参见王新、赵运恒编：《北大金融犯罪司法实务 15 讲》，法律出版社 2019 年版，第 139 页。

构成要件，当然不构成非法吸收公众存款罪或者集资诈骗罪。但王某的公司在没有获得监管部门批准备案的情况下违法放贷，是否构成非法经营罪存在争议。笔者认为，本案中被告人王某不应当构成非法经营罪。网络借贷行为是否构成非法经营罪应当进一步分析其是否违反国家规定、主观上是否基于营利目的、客观上是否多次以及是否扰乱市场秩序，只有综合各种因素才能判断网络借贷行为是否可以构成非法经营罪。

(二)私设网络投资平台行为的认定分歧

由于支付宝基金、余额宝、微信金融等产品的出现和发展，中国民众开始习惯在网络平台上购买理财产品、基金产品、证券等金融产品。在网络平台购买金融产品比去证券交易所或者银行更加方便，这也使得网络交易平台快速发展，一时间各种网络投资广告遍布城市的大街小巷。私设网络交易平台吸引投资者进行网上投资行为的性质在理论界存在争议，法院对于该种行为究竟是构成诈骗罪还是构成非法经营罪存在分歧。如案例二，何某利用其控制的深圳市满泰投资咨询有限公司代理"ECO"平台，以运营"香港恒生指数"为名，通过该虚假交易平台实施诈骗。作案期间，何某在深圳市满泰投资咨询有限公司内部设立资源组、营销组。资源组人员使用配发的手机及微信号，虚构身份批量添加微信好友，以炒股投资为名将微信好友拉入该诈骗团队组建的微信群，后由营销组等人分别冒充炒股"老师"、"老师"助理、炒股客户、平台客服等身份，采取在群中发布虚假盈利信息、烘托盈利气氛等方式，欺骗客户在"ECO"平台开户投资，实际钱款并未真正用于购买"香港恒生指数"。被害人根据在 ECO 平台上与香港恒生指数实时同步的行情数据选择投资产品入金投资，而被害人交易的手续费和佣金，以及所产生的投资亏损被汇金所公司和何某实际控制的满泰公司二八分账。① 法院认定，本案中被告人以非法占有为目的，

① 参见江苏省南通市崇川区人民法院刑事判决书：（2019）苏刑初字第547号。

虚构事实，隐瞒真相，诈骗他人财物，数额特别巨大，其行为已经构成诈骗罪。但也有部分法院认为类似行为应当构成非法经营罪。再如案例三被告人张某委托他人研发辉投国际虚拟期货交易平台，并从网上导入交易数据，后将该平台交由多家公司代理运营。他冒充女性身份添加陌生人好友，诱导客户在虚拟交易平台上充值，投资虚拟期货交易。若客户申请提现，则由张某通过公司银行账户，将提现款项返还至客户的账户。在随后的交易过程中，由各家公司总监带领手下业务经理、业务经理带领手下业务员以"频繁交易""对冲交易""高风险交易"等手法诱导客户进行交易，以赚取客户亏损的投资款以及高额交易手续费，作为团伙成员的分红、工资和提成。① 本案中，法院认为上诉人张某无视国家法律，未经国家有关主管部门批准结伙非法经营期货业务，扰乱市场秩序，情节特别严重，其行为均已构成非法经营罪，应依法惩处。可见，对于设立虚拟网络交易平台吸引投资人投资的行为，司法机关对其行为的定性存在分歧。

三、互联网金融背景下非法经营罪认定标准的重构

(一)网贷行为出罪化可能性分析

私自发放贷款是否构成非法经营罪在实践中存在争议。

案号	法院观点	判决结果
四川省高级人民法院（2016）川刑再2号	应严格把握《刑法》第225条第4项的适用范围；未遵循《关于准确理解和适用刑法中"国家规定"的有关问题的通知》第3条的规定	撤销四川省绵阳市中级人民法院所作的裁定书以及绵阳市涪城区法院的判决；原审被告人钟某无罪

①　参见广东省中山市中级人民法院刑事裁定书：（2020）粤刑终字第583号。

续表

案号	法院观点	判决结果
梅河口市人民法院（2016）吉 0581 刑初 397 号	三被告人非法从事讨债活动的行为不属于刑法规制的非法经营行为	认定了公诉机关指控的其他事实和罪名，没有认定非法经营罪
茂名市茂南区人民法院（2014）茂南法刑初字第 163 号	行为未违反《刑法》所称的"国家规定"，适用法律错误	认定了公诉机关指控的其他事实和罪名，没有认定非法经营罪
广东省高级人民法院（2016）粤刑申字 233 号	应严格把握《刑法》第 225 条第 4 项的适用范围；未遵循《关于准确理解和适用刑法中"国家规定"的有关问题的通知》第 3 条的规定	申诉符合要求，由本院提起再审
镇平县人民法院（2018）豫 1324 刑再 3 号	行为未违反《刑法》所称的"国家规定"，适用法律错误	撤销本院（2017）豫 1324 刑初 399 号判决，原审被告人周某某无罪
浙江绍兴市中级人民法院（2017）浙 06 刑终 146 号	应严格把握《刑法》第 225 条第 4 项的适用范围；未遵循《关于准确理解和适用刑法中"国家规定"的有关问题的通知》第 3 条的规定	认定了公诉机关指控的其他事实和罪名，没有认定非法经营罪

　　根据刑法的相关规定，发放贷款是指自然人或单位，违反国家规定，故意从事非法经营活动，扰乱市场秩序，情节严重的行为。《刑法》第 225 条一共有 4 项：第一，未经许可经营法律、行政法规规定的专营、专卖物品或者其他限制买卖的物品；第二，买卖进出口许可证、进出口原产地证明以及其他法律、行政法规规定的经营许可证或者批准文件的；第三，未经国家有关主管部门批准非法经营证券、期货、保险业务的，或者非法从事资金支付结算业务的；第四，其他严重扰乱市场秩序的非法经营行为。案例一中的放

贷行为显然不属于前三种形态，但需要讨论是否符合第 4 项兜底条款的行为构成。对于第 4 项兜底条款，有观点认为应当严格限制适用，可以通过具体方式限制非法经营罪的适用。第一，入罪依据必须是违反国家的规定；第二，对于从事其他非法经营活动，扰乱市场秩序，情节严重的行为的适用，有关司法解释没有作出明确规定的，应当作为法律适用问题，逐级向最高人民法院请示。也就是说，在入罪依据符合国家规定的情况下，必须有相关司法解释明确规定该种行为符合第 4 项兜底条款才能适用非法经营罪。如果没有司法解释的明确规定，则必须逐级请示最高人民法院，由最高人民法院认定是否构成非法经营罪。① 但是《最高人民法院、最高人民检察院、公安部、司法部印发〈关于办理非法放贷刑事案件若干问题的意见〉的通知》已经明确规定了违反国家规定，未经监管部门批准，或者超越经营范围，以营利为目的，经常性地向社会不特定对象发放贷款，扰乱金融市场秩序，情节严重的，依照《刑法》第225 条第 4 项的规定，以非法经营罪定罪处罚。② 这就表明网络借贷行为只要未经监管部门批准，就可以依照非法经营罪的兜底条款定罪处罚。很明显，原有的限制路径只剩下通过国家规定的限制解释来发挥作用这一条。《〈关于办理非法放贷刑事案件若干问题的意见〉的通知》的性质是司法解释，按照非法经营罪的相关规定和宪法、刑法的相关原则，如果想要增加非法经营罪的构成要件行为模式，只能通过立法机关进行立法解释，而通过司法机关解释兜底条款，增加犯罪构成要件的行为模式，有违反立法法和宪法的嫌疑。

1. 未经监管部门批准要件难以成立

中国银监会办公厅、工业和信息化部办公厅和工商总局办公厅发布的《网络借贷信息中介机构备案管理登记指引》第 3 条第 1 款规定：新设立的网络借贷信息中介机构在依法完成工商登记注册、

---

① 参见王新：《非法吸收公众存款罪的规范适用》，《法学》2019 年第5 期。

② 参见最高人民法院、最高人民检察院、公安部、司法部印发《关于办理非法放贷刑事案件若干问题的意见》的通知。

领取企业法人营业执照后，应当于 10 个工作日内向工商登记注册地地方金融监管部门申请备案登记。中国银监会、工业和信息化部、公安部和国家互联网信息办公室《网络借贷信息中介机构业务活动管理暂行办法》第 5 条第 1 款规定："拟开展网络借贷信息中介服务的网络借贷信息中介机构及其分支机构，应当在领取营业执照后，于 10 个工作日以内携带有关材料向工商登记注册地方金融监管部门备案登记。"根据部门规章效力位阶的规定，第二个文件的发布主体比第一个文件的发布主体更具有权威性，因为第一个文件的发布主体部分是第二个文件发布主体的下属部门，且第二个文件的发布时间晚于第一个文件，所以第二个文件更具有约束力和权威性。但如果仅仅是没有备案是否会构成非法经营罪，笔者认为，两个文件都是部门规章，而《刑法》明确要求是违反国家规定，根据《刑法》第 96 条的规定，违反国家规定是指违反全国人民代表大会及其常务委员会制定的法律和决定，国务院制定的行政法规、规定的行政措施、发布的决定和命令，在此并不包括地方性法规和部门规章。但是违反国家有关规定的适用范围比国家规定更大，除了法律和行政法规，还包括部门规章。可以看出，违反国家规定，由于国家规定的效力较高，所以非法经营罪的入罪门槛高。

2. 经营的认定要符合市场经济的常识

非法经营罪的构成要件要求构成本罪必须是实施了经营行为。笔者认为，既然法律要求是经营行为，那么这种行为就决不能是传统意义上的犯罪行为。互联网金融领域的犯罪风险主要有两种模式，第一种模式是互联网金融企业实施日常经营活动可能会触犯刑法，比如非法吸收公众存款、非法经营等。第二种模式是互联网金融企业故意实施犯罪活动，比如洗钱罪、诈骗罪等。[1] 第一种模式中平台的刑事风险是伴随着正常经营行为产生的，第二种模式中平台未从事可能的经营活动，而是故意实施违法犯罪活动。所以两种模式不同会导致对于经营的认定不同，当然会造成定罪结果的不同。如果平台故意实施违法犯罪活动，其行为目的根本不是为了日

---

[1] 参见陈雪梅、李兰英：《网络金融犯罪治理的刑罚转向与重构》，《学习与实践》2021 年第 6 期。

常经营活动，构成何种犯罪就应当按照相应的分则条文定罪处罚，绝不应当认定为非法经营罪。但如果平台是在实施日常经营活动，偶然地触犯了刑法，也不能"一刀切"地全部按照非法经营罪定罪处罚，而要看平台的行为是否具有经营的持续性、反复性、结构性的特点。只有平台的日常业务反复、持续地违反行政法规，才可能被认定为经营行为。

3. 严格认定扰乱市场秩序

非法经营罪归属于《刑法》破坏社会主义经济秩序罪章中的扰乱市场秩序罪节中，这就明确了该罪的保护法益是市场秩序。如果互联网平台的行为符合了形式上构成要件的规定，但没有对市场秩序产生威胁或者影响，就不应该将其认定为非法经营行为。① 我们国家刑法的犯罪概念是实质与形式相统一的犯罪概念，即如果某种行为在形式上符合构成要件，但实质上不符合犯罪的定义，那么该行为就不可能构成犯罪，这也是我国刑法中的构成要件理论与德日刑法理论的最大区别之一。② 互联网借贷行为会对银行借贷的市场秩序产生何种影响？笔者认为要分两种情况进行讨论，首先，我们不能认为中国公民的闲置资金都是存款，即认为即使没有存进银行的资金如果用于其他方面的投资或者借贷就是侵犯了银行的借贷秩序。在有些情况下即便没有网络借贷，公民也不会选择将钱存入银行，既然如此就不能认为网络借贷就一定侵犯了银行的借贷市场秩序。在这个问题上不是非此即彼的关系，绝不能把所有没有存入银行的闲置资金都当成银行存款加以保护。其次，如果在没有网络借贷选择的情况下，公民会把闲置资金存入银行，这时才可以认为网络借贷扰乱了借贷市场秩序。所以，在面对具体案件的时候，认定行为人实施的网络借贷行为是否扰乱了借贷市场秩序，要具体情况具体分析。

4. 提高情节严重的数额门槛

情节严重作为构成要件的一部分一直是我国刑法的重要特色。

---

① 参见童德华：《非法经营罪规制目的的预设与生成》，《政治与法律》2021年第4期。

② 参见黎宏：《刑法学总论》，法律出版社2016年版，第55页。

以情节为依据认定行为是否构成犯罪，是我国犯罪概念实质化的具体体现之一。实施了符合构成要件的行为且达到一定数额才能构成犯罪。《刑法》第 225 条规定：违反国家规定，有下列非法经营行为之一，扰乱市场秩序，情节严重的，处五年以下有期徒刑或者拘役，并处或者单处违法所得一倍以上五倍以下罚金；情节特别严重的，处五年以上有期徒刑，并处违法所得一倍以上五倍以下罚金或者没收财产。根据《互联网金融健康指导意见》第 2 条的规定，如果以超过 36% 年利率实施第 1 款行为具有个人非法放贷数额累积 200 万元以上，单位非法放贷数额累积在 1000 万元以上的；个人违法所得数额累积在 80 万元以上，单位违法所得数额在 400 万元以上；个人非法放贷对象累积在 50 人以上，单位非法放贷对象累积在 150 人以上的等情形的，属于非法经营罪规定的情节严重。但笔者认为，本条规定中关于情节严重的标准不应当用于互联网金融中网络借贷行为。首先，有学者认为关于犯罪标准应当统一，不能因为犯罪主体不同或者犯罪领域不同就认定不同的情节标准。但笔者认为这种看法是错误的，传统领域的犯罪由于其特征，入罪门槛的数额情节可以相对较低，但如果把互联网金融领域的数额与传统放贷入罪数额统一，势必会对互联网金融造成致命破坏。由于互联网广泛传播性、扩散性、便捷性的特征，再以原有数额作为入罪门槛势必不利于互联网领域的创新发展。① 其次，对于不同的主体不同的领域适用不同的入罪标准不是违反罪刑法定和刑法面前人人平等原则，而是做到了实质公平。对于单位犯罪和个人犯罪，刑法早已区分不同的入罪标准，这并不会因为单位的入罪门槛高于个人而认定相关条文违反平等原则。最后，网络借贷与传统的借贷行为确实存在不同之处，就如同个人行为与单位行为一样，对于这种具有实质不同性的领域，分别制定不同的标准才是正确控制非法借贷的方式。

　　综上，笔者认为，例一中网贷行为不应当被认定为非法经营罪。考察一种网络借贷行为是否构成非法经营罪要严格依照《刑

---

　　① 参见滕嘉远：《"互联网+"背景下保留"兜底条款"的必要性分析——以非法经营罪为视角》，《学术交流》2020 年第 6 期。

法》第 225 条第 4 项的认定，网络借贷行为不符合非法经营罪前 3
项规定，所以只能判断是否符合第 4 项兜底条款的规定。由于非法
经营罪本身就是空白罪名，而第 4 项是兜底条款，这就要求对于非
法经营罪的第 4 项必须严格限制，否则其很容易变成口袋罪。笔者
认为，司法实践中如果要适用第 4 项的规定必须有相关司法解释进
行明确规定。《〈关于办理非法放贷刑事案件若干问题的意见〉的通
知》已经明确规定了违反国家规定，未经监管部门批准，或者超越
经营范围，以营利为目的，经常性地向社会不特定对象发放贷款，
扰乱金融市场秩序，情节严重的，依照《刑法》第 225 条第 4 项的
规定，以非法经营罪定罪处罚。分析可得，未经监管机关批准实施
非法借贷行为是可以构成非法经营罪的。这里存在分歧，部分学者
认为，通过司法解释明确兜底条款的具体行为类型有违反宪法的嫌
疑，但笔者认为，在现阶段的中国，如果通过立法解释或者立法工
作规制市场中的非法经营行为是不现实也不合理的，通过司法解释
完善司法相关条文是我国的重要司法经验。学者认为，司法解释是
司法机关代行立法之权的意见有一定道理，但不够客观。① 因为首
先法律解释本身其实就是一种立法行为，司法解释只要在立法的大
框架之内进行解释就没有违反宪法中权力分立的原则。其次，为了
规制复杂多变的市场非法经营行为，依靠立法机关必然会造成延
后，这不利于秩序的保障也不利于经济的健康发展。既然司法解释
中规定了非法放贷可以构成非法经营罪的第 4 项，那么就要结合该
罪的构成要件和司法解释的规定进行理解。② 综上，笔者认为例一
中的借贷行为不构成非法经营罪。首先，从大背景看，国家打击非
法放贷行为的目的是为了保护市场中的存贷秩序。银行的借贷由央
行严格监管，可以避免出现重大金融风险，而网贷平台由于没有监
管很容易出现重大风险，一旦出现金融风险，会引发一系列的破坏

---

① 参见徐菁：《从宪法的角度谈非法放贷入刑》，《经济刑法》2020 年第
1 期。

② 参见潘娟：《从"口袋化"到"去口袋化"：非法经营罪兜底项规制范
围的司法限缩——基于刑法第 225 条第 4 项运行样态的分析》，《山东法官培
训学院学报》2019 年第 1 期。

性事件，给国家安全造成冲击。但想要获得互联网金融资质和牌照是非常困难的，在经济下行压力增大、结构性改革的大背景下，借款变得越来越困难。金融是经济发展的血液，如果血液阻断不能及时供氧，实体经济就会停滞甚至死亡。所以，互联网借贷是有存在的合理性和必要性的，对于创新我们应当多一分宽容和理解。其次，例一中的网络借贷是股东的钱，即该借贷公司不是吸收社会资金进行放贷，不会有引发社会群体性事件的风险，且放贷公司没有破坏银行的正常借贷秩序，因为如果银行没有打算借款给相关人，网贷平台实施了借贷行为，没有抢占银行的借贷市场，凭什么说破坏了银行的借贷秩序呢。最后，情节严重的条件要严格把握，互联网金融由于自身的特点导致其融资规模和速度都超过传统银行借贷业务，如果还参照一般的数额确定非法经营的入罪门槛势必会打击创新，不利于行业和经济发展。在反垄断的大背景下，司法机关应当注重保护中小企业，对于庞大的垄断企业来说，他们有足够的资金去实现合法性和合规性，但是一旦形成垄断，最终危害的是整个市场和消费者。① 只有充分保护中小企业，让他们有能力和实力去挑战垄断企业的地位，才能促进自由公平竞争，实现市场经济的良性发展。适当调高入罪门槛是保护网络中小企业平台的重要措施。可见，只有通过一系列措施和手段才能实现刑法在互联网金融领域的价值和目标。

(二)私设虚拟网络投资交易平台行为之厘清

近年来，由于互联网的发展，以及一大批互联网金融产品的诞生，越来越多的民众把自己的闲置资金投入到互联网金融投资平台中。互联网交易平台以其便捷性和高效性解决了我国长时间的投资渠道不通畅的问题。网络投资交易平台出现以前，想投资的民众找不到好的项目，即使有好的投资理财项目，也需要一定的门槛，但是网络投资交易平台打破了这种门槛，即便你没有大额闲置资

---

① 参见时延安：《互联网金融行为的规制与刑事惩罚》，《厦门大学学报(哲学社会科学版)》2020 年第 4 期。

金也可以加入投资项目，既可以存钱又可以实现财产增值。不少不良商家利用这股网络投资潮流，设立虚拟网络投资交易平台供投资者交易。但这种行为在司法实践中存在争议，部分人支持定非法经营罪，部分人支持定诈骗罪。笔者认为，对于私设虚拟网络交易平台的行为应当具体问题具体分析，只有满足了诈骗罪的构成要件才能成立诈骗罪。案例二中法院认为应当成立诈骗罪，案例三中法院认为应当成立非法经营罪。笔者认为这两个案例都应当成立非法经营罪。

1. 是否基于欺骗造成财产损失

诈骗罪要求行为人实施了欺骗行为之后，被害人必须基于错误认识交付财物，造成财产损失。例二中被告人确实欺骗了投资客户其是正规有资质的证券公司，但这种欺骗并不会当然地使客户交付财物，只有利用技术手段修改后台信息或者故意引导客户选择具有明显下跌趋势的证券产品才属于欺骗行为，且被害人会基于该欺骗行为交付财物。所以，笔者认为，被告人以恒生指数判断投资人是否盈利，虽然没有将投资人的资金用于实际证券投资，但被告人绝不是基于非法占有目的诈骗投资人的投资款。因为恒生指数被告人无法操作，其数据具有真实性、客观性，市场如何变动不在被告人的控制范围之内。如果是诈骗罪，被告人在整个投资过程中是没有任何风险的，也就是说投资者的投资款一定被骗。但是投资者在本案中并不一定血本无归，其还是有盈利的可能性，即被告人也同样承担着市场变动的风险。① 诈骗行为与交易行为最大的区别就在于正常的交易行为交易双方都会存在风险，如果一方稳赚不赔，那另一方必然存在被诈骗的可能性。

2. 虚假交易金额不能影响大盘变动

有学者认为，虚假交易平台的交易金额没有计入大盘交易中，如果投资款是真实的交易可能会影响大盘的指数变动，但因为投资

---

① 参见岳毅：《金融领域网络违法经营行为的刑法界定》，《北方工业大学》2021 年第 1 期。

款没有进入大盘，所以投资款本身给大盘带来的影响消失了，投资人没有吃到红利当然被诈骗了。笔者认为，现有的虚假网络交易平台的案件的总成交额没有超过十亿的，如果想要影响到大盘的指数变动，成交金额最起码要超过十亿，笔者从案例分析中发现操作证券市场的成交金额大部分是十亿以上，仅仅通过几千万的交易额是不可能影响到大盘指数变动的，所以笔者认为虽然未发生真实交易，但并不是诈骗行为。

3. 是否有客观诈骗行为

区别是诈骗行为还是非法经营行为的一个重要依据就是交易行为的盈利是否具有可能性，即交易双方是否都具有一定的风险性，如果交易一方不承担风险另一方承担风险，就证明该交易行为存在诈骗可能性。司法实践中，由于交易平台的交易都是虚假交易，平台只是依照恒生指数判断投资者投资的产品是盈利还是亏损，投资者购买的产品是基于其自愿。但如果投资者的投资行为被平台严重影响，且持续亏损，那该平台所实施的引导行为就极易可能构成诈骗罪。

后台数据篡改会直接影响到交易双方的风险。在没有一个客观、真实的指数作为参照的情况下，投资人的投资款必然会被交易平台通过修改数据的手段非法占有。不管投资者选取哪种产品，什么时候选择平仓，其结局必然是血本无归。这种对于交易平台毫无风险的伪投资行为应当被认定为诈骗罪。

4. 主观目的的考察

诈骗罪与非法经营罪的最大区别之一就是诈骗罪具有非法占有目的，非法经营罪虽然是非法的，但毕竟是经营行为。经营行为、交易行为或者商业活动就不能说完全没有风险，如果行为人承担了交易的风险，即便获得了巨额盈利也不具有非法占有的目的，但如果行为人实施的行为表面上给被害人以承担风险的假象，但实际上根本不会亏损，且被害人的投资款不管过程如何变化，最终结果一定亏损的话，行为人所实施的行为就应当被认定为诈骗行为。① 根

① 参见张旭：《诈骗罪与非法经营罪的厘清——以私设网络平台从事证券交易为背景》，《江西警察学院学报》2021 年第 3 期。

据主观目的可以发现，诈骗罪中虚假交易平台的最终目的是投资人的投资款，即将本金全部骗走；而非法经营罪中的虚假交易平台的目的不是投资人的投资款，而是通过手续费、正常指数亏损、课时费等获得利润。两种行为的主观目的和利润来源不相同，只要严格把握利润来源就可以厘清诈骗罪和非法经营罪的区别。如果行为人在投资过程中想要止损提现，或者盈利颇丰想要套现离场，交易平台使用各种手段和理由阻止投资人提现、套现，就可以认定交易平台具有非法占有目的；相反，如果交易平台可以及时提现、套现，那么可以认定交易平台只是非法经营，没有非法占有目的。

综上，分别考察非法经营罪和诈骗罪的客观要件，可以发现案例二、案例三中的行为人不构成诈骗罪，首先，行为人不具有非法占有目的，投资人在网络交易平台可以自由提现、套现，平台没有通过各种手段和借口阻止投资人提现、套现，且平台主要利润来源是服务费、中介费、佣金等，而不是投资人的投资款。其次，平台没有恶意引导投资者购买劣势证券、期货产品，也没有操纵恒生指数恶意造成投资者的损失，投资者和平台的交易风险都是相当的。最后，交易平台虽然是虚假的，且没有发生真实的证券、期货交易行为，但这不是欺骗投资者交付财物的行为，投资者基于自己判断实施类对赌行为，且恒生指数的参照标准是客观、真实的。所以案例二、案例三应当构成非法经营罪，而不是诈骗罪。

互联网金融创新发展是我国经济发展弯道超车的一个重要机遇，但如果不及时规制互联网金融犯罪的风险，这个机遇对我国金融体系很有可能造成重大损失。互联网金融企业在网络借贷和私设虚拟网络投资平台方面很容易触犯非法经营罪的红线，厘清网络借贷是否构成非法经营罪以及分清诈骗罪与非法经营罪在虚拟投资行为中的区别，成为司法实践中的重大疑难问题。笔者认为，对于网络借贷行为应该从监管行为、经营行为、金融秩序等方面的解释入手，提高网络借贷入罪的门槛，对于私设虚拟网络投资平台的行为应该从主观非法占有目的和客观诈骗行为手段两方面判断是否构成非法经营罪。

第十目　拒不履行信息网络安全管理义务罪 *

随着互联网技术、信息通信技术的迅速发展，传统的金融业务逐渐从现实空间转向虚拟空间，在与互联网技术相互融合的基础上，形成了诸如网络借贷、股权众筹融资、互联网支付等新型的金融业务模式。由互联网推进的金融活动具有更强的市场性特征，金融机构借助互联网提供的技术将其触角伸向了庞大的互联网用户群体。① 与传统金融相比，互联网金融体现出的高效率、低成本的优势使其逐渐成为金融活动的重要表现形式。然而，在互联网逐渐成为人们开展金融业务的重要场所的背景下，一些不法分子利用互联网技术不仅将传统的金融犯罪从现实空间转向虚拟空间，还滋生出大量的新型犯罪行为模式。网络具有的开放性、虚拟性等特点使得这些网络犯罪具有极强的隐蔽性。

为治理网络犯罪，我国在 1997 年刑法中规定了非法侵入计算机信息系统罪、破坏计算机信息系统罪，同时对以计算机为工具实施的传统犯罪设立了照应性条款；《刑法修正案（七）》增设了非法获取计算机信息系统数据、非法控制计算机信息系统罪和提供侵入、非法控制计算机信息系统的程序、工具罪；《刑法修正案（九）》增设了拒不履行信息网络安全管理义务罪、非法利用信息网络罪以及帮助信息网络犯罪活动罪。其中，拒不履行信息网络安全管理义务罪的设置反映出我国在网络犯罪治理过程中多元治理主体参与的趋势。然而，虽然拒不履行信息网络安全管理义务罪的设置为网络服务提供者设置了相应的信息网络安全管理义务，但是由于网络服务提供者首先是网络活动的参与主体，而并非是传统意义上的网络监管主体，因此该罪设置的合理性和必要性一度遭到学界的质疑。互联网金融犯罪是网络犯罪中的重灾区，事后的严厉打击对于互联网

　＊　本目由中南财经政法大学硕士研究生马嘉阳负责文献综述工作。

　①　参见时延安：《互联网金融行为的规制与刑事惩罚》，《厦门大学学报（哲学社会科学版）》2020 年第 4 期。

金融犯罪的治理来说固然重要，但想要实现事前的犯罪预防，就必须重视互联网金融行业的制度化、规范化发展，积极调动互联网金融活动的各方参与主体共同构建健康的互联网金融环境，共同打击互联网金融犯罪。因此，为有效实现互联网金融犯罪的治理，一方面要清楚地认识到网络服务提供者在互联网金融犯罪治理中的重要地位，另一方面要合理地解释拒不履行信息网络安全管理义务罪的犯罪构成以实现该罪名在互联网金融犯罪治理中的重要作用。

一、网络服务提供者在互联网金融犯罪治理中的重要地位

（一）网络服务提供者是开展互联网金融业务的重要媒介

根据 2019 年 10 月 21 日最高人民法院、最高人民检察院发布的《关于办理非法利用信息网络、帮助信息网络犯罪活动等刑事案件适用法律若干问题的解释》（以下简称"2019 年司法解释"）的规定，网络服务提供者指的是提供下列服务的单位和个人："（一）网络接入、域名注册解析等信息网络接入、计算、存储、传输服务；（二）信息发布、搜索引擎、即时通讯、网络支付、网络预约、网络购物、网络游戏、网络直播、网站建设、安全防护、广告推广、应用商店等信息网络应用服务；（三）利用信息网络提供的电子政务、通信、能源、交通、水利、金融、教育、医疗等公共服务。"作为网络空间的建构者、参与者，网络服务提供者在网络空间中具有重要的地位。一方面，网络服务提供者发挥着承上启下的中介作用。例如，向公众提供网络接入传输服务的网络服务提供者就是始端和终端进行信息交流的中介。另一方面，网络服务提供者通过技术手段能够对自己业务活动范围内网络空间中的信息数据予以事实上的支配和控制。例如，对于在其控制范围内的违法信息，网络服务提供者可以随时予以删除；对于由其收集的用户信息，网络服务提供者可以十分容易地加以利用。同样，在互联网金融业务活动中，网络服务提供者亦扮演着重要的角色。互联网金融业务的开展离不开网络服务提供者的技术支持。例如，就 P2P 网络借贷而言，这类互联网金融业务是一种以互联网为依托的个体间的借贷模式。

其操作流程是：借款的一方以 P2P 平台为媒介，上传其相关的借款信息。出借的一方通过该平台浏览、选择借款信息，并根据其选择把资金借贷给借款方。平台则通过中介的形式收取相关的手续费和管理费而获得收益。在这一过程中，作为信息交换中介的网络服务提供者成为借款方和出借方得以沟通的重要渠道。然而，由于网络虚拟空间信息的不对称性、匿名性等特点，使得网络服务提供者极易成为犯罪分子利用的工具。

（二）网络服务提供者是网络多元化治理模式的重要主体

网络犯罪治理是国家治理中的重要组成部分。当前互联网无限延展性的特点使得传统犯罪的危害结果可能会在网络空间中被无限地放大。① 如果恪守传统的、以国家为主导的、采取事后控制手段的网络犯罪一元化治理模式，不仅难以应对网络日益呈现出的"去中心化"趋势，② 也不符合国家治理体系和治理能力现代化的需求。推进国家治理体系和治理能力现代化"需要围绕多元治理的结构重塑政府与社会关系"③。"政府必须与各种社会组织一起形成协作网络，在共同分担社会责任的基础上形成多元协同治理机制。"④中国共产党第十九届中央委员会第四次全体会议提出："坚持和完善共建共治共享的社会治理制度，保持社会稳定、维护国家安全。建设人人有责、人人尽责、人人享有的社会治理共同体。"在社会治理共同体思想主导下的互联网金融犯罪的治理必然需要凝聚网络活动参与各方的力量。基于网络服务提供者在网络空间中的重要地位，其必然成为网络犯罪治理中的重要主体。将网络服务提供者纳

① 参见童德华、马嘉阳：《拒不履行信息网络安全管理义务罪之"义务"的合理性论证及类型化分析》，《法律适用》2020 年第 21 期。

② 参见杨新绿：《论拒不履行信息网络安全管理义务罪的法益》，《北方法学》2019 年第 6 期。

③ 胡宁生：《国家治理现代化：政府、市场和社会新型协同互动》，《南京社会科学》2014 年第 1 期。

④ 姜晓萍：《国家治理现代化进程中的社会治理体制创新》，《中国行政管理》2014 年第 2 期。

入网络治理主体的范围内体现了在推进国家治理体系和治理能力现代化的进程中，促进国家与社会协同互动的思路，有利于实现"国家与社会共治"的犯罪治理结构。①

二、拒不履行信息网络安全管理义务罪的犯罪构成

(一) 本罪的犯罪客体

如何界定本罪的犯罪客体在理论界存在一定的争议。有学者认为，本罪保护的是"具备公共利益属性的特定信息专有权"。② 还有学者认为，本罪在保护传统法益的基础上，还应包括信息网络这个"虚拟空间"本身。③ 也有学者认为，本罪保护的是网络安全。④然而，将本罪的犯罪客体根据以上几种观点进行界定，可能会存在一定的问题。

首先，将本罪的客体限定为"具备公共利益属性的特定信息专有权"可能会不当限缩本罪规制的范围。刑法的规范保护目的决定了刑法规范的保护范围。如果将本罪的客体限定为一种信息权，实质上是将信息网络安全管理的范围限制为网络信息传播治理。然而，网络安全的范围并不仅仅指网络信息的安全，其还包括网络运行安全等内容。虽然本罪所列举的几种法定情形中均涉及"信息"，但是这并不意味着本罪的对象仅仅是"信息"。根据"2019 年司法解释"第 6 条对"其他严重情节"的规定，其还涉及"实施网络攻击，严重影响生产、生活"、"致使信息网络服务被用于实施危害国家安全犯罪、恐怖活动犯罪、黑社会性质组织犯罪、贪污贿赂犯罪或

---

① 参见冯卫国：《寻求更加有效的犯罪治理——走向国家与社会合作共治》，《甘肃理论学刊》2015 年第 1 期。

② 敬力嘉：《论拒不履行网络安全管理义务罪——以网络中介服务者的刑事责任为中心展开》，《政治与法律》2017 年第 1 期。

③ 参见陈结淼、董杰：《论信息网络犯罪的适用——以〈刑法修正案(九)〉新增为例》，《南华大学学报(社会科学版)》2017 年第 1 期。

④ 参见张明楷：《法益保护与比例原则》，《中国社会科学》2017 年第 7 期；何荣功：《预防刑法的扩张及其限度》，《法学研究》2017 年第 4 期。

者其他重大犯罪"、"致使国家机关或者通信、能源、交通、水利、金融、教育、医疗等领域提供公共服务的信息网络受到破坏，严重影响生产、生活"等其他情形。由此可见，将本罪的客体限定为"具备公共利益属性的特定信息专有权"并不妥当。

其次，将"网络空间"纳入本罪的客体，可能混淆了客体本身和客体的载体。① 不可否认的是，在现代社会中，网络虚拟空间已经成为人们生产、生活的第二大场所，在社会现代交往活动中具有重要的地位。网络空间与现实社会在本质上都是人们活动的场所。犯罪客体是我国刑法所保护的为犯罪行为所侵害的社会关系。② 现实社会不可能是犯罪客体，其仅是特定社会关系存在的载体。因此，网络空间也不可能成为本罪的客体，其是一个中性的、价值无涉的概念。③

最后，将本罪的客体界定为"网络安全"可能会不当地扩大本罪的规制范围。安全是刑法最为重要的价值之一，任何犯罪的设置均可以被视为对一种安全的保护，任何一类犯罪的设置均可以被认为是对一类安全的保护。在这个意义上，网络安全应当是涉及网络犯罪罪名这一类犯罪共同保护的客体。犯罪的直接客体决定了犯罪的性质，能够区分罪与非罪的界限以及划清此罪与彼罪的界限。因此，如果将本罪的客体界定为"网络安全"，不仅难以区分本罪与其他网络犯罪之间的界限，也会使本罪的规制范围变得模糊不清。

对某一罪名犯罪客体的探讨不仅要从罪名本身的规定出发，还要从该罪名所处的体系地位予以观之。首先，本罪被置于《刑法》分则第六章妨害社会管理秩序罪的第一节（扰乱公共秩序罪）中，因此本罪保护的客体必然涉及社会公共秩序。其次，根据本罪的规定，构成本罪最为关键的是"经监管部门责令采取改正措施而拒不

---

① 参见杨新绿：《论拒不履行信息网络安全管理义务罪的法益》，《北方法学》2019 年第 6 期。

② 参见贾宇主编：《刑法学（上册·总论）》，高等教育出版社 2019 年版，第 99 页。

③ 参见杨新绿：《论拒不履行信息网络安全管理义务罪的法益》，《北方法学》2019 年第 6 期。

改正"，因而本罪规制的是妨害监管部门权力行使的行为，所以这种社会秩序可以进一步被具体为一种管理秩序。最后，根据本罪的对象，应当将本罪的犯罪客体界定为信息网络安全管理秩序，即"网络服务提供者和国家信息网络安全监管机关各司其职，共同维护网络运行安全和信息安全，从而达成网络空间安全、稳定、有序、可预测的状态"①。

(二) 本罪的客观方面

本罪的客观方面由三部分组成：首先是网络服务提供者不履行法律、行政法规规定的信息网络安全管理义务；其次是因网络服务提供者不履行该义务而收到监管部门责令改正的通知并拒不改正；最后是因网络服务提供者拒不改正的行为导致出现法定的四种后果。对拒不履行信息网络安全管理义务罪的客观方面的理解，不能满足于阶段和流程的划分，而是应该合理地对所涉及的多个具体要素的内涵进行解释。

1. 合理界定"信息网络安全管理义务"

网络服务提供者承担信息网络安全管理义务的依据在于其所处的特殊地位以及具有的特殊技术优势。② 为网络服务提供者设定信息网络安全管理义务具有必要性与急迫性。一方面，该义务的设定是对互联网技术迅速发展的法律回应。互联网技术深刻地改变了社会运行方式和人类交往方式，在提供移动支付、网络传输等便捷、迅速的服务的同时也改变了社会风险的属性。网络服务提供者作为应用互联网技术、搭建互联网平台的主要力量，在提供网络服务的同时应该承担起相应的时代责任和社会义务，积极主动应对可能出现的网络治理难题。另一方面，该义务的设定能够在一定程度上解决网络犯罪共犯的认定难题。借助互联网技术，网络犯罪的参与者

---

① 杨新绿：《论拒不履行信息网络安全管理义务罪的法益》，《北方法学》2019 年第 6 期。

② 参见张琪、汪鹏：《刑法第二百八十六条之一的"信息网络安全管理义务"的内涵及其问题点》，《河南警察学院学报》2020 年第 2 期。

能够形成环环相扣、链条式的"犯罪共同体"。① 在共同犯罪中，需要具备共同的犯罪故意；根据共犯从属性理论，成立共犯要求存在正犯实行的着手。然而，这在网络犯罪中相较于传统犯罪更难认定。即便在可以认定共同犯罪的场合，也会存在网络技术帮助行为的危害性超越网络犯罪实行行为危害性的情形，导致共犯责任承担出现违背罪责刑相适应原则的结果。

网络技术的迅速发展促进了全社会对网络服务提供者承担信息网络安全管理义务重要性的认识，我国《中华人民共和国网络安全法》《信息网络传播权保护条例》等法律法规均对此作出规定，但遗憾的是现有的对信息网络安全管理义务的规定存在缺乏明确性、系统性以及类型性的问题。② 正确的做法是：应当对信息网络安全管理义务的承担主体——网络服务提供者进行类型化分析，根据不同网络服务提供者对信息数据的支配、控制能力，划分为有层次差别的主体类型，并根据这一划分方式配置不同限度的义务。

2. 正确认识行政前置程序

本罪的客观方面还要求网络服务提供者在不履行义务的前提下，面对监管部门责令改正的通知而拒不改正，即设置了相应的行政前置程序。行政前置程序本质上是刑法对网络秩序法益与网络自由法益之间的一种平衡选择。一方面，将拒不履行信息网络安全管理义务的行为设定为一种用刑法规制的犯罪行为。刑事立法对网络服务提供者提出了更为严格的要求，倒逼网络服务提供者提高对网络安全维护的认识，迫使其积极配合监管部门共同维护网络安全，履行网络服务行业的义务，承担起社会责任。另一方面，行政前置程序体现了刑法的谦抑性。必须承认网络服务提供者的业务活动并非一成不变，如果不加区别、不给与从业者一定的缓冲空间，就会导致刑罚的扩张。互联网技术经过几十年发展取得了显著的成效，其

---

① 参见叶良芳：《风险社会视阈下拒不履行信息网络安全管理义务罪之法教义学分析》，《贵州省党校学报》2019 年第 6 期。

② 参见童德华、马嘉阳：《拒不履行信息网络安全管理义务罪之"义务"的合理性论证及类型化分析》，《法律适用》2020 年第 21 期。

今后的发展方向、发展模式仍存在无限的可能，若不能用行政规制以引导网络服务提供者，而是直接对其采取刑事手段惩戒，那么势必会限制网络服务提供者的业务发展。因此，行政前置具有必要性，是兼顾社会公益和个体利益的结果，是一种基于现实需要的价值选择。

为拒不履行信息网络安全管理义务罪设置行政前置程序或许会招来质疑，其理由主要在于国家机关对网络监管的滞后性。有关部门发出责令改正命令的前提是已经出现了网络服务提供者不履行法定义务的情形，这种"亡羊补牢"式的管理方式严重侵害了网络秩序的稳定性。除此之外，监管机关的职权划分以及职能运用方式均未明确规定，行政不作为、行政乱作为的担忧使得行政前置程序这一客观方面的组成部分能否合法、有效地实现尚不可知。因此，回应这一质疑的最好方式就是在明确行政前置程序的前提下，对其具体内容，如"监管部门""责令改正措施"和"拒不改正"进行准确阐释。

第一，对"监管部门"的理解。

"2019年司法解释"第2条对有权履行监督管理职责的部门进行了明确，由网信、电信、公安等依照法律、行政法规的规定承担信息网络安全管理职责的部门作为监管部门。理解上述司法解释规定的监管部门涉及两个问题：一是监管主体的范围与界限问题；二是各监管主体的职责划分问题。首先，明确监管部门的范围是判断发出责令改正通知的主体是否是合格主体、是否能够符合拒不履行信息网络安全管理义务罪的客观方面乃至最终构成本罪的关键所在。"2019年司法解释"对监管部门规定的界限是"依照法律、行政法规的规定承担信息网络安全管理职责的部门"，这就要求监管部门的身份必须在法律与行政法规中得以确立。例如，网络服务提供者内部章程划定的监管部门不属于本罪要求的监管部门。其次，当监管部门的主体资格被法律和行政法规所确认后，其发挥主体职能、行使主体权力的内容需要进一步明确。当前，由于法律法规对此难以作出准确回应，在网络监管中出现"九龙治水"的局面，不同监管主体在职能履行中不仅会出现职能重叠现象，还会导致监管部门之间对某方面的监管问题互相推诿扯皮。最后，针对当前情况，应当将监管部门主体的确定和监管部门职能划分进行系统规定和统筹安排。一方面，要坚持法律、行政法规优先原则，法律、行政法规对监管部门主体及其职责作出规定的，应当遵照此规定，以实现两个问题在同一高阶规范下的合理安排。另一方面，对法律、行政法规没有涉及的职能划分问题，应当设置与主体相对应的权力清单并作出兜底规定，以达到精准界定权力界限和排除监管真空的效果。

第二，对"责令采取改正措施"的理解。

监管部门对网络服务提供者履行信息网络安全管理义务的情况作出判断后，对不履行法律、行政法规规定的信息网络安全管理义务的，责令其采取改正措施。准确理解"责令采取改正措施"要从两个方面着手：

一是关于责令改正的方式。"2019年司法解释"规定"以责令整改通知书或者其他文书形式，责令网络服务提供者采取改正措施"，本质上是确立了责令改正应当以书面的形式作出。确立书面形式的责令改正方式具有积极意义。首先，以书面形式作出的法律文书具有权威性与明确性。书面形式的通知书可以根据落款和盖章明确对某一具体事项负责的监管部门，从而倒逼监管部门合理行使职权、正确履行职责。其次，书面形式的通知书可以作为书证在刑事诉讼中使用。相较于口头通知而言，书面通知书及送达回执等文件可以证明监管部门已经正确行使了职权，这对于需要进行刑事追诉的拒不履行信息网络安全管理义务的案件而言，对认定案件事实具有较高的证明效力。最后，书面形式的通知书能够降低网络服务提供者的从业风险。书面通知书可以直观地表达监管部门的整改意见，这为网络服务提供者进行业务整改活动提供了行为依据，网络用户也会在监管部门的背书下积极配合网络服务提供者，最终能够实现较好的社会效果。

二是关于责令整改的内容。基于尽快实现监管部门预期的监管效果、避免网络服务提供者整改不到位的考虑，责令整改的内容应当坚持明确性原则，具体表现为明确的事实、明确的法律依据和明确的期限三个方面。首先，事实应当清楚、明确，有充足的证据予以证明。监管部门对网络服务提供者拒不履行信息网络安全管理义务的事实应当予以查证，不仅要收集网络服务提供者拒不履行法定义务的材料和线索，也要收集网络服务提供者已经采取措施履行法定义务的记录和痕迹，综合收集的证据材料准确认定其违法事实。其次，应当详细列出明确的法律依据。监管部门在出具责令整改通知书时应当在通知书上详细列明其行使职权所依据的法律、行政法规，包括监管部门主体资格的法律依据、监管职权行使的法律依据、网络服务提供者应当承担信息网络安全管理义务的法律依据、对网络服务提供者违法性事实判断的法律依据以及对网络服务提供者提出整改通知的法律依据等。最后，应当提供明确的整改期限。责令整改作为一项具体行政行为，其对于网络服务提供者的要求不仅限于整改内容的实现，同样体现为要在合理期间内完成整改措施，实现公正与效率的结合。监管部门应当在通知书中注明文件制作日期以及整改截止日期，促使网络服务提供者在截止日期到来前完成整改。

第三，对于"拒不改正"的理解。

对本罪规定的"拒不改正"有两种理解：一种是不愿改正；另一种是不能改正。不愿改正是指监管部门针对网络服务提供者拒不履行信息网络安全管理义务的情况，下达了责令整改通知书要求其整改，但是网络服务提供者仍然不愿意履行信息网络安全管理义务的情形，即网络服务提供者不作为状态的延续。不愿整改具体又分为两种情形，一种是对监管部门的责令整改通知置之不理，即最直接的"拒不改正"情形，符合了拒不履行信息网络安全管理义务罪的客观方面；另一种是对监管部门的整改通知有异议，包括对监管部门主体资格、监管部门职能、监管部门整改要求以及监管部门下达整改期限等方面的异议。在这种情形下应当赋予网络服务提供者提出异议的权利，允许其提出行政复议。但这种原因不能作为网络服务提供者拒不履行的理由。不能改正是指网络服务提供者认可监管部门提出的整改通知，但由于某些原因而难以达到监管部门的整改要求，具体而言有以下三种情形：一是消极整改。网络服务提供者在主观上认识到其不履行信息网络安全管理义务的问题，但是对监管部门的要求采取敷衍了事的态度，最终也未能完成整改要求，这种消极的整改本质上仍然是"拒不改正"。二是无效整改。网络服务提供者已经根据监管部门要求采取了积极的整改措施，但是仍然未能达到监管部门的整改要求或仍然发生了危害结果。在这种情况下应当综合考虑网络服务提供者无效整改的原因，对存在监管部门整改要求不合理、整改期限设置过短、网络服务提供者自身能力限制等因素，不能轻易认定网络服务提供者"拒不改正"，而应当综合考虑其履行能力。三是客观原因无法整改。"法律不强人所难"，在网络服务提供者提供的网络服务已经脱离其控制范围时，不能苛求网络服务提供者仍然承担全部的信息网络安全管理义务。网络服务提供者在面对网络设备瘫痪、公司经营出现重大问题或者网络系统遭受入侵等情形下，难以完成监管部门的整改措施，若此时不考虑网络服务提供者的具体处境，而是形而上地追究其"拒不改正"的责任，就失去了法律的公平正义价值。

3. 对四种法定情形的理解

第一，对于"致使违法信息大量传播的"的理解。

"致使违法信息大量传播"相较于其他三种法定情形，缺少"造成严重后果"或"情节严重"的限制，对网络服务提供者而言，更容易因符合此种情形构成犯罪。《网络安全法》第 47 条对网络服务提供者负有避免违法信息大量传播的义务作出了规定，要求网络服务提供者加强对用户发布信息的管理，对违法的信息主动停止传输并采取消除等措施，并且要保存有关记录向有关主管部门报告。"2019 年司法解释"对"致使违法信息大量传播"进行了列举式的规定，① 对此可

---

① 2019 年最高人民法院、最高人民检察院《关于办理非法利用信息网络、帮助信息网络犯罪活动等刑事案件适用法律若干问题的解释》第 3 条：拒不履行信息网络安全管理义务，具有下列情形之一的，应当认定为刑法第二百八十六条之一第一款第一项规定的"致使违法信息大量传播"：（一）致使传播违法视频文件二百个以上的；（二）致使传播违法视频文件以外的其他违法信息二千个以上的；（三）致使传播违法信息，数量虽未达到第一项、第二项规定标准，但是按相应比例折算合计达到有关数量标准的；（四）致使向二千个以上用户账号传播违法信息的；（五）致使利用群组成员账号数累计三千以上的通讯群组或者关注人员账号数累计三万以上的社交网络传播违法信息的；（六）致使违法信息实际被点击数达到五万以上的；（七）其他致使违法信息大量传播的情形。

以明确两个问题：一是对"违法信息"的认识。根据"2019 年司法解释"，违法信息的形式主要包括违法视频文件和其他违法信息。司法解释未对违法信息的形式进行限定，是否属于违法信息应当根据其内容进行判断，内容违法的信息不论是以视频、音频、图片、文字等任何形式传播均应当及时制止。二是对"大量传播"的认定。"2019 年司法解释"对此采用了多种标准认定的方式。首先是违法信息数量标准，对传播违法视频文件二百个以上或者其他违法信息两千个以上以及虽未达到上述标准，但是折合比例达到有关数量的均构成法定情形；其次是传播范围标准，对向两千个以上用户账号传播、利用群组成员账号数累计三千以上的通讯群组或者关注人员账号数累计三万以上的社交网络传播的属于"大量传播"的情形；最后是有效传播标准，对违法信息实际被点击数达到五万以上的也属于"大量传播"的情形。

第二，对于"致使用户信息泄露，造成严重后果的"的理解。

网络服务提供者具有保护用户信息安全的义务，对此《网络安全法》第 42 条予以了明确规定。① 互联网时代的一个显著特征就在于现实中的人会向网络平台主动或者被动地提交个人信息，这些信息在虚拟空间中组合成一个新的信息体，映射出现实的人的基本特征。在司法实践中，网络服务提供者不履行保护用户信息义务，造成用户信息泄露甚至公然贩卖用户信息的现象屡见不鲜，必须一方面对网络服务提供者承担保护用户信息安全的义务予以明确，另一方面对网络服务提供者拒不履行法定义务，造成用户信息泄露的犯罪行为予以打击。"致使用户信息泄露，造成严重后果"有两个需要明确的问题：一是"用户信息"的范围；二是何为"造成严重后果"。从保护用户个人信息安全的角度出发，对"用户信息"应当进

---

① 《中华人民共和国网络安全法》第 42 条：网络运营者不得泄露、篡改、毁损其收集的个人信息；未经被收集者同意，不得向他人提供个人信息。但是，经过处理无法识别特定个人且不能复原的除外。网络运营者应当采取技术措施和其他必要措施，确保其收集的个人信息安全，防止信息泄露、毁损、丢失。在发生或者可能发生个人信息泄露、毁损、丢失的情况时，应当立即采取补救措施，按照规定及时告知用户并向有关主管部门报告。

行广义解释，不仅要包括用户个人基本身份信息，还要包括用户进行社会活动所记录的所有未在公开平台发表的信息，如个人征信信息、通信记录信息、地理位置信息等。关于"造成严重后果"的判断，"2019年司法解释"第4条进行了解释。① 根据该条款的规定可知，司法解释对不同性质的用户信息以及不同的侵害对象，实行差异化的评价标准：首先，对于涉及用户较为敏感的信息，如行踪信息、通信信息、财产信息等，进行了严格的限定，数量在五百条以上就达到了造成严重后果的标准；其次，对于其他在第三方平台留有记录的、可能影响用户人身、财产安全的信息，进行了较为严格的规制，要求数量达到五千条以上；再次，对除上述信息之外的其他信息进行了较为宽松的限制，要求泄露信息达到五万条以上；最后，对因泄露信息对社会秩序，他人人身、财产安全造成严重损害的，予以最为严格的规制，只要有严重损害发生，就属于造成严重后果的情形。

第三，对于"致使刑事案件证据灭失，情节严重的"的理解。

网络服务提供者负有保存相关信息并协助司法机关工作的义务，《网络安全法》第28条、第47条对此进行了规定。② 在互联网

---

① 2019年最高人民法院、最高人民检察院《关于办理非法利用信息网络、帮助信息网络犯罪活动等刑事案件适用法律若干问题的解释》第4条：拒不履行信息网络安全管理义务，致使用户信息泄露，具有下列情形之一的，应当认定为刑法第二百八十六条之一第一款第二项规定的"造成严重后果"：（一）致使泄露行踪轨迹信息、通信内容、征信信息、财产信息五百条以上的；（二）致使泄露住宿信息、通信记录、健康生理信息、交易信息等其他可能影响人身、财产安全的用户信息五千条以上的；（三）致使泄露第一项、第二项规定以外的用户信息五万条以上的；（四）数量虽未达到第一项至第三项规定标准，但是按相应比例折算合计达到有关数量标准的；（五）造成他人死亡、重伤、精神失常或者被绑架等严重后果的；（六）造成重大经济损失的；（七）严重扰乱社会秩序的；（八）造成其他严重后果的。

② 《中华人民共和国网络安全法》第28条：网络运营者应当为公安机关、国家安全机关依法维护国家安全和侦查犯罪的活动提供技术支持和协助。

第47条：网络运营者应当加强对其用户发布的信息的管理，发现法律、行政法规禁止发布或者传输的信息的，应当立即停止传输该信息，采取消除等处置措施，防止信息扩散，保存有关记录，并向有关主管部门报告。

时代，传统犯罪的数量持续减少，网络犯罪的数量却呈现暴涨趋势，许多网络犯罪需要借助网络服务完成，在实施犯罪过程中会在网络上留下痕迹，因此电子数据对网络犯罪的追诉发挥着至关重要的作用。如果因为网络服务提供者不履行义务，导致刑事追诉受阻，网络服务提供者就应当承担责任。至于是否属于拒不履行信息网络安全管理义务罪的法定情形，不能一刀切地归罪，而是要具体分析：一是证据的重要性。本条规定的刑事案件的证据应当是影响定罪量刑的证据，对于不影响定罪量刑的证据的灭失不属于此处的规定。二是案件的类型。对于四类危害严重的刑事案件，其证据灭失的直接认定为"情节严重"；其他刑事案件影响定罪量刑的证据灭失的不能直接认定。三是量刑的轻重。对造成可能判处五年有期徒刑以上刑罚犯罪案件的证据灭失的构成"情节严重"，对法定刑不超过五年有期徒刑的不能直接认定。四是灭失证据的次数。对多次造成刑事案件证据灭失的也应当构成此款情形。一般认为，三次以上可以认定为多次。如果网络服务提供者存在三次以上灭失刑事案件证据的，更容易认定其未履行法定义务，造成了严重后果。

对"刑事案件证据"的理解也应当明确。狭义的刑事案件证据仅指进行刑事追诉过程中收集的证据，广义的刑事案件证据还包括行政案件转为刑事案件中行政机关收集的证据以及职务犯罪案件中监察机关收集的证据。《刑事诉讼法》第 54 条第 2 款规定：行政机关在行政执法和查办案件过程中收集的物证、书证、视听资料、电子数据等证据材料，在刑事诉讼中可以作为证据使用。在行刑衔接案件中，案件处于行政阶段时，行政机关向网络服务提供者收集，但是却遭网络服务提供者灭失的证据应当不属于本条中"刑事案件证据"的范围；当案件由行政机关移送至公安司法机关时，此时公安司法机关再向网络服务提供者收集的证据就属于"刑事案件证据"范畴。因此，在行刑衔接案件中，不能因为行政机关收集的证据可以在刑事诉讼中使用，而将刑事案件证据灭失责任前移到行政阶段。职务犯罪案件具有特殊性，在"情节严重"解释第 1 款的规定中，对贪污贿赂犯罪案件证据的灭失属于该情形。由于职务犯罪案件调查权由检察机关转移至监察机关，虽然监察机关在调查贪污贿赂犯罪案件时尚处在调查阶段，还未进入刑事诉讼程序，而且监察机关是否会移送被调查人审查起诉尚不得而知，但是，为了保障司法解释实施的确定性与一致性，应当扩大解释为此时监察机关向网络服务提供者收集的可能影响定罪量刑的证据同样属于"刑事案件证据"范围。但是，对于贪污贿赂之外的其他职务违法犯罪案件在调查阶段的证据是否属于"刑事案件证据"，仍然应持谨慎态度。

第四，对于"有其他严重情节的"的理解。

"2019 年司法解释"列举的上述三种情节不足以涵盖所有需要追诉的情形，需要兜底条款对其他严重情节进行法律规制。需要明确的是"其他严重情节"的解释不能过于宽泛，要保持刑法扩张的适度，谨慎地在司法活动中应用兜底条款。"其他严重情节"应当是与上述三种情节相当的情节，要求达到"在行为方式上具有类似性，在结果危害性上具有等同性"。① 例如"2019 年司法解释"列举的七种情形。②

---

① 杨新绿：《论拒不履行信息网络安全管理义务罪的法益》，《北方法学》2019 年第 6 期。

② 2019 年最高人民法院、最高人民检察院《关于办理非法利用信息网络、帮助信息网络犯罪活动等刑事案件适用法律若干问题的解释》第 6 条：拒不履行信息网络安全管理义务，具有下列情形之一的，应当认定为刑法第二百八十六条之一第一款第四项规定的"有其他严重情节"：（一）对绝大多数用户日志未留存或者未落实真实身份信息认证义务的；（二）二年内经多次责令改正拒不改正的；（三）致使信息网络服务被主要用于违法犯罪的；（四）致使信息网络服务、网络设施被用于实施网络攻击，严重影响生产、生活的；（五）致使信息网络服务被用于实施危害国家安全犯罪、恐怖活动犯罪、黑社会性质组织犯罪、贪污贿赂犯罪或者其他重大犯罪的；（六）致使国家机关或者通信、能源、交通、水利、金融、教育、医疗等领域提供公共服务的信息网络受到破坏，严重影响生产、生活的；（七）其他严重违反信息网络安全管理义务的情形。

(三) 本罪的犯罪主体

本罪的主体是网络服务提供者。"2019 司法解释"①采取了列举的方式，将常见的网络服务提供者的具体类型予以明确化，从而进一步划定了网络服务提供者的范围。然而，随着互联网技术的发展，网络服务提供者的具体种类不可能仅仅局限于司法解释规定的情形，因此，为适应网络技术的发展态势，确定网络服务提供者类型化的标准就具有了重要的意义。因为只有确定了网络服务提供者的类型才能为其赋予相应的信息网络安全管理义务。

如何对网络服务提供者进行划分，我国学者从不同的角度出发，作了较为详细的研究。其中，具有代表性的观点是将网络服务提供者划分为"网络接入服务提供者、网络平台服务提供者、网络内容及产品服务提供者"②。也有学者从保护法益的角度出发，将网络服务提供者较为抽象地划分为网络空间的开辟者、运行者和维护者。③ 对于网络服务提供者的划分需要关注以下几个方面的问题：一是划分的事实性，即对网络服务提供者的划分应当以当前存在的具体的网络服务提供者的类型为依托；二是划分的开放性，即对网络服务提供者的划分应当留有容纳新型网络服务提供者类型的空间，以适应快速发展的互联网技术；三是划分的有效性，即网络服务提供者的划分标准需要能够解决具体的问题，而不仅仅停留在

---

① 2019 年最高人民法院、最高人民检察院《关于办理非法利用信息网络、帮助信息网络犯罪活动等刑事案件适用法律若干问题的解释》第 1 条：提供下列服务的单位和个人，应当认定为刑法第二百八十六条之一第一款规定的"网络服务提供者"：（一）网络接入、域名注册解析等信息网络接入、计算、存储、传输服务；（二）信息发布、搜索引擎、即时通讯、网络支付、网络预约、网络购物、网络游戏、网络直播、网站建设、安全防护、广告推广、应用商店等信息网络应用服务；（三）利用信息网络提供的电子政务、通信、能源、交通、水利、金融、教育、医疗等公共服务。

② 谢望原：《论拒不履行信息网络安全管理义务罪》，《中国法学》2017年第 2 期。

③ 参见李世阳：《拒不履行网络安全管理义务罪的适用困境与解释出路》，《当代法学》2018 年第 5 期。

理论层面的探讨。

由于拒不履行信息网络安全管理义务罪是不作为犯，因此对于网络服务提供者类型化的依据可以从不作为犯的义务来源中予以探之。根据机能二分说的观点，网络服务提供者的类型化依据可以从安全义务中找到根据，"支配的另一方面就是答责"。由于网络服务提供者能够对其所涉范围内的网络信息数据予以支配，即对相应的风险具有支配控制能力，因此，对网络服务提供者予以类型化的判断标准就在于对特定网络信息数据的支配控制能力。具体而言，大致可以分为三种类型：一是没有支配控制能力；二是可能具有支配控制能力；三是具有绝对支配控制能力。① 对于具有不同支配控制能力的网络服务提供者，应当为其赋予不同的信息网络安全管理义务。对于尚未出现的新型网络服务提供者也可以根据其对特定网络信息数据的支配控制能力将其归到上述的三种类型之中。

（四）本罪的主观方面

关于本罪的主观方面，目前尚存在一些争议，大致包括故意说、直接故意说、过失说、复合罪过说、轻率说等。其中，直接故意说的问题在于，直接故意固然是本罪最典型的表现，但是如果排除间接故意就会造成不当缩减本罪规制范围的结果。如前所述，网络服务提供者对信息网络安全管理义务的履行情况存在多种情形，不能因最终履行效果差异而将其主观认识一概而论，网络服务提供者对危害结果的发生完全可能是一种放任的态度。过失说的问题在于，如果网络服务提供者在初次的义务履行方面存在过失，那么其在接到责令整改通知书后就应当对危害结果的发生有了足够的认识。当网络服务提供者已经按照监管部门的要求进行整改后，仍然未避免危害结果的发生，此时不能简单认定网络服务提供者存在过失，而应当综合考量监管部门的整改要求是否合理、网络服务提供者是否有充足的履行能力等因素。过失说可能会不当增加网络服务提供者的义务

---

① 参见童德华、马嘉阳：《拒不履行信息网络安全管理义务罪之"义务"的合理性论证及类型化分析》，《法律适用》2020 年第 21 期。

负担。复合罪过说的问题在于，其无法避免过失说存在的问题。轻率说的问题在于，其将直接故意排除在外，显然不符合本罪的要求。

根据刑法设定本罪的目的来看，将本罪的主观方面解释为故意较为合理。首先，从刑法分则的规定来看，当监管部门责令网络服务提供者采取改正措施时，已经能够证明网络服务提供者对其违法行为的认识。在此基础上，其不采取改正措施的行为能够推断出其对危害结果持希望或者放任的态度。因此，疏忽大意的过失和过于自信的过失在本罪中均难以成立。其次，从罪名设立的目的来看，本罪的设立是希望通过强化信息网络安全管理义务以推动网络服务提供者在参与网络活动的过程中自觉履行相应的监督管理义务。然而，由于网络服务提供者既非传统意义上的监管主体，也不是实现网络犯罪治理的唯一监管主体，因而对其义务的施加需要限制在一定的范围内，不能无限地扩大化。最后，将本罪的主观方面限制为直接故意，会不当缩小本罪主观罪过的范围。网络服务提供者对于危害结果的发生完全可能是一种放任的态度。

三、典型案例分析

由于以拒不履行信息网络安全管理义务罪定罪量刑的案件在司法实践中并不常见，加之网络服务提供者不履行信息网络安全管理义务的行为对于互联网金融犯罪活动的开展发挥的是一种技术性的帮助作用，其可能涉及的互联网金融犯罪问题通常是在另案中予以处理。因此，这里对于拒不履行信息网络安全管理义务罪典型案例的分析，是建立在对该罪名如何予以认定的基础上，进一步探讨其可能涉及的互联网金融犯罪问题。

（一）李某某拒不履行信息网络安全管理义务案①

1. 基本案情

被告人李某某于 2014 年 8 月至 2019 年 3 月任职于北京某通信

---

① 参见云南省昆明市盘龙区人民法院刑事判决书：（2020）云 0103 刑初 1206 号。

技术有限公司(以下简称"通信公司"),担任运营总监职务。2018年9月,山东某信息科技公司(以下简称"科技公司")董事长任某为盗取回收卡上绑定的用户个人微信账号,向通信公司董事长王某提出要求将用户停机达3个月且已回收的卡进行重新制卡,并交付其所在公司使用。王某授意李某某办理此事。2018年9月,李某某提供数万张行业卡给科技公司供其挑选4000张,并提供了制卡服务。科技公司在拿到回收卡后,将该批卡违规设在济南的两家公司名下,并卖给林某用于盗取回收卡绑定的用户微信账号,导致大量微信账号被盗。

经查,通信公司曾多次因违反实名制规定而受到监管部门处罚。2016年12月,辽宁省通信管理局因通信公司未核实办理入网手续的用户的真实身份信息而对其作出罚款人民币3万元的决定,并责令其改正;2017年1月,工业和信息化部网络安全管理局在抽查工作中发现通信公司部分网点未能严格遵守实名制的相关规定,对通信公司的违规行为进行了通报并要求其整改;2017年2月,工业和信息化办公室针对通信公司未能落实电话实名工作的问题进行了通报,并要求其进行整改。

被告人李某某身为通信公司运营总监,负有对行业卡的注册、使用和停用等情况进行监督管理和审核的职责。李某某明知有关实名制管理的相关规定,故意不遵守规定且对监管部门多次警示和整改要求视而不见,将捆绑有公民微信账号等个人信息的回收卡提供给科技公司,造成了严重后果。

2. 法院认定

被告人李某某无视国家法律,作为网络服务提供管理者,拒不履行信息网络安全管理义务,经监管部门责令采取改正措施而拒不改正,其行为触犯了《中华人民共和国刑法》第286条之一之规定,犯罪事实清楚,证据确实、充分,其行为已构成拒不履行信息网络安全管理义务罪。

3. 案件分析

本案是网络服务提供者在其业务活动领域内利用对特定网络信息数据的支配控制能力,违反对用户信息保护义务的典型案例。

《中华人民共和国网络安全法》第 22 条规定，网络服务提供者应当根据有关法律、行政法规的规定对其所收集的用户信息予以保护。在本案中，被告人将带有公民个人微信账号的回收卡交由科技公司挑卡，并将该公司挑选的回收卡进行制卡和发卡；科技公司将上述回收卡卖给林某，致使回收卡上绑定的微信号被大量盗取。被告人违反实名制管理规定，未履行用户信息的保护义务，致使用户信息泄露，造成严重后果，且在两年内经多次责令改正拒不改正，因此其行为构成了拒不履行信息网络安全管理义务罪。

从本案中可以看到，网络服务提供者不履行信息网络安全管理义务的行为为后续其他犯罪分子窃取公民个人信息用于违法犯罪活动提供了便利条件。例如，在赵某某、金某某诈骗案中，二被告正是利用了从网上购买的微信"小号"以及冒用他人身份信息注册的手机号码进行诈骗活动的。① 因此，网络服务提供者能否认真履行信息网络安全管理义务，对于预防和控制互联网金融犯罪具有重要的意义。在多数情况下，网络服务提供者在主观上可能并没有认识到其他犯罪分子利用了其怠于履行信息网络安全管理义务所制造的便利条件，但是基于网络服务提供者对特定网络信息数据的支配控制能力，这种主观上的没有认识是不能作为免除刑事责任的理由的。这是因为网络服务提供者在网络空间中的特殊地位使其在拥有权利的同时被赋予了相应的监督管理义务。

（二）胡某拒不履行信息网络安全管理义务案②

1. 基本案情

2015 年 7 月至 2016 年 12 月 30 日期间，被告人胡某为谋取非法利益，通过租用境内外服务器的方式，自行制作了名为"土行孙"的翻墙软件，用于非法提供境外互联网接入服务，其用户数量达 2000 余人。上海市公安局浦东分局在发现这一情况后，于 2016 年 3 月和 6 月分别两次约谈胡某，责令其停止非法提供境外网络接

---

① 参见山东省海阳市人民法院刑事判决书：(2018)鲁 0687 刑初 207 号。
② 参见上海市浦东新区人民法院刑事判决书：(2018)沪 0115 刑初 2974 号。

入服务。胡某在被公安机关约谈后并没有停止实施违法行为，2016年10月，浦东分局查实胡某存在违法利用上海某公司建立信道，并提供国际联网服务的行为，浦东分局对其作出了责令停止违法行为、罚款人民币15000元和没收违法所得4万余元的处罚。胡某在被行政处罚后仍然继续违法提供翻墙服务，2016年10月至12月，胡某违法所得人民币达到23万余元。

2. 法院认定

被告人胡某非法提供国际联网代理服务，拒不履行法律、行政法规规定的信息网络安全管理义务，经监管部门责令采取改正措施后拒不改正，情节严重，其行为已构成拒不履行信息网络安全管理义务罪。

3. 案件分析

本案是提供互联网介入服务的网络提供者，不履行信息网络安全管理义务，非法提供境外互联网接入服务的典型案例。在本案中，被告人自行制作并出租"土行孙""四十二"翻墙软件，为境内网络用户非法提供境外互联网接入服务，且两年内经多次责令改正拒不改正，情节严重，因此其行为构成了拒不履行信息网络安全管理义务罪。

本案被告人非法提供互联网介入服务的行为虽然并未直接涉及互联网金融犯罪，但是其提供的翻墙软件可能成为其他犯罪分子进行互联网金融犯罪活动的工具。笔者在"北大法宝"以"翻墙软件"为关键词在司法案例中进行检索，共涉及747篇刑事裁判文书，其中破坏社会主义市场经济秩序罪的有8篇；侵犯财产罪的有18篇。[1] 由此可见，网络服务提供者提供翻墙软件、非法提供互联网介入服务的行为很有可能被犯罪分子予以利用。例如，在张某某非法经营案中，被告人张某某印刷、发行的非法出版物的内容正是其他行为人通过翻墙软件从境外网站下载的文章。[2] 因此，对于网络

---

[1]　最后访问时间：2021年5月23日。

[2]　参见山东省青岛市市北区人民法院刑事判决书：（2017）鲁0203刑初764号。

传输服务的提供者而言，其非法提供接入服务，不履行信息网络安全管理义务的行为为其他犯罪分子进行互联网金融犯罪活动创造了途径和条件。

四、结语

拒不履行信息网络安全管理义务罪的实质体现了刑法的预防功能，即通过刑事责任的设置倒逼网络服务提供者履行相应的网络监管义务，以实现网络虚拟空间中活动的秩序化、规范化。就互联网金融犯罪的治理而言，该罪名的合理适用能够发挥事前预防的效果，通过对实施媒介的限制，将可能发生的互联网金融犯罪扼杀在萌芽之中。因此，对该罪名构成要件的合理化解释就成为合理适用本罪名的前提条件。不可否认的是，基于互联网的快速发展以及日新月异的互联网金融犯罪，对本罪名构成要件的理解可能还需要根据现实的需要予以不断地深入。

第十一目　非法占有目的事实推定的
类型化建构*

一、"非法占有目的"的认定现状及难点

犯罪目的，是行为人通过实行犯罪行为所希望达到的结果。[①] 我国刑法中的犯罪目的有两种表现形式：一种与直接故意中的意志因素内容相关，即其是指行为人希望通过自身行为直接导致的危害结果；另一种则是指行为人通过自身行为实现直接的危害结果后，通过其他方式所进一步希望的某种非法利益或者结果。通过梳理公开的裁判文书可以发现，司法实践中金融诈骗罪认定的重难点主要在于非法占有目的的认定上。笔者以"金融诈骗罪"为案由在中国

---

　　* 本目由中南财经政法大学博士研究生王一冰负责文献综述工作。

　　① 参见齐文远：《刑法学(第三版)》，北京大学出版社 2016 年版，第126 页。

裁判文书网上进行检索，共检索到判决书 63330 个，其中以"非法占有"为关键字的判决数量为 42710 个，占比 67.4%。笔者从63330 个判决书里随机抽取了 30 个二审判决书，其中以行为人不具有"非法占有目的"为上诉理由的判决书有 21 个，占比 70%。虽然我国已然出台相关司法解释对"非法占有目的"进行认定，且标准逐渐精细化，但这种标准的扩张容易导致规范与事实的剥离，加之个别规定标准不明确，① 在实务中不免存在争议。

　　近年来，随着我国金融改革步伐的大步迈进，金融自由化也随之提高。特别是在互联网技术快速发展的背景下，大量金融业务在互联网平台上快速推进，在为人们提供智能化与生活便利的同时，也为传统的金融犯罪提供了更多的犯罪方式。与传统金融相比，互联网市场具有更明显的特性，突出体现为匿名性、信息不对称、风险放大等方面。② 对于互联网金融市场频发的表现为 P2P、众筹等形式的非法集资案件，行为人借助互联网金融市场的特点，以金融创新之名行犯罪之实，其行为与商事活动联系紧密，具有高度的专业性，加之金融诈骗犯罪和普通的经济违法行为之间的界限难以界定和划分，使非法占有目的更难认定。2018 年，最高人民检察院发布了第十批指导案例，其中"周辉集资诈骗案"强调了"非法占有目的"在罪名认定中的重要意义，并提出"非法占有目的"的认定应当围绕融资项目真实性、归还能力等综合判断，看似标准明确，但司法实践中却存在行为方式相似，但定性不同的情形。③

　　实践争议源自理论的不明确，正是由于对非法占有目的在金融诈骗罪中的内涵、体系地位、机能等认识不足，非法占有目的理论又难以为行为人主观方面的认定提供行之有效的标准，这导致司法

---

　　① 参见袁彬、丁培：《准确把握非法占有目的规范推定与事实认定》，《检察日报》2020 年 10 月 17 日。

　　② 参见时延安：《互联网金融行为的规制与刑事惩罚》，《厦门大学学报（哲学社会科学版）》2020 年第 4 期。

　　③ 参见李兰英、陈传锃：《网络融资的民刑交叉困境与抉择——基于被害人利益保护的视角》，《甘肃政法学院学报》2019 年第 1 期。

实践中在对肆意挥霍、生产经营等关键词解释时出现矛盾与模糊的问题。① 就非法占有目的的推定而言，司法解释所进行的规范推定在一定程度上减轻了对行为人非法目的的认定难度，但其全面性、普适性都不免存在问题，那么如何在规范推定的基础上实现非法占有目的事实推定就具有重要的意义。本文旨在通过对非法占有目的理论与实践的检视，为非法占有目的的认定进行事实推定的类型化建构，为之提供可行思路。

二、非法占有目的的规范分析

(一)非法占有目的的理论基础

1. 非法占有目的的内涵

非法占有目的是金融诈骗犯罪中的一个重要概念，其作为主观要件在认定金融诈骗犯罪时具有重要意义，因此非法占有的内涵受到了理论界和实务界的广泛关注，并产生了许多不同的观点。关于非法占有目的的内涵，在国内外刑法学界均存在争议。

日本刑法关于非法占有目的内涵的争议较为激烈。第一种观点认为，非法占有目的是将自己作为支配财产的所有人并支配财产的目的，即非法占有目的是一种排除意思。② 第二种观点认为，非法占有目的是一种根据财物的用途进行利用的意思，即非法占有目的是一种利用意思。③ 第三种观点是一种折中说，认为非法占有目的是指将自己作为支配财产的所有人，在排除权利人权利的同时，根据财物的用途进行利用或处分的意思，认为非法占有目的的成立要求行为人同时具有利用意思和排除意思。④ 三种观点的主要争论点

---

① 参见贾旭占：《集资诈骗罪"非法占有目的"要件的理论修正与司法检视》，《法学论坛》2021 年第 1 期。

② 参见[日]团藤重光：《刑法纲要各论》，创文社 1990 年版，第 563 页。

③ 参见[日]前田雅英：《刑法总论讲义》，东京大学出版会 1998 年版，第 161 页。

④ 参见[日]大谷实：《刑法各论》，成文堂 2001 年版，第 144 页。

在于非法占有的目的究竟是指排除意思、利用意思还是二者兼有。当前，主流观点认为非法占有目的是排除意思和利用意思的统一，即非法占有目的是指："排除权利人，将他人的物像自己的物一样，按照其经济用途，进行利用或者处分的意思。"①

德国刑法明文规定成立诈骗罪要求行为人"意图为自己或者第三人获得不法财产利益"，盗窃罪的成立则要求行为人"意图盗窃他人动产，非法占为己有或使第三人占有"，② 其刑法理论认为非法占有目的内容包括消极和积极两方面的内容。在消极方面要求行为人具有"排除占有"的意图，即行为人为了获得财物或者财物的价值，而对他人关于财物的支配进行持续性的破坏与排斥，因此，假若行为人在获得财物后意图归还，则不具有非法占有目的；在积极方面要求必须"建立占有"，即行为人为了使自己或者他人获得所有人的地位，而建立一种自己或者他人对财物的所有。③ 虽然德国刑法并没有使用"利用意思"这样的表述，但是不法所有的目的实际上也必须具有取得物的所有后的获利意思。因此，德国刑法中的非法占有目的含义事实上与日本刑法中的"利用意思"加"排除意思"的含义是一致的。④

在英美法系国家中，英国规定诈骗罪犯罪意图应包括"永久性的剥夺他人财产"，而"据为己有行为是否出于获利目的而为，并非重要"；⑤ 美国将偷盗罪的偷盗意图规定为"永久剥夺他人对财

---

① 参见黎宏：《日本刑法精义（第二版）》，法律出版社 2008 年版，第 408 页。

② 参见《德国刑法典》，徐久生、庄敬华译，中国方正出版社 2004 年版，第 128、119 页。

③ 参见张明楷：《论财产罪的非法占有目的》，《法商研究》2005 年第 5 期。

④ 参见陈璇：《财产罪中非法占有目的要素之批判分析》，《苏州大学学报》2016 年第 4 期。

⑤ 参见［英］史密斯、［英］霍根：《英国刑法》，李贵方等译，法律出版社 2000 年版，第 603、649 页。

产占有的意图"。① 因此，英美法系国家刑法对于非法占有目的的理解，主要强调了"永久性"和"剥夺性"，而这里的剥夺既包括积极意义上的意图占为己有，也包括消极意义上的希图对财产进行处分，而使权利人的权利不能实现。②

当前，我国刑法学界关于非法占有目的的内涵主要有四种观点：

第一，意图占有说。该观点认为非法占有目的是一种行为人明知财物属于公共所有或者他人所有，而希望将其非法转为自己或者他人占有的意图。③ 该观点仅从字面意义上对非法占有目的进行理解，反对对非法占有目的进行扩大解释。

第二，不法获利说。该观点认为根据我国刑法的规定和实际运用，宜将非法占有目的解释为不法获利目的，提出在以诈骗罪为代表的财产犯罪中，财产损害结果是客观要件，据此诈骗罪的主观方面就只剩下不法获利的意思。④ 该说认为，只有行为人实施了能够使其获得利益的行为，才能说行为人具有非法占有目的，否则便不能认定行为人具有非法占有目的。可以说，此说是根据德国刑法对诈骗罪主观要件的规定进行论证所得出的。

第三，永久性剥夺意图说。该观点认为非法占有目的包括两方面的内容，一方面，成立非法占有目的要求行为人具有非法获取所有权的意图，另一方面，要求行为人具有永久使用、排除权利人所有权实现的意图，⑤ 该说同英美法系关于诈骗罪的规定，即同时强调"永久性"和"剥夺性"。

---

① 参见储槐植、江溯：《美国刑法》（第四版），北京大学出版社 2012年版，第 201 页。

② 参见吴贵森：《非法占有目的的内涵之辨析》，《集美大学学报（哲学社会科学版）》2007 年第 2 期。

③ 参见刘明祥：《刑法中的非法占有目的》，《法学研究》2000 年第 2期。

④ 参见徐凌波：《论财产犯的主观目的》，《中外法学》2016 年第 3 期。

⑤ 参见姜先良：《论刑法中的非法占有目的》，《刑事法评论》（第 13卷），中国政法大学出版社 2003 年版，第 564 页。

第四，不法所有说。该说基本采取了日本刑法的折中说，认为非法占有目的的成立要求行为人具有排除权利人对财物的控制，将财物归自己所有，并按照财物的用途对财物加以利用的意图，即同时具有利用意思和排除意思。①

笔者认可不法所有说，认为在金融诈骗犯罪中，非法占有的目的应当同时包括排除意思和利用意思两方面的内容，即非法占有目的的成立要求行为人具有排除权利人对财物的控制，将财物归自己所有，并按照财物的用途对财物加以利用的意图，其理由可从如下几方面分析：

首先，意图占有说不能说明金融诈骗罪中的非法占有目的内涵。"意图占有说"仅从字面意义上对非法占有目的进行解释，没有正确区分刑法意义上的"占有"与民法意义上的"占有"，存在明显不足：一方面，刑法意义上非法占有目的中的"占有"与民法意义上的"占有"并不相同，民法意义上的"占有"强调的是对动产或者不动产的实际支配，只是所有权的四大权能之一。而刑法中的"非法占有"目的实际上是一种"非法所有"目的，不仅包括实际支配，还要有"非法所有"的目的，这在金融诈骗罪中的表现尤其明显。以集资诈骗罪为例，与盗窃罪的非法占有目的可直接通过行为人转移他人占有的盗窃行为来认定不同，集资行为具有高风险和高收益的特征，即使集资人对资金具有非法支配的目的，在非法集资时有所隐瞒，但这并不意味着集资人意欲排除权利人的所有权，其行为也可能成立非法吸收公众存款罪，如果采取意图占有说，则无法区分非法吸收公众存款罪与集资诈骗罪。

其次，不法获利说将非法占有目的理解为非法获利的意思，认为行为人是否具有排除和利用意思并不影响非法占有目的的认定。不法获利说虽然在认定行为人是否具有非法占有目的时可以快速得出结论，但其仅从行为人是否具有不法获利的意思来认定行为人是

① 参见曹波、魏珊珊：《盗回自己被依法扣押财物的刑法定性——兼论刑法第九十一条第二款的规范含义》，《河南财经政法大学学报》2018年第6期。

否具有非法占有目的，既不能区分普通民商事违法行为和犯罪行为，也导致难以区分此罪与彼罪。仍然以非法集资行为为例，由于金融行为具有明显的逐利性特征，当行为人吸收公众存款的行为时存在欺骗性，夸大了其还本付息的事实，尽管主观上是为了非法获利，但当其并没有将他人资金非法所有的意图时，是不能将其行为人认定为集资诈骗罪的。

再次，永久性剥夺意图说主要强调了排除他人的所有，而忽视了非法占有目的的利用意思。即永久性剥夺意图说强调了对所有权的保护，认为非法占有目的是非法改变财物的所有权，即排除权利人的所有权。由于其并未体现出利用意思，那么就会出现下列问题：因为诈骗是转移所有的犯罪，所以"侵害公私财产的危害结果"就是转移所有的危害结果，因此可将这种危害结果解释为排除权利人对公私财产的所有，因此对于该结果的认识及意志本身就是故意内容所包含的。但是，集资诈骗罪中的非法占有目的作为主观超过要素是独立于故意的，因此假若认为非法占有目的的含义仅仅是意图排除他人的所有而不存在利用意思，那么非法占有目的也就失去了独立存在的意义。此外，一时骗用行为假若导致财物的价值明显降低，严重损害了财物所有者的财产权，那么对这种一时的骗用行为就应该给予刑法处罚，而不是由于其剥夺意图的非永久性就否定其相关罪名的成立。

最后，不法所有说同时强调了行为人的排除意思和利用意思，有效实现了非法占有目的区分罪与非罪以及此罪与彼罪的功能。在金融诈骗犯罪中，特别是通过互联网实施的金融诈骗行为，在大多数情况下并不能同时反映行为人的全部心理内容，行为人非法支配利用他人财物，并不代表该财物完全脱离权利人的控制，而行为人对他人财物非法支配的追求，也并不一定代表行为人就意欲排除权利人对财物的控制或所有。因为金融行为的高风险性，权利人本来就具有失去对财物所有的可能性，因此，只有行为人同时具有利用意思和排除意思，即行为人具有排除权利人对财物的控制，将财物归自己所有，并按照财物的用途对财物加以利用的意图才能认定行为人具有非法占有目的。

2. 非法占有目的教义学地位

在有些故意犯罪中，特定的犯罪目的是该犯罪成立的构成要件，对于这些故意犯罪，我们在理论上通常称为目的犯。在金融诈骗罪中，我国刑法对集资诈骗罪、贷款诈骗罪都明文规定必须具有非法占有目的，对于信用卡诈骗罪中四种行为方式之一的恶意透支行为也规定了非法占有目的。但是，对于金融诈骗罪中的其他罪名，是否要求行为人具有非法占有目的，理论上存在不同观点。

第一种观点认为，对于刑法中没有规定非法占有目的的金融诈骗犯罪，不应当认为构成本罪必须具有非法占有目的。理由在于从金融诈骗罪的客体看，刑法主要保护的是国家金融管理秩序，而非单纯对物权的保护，因此，认为非法占有目的不是所有金融诈骗犯罪的主观要件，有利于打击金融诈骗犯罪活动。①

第二种观点认为，金融诈骗罪的构成一般应以非法占有目的为主观要件，但对于"占用型"的金融诈骗罪则不必以非法占有目的为主观要件。其理由在于金融诈骗犯罪中的"诈骗"包括骗取财物型诈骗和虚假陈述型欺诈两种，这与侵犯财产罪中的"诈骗"的含义并不完全相同，司法实践中许多信用证诈骗行为的行为人主观上并无非法占有目的，但仍然构成信用证诈骗罪。②

第三种观点认为，所有金融诈骗罪的成立都要求行为人主观上具有"非法占有"目的，认为对刑法明确规定非法占有目的的集资诈骗罪、贷款诈骗罪和信用卡诈骗罪以外的金融诈骗罪，虽然刑法没有明确规定犯罪的成立必须具备非法占有目的，但非法占有目的是自然表现在这些犯罪行为中的，因而不需要特别明确规定。③

笔者认为，所有金融诈骗犯罪的成立，都要求行为人主观上具

---

① 参见顾晓宁：《简析票据诈骗罪的主观要件》，《中国刑事法杂志》1998 年第 1 期。

② 参见卢勤忠：《金融诈骗罪中的主观内容分析》，《华东政法学院学报》2001 年第 3 期。

③ 参见侯国云、陈丽华：《金融诈骗罪认定的几个问题》，《中国刑事法杂志》2001 年第 5 期。

有非法占有目的，其理由如下：

首先，认为非法占有目的不是所有金融诈骗犯罪的主观要求，在一定程度上确实有利于打击金融诈骗行为，但这种观点的运用可能导致刑法打击面过大。例如，甲明知是作废的支票而与乙交易并骗取乙提供的货物，但甲主观上并不具有非法占有目的，而是意图在资金回流后再将应支付的金额支付给乙，且甲确实在资金回流后将应付金额支付给了乙。在此种情况下，行为人主观上并不具有非法占有目的，如果认为行为人构成票据诈骗罪并不合适，也模糊了民商事领域的欺诈行为与刑法领域的金融诈骗犯罪行为之间的界限。

其次，从罪名发展的角度看，金融诈骗罪是诈骗罪的特殊罪名，金融诈骗罪中的"诈骗"内涵实际上就是诈骗罪中所指的"虚构事实、隐瞒真相，以骗取财物"的含义。在一些金融诈骗犯罪中之所以没有专门规定非法占有目的，是因为对金融票据、信用证、信用卡、有价证券的诈骗行为来讲，这些行为都是使用伪造的、变造的、作废的、骗取的、冒用他人的等虚假方法进行诈骗活动，也就是说，这些行为都是采用虚构事实、隐瞒真相的方法进行诈骗行为，① 因此，从这些犯罪的客观要件即可推断出行为人主观上应当具有非法占有目的。

再次，我国刑法对于某些金融诈骗犯罪虽然并未明文规定非法占有目的，但在刑法未明文规定的情况下在认定相关犯罪时要求行为人具有非法占有目的并不违反罪刑法定原则。罪刑法定原则主要强调对犯人的保障，被誉为"犯人的大宪章"，此外，罪刑法定原则并不意味着适用刑法时要完全按照刑法条文的文义进行适用，而是应当按照刑法条文的真实意图进行适用。因此，通过非法占有目的对行为人的主观方面进行限定，反而在一定程度上提高了入罪门槛，因而并不违反罪刑法定原则。

最后，非法占有目的对犯罪的界分机能是不可否认的，主观要

---

① 参见侯国云、陈丽华：《金融诈骗罪认定的几个问题》，《中国刑事法杂志》2001 年第 5 期。

素证明困难并不是非法占有目的所独有的问题。由于该问题普遍存在于主观的构成要件要素当中，因此我们不能"因噎废食"，不能因为其含义不统一和难以证明就对非法占有目的采取消极回避的态度，而是应该根据当前的社会背景和金融诈骗犯罪的共同特征，健全非法占有目的的判断标准，通过完善司法实践中关于非法占有目的的推定制度和程序，以更好地发挥其对于罪与非罪、此罪与彼罪的界定功能。据此，2001 年 1 月，最高人民法院关于印发《全国法院审理金融犯罪案件工作座谈会纪要》的通知（下文简称 2001 年最高法的《纪要》）中指出，金融诈骗犯罪都是以非法占有为目的的犯罪。因此，票据诈骗罪、信用证诈骗罪等刑法分则并未明文规定以非法占有为目的的金融诈骗犯罪也必须在主观上具有非法占有目的便具备了成文的法律依据。

（二）非法占有目的的法律推定评析

1. 司法机关出台的若干文件

基于非法占有目的在经济犯罪中的重要功能和地位以及司法实践中的认定困难等问题，司法机关出台了若干规定。2001 年最高法的《纪要》规定了行为人通过诈骗的方法非法获取资金，造成数额较大资金不能归还，可以推定行为人具有非法占有目的的七种情形。① 相较于未出台该解释之时，已经是司法实践中关于非法占有目的认定的一大进步，提高了司法实践的效率。

随着市场经济的快速发展以及市场交易活动的复杂化，上述规定的客观行为方式已远不能适应非法占有目的的认定需要，为应对非法集资案件的不断增多以及复杂经济活动中非法占有目的的认定困难的问题，2022 年 2 月在《最高人民法院关于审理非法集资刑事案件具体应用法律若干问题的解释》第 7 条中指出以非法占有为目的，使用诈骗方法实施本解释第 2 条规定所列的非法集资行为，以集资诈骗罪定罪处罚，并规定了可以认定为"以非法占有为目的"

---

①　2001 年 1 月，最高人民法院关于印发《全国法院审理金融犯罪案件工作座谈会纪要》的通知。

的八种情形。①

为了更好地认定集资诈骗罪的非法占有目的,最高人民检察院在 2017 年 6 月《最高人民检察院关于办理涉互联网金融犯罪案件有关问题座谈会纪要》中也指出了非法占有目的对于区分非法吸收公众存款罪和集资诈骗罪的关键功能,即以非法占有为目的实施的非法吸收公众存款的行为完全符合集资诈骗罪的构成要件,并指出了犯罪嫌疑人可被认定为非法占有目的的五种情形。② 除集资诈骗罪的非法占有目的的认定问题外,信用卡诈骗罪中"恶意透支行为"的非法占有目的的认定问题也得到了实务界的广泛关注。2018 年 12 月,《最高人民法院、最高人民检察院关于办理妨害信用卡管理刑事案件具体应用法律若干问题的解释》第 6 条也对信用卡诈骗罪非法占有目的的认定情形进行了解释。③

2. 法律推定的全面性与普适性问题

非法占有目的的规范推定,减轻了司法实践中非法占有目的的证明难度,提高了司法效率,但规范的推定并不能完全解决司法实践中非法占有目的的认定问题。需要指出的是,无论是对金融诈骗犯罪中非法占有目的认定情形的统一规定还是专门对集资诈骗罪和信用卡诈骗罪的非法占有目的情形的规定,都在最后一种情形中规定了其他可以认定为非法占有目的情形的兜底条款,可见司法机关也认识到其认定情形的不全面性,为弥补其不全面性的不足专门规定此兜底条款。此外,除 2001 年最高法的《纪要》对金融诈骗犯罪的非法占有目的情形的认定进行了统一规定外,司法机关仅对集资诈骗罪、信用卡诈骗罪的非法占有目的的相关情形进行了专门解释规定,并未涉及贷款诈骗罪的非法占有目的相关情形。笔者认为,刑法分则关于贷款诈骗罪客观行为方式的规定并不能直接认定行为

---

① 参见 2022 年 2 月在《最高人民法院关于审理非法集资刑事案件具体应用法律若干问题的解释》第 7 条。

② 参见 2017 年 6 月《最高人民检察院关于办理涉互联网金融犯罪案件有关问题座谈会纪要》。

③ 参见 2018 年 12 月《最高人民法院、最高人民检察院关于办理妨害信用卡管理刑事案件具体应用法律若干问题的解释》第 6 条。

人的非法占有目的，2001 年最高法的《纪要》中关于相关情形的认定规定也并不能涵盖贷款诈骗罪的复杂情况。因此，规范推定不免存在全面性问题。

无论是在立法还是司法实践中，都涉及法律以及事实的认识与认定问题。因此，倘若法律要保持公信力并得到人们的普遍认可和服从，就需要在法律和事实的认识和认定上采用公共的或普遍的标准。① 在经济高速发展的当代文明社会，借助司法途径成为解决社会纠纷、化解社会矛盾最具普适性的方式，因而作为化解矛盾冲突配套设施的法律制度也应当具有普适性。当前，我国司法机关关于非法占有目的的认定所颁布的文件所涉罪名及规定情形并不全面，其普适性也存在问题。如上所述，根据 2001 年最高法的《纪要》规定，金融诈骗犯罪的成立要求行为人必须具有非法占有的目的，并规定了可以认定为具有非法占有目的的几种情形。但是，由于金融诈骗犯罪中的具体个罪各有特点，因此并不能完美地普遍适用于所有个罪。例如，根据 2001 年最高法的《纪要》规定，肆意挥霍骗取资金的可以用来认定行为人具有非法占有目的，但如若行为人认为公司即将进行的项目必定可以为公司带来非常可观的收入，尽管其在向金融机构贷款时存在虚假证明文件，且在获得贷款后存在一些肆意挥霍贷款的行为，但不能直接据此认定行为人具有非法占有目的，以贷款诈骗罪论处。

理论是为实践服务的，司法解释及会议纪要的相关规定只是司法机关为了解决在适用法律过程中所出现的具体问题所作的解释，由于不同罪名有不同的构成要件且现实生活中的实际案例是复杂多样的，因此，要求司法机关的相关规定具有全面性和完全的普适性也很难说不是对其的过高要求。笔者认为，司法机关关于非法占有目的的规定要最大限度地实现普适性，首先就必须对非法占有目的事实的特征与表征进行理论研究，准确把握各个罪名中非法占有目的事实的共性和个性，并对相关事实进行类型化的界定。

---

① 参见唐崛：《论法律普适性价值基础的重构》，《社会科学家》2018 年第 1 期。

（三）非法占有目的在客观上的表征

上述司法解释关于金融诈骗犯罪的非法占有目的的规范推定几乎都是从行为人获取资金后对资金的使用、处分行为来推定行为人是否具有非法占有目的，① 从客观上分析行为人的主观内容。这些规范推定所采取的方法和原则实际上对于司法实践中非法占有目的的事实推定的构建具有重要的参考意义。

1. 非法占有目在客观上的一般表征

非法占有目的的事实是指行为人在具有非法占有目的的主观要素下，通过自身的行为所表现出的客观情形。如上所述，金融诈骗犯罪的非法占有目的要求行为人具有排除意思和利用意思两方面的内容。通过对上述司法解释关于非法占有目的事实情形的认定的分析，尽管不同的事实情形在排除意思和利用意思上侧重不同，但都通过排除意思和利用意思体现了行为人的非法占有目的。以 2001 年最高法的《纪要》中规定的七种可认定行为人具有非法占有目的事实情形为例，第一种情形为行为人在明知自己没有归还能力的情况下而大量骗取资金可推定为行为人具有非法占有目的，该种情形就以排除意思为重点、以利用意思为补充，体现了行为人的非法占有目的。第二、五、六种情形规定了行为人以各种非法手段逃避返还资金，体现了行为人的非法占有目的，这三种情形同样以排除意思为重点体现了行为人的非法占有目的。而第三、四种情形为行为人肆意挥霍资金以及使用骗取的资金进行非法活动来认定行为人具有非法占有的目的，则是以利用意思为重点、以排除意思为补充，体现了行为人的非法占有目的。类比司法机关关于集资诈骗罪、信用卡诈骗罪关于非法占有目的的情形规定，也无不体现行为人的排除意思和利用意思。

2. 非法占有目的在客观上的特殊表征

不同的罪名具有不同的构成要件，具体情形也必然不同。尽管金融诈骗犯罪都要求行为人具有非法占有目的，但非法占有目的在

---

① 参见何荣功：《非法占有目的与诈骗案件的刑民界分》，《中国刑事法杂志》2020 年第 3 期。

不同罪名中的含义也存在些许的差异。对于金融诈骗犯罪而言，其犯罪所涉金额往往数额巨大，因而具有很大的社会危害性，即使是短时间地排除被害人对金融财产权利的所有仍然会造成巨大的社会损失。因而，笔者认为，一般金融诈骗犯罪中非法占有目的中的排除意思不要求具有长期性或永久性，只要行为人的行为事实体现短期的排除意思便可成立非法占有目的。例如，行为人肆意挥霍骗取的资金，即使行为人主观上只是具有短期的排除意思，事后打算通过骗新还旧等方法对挥霍的这部分资金进行归还，仍然对这部分资金成立相关的金融诈骗犯罪。但是，对于集资诈骗罪、贷款诈骗罪以及信用卡诈骗罪的恶意透支的关联行为而言，集资、贷款以及使用信用卡透支的行为本身就需要一时占有他人财产。此外，在日常的经济活动中，行为人在资金流转出现困难时，在主观上对于排除意思的时间性往往是模糊的，因而对于集资诈骗罪、贷款诈骗罪以及信用卡诈骗罪的恶意透支行为而言，其主观上的非法占有目的的排除意思就要求具有长期性甚至是永久性。①

3. 非法占有目的事实类型的再造

上述对于非法占有目的事实的分析，可谓是从非法占有目的的概念入手进行基本特征与特殊表征的分析论证。但无论怎样对概念进行分析，也难以穷尽复杂的社会现实，完全实现司法机关规定的非法占有目的事实认定的普遍性与全面性。从刑法学的角度来说，传统的概念思维有着举足轻重的作用，就刑法学的体系建构和思维模式来讲，往往依赖于概念的形成。也就是说，概念作为刑法学的要素性内容，不仅为刑法学的发展奠定了基础，而且构成了刑法理论演绎的逻辑前提和底线。但是概念思维存在的问题也同样明显：第一，概念思维忽视了现实问题，过于关注逻辑推理及理论体系中的问题；第二，概念思维缺乏对中间性问题和具体性、特殊性问题的有效应对，只将目光集中于普遍性问题；第三，忽视了结论的合理性和可接受性。最终，司法裁判仅面向最终结果是否具有逻辑性这一问题，导致忽视了裁判结论的社会合理性。可以说传统的概念

① 参见陈玮：《金融诈骗犯罪"非法占有目的"理论与实务研究》，华东政法大学 2012 年硕士学位论文，第 19 页。

思维模式并不利于解决非法占有目的事实的认定问题。基于此，笔者认为，我们应从新的角度去探寻非法占有目的的认定方法，即类型化的思维模式。与概念式的思考不同，类型化方法在思考维度上呈现出明显的双向性：一方面，它是对抽象概念等元叙事的进一步区分和演绎，表现为一种具体化的精细思考；另一方面，它更是对生活要素和具体个案的提炼与归纳，体现为一种抽象化的概括思维。

对于非法占有目的事实推定也是如此：首先，要对非法占有目的概念进行抽象的界定；其次，需要对非法占有目的的概念作进一步的演绎和细化；再次，我们要对个案的行为方式进行归纳和概括，使之形成非法占有目的的事实类型，而并非直接规定具体的行为方式；最后，使用其他依照有关司法解释可以认定为非法占有目的情形的兜底条款以弥补其缺乏全面性的缺陷。

三、非法占有目的事实推定类型化规则

(一) 推定的含义和分类

由于刑法的严谨性和制裁手段的严厉性，因而相对于民事推定而言，刑事推定的相关立法规定极为缺乏，刑事推定的运用更是少之又少。关于推定的含义，理论界对其理解各异，在我国学术界主要有七种观点。① 笔者认为，推定是依据基础事实和推定事实之间的常态联系而进行的一种推论。关于刑事推定的分类，英美法系根据推定事实是否可以反驳分为可反驳的推定和不可反驳的推定。② 大陆法系依据推定是否具有法律上的明文规定分为法律推定和事实推定。法律推定则是立法者依据基础事实与推定事实之间的常态联系通过法律的明文规定直接认定推定事实成立。上述我国司法机关关于非法占有目的推定的司法解释就属于法律推定，即规范推定；

---

① 参见马贵翔等：《刑事证据规则研究》，复旦大学出版社2009年版，第211页。

② 参见储槐植、江溯：《美国刑法》(第四版)，北京大学出版社2012年版，第95页。

而事实推定是指在基础事实清楚、证据确实充分的情况下，法官通过自身的认知能力，根据事实之间的常态联系认定推定事实成立的一种具有法律意义的推论。

如上所述，面对当前非法占有目的的认定困难问题，尽管其在全面性与普适性上都还存在一定的问题，需要我们寻找新的思路进行完善与解决，但不可否认其对司法实践中非法占有目的的认定具有很大的积极意义，减轻了检察机关的证明负担，节约了司法资源，提高了司法效率。法律作为一种文字意义上的规范，不可能穷尽现实生活中的所有情形，因此，在法律推定不能完成非法占有目的的推定任务时，我们就需要借助事实推定来实现。

在刑事司法实践中，事实推定是实体与程序都必须面对的重要问题，因此我们必须对事实推定的规则予以明确。概括地讲，事实推定的结构就是"基础事实+常态联系→推定事实"。① 事实推定的结构与三段论的结构相符合，其中，常态联系对应大前提，基础事实对应小前提，通过三段论的方式推导出结论即推定事实。为了保证推定事实的准确性，保障犯罪人的合法权益，实现刑法的严谨性，事实推定必须保证以下三个条件成立：第一，基础事实证据充分。其是指作为推定事实前提的基础事实必须是经过检察机关查证属实、通过相关证据予以证明的，其证明标准必须达到排除合理怀疑的程度，而不能依靠推定得出。若基础事实不能通过证据查证属实，排除合理怀疑，则不能作为推定事实的基础事实。第二，常态联系高度可靠。常态联系是指基础事实与推定事实之间的联系，该规则要求当常态联系的依据为经验法则或者自然理性时，法官必须充分运用个人的智慧，将具有高度盖然性的、可靠性的联系作为常态联系，并要求一般人能够达到内心确信的程度。第三，推定结论反驳不成立。由于推定事实是依据基础事实而常态联系是依据法官内心的确信推定出来的，并没有经过严格的证据证明过程，因此其并不能达到排除合理怀疑的程度，不可避免地存在一定的或然性。

---

① 参见马贵翔等：《刑事证据规则研究》，复旦大学出版社 2009 年版，第 224 页。

因此，为了保障事实推定的可靠性，维护被告人的合法权益，就必须允许被告人对推定进行反驳。

(二) 建立普适性规则

正如上文提到的类型化的思维模式，其具有极强的现实针对性。在司法实践中，常常出现所谓的刑民交叉案件，这是经济发展和法治进步的产物。经济发展必然扩大和强化各类市场经济主体之间的交往和联系，法治的发展必然提高人们运用法律的意识与技术。刑法与民法之间并无客观的、不变的界限，刑法要处理边缘性问题，既可能用刑法解决，也可能用民法解决，而概念思维过于绝对，不能处理边缘性问题，因而类型化思维有助于发挥司法能动性。可以说，民事诈欺与诈骗犯罪之间往往存在较为模糊的界限，其关键就在于非法占有目的的认定，为了更好地解决刑民交叉案件，认定行为人的非法占有目的，弥补列举式司法解释的缺陷，我们就需要采用类型化的思维模式来建立普适性规则。

首先，司法人员需要对案件事实进行道德预判，判断该案件事实是属于何种性质的案件，司法人员在对案件进行道德预判时必须尽可能地排除主观因素，以社会上一般人的角度进行判断和认定。其次，我们需要对案件事实进行证伪，其科学依据是英国哲学家波普尔在 19 世纪 20 年代首次提出的证伪主义，这是一种与逻辑实证主义相对立的科学哲学理论。它认为科学理论的特点不在于它的可证实性，而在于它的可证伪性，由于自然法则都具有一种不受限制的全称命题的形式，包含着无限多的应用事例，因此，人们不可能通过有限次数的观察和归纳来证实它。[1] 最后，我们需要对案件事实进行证实，即对犯罪构成进行分析和证明其真实存在，其科学依据是科学革命，它是指由科学的新发现和崭新的科学基本概念与理论的确立，而导致的科学知识体系的根本变革。通过上述程式的三个步骤，我们便能很大程度地实现司法实践中的普适性原则。

---

[1]　参见李士坤：《马克思主义哲学辞典》，中国广播电视出版社 1990 年版，第 253 页。

(三) 事实推定的一般规则

关于事实推定的一般规则，2001 年最高法的《纪要》以及在 2003 年 11 月的《全国法院审理经济犯罪案件工作座谈会纪要》中都提到了在司法实践中，对非法占有是否存在的认定，应坚持主客观相统一的原则。因此，我们在进行非法占有目的认定过程中既要避免客观归罪，也不能只以被告人的供述作为定罪依据，而应该根据案件的具体情况具体分析，做到一切以时间、地点、条件为转移。

根据类型化的思维模式以及上述规范推定的具体内容，我们可将体现行为人非法占有目的的行为划分为以下三种类型：处分行为、逃匿行为、非法行为。

第一，处分行为，即行为人通过对财产进行处分的方式排除原所有权人的占有并建立占有，该行为表现了行为人积极的排他意思。以陈某某票据诈骗罪为例①，陈某某在已对外大量欠债的情况下，通过介绍人联系某金属材料制品厂购买锌合金，以先履行小额合同的方式取得对方信任，而后要求对方大量供货并签发空头支票骗取对方锌合金，在陈某某获得锌合金并将其转卖得款后，将大部分货款用于偿还其外债及购买奔驰牌小汽车等，在被害人追讨货款时避而不见并拒不履行还款义务。在本案中，我们可通过行为人的整体行为，根据主客观相一致的原则进行分析论证。根据上述行为人的客观行为，首先进行道德预判：行为人的行为性质是否属于诈骗。根据通常的判断标准，陈某某的整体行为属于诈骗行为。其次对陈某某具有使用空头支票善意与他人进行交易的主观意志进行证伪，经过各种证据查明，陈某某不具有使用空头支票善意与他人进行交易的主观意志。最后对案件事实进行证实，通过各种证据查明，陈某某在进行交易过程中，签发空头支票骗取被害人货物且数额特别巨大。通过上述程式步骤认定陈某某具有非法占有的目的，成立票据诈骗罪。

---

①　参见广东省佛山市中级人民法院刑事二审裁定书：（2020）粤 06 刑终 68 号。

第二，逃匿行为，即行为人在非法获取资金后逃跑，表现了行为人抵制的排他意思。被告人李某在 2012—2014 年谎称其对彩票有研究，通过买彩票可获得高额回报，诱骗多名被害人向其投资，并向被害人承诺可还本付息。李某隐瞒投注彩票亏损情况，并将后期获得集资款偿还前期集资款与利息，制造持续盈利假象，在骗取大量集资款后通过各种形式将集资款非法占有并于 2014 年 10 月 31 日逃匿。① 我们同样可按照主客观相一致原则，通过上述程式进行推定。首先进行道德预判，即李某的行为究竟属于正常的民事行为还是诈骗行为。其次，对李某真诚的还本付息的主观意志进行证伪，通过李某以后还前的行为以及其后的逃匿行为证实其主观上并不具有真诚的还本付息的意志。最后，对案件事实进行证实，行为人制造持续盈利假象，适用诈骗方法非法集资，数额较大。以上，认定行为人具有非法占有的目的，并通过相关证据证明其成立集资诈骗罪。

第三，非法行为，即行为人将骗取的资金用于违法犯罪活动，表现了行为人消极的排他意思。对于金融诈骗犯罪中行为人的非法行为同样可通过上述方法推定其具有非法占有目的，笔者在此不再赘述。

（四）非法占有目的事实推定的特殊规则

在现实关于金融诈骗犯罪的司法实践中，常常会有一些疑难案件出现，我们并不能简单地通过上述的一般规则并通过上述三个步骤推定行为人是否具有非法占有目的。例如，甲因公司财务周转暂时出现困难，便通过集资的方式向公司及亲友借款以促进公司的运转，然而长期的生活作风与维护公司对外形象的需要，甲对集资款项使用无度，不知俭省，而后公司又出现了决策失误，多方面原因导致公司完全陷入资不抵债的境况，不能偿还集资款。那么，对于甲的非法占有目的的界定便决定了行为人是否成立集资诈骗罪，对于这种情形，我们还需要再次通过以下特殊规则进行反面排除：

① 参见广东省高级人民法院刑事判决书：（2018）粤刑终 1554 号。

第一，行为的异常评价规则。该规则是指以社会上一般人的角度对行为人的行为进行评价，判断该行为是否异常。以一般人的角度来看，由于经济活动往往具有较大的不确定性，因而为了更好地促进交易的实现，许多有利于公司形象的花费常常是有必要的，许多公司在公司宣传方面往往花费巨大，假若甲对于集资款的使用并没有明显超过限度，那么行为人便不具有非法占有的目的，不能成立集资诈骗罪；假若甲对集资款项使用无度，不知俭省的行为可根据其挥霍的程度而被评价为异常，那么我们便可以进一步推定其是否具有非法占有的目的。

第二，行为的风险评价规则。该规则是指根据行为人当时所处的情形判断行为人的行为是否极大提高了危害后果的风险。假若尽管甲对集资款的使用行为可被评价为异常，但事实上并未极大提高不能返还集资款的风险，那么便不能推定行为人具有非法占有的目的。假若甲在获得集资款后对集资款的使用并没有极大提高不能换返还集资款的风险，那么不能认为甲具有非法占有的目的。若甲在明知公司周转出现困难的情况下仍然采取大量购买珠宝、豪车、奢侈品的使用方式，将集资款大量挥霍，极大地提高了无法返还集资款的风险，那么便可以继续根据下一规则推定行为人具有非法占有的目的。

第三，行为的实害评价规则。该规则是指对行为人的行为进行事后评价，判断该行为对于结果的发生是否产生了实害。倘若甲的挥霍行为不仅极大地提高了集资款不能返还的风险且最终导致了不能返还集资款的实害，那么便可以推定行为人具有非法占有的目的。

第五章 互联网背景下新型金融犯罪 行为的定性分析

第一节 金融领域中联盟链应用的不法 风险及法治化应对 *

2019—2020 年，全球 24 个国家及地区先后发布了针对区块链产业发展及行业监管方面的专项政策或法律法规。其中欧盟、中国、澳大利亚、印度更是制定了详尽的产业总体发展战略。① 区块链技术的发展呈现蓬勃之势，产业规模与企业数量不断扩张，面对区块链与传统行业、新兴行业的高度融合，我国在相关领域的法律规制以及理论研究上仍有所欠缺，相关研究成果仍囿于区块链 1.0 时代的公有链思维，未能跟进技术最新发展趋向，因而本章将从对区块链的技术沿革入手，揭示区块链的技术最新的发展趋向及其所面临的现实不法风险与可能的法治化进路。

一、从横向到纵向的技术发展：区块链 1.0 到区块链 3.0

现如今，我们可以将区块链的发展过程划分为以下三个阶段，即区块链 1.0 时期，以虚拟货币的适用为核心；区块链 2.0 时期，以数字经济的发展为核心；区块链 3.0 时期，以数字社会的发展为核心。②

---

* 本节由中南财经政法大学硕士研究生史艺婕负责文献综述工作。

① 中国信通院：《区块链白皮书（2020 年）》，第 4 页。

② Dmitry Efanov & Pavel Roschin. The all-pervasiveness of the blockchain technology, Procedia Computer SScience, Vol（123）, pp. 116-21（2018）.

(一)区块链 1.0 时期：虚拟货币

区块链 1.0 是第一代区块链技术，其围绕虚拟货币展开。① 区块链技术最早可以追溯至比特币的产生。在它出现之前，传统的电子支付几乎完全依赖作为第三方的金融机构。第三方机构的存在虽然增加了双方的交易成本，但是并不能降低用户遭受欺诈的风险。为了解决上述问题，中本聪提出以密码验证替代"传统的信任机制"，从而实现双方的"点对点"交易。② 他的天才之处在于，首次提出了区块链的概念，并在遵循技术发展规律的基础之上创造性地提出了"比特币"。区块链是比特币适用的底层技术，而比特币则是区块链技术的具体应用。实质上，区块链 1.0 是一种经过加密的、去中心化的分布式记账本。在区块链中，区块与区块之间通过哈希算法实现链接。具体到比特币的应用场景中，只要某笔比特币交易能够通过区块链中 50% 以上的节点验证，并被矿工记录到某个区块中，则该笔"账单"随即被存储到区块链的节点中，这一交易信息将不能永久性地记录在区块链之上。

由此可见，区块链 1.0 以支持比特币等虚拟货币的使用为主要目的，目的在于搭建起与法定货币相连接的数字支付体系。③它致力于构建一个完全去中心化的货币信用体系，而比特币等虚拟货币的产生冲击着现有的法定货币体系。根据传统货币理论，法定货币的价值由国家背书，并且实行以央行为核心的中心化发行与流通体制。④虽然一些国家开始逐渐承认比特币等虚拟货币的合法地位，但其并未成为国际上主流的支付工具，一些国家(包括我国在内)

① Dmitry Efanov & Pavel Roschin. The all-pervasiveness of the blockchain technology, Procedia Computer SScience, Vol(123), pp. 116-21(2018).

② Satoshi Nakamoto. Bitcoin. A peer-to-peer electronic cash system, Decentralized Business Review, pp. 1-9(2008).

③ Jannis Angelis & Jannis Angelis. Blockchain adoption. A value driver perspective, Business Horizons. Vol. 62(3), pp. 307-14(2019).

④ [英]查理斯·普罗克特、普罗克特：《曼恩论货币法律问题》，郭华春译，法律出版社 2015 年版，第 25 页。

更是明令禁止比特币的交易。除此之外，在理论上虚拟货币的法定性问题仍然存在较大争议。这一时期的区块链技术着重于虚拟货币，技术的适用范围相当有限。

(二)区块链 2.0 时期：数字经济

区块链 2.0 在区块链 1.0 的基础上，通过引入智能合约使区块链技术的适用范围扩张至数字经济领域。区块链 2.0 在逻辑层中引入了智能合约。智能合约通过区块链技术实现合约的形成与执行，其作为对法律合同的补充或替代而由代码驱动自动进行。例如，在双方进行交易时，程序可以设置供应商在满足已发送产品/服务的条件后，方能收到货款。智能合约以代码为载体具备可编程性，合约内容则具备确定性、不可变更性以及可验证性等特征。① 以太坊与超级账本便是 2.0 时期的代表性区块链技术。它们代表了区块链的两个重要发展方向：应用于公众的公有链与应用于企业的联盟链。

以太坊是加载智能合约的区块链 2.0 平台。相较于区块链 1.0 时期的公共区块链而言，以太坊的主要设计目的不在于成为虚拟货币的支付网络，而是成为通用的可编程的区块链。因为与只能适用有限脚本语言的区块链 1.0 相比，区块链 2.0 的语言具有图灵完备性。②

超级账本则是一个开源区块链项目。它最早由 Linux 基金推动，旨在促进区块链的跨行业发展。③ 超级账本的生命周期可以分为 5 个阶段，具体为提案（Proposal）、孵化（Incubation）、活跃

---

① Jerome Kehrli. Blockchain 2.0-From Bitcoin Transactions to Smart Contract applications，Niceideas（Nov22，2016），https://www.niceideas.ch/roller2/badtrash/entry/blockchain-2-0-frombitcoin2016.

② ［希］安德烈亚斯·M.安东波罗斯：《精通以太坊：开发智能合约和去中心化应用》，机械工业出版社 2019 年版，第 70 页。

③ Sajana P，Sindhu M & M. Sethumadhavan. On blockchain applications：hyperledger fabric and ethereum，International Journal of Pure and Applied Mathematics，Vol：118（18），pp. 2965-2970，（2018）.

（Active）、过时（Deprecated）与结束（End of Life）。与其他区块链系统不同，超级账本项目以联盟链为基础，它通过成员资格服务提供者（Membership Service Provider，MSP）来登记所有成员，而不允许未知身份的参与者加入网络。①

综上所述，2.0 时期的区块链技术具有可编程、可扩展的特点，这就决定了它的适用范围远超过了 1.0 时期的区块链技术，在支持简单的支付、转账和交易之外，更适用于贷款、抵押贷款、股票、证券、期货及衍生品等数字经济领域以及产权、合同等法律文书领域。

（三）区块链 3.0 时期：数字社会

3.0 时期，区块链技术的应用范围得到进一步的扩张，延伸至数字金融、医疗、教育、社会公益等各个领域，并且与物联网、人工智能等其他新兴技术加速融合。在区块链 1.0 与 2.0 的基础上，区块链 3.0 设想了一种更高级的"智能合同"形式，其通过建立一个分布式的组织单位，使自身制定并遵守"法律"，并且最终以高度自治的方式实现运作。②以 M2M（machine-to-machine）为例，通过相关器件的应用，可以实现对日常水、电、煤气的自动抄表，并且通过整合关联模块、形成数据的远程传输通路，直接与银行的计费系统关联，实现自动扣费以替代人力。

区块链 3.0 时期以联盟链在垂直领域的应用与发展为核心，其中身份识别功能的实现更是为区块链技术改造我们的生活提供了可能。借由联盟链，银行可以在全面掌握用户相关信息的前提下发放贷款或者提供其他金融服务，由此构建起完整、可靠的信用体系。

二、区块链的类型划分：公有链、联盟链与私有链

区块链系统根据开源程度与应用场景的不同，存在公有链、联

---

① 林维锋、莫毓昌：《超级账本 HyperLedger Fabric 区块链开发实战》，中国工信出版社 2019 年版，第 50 页。

② Min Xu，Xingtong Chen & Gang KouI. A systematic review of blockchain，Financial Innovation. Vol：5（27），pp. 1-14，2019.

盟链以及私有链的区分。三者具有不同的链上特性。

(一) 公有链：完全去中心化

公有链的开源程度最高。它遵循完全去中心化的逻辑，这也就意味着任何人都可以在公有链上输入或者输出数据，并且在网络中不存在任何中心化的服务节点。公有链上的所有数据均默认属于公开状态，链上的每一个参与者均能够查阅系统中的所有账户信息与交易情况。与此同时，所有账户信息却保持匿名状态。以比特币为例，比特币的账户由公钥与私钥共同组成，其中私钥随机生成，公钥则产生于私钥(私钥通过 ecdsa 算法形成公钥)。后者用来接受比特币，相当于银行"账户"，前者则对比特币交易整体进行签名，相当于账户"密码"。在私钥生成公钥的整个过程中算法不可逆，换言之，不能通过公开的公钥反推出私钥，这就确保了比特账户的安全性。在不同的交易中，一个比特币账户可以生成多个公钥，且比特币地址与用户的外部可识别信息(用户的身份信息)之间没有关联。因此，在用户身份保持匿名的情况下，用户间信任的达成主要源自共识规则的达成与共识算法的运行(两者通常在同一含义下使用)。[1]前者是公有链的"自治规则"，后者则是"规则"的算法实现。共识规则产生于创链的初始时期。以比特币为例，比特链的共识规则决定了链上数据的不可篡改性，当相关交易一旦被写入区块中便不能被轻易删除。共识规则的修改遵循"多数决定"的原则，即只有当51%及以上的节点对于修改达成一致意见时方能实现[2]，否则将会产生硬分叉(即生成一个全新的公有链)。在所有类型的区块链中，公有链的去中心化程度最高，因而它的共识算法更难形成，也更为复杂。一般而言，公有链的共识算法为工作量证明(POW)与权益证明(POS)。比特币、以太坊为代表的开源项目均

---

[1]　中国区块链技术和产业发展论坛：《中国区块链技术和应用发展白皮书 2016》，第 10 页。

[2]　由于公有链的节点数量庞大，对于共识规则的修改实际上很难达成。

是公有链应用的典型代表。①

(二) 私有链：弱中心化

私有链采用了弱中心化的网络架构，并且对节点数量有所限定，对于各个节点的写入权限则收归内部控制，因而往往适用于特定机构的内部数据管理与审计。② 相较于公有链，公司在私有链中可以决定谁具有链上节点的读写权限，从而保障链上数据的隐私。由 R3 联盟建立的 Corda 便是典型的私有链平台，它没有采用全局共享数据的模式，而只有协议允许的合法用户才具有访问链上交易数据的权限。除此之外，Corda 具备以下特点，第一，链上不存在中心控制节点；第二，能够就主体间的单笔交易达成共识；第三，支持监督与管理的节点引入；第四，由交易双方确认交易的达成；第五，明确记录法律文件与智能合同代码之间的关联；第六，不存在原生性的虚拟货币。③除此之外，私有链适用于传统商业与政府内部管理，这是因为对于大部门政府机关而言，他们不太可能接受彻底去中心化的公有链，私有链的出现则实现了对区块链便利性与数据隐私保护之间的平衡，扩展了区块链技术可能的应用场景。

(三) 联盟链：部分去中心化

联盟链的开源程度介于公有链与私有链之间，它采取了部分去中心化的结构，换言之，联盟链对于节点的数量有所控制，即只在联盟链成员内部运营。联盟链具有非匿名性的特点，它要求加入区块链节点的用户首先应当验明身份，只有特定的用户才能

①　赵磊：《区块链技术的算法规制》，《现代法学》2020 年第 2 期。

②　中国区块链技术和产业发展论坛：《中国区块链技术和应用发展白皮书 2016》，第 11 页。

③　Jerome Kehrli. Blockchain 2. 0-From Bitcoin Transactions to Smart Contract applications, Niceideas (Nov 22, 2016), https://www. niceideas. ch/roller2/badtrash/entry/blockchain-2-0-frombitcoin2016.

访问该区块链。① 联盟链通过身份验证机制的确立，保证了交易数据的隐私性，只有合法用户才能访问相关节点。同时，由于节点数量有限，联盟链的可控性也更强。可控性既表现为内部的可控性，即内部成员可以就区块链数据以及规则的修改达成共识。同时，可控性又表现为外部的可控性。由于参与交易的每个用户均经过身份验证而拥有唯一的 id，因而在该项目中，有关部门可以轻易地实现对交易的追踪与监管。

相比较而言，尽管公有链的公开性、透明程度最高，但其吞吐量与交易速度缓慢。私有链拥有更快的交易速度与更低的交易成本，但是节点数量有限且受控于单独个体。联盟链则位于两者之间，其既允许经过验证的预选节点实现对区块链的控制，又可以实现链内不同机构对于交易数据的共同记录，相较而言更具优越性。而在金融领域，上述三种类型的区块链同时存在，在不同的应用场景中发挥各自的作用。

三、金融领域区块链技术应用的技术与不法风险

2018 年腾讯安全联合知道创宇发布《2018 上半年区块链安全报告》，其中指出随着区块链技术的发展、迭代，与区块链相关的安全问题也愈发凸显。

(一)联盟链存在数据作假的系统风险

区块链中数据作假的风险既可能发生在数据上链前，也可能发生在数据上链后。这是因为，区块链技术的适用本身无法辨别数据上链时的真伪。以联盟链在征信行业的应用为例，征信行业亟待解决的问题是数据安全与信息孤岛，尽管区块链凭借其技术优势，使得链上数据难以被篡改，但是链下所录入征信信息内容的真实性却无从证明。而能否确保输入数据的真实性才是区块链技术在金融领

---

① Shaik V. Akram, Praveen K. Malik, Rajesh Singh, Gehlot Anita & Sudeep Tanwar Adoption of blockchain technology in various realms: Opportunities and challenges Vol. 3: 5, p1-17(2020).

域实现长足发展的关键,《区块链技术金融应用评估规则》中便明确要求数据的同步评估,即要求节点在同步数据过程中能够识别出源节点数据是否被恶意篡改。

链上数据同样存在被篡改的风险。女巫攻击是专门针对联盟链的一种攻击手段。通过实施攻击,黑客"伪造"虚假节点,并且通过该节点实现"虚假资产"抵押或者交易欺诈行为。而从技术的角度分析,女巫攻击则指单一节点盗用或伪造其他节点身份,并将其"虚假身份"在整个 P2P 网络中传播,再通过"选举机制"的运行,最终获得联盟链网络的控制权,从而对联盟链中选举、资源公平分配机制构成威胁的攻击类型。① 它作为联盟链中的一种独有的攻击方式,利用联盟链中节点数量有限的特点,通过欺骗身份验证机制从而获得区块链中的"多数席位"。

在金融领域,这一系统性风险很容易便转化为金融风险。以供应链金融为例,当黑客利用女巫攻击"渗透"该区块链,并且借由伪造节点,实现对区块链节点的控制,他便可以欺骗抵押权人,以数字资产"单次抵押"的外观掩盖重复抵押的实质。除此之外,节点作恶也是数据作假的表现形式之一。节点作恶指,联盟链的内部参与者可以通过达成"合意"修改链上数据,而外部的参与者和监管机构却无法确认链上数据的真实性,② 节点合谋作恶严重地影响了链上数据的可信度,从而使得联盟链上的基础资产与底层资产的真实性面临质疑。③ 当联盟链中的节点以非法占有为目的,构成节点作恶时,他们便可以通过对链上的财产造假来对他人实施欺诈行为。

(二)区块链存在安全漏洞的系统风险

智能合约在安全漏洞的系统性风险。智能合约最早由 Nick

---

① 胡蓉华、董晓梅、王大玲:《无线传感器网络节点复制攻击和女巫攻击防御机制研究》,《电子学报》2015 年第 4 期。

② 赵磊:《区块链类型化的法理解读与规制思路》,《法商研究》2020 年第 4 期。

③ 曾新宇:律师解读 ｜ 区块链在供应链金融中应用 面临三大法律风险,载金色财经网,https://www.jinse.com/blockchain/601805.html。

Szabo 提出，他主张智能合约是一组以数字形式指定的承诺，以及各方当事人在其中执行这些承诺的协议，这些承诺与协议最终由计算机系统自动执行。①而智能合约程序并非仅仅是一个自动执行的计算机程序，它本身就是一个按照事先规则执行操作的系统参与者。② 由此可见，智能合约在区块链的适用至关重要，它是维系区块链上交易流程自动性、自主性的关键环节。而智能合约的金融领域适用则更有助于"构建消费金融参与者的利益共同体、增加金融参与者的互信、降低消费金融潜在风险"③。智能合约的适用在带来上述便利的同时，由于其技术结构上的固有漏洞，也为它在金融领域深入推广应用埋下隐患。"The DAO"事件便是一个典型事例。The Dao（The Decentralized Autonomous Organization）是由区块链公司 Slock. it 发起的众筹项目。黑客利用 The Dao 代码中的一个递归漏洞，通过循环调用算法，不停地从 The DAO 项目的资金池里分离资产，并利用其他漏洞将该分离资产转移到其他账户，以避免所盗窃资产被销毁，最终他们利用上述代码中的漏洞盗走了总共 360 万以太坊。最终，The Dao 项目的发起人提议对该区块链进行硬分叉，并且获得90%的节点支持后才挽回了上述损失。④ 美链中的 BEC 智能合约也同样因存在漏洞遭受攻击从而损失重大。因此，尽管智能合同能够克服传统合同的弊端、消解法律执行的难题，但是其在金融领域的适用仍然存在诸多技术与法律风险。

（三）区块链存在用户隐私泄露及侵权的信息风险

在区块链中，个人信息主体删除权的行使存在困难。区块链以

---

① SZABO N. Smart Contracts ：Building Blocks for Digital Markets，The Journal of Transhumanist Thought，Vol(16)，pp. 28-18(1996).

② 参见长铗、韩锋：《区块链：从数字货币到信用社会》，中信出版社2016 年版，第 172 页。

③ 郭莹、郑志来：《区块链金融背景下小微企业融资的模式与路径创新》，《当代经济管理》2020 年第 9 期，第 79~85 页。

④ 以太坊分叉的缘由：著名的 The DAO 事件，https://blog.csdn.net/mrRqAEr7ci9s2v0/article/details/84949088.

数据的不可篡改/不可逆转性为核心价值。因此，数据均以永久和防篡改的方式记录在区块链账本上。在区块链中，每个区块间通过加密的哈希函数相连接，这就意味着任何人试图改变或者操纵区块链账本中某一个区块的行为都是显而易见的。在不"断链"的情况下，区块链上的数据不可能被删除。根据《个人信息保护法》第47条的规定，当存在个人信息处理目的已实现、个人撤回同意等法律、行政法规规定的情形时，个人信息处理者应当主动删除该个人信息。显然，区块链的不可篡改性与个人信息主体的删除权之间存在冲突。当区块链应用于金融领域时，个人难以修正其错误的账户信息，而当用户想要退出该区块链金融服务时，用户相关的个人金融信息由于存储在链上同样难以删除。如果联盟链想要删除上述个人信息，意味着需要达成数十或数百个节点的共识，这在无形中为联盟链信息服务提供者的运行增加了时间与成本的双重负担。

区块链数据存储方式的透明性决定了其存储的个人信息存在泄露风险。区块链中区块与公钥存储的交易数据均可以被归为个人信息。不仅如此，根据《个人信息保护法》第28条，个人金融账户等信息均属于敏感个人信息，因此只有在特定目的与充分必要性的条件下，个人信息处理者才可以处理相关个人信息。而记录个人数据的区块链账本对公众可见，这与《个人信息保护法》在个人信息保护与隐私上的要求相矛盾。除此之外，当数以万计、数以千计的节点持有所有链上节点用户之间交易的相关数据副本，这显然与个人信息最小化存储的要求相互矛盾。

四、区块链应用风险的法治化应对

(一)"以链治链"：加强区块链技术自治与行业自律

在面对区块链这一新兴技术领域时，我们应当强调技术思维与行业自律所发挥的积极作用。不论欧洲还是中国，区块链与现有的法律规范体系均存在不同程度的抵牾。因此，如何在发展相关技术的同时，避免相关主体及正当经营行为的合规风险成为区块链技术初期的治理重点。

　　技术自治，是指将技术的自我治理置于首位，其中技术是治理的主要手段，而非全部手段。理论上普遍将技术自治理解为，当技术系统的自动化运行出现障碍或争议时，可以在不依赖外部系统（包括社会系统、法律系统在内）的情况下，实现恰当的自我纠偏或修正。以区块链为例，有学者提出区块链架构的自治性，是指它在摆脱线下中心化机构控制的前提下，可以实现对架构系统的治理。[1]但事实上，技术的自治仅仅是治理的开端。因为区块链并非法外之地，区块链的运行自然也离不开国家政策以及法律法规适用的影响。就规范所产生消极效果而言，基于政策的考量，政府机关可以直接否定某一技术的落地与实现。以比特币为例，自从2017年央行等七部门联合发布公告将募集比特币的行为定性为非法融资行为以来，比特币的相关交易活动被彻底叫停，挖矿行业同样被勒令禁止。从规范产生的积极效果而言，法律规范的要求在一定程度上也引导着技术未来的沿革与发展方向。对于区块链的外部监管需求实际上推动了联盟链等许可链的产生。联盟链是对既有区块链技术的取长补短，公有链遵循完全中心化的逻辑，这就意味着区块链的整体对链上信息的真实性负责，而组成区块链的个体却无需负责。因此在其内部，不存在任何内部的中心控制机构，政府机关实际上也难以实现对于区块链及其节点的有效管理。相较而言，尽管私有链便于外部监管介入，但在具体适用中同样存在节点数量过少、规模过小且适用场景局限于企业或集团内部等问题。因此，近年来联盟链才作为一种新的区块链技术异军突起，成为技术领域，尤其是金融领域应用的主力军。除此之外，各大金融公司纷纷开始研发可编辑的区块链、外部存储的区块链等技术，为建设更安全、更可靠的区块链而付出努力，并且适应各国越来越严苛的个人信息保护规定。

　　将技术作为治理的首要手段，是指以技术为手段化解技术风

---

　　[1]　石超：《区块链技术的信任制造及其应用的治理逻辑》，《东方法学》2020年第1期。

险。例如，专门针对联盟链的女巫攻击，Fabric 通过采用更为严格的身份验证机制便能实现对上述攻击手段的预防。Fabric 是在 Linux 基金会托管的项目下一个具体的区块链框架实现。[①] 该系统要求，链上节点须以组织为单位进行背书，因此各个节点在背书前必须归属于某个组织，且拿到该组织的证书。上述机制的实现使得假冒节点身份的行为"无处遁形"，而女巫攻击无法在该框架下"存活"。相较于在入链前就节点身份增加行政审核的流程或步骤，显然在区块链框架下增加身份验证模块更为便捷、高效。同样，当"The Dao"面临窃取危机时，它最终也是凭借"硬分叉"才挽回了以太坊的损失。尽管区块链的"硬分叉"一定程度上违反了其"去中心化"的最初宗旨，但当链上资产存在极大安全风险时，"硬分叉"并未违背区块链的基础逻辑与规律，因此它作为一种解除风险的技术手段是恰当的。

为了推进区块链技术的进步与发展，行业的自律同样至关重要。随着。区块链技术应用的扩展：从单一的虚拟货币到社会的各个领域，技术的发展实现了从 1.0 到 2.0、3.0 的跨越。面对区块链与社会生活的深度融合，加强区块链行业自律变得至关重要。因为"真正掌握和理解区块链技术的是区块链产业的从业者，他们也是区块链技术合规合法发展最大的受益者"[②]。2018 年 10 月，在工业和信息化部相关业务部门的指导和支持下，可信区块链推进计划起草了《区块链行业自律倡议书》，对区块链企业提出要坚持自我约束、加强行业自律的同时积极履行企业主体责任，构建完备的内部管理制度。2019 年网信办发布《区块链信息服务管理规定》（以下简称《规定》）。《规定》第 4 条便规定"鼓励区块链行业组织加强行业自律，建立健全行业自律制度与行业准则"。有学者提出应当将规则作为区块链运作的本质特征，依靠自律实现区块链自身的有

---

①　蔡亮、梁秀波、宣章炯：《Hyperledger Fabric 源代码分析与深入解读》，机械工业出版社 2018 年版，第 47 页。

②　赵磊：《区块链技术的算法规制》《现代法学》2020 年第 2 期。

效监管。[1]

(二)"以法治链"：前置法的修订与完善

1. 规制主体范围的扩张

2019 年 1 月 10 日，国家互联网信息办公室审议通过并公布了《区块链信息服务管理规定》(以下简称为《管理规定》)，这是我国第一部针对区块链信息服务进行监管的重要规范性文件，它明确了区块链信息服务的概念与主体责任，为区块链监管走上法治化道路奠定了坚实的基础。[2]《管理规定》将区块链主体分为区块链信息服务提供者与使用者。其中区块链信息服务提供者是指"向社会公众提供区块链信息服务的主体或者节点"。显而易见，区块链中的信息服务提供者，不仅包括传统意义上的"主体"，而且包括组成区块链的基本单位，即节点。

根据《管理规定》第 2 条，实际上形成了"链上"节点与"链下"主体的双层主体规制模式。《管理规定》生效后，理论上就"节点"的含义存在较大争议。有学者提出"区块链系统中的节点已经实现了技术上的'人格化'"。[3]主流观点则认为"主体"侧重于法律语境，是指提供区块链信息服务的运营者，而"节点"则立足于技术语境，指的是参与到区块链网络中的各终端，两者在一定程度上重叠。上述观点的争议在于，是否能将计算机设备解释为"区块链信息服务提供者"。因为从法理上分析，享有权利、承担义务的主体只能是人而不是机器。同样，计算机设备只能维护区块链信息系统的正常运行，当侵权行为产生时，相应的计算机设备既不能成为侵权主

---

[1]　参见叶映荷、郑戈：欧洲科学院院士：区块链监管应由区块链本身完成，载澎湃新闻网，2019 年 12 月 5 日，https://www.thepaper.cn/newsDetail_forward_5151749.

[2]　参见贾翱：《区块链信息服务监管对象研究——以"区块链信息服务管理规定"第二条为中心》，《大连理工大学学报(社会科学版)》2020 年第 2 期。

[3]　汪青松：《信任机制演进下的金融交易异变与法律调整进路》，《法学评论(双月刊)》2019 年第 5 期。

体，更不能成为义务主体或追偿主体。

因此，笔者主张应当将"主体"与"节点"之间的关系理解为复杂映射关系，其中"主体"是现实空间中法律关系的主体，"节点"则是虚拟空间中法律关系的主体，两者为交叉重叠关系。节点作为区块链的通信主体，其本身是一个逻辑概念。以联盟链为例，节点间存在角色分工，例如，背书节点、排序服务节点以及记账节点，不同角色的节点承担着不同的功能。而主体则是一个实体概念，它由现实空间中的自然人或组织组成。主体与节点之间并非一一对应的关系，同一主体可能同时控制不同类型的多个节点，同样某一类型的节点也往往由不同主体共同构成。但是"节点"不可能是计算机、手机与服务器等终端。这是因为，其一，上述机器设备无法履行管理职责，更无法承担相应的法律责任。根据《管理规定》第5条，"区块链信息服务提供者应当落实信息内容安全管理责任"，显然，计算机、手机与服务器等机器设备只能作为相关主体履行管理职责的工具，而不能一跃成为负担管理职责的主体。同样，当区块链信息服务提供者因其不作为行为应承担法律责任时，上述机器设备亦无法成为承担法律责任的"适格主体"。其二，作为机器设备的"节点"无法满足区块链对身份认证的要求。根据《管理规定》第8条，区块链的身份认证信息包括"基于组织机构代码、身份证件号码或者移动电话号码等方式的真实身份信息"。在通讯中，节点设备通用的 IP 地址与 MAC 地址均不符合"身份认证"的要求。IP 地址不具有唯一性，MAC 地址虽具有唯一性却不具有可识别性，不能与使用者的身份信息关联。

《管理规定》对于链下"主体"与链上"节点"的区分能够更好地实现对区块链参与者的规制。其一，它可以实现对区块链的全方位规制。根据《管理规定》第2条第1款，区块链信息服务适用属地管辖原则，仅管辖"在中华人民共和国境内从事区块链信息服务"的相关主体。因此，《管理规定》对于"主体"与"节点"的区分，有利于管辖权以及准据法的确定。当某一区块链信息服务提供者位于境外，但其所设置的节点却处在境内，如果此时区块链的主体间就数据权属或侵权产生争议时，由于"节点"处于境内，此时同样可以依据属地管辖原则，由节点所在地人民法院审判，且适用本国法。

其二，有助于推动现实社会与区块链社会"双层结构"的形成。随着区块链技术的进一步推广应用，相信在不久的未来，"节点"将与互联网时代中"网民"一词一样为社会公众所熟知。

其三，在规制主体上实现了"去中心化"的导向，《管理规定》并未将区块链的规制主体限定在实体的组织或个人之内，而是将其扩展到链上的抽象"节点"，实现了"去中心化"规制导向。学者普遍对此持肯定态度，提出法律并未将区块链网络的参与者视为单一的中心化组织，这就是说决定区块链治理结构的是软件架构而非社会化架构。①

2. 通过赋予区块链信息服务提供者义务实现间接规制

根据《管理规定》，区块链服务提供者就区块链信息服务安全承担主体责任，服务提供者承担着包括内容信息安全管理、技术合规、身份信息认证与管理、内容、日志记录与备案等多项义务。

区块链信息服务提供者承担信息内容审查、管理义务，将侵权风险阻断于数据上链前。他所承担的信息内容审查、管理义务表现为以下两个方面：其一，在数据上链前，服务提供者应就信息内容进行预先审核。② 不同类型的区块链数据公开程度存在差异。公有链中数据默认公开，联盟链中的数据则对外默认不公开，对内默认公开。因此，公有链与联盟链上的个人信息均存在一定的泄露风险，而两者中的个人信息的安全风险又存在一定差异。因为《管理规定》中对于链上内容信息保护的规定较为抽象、概括，所以当相关数据涉及个人信息时，可以直接适用《中华人民共和国个人信息保护法》（以下简称为《个人信息保护法》）中有关个人信息保护的规定。其二，在数据上链后，如果存在法律、行政法规禁止的信息内容时，区块链信息服务提供者则应当对相关信息具备即时、应急处

---

① ［英］凯伦·杨：《区块链监管："法律"与"自律"之争》，《东方法学》2019 年第 3 期。

② 参见《区块链信息服务管理规定》第 5 条。

置能力,①这实际上体现了立法者的"中心化"思维。公有链以完全去中心化为特征,联盟链则以部分去中心化为特征。在这两种类型的区块链中,没有任何一个独立的主体或节点可以对联盟链拥有绝对的控制权限。《管理规定》中所设想的"应急处理能力"与区块链中的共识机制之间存在共生性矛盾。

区块链信息服务提供者负有身份认证、管理义务,承担区块链的主要管理责任。根据《管理规定》第 8 条,区块链信息服务提供者必须对用户的身份证号码等真实身份信息予以认证,否则应当拒绝为用户提供相关服务;这延续了《网络安全法》中的规定,即要求用户上网必须确认自己的身份信息。②区块链中主体与节点的实名制,是对其实现有效监管的根本前提。尤其是在金融领域,实名制更是金融管理制度完善过程中的一项重要举措。但是,区块链的"匿名化"特征与法律所要求的"实名制"之间存在矛盾与冲突。

区块链信息服务提供者负有对链上信息内容的即时与应急处置义务,对区块链中的信息内容承担监管责任。《管理规定》第 6 条规定,区块链信息服务提供者对于链上的违法信息内容,应当具备对其发布、记录、存储、传播的即时和应急处置能力。实际上,该规定将区块链信息服务提供者与网络平台进行了一个不恰当的类比。这是因为,区块链信息服务提供者与网络平台运营者的主体定位与功能存在较大差异。网络平台运营者是网络平台的管理者,对于平台内的账号与信息拥有管理权限,而联盟链服务提供者则兼具技术开发者与运营维护者的双重身份,从技术开发者的角度而言,联盟链服务提供者应当为联盟链的运行提供良好的环境。从运营维护者的角度,"联盟链服务提供者"应当遵循联盟链中各主体所达成的基本共识规则。根据《管理规定》中对区块链服务提供者的定义,该主体是指"向社会公众"提供信息服务的主体或节点,而不仅局限于向"信息服务使用者"提供服务的主体或节点。

---

① 参见《区块链信息服务管理规定》第 6 条。

② 参见贾翱:《区块链信息服务提供者合规义务研究》,《山东理工大学学报(社会科学版)》2020 年第 1 期,第 11 页。

根据《管理规定》对上述区块链信息服务提供者所赋予的义务，可以看出立法者实际上建立起了一个饱含"中心化"规制思想的区块链治理框架，忽视了不同类型区块链内在的技术逻辑差异。因此，笔者主张应当对于区块链信息服务提供者所承担的管理、运营等义务予以类型化。

3. 区块链信息服务提供者义务的类型化

根据区块链类型的不同，由信息服务提供者承担不同的义务。由上文可知，根据区块链开放性程度及节点间关系的差异，存在公有链、联盟链以及私有链三种类型。区块链信息服务提供者对于区块链的架构与信息内容的支配程度，随着区块链自身开放程度的增强，信息服务提供者对于信息内容的支配能力反而变弱。具言之，区块链信息服务提供者对私有链的支配能力最强，联盟链次之，公有链再次之。因此，在对区块链信息服务提供者所承担义务予以具体构建时应当考虑到三者的差异，据此使不同类型的区块链信息服务提供者承担区别化的义务。

以区块链信息服务提供者的个人信息保护义务为例。公有链由所有节点共同维护，各节点之间地位平等，且彼此之间并无支配关系。在公有链中，所有的参与者均享有平等的访问权限。其中，在公有链中，数据的处理目的与手段是由共识规则提前设定，且不能发生变动或进行修改。因此，公有链中不存在所谓对数据处理具有决策权的数据控制者，更无法确定个人信息保护承担义务的主体。然而在联盟链中，由于数量有限，节点之间可以就链上个人信息的处理目的与方式达成共识，从而组成数据的联合控制者。而当区块链中出现侵犯公民个人信息的行为时，数据的联合控制者承担连带责任，当其给付赔偿款项后，可以向真正的责任主体追偿。

（三）"以刑护链"，联盟链信息服务提供者就其共同的不作为承担刑事责任

因不作为与不作为结合而成立的共同正犯中既包括形式的共同正犯，即复数的不作为者中只要有一人履行作为义务便可以防止结果发生的情形，也包括实质的共同正犯，即复数的不作为者必须均履行其作为义务，互相配合才能避免结果发生的情形。在联盟链中，单个节点或主体对于链上的数据，在事实与规范上均不具有支配地位，这就导致相关主体的保证人地位与义务来源的确定面临困难。根据《管理规定》，联盟链中每个节点或主体均需承担信息内容安全管理义务，但是当区块链中涉及违规、违法甚至犯罪的信息时，链上的节点或主体必须相互配合才能实现对数据的删除或用户账号的封禁。因此，笔者主张可以适用不作为的实质共犯理论，为联盟链信息服务提供者不作为刑事责任的承担提供理论依据。

1. 肯定论与否定论的对立

早年，不作为共犯的研究以不作为正犯成立为中心展开。否定说否认不作为与不作为的行为可以构成共同正犯，主张其应当构成同时正犯。也有学者否认不作为共同正犯的"共同实行"，认为在不作为情况下不可能存在共同实行行为或者分工负责行为。①耶塞克同样提出，各不作为者本就对全部结果负有责任，此时虽有共同故意，但却不是对作为义务的共同分担，因而成立同时正犯。②考夫曼则从否认不作为存在共同故意的角度，主张不作为与不作为之间"既不存在共同实行的意思，也不存在共同实行的事实"，因此只能构成同时犯而非共同正犯。肯定说的观点则提出，两个以上的不作为之间可以成立共犯。③在肯定说内部，根据共同义务认识的差异，可以区分为以下两种观点。第一种观点认为，只有当复数不作为者具有共同的作为义务时，才能肯定共同正犯的成立。另一种观点则认为，只要复数不作为者具有相同的作为义务，便能肯定共

---

① 参见刘瑞瑞：《不作为共同正犯的共同性探讨》，《中国刑事法杂志》2011 年第 5 期，第 2 页。

② Hans-Heinrich Jescheck, Lehrbuch des Strafrechts（AT）, 3. Aufl, 1978, S S. 555-556, 转引自刘瑞瑞：《不作为共同正犯的共同性探讨》，《中国刑事法杂志》2011 年第 5 期，第 2 页。

③ 参见赵秉志、许成磊：《不作为共犯问题研究》，《中国刑事法杂志》2008 年第 5 期，第 23 页。

同正犯的成立。①

　　笔者则认为，不作为与不作为行为同样可以构成共同正犯。首先，否定论对于共同实行的否定实际上站不住脚，这是因为共同正犯之所以将复数的行为作为一个整体，并且将该整体归属于共同实行者，是因为其构成了"共同"的实体，而非所谓的"角色分担"。否定论对共同故意的否认更存在不足，因为不作为之间在心理联络上的互相促进确实存在。此外，根据行为共同说的观点，"并不要求数人必须具有共同实现犯罪的意思联络，只要就实施行为具有意思联络即可成立共犯"②。

　　2. 联盟链中单个节点或主体组成"共同"的实体

　　在联盟链中，单个的节点或主体通过契约相互连接，构成了"共同"的实体。其一，在联盟链的基础架构层，节点或主体间为平等而非支配关系。联盟链以 P2P 网络为底层网络框架，以部分去中心化为运行逻辑。联盟链的底层网络框架仍然是 P2P 网络，以去中心化为底层逻辑。在联盟链的基础架构中，所有节点或主体共同负责整个基础架构的运行和更新，而不依赖于某个集权式机构的组织或调配。③因为联盟链中不存在一个绝对中心化、权威化的参与者，所以节点或主体间需要形成共识。而节点或主体间共识规则推动了联盟链中逻辑层"中心化"的产生。其二，联盟链的逻辑层遵循"中心化"机制。在构造上，联盟链存在一个参与管理控制的独立功能模块，它是一组独立的应用程序负责对用户进行身份管理与权限限制。

　　由上文可知，单个的节点或主体对于信息内容安全不具有支配地位而不能被评价为保证人。而"联盟链信息服务提供者"这一概念又过于宽泛。因此，笔者主张从数据处理的角度出发，对联盟链

---

　　①　参见刘瑞瑞：《不作为共同正犯的共同性探讨》，《中国刑事法杂志》2011 年第 5 期，第 19 页。

　　②　张明楷：《刑法学》，法律出版社 2016 年版，第 393 页。

　　③　参见郑戈：《区块链与未来法治》，《东方法学》2018 年第 3 期，第 76 页。

信息服务提供者所承担的作为义务予以重构，并引入欧盟 GDPR
中的联合数据控制者的概念，以限定承担作为义务的主体范围、明
晰主体的共同作为义务与共同故意。

GDPR 第 26 条第 1 款规定，当两个或两个以上的数据控制者
共同决定(数据)的处理目的与方法时，他们就是联合数据控制者。
联合数据控制者应当以透明的方式决定他们在本条例下所各自承担
的义务。第 2 款指出，数据主体有权利知悉联合数据控制者实际的
责任分担情况。欧洲有学者呼吁，要将区块链纳入 GDPR 第 26 条
的规制范围，将区块链控制者作为联合数据控制者加以规制。①

反观联盟链中的数据处理流程，同样存在"数据处理者"与"数
据控制者"的区分。联盟链中，数据的处理历经如下流程，即用户
提交提案，经由背书节点模拟执行并背书，经背书的该提案提交排
序节点对该信息进行排序并生成区块，生成区块后由主节点同步全
链，最终由记账节点②保存区块到账本中。由上可知，在联盟链的
数据处理流程中，背书节点与排序节点是决定相关数据或信息是否
上链的关键，他们决定着数据是否上链，是联盟链中的"数据控制
者"。与此同时，由于联盟链节点之间虽有角色分工但地位平等，
因而背书节点与排序节点必须遵循联盟链全部节点或主体所达成的
共识规则，而由联盟链全部节点或主体组成了联合的数据处理者。
背书节点与排序节点既是数据处理者，又是数据控制者。

根据上述分析，我们可以将联盟链信息服务提供者作为义务的
主体范围予以限定，即将其限定在对该联盟链中数据的处理目的与
方法拥有控制权限与支配地位的背书节点与记账节点的范畴内。而
在联盟链中，背书与排序节点并非静态，根据不同的交易内容动态
变化，因此在具体的案件中，笔者主张应当结合联盟链成员所达成

① See Dekhuijzen, Anja E. "Call for Action on the EDPB to Provide
Guidance Concerning GDPR and Blockchain-Is public blockchain sustainable under
the GDPR?." Computer Law Review International 20. 2 (2019)：33-36.

② 在联盟链中，所有的节点均承担记账功能，其中一部分节点同时充
当背书节点或排序节点，而另一部分节点仅仅是单纯的记账节点。

的公约以及具体的日志信息综合判定不作为主体的范围。对于上述不作为主体的范围限定是出于刑法谦抑性的考量。而当联合数据控制者的相关数据处理行为或者不作为构成民事侵权时，则可以参考GDPR 的规定由组成联盟链的所有节点或主体承担连带责任。

第二节　大数据征信相关问题研究 *

随着互联网的普及，大数据已然成为现代社会的一项重要生产要素，将大数据运用于各个行业也成为一种必然趋势。征信作为金融行业的基础设施，将大数据运用其中必将为金融行业的繁荣发展提供强大动力。正因为如此，大数据征信近年来在我国逐渐兴起并得到了蓬勃发展。但其作为一种新兴行业，不管是从市场、政策还是法律层面对其的管理和规制都是不成熟的，这也就意味着伴随大数据征信的兴起必将衍生出一系列违法犯罪行为。而在现有的刑法体系下，对这些与大数据征信有关的犯罪行为如何定性成为学者们关注的重点问题。本节正是在对大数据征信的背景以及征信范围进行介绍的前提下，将与大数据征信有关的犯罪行为类型分别进行讨论并予以定性，包括在征信过程中与征信信息有关的"获取"型、"提供"型、"破坏"型犯罪和未获得征信行业市场准入资格的"非法经营"型犯罪，以及由大数据征信衍生出来的"信用套现"型犯罪等。

一、大数据征信的背景及征信范围

（一）大数据征信的背景

传统征信是由银行主导的以收集企业和个人的信贷信息为主的一种征信模式，但随着互联网的普及和网络购物等网络经济的发展，传统的征信模式将导致那些网络用户的"长尾"成为征信行业的"漏网之鱼"，① 即无法被征信并进行信用评价，从而进入一些

　＊ 本节由中南财经政法大学硕士研究生郭云飞负责文献综述工作。

　① 程雪军：《互联网消费金融征信：域外经验与中国镜鉴》，《征信》2021 年第 3 期。

金融领域。而事实上，这些属于"长尾"的网络用户占据着相当一部分的消费市场，例如大学生、刚进入社会的上班族等一些消费水平不是很高但又无充足资产的人，他们往往不会在银行等金融机构进行借贷消费，从而也就不在银行征信的范围内。为了促进这类人群的消费，一些网络平台开始通过对其收集的用户的大数据信息按照一定标准进行评价，并给出信用评分，从而使其用户能够据此进行超前消费。例如蚂蚁花呗、京东白条等，前者正是根据芝麻信用的评分高低来决定消费者可以借贷的额度。如此一来，确实大大刺激了我国的消费市场，促进了经济的快速发展，同时使金融消费的征信业务由传统的银行征信转变为市场和政府双重主导的征信模式。市场化个人征信业务的兴起也就成为大数据征信的重要标志。鉴于大数据具有明显的数量大、范围广等特征，大数据征信也相应地具有覆盖人群更广泛、信用评价更全面、适用范围更广阔等特征。①

(二)征信范围

我国法律法规对于征信信息的范围采取的是概括加排除式的规定方式。《征信业管理条例》明确规定了禁止采集和取得被采集主体书面同意后可采集的信息范围，前者包括个人的宗教信仰、基因、指纹、血型、疾病和病史信息等，后者包括个人的收入、存款、有价证券、商业保险、不动产信息和纳税数额信息，这属于排除规定。除此之外，我国《个人信用信息基础数据库管理暂行办法》(以下简称《办法》)采用概括式规定，明确个人信用信息包括身份识别、职业、住址等个人基本信息、信贷活动交易记录等个人信贷交易信息以及除前述信贷记录以外的反映个人信用状况的其他信息。

从以上规定可以看出，我国关于信用信息的征信范围是非常不明确的，《征信业管理条例》仅规定了哪些信息不能被采集，并未给出必须采集或可以采集的信息范围；而《办法》的概括式规定过

---

① 宋美娜、王晴川、刘毓等：《大数据征信标准体系研究》，《中国标准化》2021年第5期(上)。

于模糊，尤其是反映个人信用状况的其他信息，到底哪些信息可以反映个人信用状况，这就是一个见仁见智的问题。[①] 同一项信息，有的征信机构认为其能够反映个人信用状况，应当纳入征信信息的范围，但有的征信机构就不认同。例如，某人在网络购物平台的退换货情况，有的征信机构认为多次退换货能够反映出该消费者并非具有真实消费的意愿，其可能是故意利用网络购物七天无理由退换货的漏洞，达到不断体验新产品的目的，反映出该消费者的信用状况不好。但有的征信机构就认为可能仅仅是该消费者在网购过程中不能或者不会对所购产品进行全面了解，导致收到货后发现达不到自己的预期。事实上，网络购物确实会存在这样的问题，由于消费者对商品的认识只能通过商家给出的图片或视频，而商家给出的这些信息一定是对商品美化过的，这就导致实际收到的货物和自己在网络平台上看到的有所差距，这也是网购七天无理由退换货存在的原因。因此，从上述分析来看，似乎后一种可能的概率更大，即退换货仅仅是网购过程中的正常现象，其并不能反映消费者的信用状况。

但事实上，征信机构和被征信者一直都处于不对等的状态，征信机构一定是希望收集更多的信息来对被征信者进行信用评估，因此他们更倾向于认为"退换货情况"能够反映出一个人的信用状况，从而将其纳入征信信息范围，只不过其对评价一个人的信用发挥的影响可能不是很大。由此可见，在征信信息范围不明确的情况下，征信机构往往愿意收集更多的信息来对企业或个人进行信用评估。这样一来，在大数据时代中，科技的发达只会让征信机构收集和掌握更多的企业和个人信息。那么这些海量的信息一旦被某个机构收集和掌握以后，就存在着滥用和泄露的风险。同时，这些信息一旦被二次分析以后就代表着巨大的商业经济价值，因此，必然会有大量合法或非法的企业竞相争取这些信息，这样一来反而又倒逼着这些信息的滥用和泄露。

---

① 陈建华：《征信立法应完善六方面内容》，《中国信用》2021年3月。

二、大数据征信过程中犯罪行为的定性

通过前述分析，我们可以发现我国目前对大数据征信的管理和规制还处于一个尚不成熟的阶段，也正是因为缺乏对大数据征信各个阶段的有效规制，导致实践中征信过程存在着各种类型的犯罪行为，尤其是征信信息范围的不明确导致被征信者信息被无边界地收集和利用，进而存在滥用和泄露的风险。具体来说，大致可以分为四种类型的犯罪，下面将逐一进行分析。

（一）"获取"型犯罪

"获取"型犯罪指的是在信息收集获取环节存在的犯罪。它主要涉及的罪名有两个，即侵犯公民个人信息罪和非法获取计算机信息系统数据罪。前者虽然主要规制的是非法出售或提供的行为，但其在第 3 款中也明确规定"窃取或者以其他方法非法获取公民个人信息的，依照第一款的规定处罚"，因此该罪也规制非法获取的行为。但在大数据征信中，二者规制的对象存在一定的交叉。因为在大数据背景下，公民个人信息往往是以数据的形式存储在计算机系统中，那么非法获取公民个人信息的行为，只要手段符合就必然也属于非法获取计算机信息系统数据。且除此之外，非法获取计算机信息系统数据罪只规制违法侵入计算机系统或采用其他技术手段获取其中存储的信息的行为，对于通过除上述两种手段以外的其他非法手段获取计算机信息系统中存储的数据的行为无法规制。因此，有必要从信息的种类和非法获取信息的手段上进行分类，分别讨论非法获取征信信息的行为如何定性。

1. 侵犯公民个人信息罪

第一种是非法获取明显属于公民个人信息的行为，对该类行为按照侵犯公民个人信息罪定罪处罚。因为只要获取的信息属于公民个人信息且获取手段非法就一定符合侵犯公民个人信息罪。在这里又存在两种情况。第一种是公民个人信息没有存储在计算机数据中，行为人通过其他非法手段获取，此时该类犯罪行为仅仅符合侵犯公民个人信息罪。第二种是公民个人信息存储在计算机系统中，

如果行为人是通过除侵入计算机系统或采取其他技术手段以外的方法非法获取，例如通过非法购买等，则该行为还是仅构成侵犯公民个人信息罪。但如果行为人是通过侵入计算机信息系统或采取其他技术手段获取的话，该行为同时又符合非法获取计算机信息系统数据罪。一行为同时触犯两罪名，按照我国刑法通说，属于想象竞合，择一重罪处罚。但我国刑法对该两罪规定的刑罚相同，均为"情节严重的，处三年以下有期徒刑或者拘役，并处或者单处罚金；情节特别严重的，处三年以上七年以下有期徒刑，并处罚金"，连罚金刑都相同，因此两罪不存在重罪轻罪之分，也就无法适用择一重罪处罚。有学者认为，该两罪属于法条竞合，在非法获取公民个人信息的层面上，非法获取计算机信息系统数据罪属于特殊法条，侵犯公民个人信息罪属于一般法条。① 对此观点有值得商榷的地方，特殊法条和普通法条的关系一定是普通法条的内容完全包含了特殊法条，即能够被特殊法条评价的对象就一定能够被普通法条评价。而在该两罪中显然不符合这一点，例如对于采用非法侵入计算机系统或其他技术手段获取存储在其中不属于公民个人信息数据的行为，由于其获取的数据不属于公民个人信息，因此一定不属于侵犯公民个人信息罪，但一定属于非法获取计算机信息系统数据罪。因此二者不属于普通法条和特殊法条的关系。故对于上述情况，只能根据行为人的行为造成的危害后果是侵犯公民人身权利、民主权利更严重，还是妨害社会管理秩序更严重来定罪，若为前者则按照侵犯公民个人信息罪定罪处罚，若为后者则按照非法获取计算机信息系统数据罪定罪处罚，但需要在判决书中明示行为人的行为同时触犯了两个罪名。

2. 非法获取计算机信息系统数据罪

第二种是非法获取的信息为计算机信息系统中存储、处理或传输的除公民个人信息以外的数据，若行为人采取的手段为非法侵入计算机信息系统或其他技术手段，那么就以非法获取计算机信息系

---

① 万志尧：《互联网金融犯罪问题研究》，华东政法大学 2016 年博士学位论文，第 176 页。

统数据罪定罪处罚。最高人民法院、最高人民检察院发布的《关于办理侵犯公民个人信息刑事案件适用法律若干问题的解释》(以下简称《解释》)第 1 条规定:《刑法》第 253 条之一规定的"公民个人信息",是指以电子或者其他方式记录的能够单独或者与其他信息结合识别特定自然人身份或者反映特定自然人活动情况的各种信息,包括姓名、身份证件号码、通信联系方式、住址、账号密码、财产状况、行踪轨迹等。故公民个人信息自然就是指能够识别特定个人的信息。因此,除公民个人信息以外的信息就主要包括属于企业、商户或其他非公民个体的所有信息以及属于公民个体的不能够单独或与其他信息结合识别公民个体的信息。

综上,对大数据征信过程中获取信息环节可能存在的犯罪行为的定性问题均已解决。按照获取信息的手段和信息内容不同分别按侵犯公民个人信息罪和非法获取计算机信息系统数据罪定罪处罚。

(二)"提供"型犯罪

"提供"型犯罪指的是在大数据征信过程中将自己合法或非法收集到的信息非法出售或提供给他人的犯罪,其主要涉及的罪名为侵犯公民个人信息罪。在此需要解决两个问题:第一是将自己非法获取到的信息又非法出售或提供给他人,对该行为是处罚两次即数罪并罚还是仅处罚一次;第二是此处的"公民个人信息"如何理解。

首先,对于第一个问题,宜按照侵犯公民个人信息罪只处罚一次即可。《解释》第 11 条规定:非法获取公民个人信息后又出售或者提供的,公民个人信息的条数不重复计算。该条只说明了此种情况涉及的信息条数不重复计算,但对行为人的两次行为怎么处理却没有明示。从表面上来看,当行为人完成非法获取公民个人信息的行为后即构成侵犯公民个人信息罪,其将信息非法出售或提供给他人的行为单独又可以构成此罪。但事实上,刑法之所以处罚非法获取公民个人信息的行为,主要在于一方面其滋生了上游犯罪,即有买才会有卖;另一方面,行为人非法获取公民信息后往往并不会单纯地持有该信息,而是将这些信息进行非法使用,例如进行诈骗或者卖给他人以获取非法利益等。因此,刑法规制非法获取的行为的主要目的在于防止公民个人信息被泄露或滥用。故从该层面上看，非法获取信息后又将其非法出售或提供给他人的行为仅仅是对这些信息的非法使用，属于不可罚的事后行为，就像行为人盗窃财物后又使用财物一样。从另一个角度来理解，也可以将行为人前期非法获取的行为看做非法出售或提供行为的手段行为。前者是手段，后者是目的，二者属于牵连关系，按照我国刑法理论择一重罪处罚，两个行为触犯的罪名相同，则按照侵犯公民个人信息罪定罪处罚即可。但无论认为其是不可罚的事后行为还是牵连犯，该种情况相较于合法获取信息后又将其非法出售或提供的行为都具有更严重的社会危害性和更大的可罚性，因此在量刑时可以从重处罚。

其次，对于第二个问题，按照上文所述，《解释》规定的个人信息明确要求是能够识别特定自然人或反映特定自然人状况的各种信息，因此侵犯公民个人信息罪能够规制的非法出售或提供的信息也仅包括上述信息，对于非法出售或提供企业、商户等非个人的信息或属于个人的不具有识别性或不能反映特定自然人状况的信息的行为就无法规制。且我国刑法也没有非法出售或提供计算机信息系统数据罪，因此对这类行为的规制属于空白地带。有些学者建议此处对"公民个人信息"作扩大解释，即侵犯公民个人信息罪中的"公民个人信息"包括所有信息，以试图将上述行为纳入此罪的规制范围，但这样解释似乎不再是符合罪刑法定原则的扩大解释，而是属于类推解释。无论是从"公民个人信息"的字面意思上理解还是从解释的规定上来看，都不可能将那些企业、商户等非个人的信息解释为公民个人信息。① 因此，针对此处的空白地带只能通过以后的刑法修正案予以解决，不能为了规制该类行为而破坏罪刑法定原则，从而影响刑法的权威性。

另外，对于行为人获取的信息为公开的信息时该如何处理，例如行为人获取的为公司公开的法人信息或公民在网上公布的个人信息，其通过对这些公开信息进行收集并达到一定的数量，然后将其

---

① 喻海松：《侵犯公民个人信息罪司法解释理解与适用》，中国法制出版社 2018 年版，第 22 页。

用于违法犯罪活动或者非法出售或提供给他人，能否按照该罪处理，即"公开的公民个人信息"是否属于该罪中的"公民个人信息"。有观点认为应当将其纳入该罪的保护范围，但也有观点认为不应纳入保护范围，因为权利人自愿将其公开就意味着其对该信息的传播并不介意，且在我国目前侵犯信息犯罪泛滥的情况下，更应该将重心放在保护那些未公开的信息上。[①] 但这样的观点似乎是不正确的，侵犯公民个人信息罪的保护法益不仅仅是公民的隐私权，更重要的是防止那些滥用公民个人信息实施违法犯罪或其他破坏公民生活安宁的行为。行为人首次通过网络或其他合法途径收集权利人自愿公开的信息无可厚非，但若其将这些信息用于违法犯罪或非法出售或提供给他人的，就应该按照犯罪处理，同时对于从这些合法收集者那里购买或者以交换等方式获取这些信息的同样属于非法获取的行为。因此，对于"公开的公民个人信息"依然应当纳入该罪的保护范围，只不过不处罚首次收集且没有对其使用或提供给他人的行为。

（三）"破坏"型犯罪

"破坏"型犯罪指的是在大数据征信过程中对征信机构或平台收集的用于评价个人或企业、商户信用的征信信息进行删除、更改或增加的行为，其主要涉及的罪名为破坏计算机信息系统罪。在当今大数据征信逐渐普及的背景下，"信用"成为每个个体的一项资产。拥有好的"信用"可以让其在进行市场交易或其他任何行为时都具有更大的便利，例如信用评分高的人在入住酒店以及使用一些共享产品时可以免押金，甚至在网购时可以享受先用后付。征信状况良好的个人或商户、企业在银行或网上借贷时可以更加快速便捷地收到贷款，甚至在很多场合都可以享受更优待遇。因此，在"信用"给自己带来的便捷和好处越来越多的当今社会，大家对自己的"信用"状况都越来越重视。在此情况下，一些信用状况不好或有

---

① 刘芳、葛晓娟：《侵犯公民个人信息罪若干疑难问题的司法认定》，《北京政法职业学院学报》2021 年第 2 期。

瑕疵的个人或商户、企业就试图将那些给自己信用带来负面评价的信息删除或更改，甚至给自己增加一些好的信息。

虽然我国《征信业管理条例》第 16 条明确规定："征信机构对个人不良信息的保存期限，自不良行为或者事件终止之日起为 5 年；超过 5 年的，应当予以删除。"但仍有大部分个人、商户或企业不愿等这 5 年。实践中，由于征信信息往往都被保存在计算机系统中，因此上述人大多是通过雇佣那些具有专业技术的人帮助自己删除、更改不良信息，后果严重的，均应按照破坏计算机信息系统罪定罪处罚。通过对中国裁判文书网上该类案件进行搜索，发现因删改个人不良信息而被定罪处罚的几乎没有，但是输入关键词"刑事案件"和"删除差评"可以搜索到 13 篇裁判文书，其中都是关于违法帮助淘宝商户删除差评并从中牟利的案件。例如，2016 年 9 月 19 日至 27 日，某东公司员工李某某伙同其同事郭某和姜某利用公司内部设备，非法帮助特定商户删除其店铺差评，获利 2 万余元，被判处破坏计算机信息系统罪。但该案中，只对共同实施破坏计算机系统行为的三人判处刑罚，对雇佣三人实施破坏行为的商户却未处罚。实践中可能由于该类案件一般涉及的雇佣者数量都比较多，而被雇佣者往往都是特定的一个人或几个人，且雇佣者一般不会直接从破坏行为中获取经济利益，而被雇佣者都是直接获取经济利益的。因此，只对实际实施破坏行为的被雇佣者定罪处罚，而对实际上属于教唆者的雇佣者未予以刑事处罚。由于该类案件比较少，且搜索到的案件中最晚的也都是 2017 年的，可见近年来该类案件更是没有发生，因此对此问题几乎没有人关注。但实际上雇佣别人破坏计算机信息系统的人和实际实施破坏行为的人应属于共犯，前者是教唆犯。

(四)"非法经营"型犯罪

"非法经营"型犯罪指的是在大数据征信过程中未获得经营征信业务资格的个人或机构违法从事征信业务、出具征信报告的行为，其主要涉及的罪名为非法经营罪。随着大数据信息的经济价值越来越凸显，拥有大数据就意味着拥有巨大的财富。人们对大数据资源开始竞相追逐，但毕竟通过合法途径获得收集大数据信息的资格需要一定的条件。我国《征信业管理条例》第 7 条明确规定："未经国务院征信业监督管理部门批准，任何单位和个人不得经营个人征信业务。"获得批准的，国务院征信业监督管理部门会向其颁发个人征信业务经营许可证。

2015 年，央行允许首批 8 家机构涉足个人征信业务，其中包括芝麻信用、腾讯征信、深圳前海征信等，要求其准备六个月后，再由央行决定是否向其颁发个人征信业务经营许可证。由此可见，在征信业务市场准入的情况下，想要获得批准拿到经营许可证也不是一件非常容易的事情，不仅要看公司的实力，还要综合考虑其是否具有经营征信业务的能力和渠道。因此，虽然大数据征信是一块"肥肉"，但能够获得市场准入资格却不易。在这种情况下，一方面是大数据征信中巨大利益的诱惑，另一方面是难以获得准入资格，一定会有一些企业或个人存在侥幸心理，违法开展征信业务。不管是只具有企业征信资格的违法从事个人征信业务，还是不具有征信资格的违法从事征信业务，均属于非法经营的行为。[①] 按照我国《刑法》第 225 条的规定，非法经营行为扰乱市场秩序，情节严重的，按照非法经营罪定罪处罚。

三、大数据征信背景下信用套现行为的定性

在大数据征信的背景下，"信用"几乎成为每个人的一项资产，各大互联网金融消费平台均推出以"信用"为基础的信贷服务，例如支付宝中蚂蚁花呗可借贷的额度直接和芝麻信用评分的高低有关。但这些以"信用"为筹码提供的贷款不同于传统的以一定资产抵押在银行取得的贷款，它只能在与提供该信贷服务的公司有合作的平台和商家上使用。因此限制了该笔资金的使用范围，且与传统的"信用卡套现"出现的理由一样，均为急需使用资金的人想方设

---

① 田昆、孙权、许靓：《大数据时代市场化个人征信行业个人信息保护问题浅析》，《征信》2021 年第 7 期。

法将该笔资金提取出来使用。① 但大数据征信背景下的信用套现不同于传统的信用卡套现，后者套现的信用卡内的资金为银行依据持卡人的信贷信用信息向其发放的额度。而前者则是在大数据征信的背景下，一些互联网平台依据消费者在其平台上的消费习惯、支付习惯等信息给出信用评分，并依据该评分向其发放一定额度的贷款，最典型的就是蚂蚁花呗。因此，本节讨论的大数据背景下的信用套现行为是指互联网金融虚拟信用的套现行为，而司法实践中主要就是蚂蚁花呗套现，因此下面就以蚂蚁花呗的套现为例进行分析。

2017 年 11 月中旬，我国第一例蚂蚁花呗套现案结案，作为套现者的被告人杜某某被判处非法经营罪。该案的出现引起我国理论界对蚂蚁花呗套现行为的关注和讨论。蚂蚁花呗套现的基本行为模式花呗用户也就是套现申请者通过网络或其他途径联系上专门从事套现业务的中介，由该中介也就是套现者向套现申请者提供虚假的购物链接，后者通过该链接假意购买商品并使用花呗付款，中介套现者在商铺上看到该购买信息后开始"发货"完成正常的网购流程(此处的"发货"一般是虚假发货或者发一些虚假商品)，之所以要完整地走完正常的网购流程是因为淘宝、京东等网购平台都是在购买者点击确认收货后，货款才会转给商户，在此期间，货款都是在第三方平台或网购平台上的。因此，只有当套现申请者确认收货后，蚂蚁花呗垫付的钱才会走到伪装成正常商户的套现者那里，然后套现申请者开始申请退货，套现者同意退货并将扣除此次套现收取的手续费后剩余的款项退回到申请者的支付宝里，至此就实现了蚂蚁花呗的套现。对于套现行为主要从以下三个角度进行分析，即套现者的行为、套现申请者的行为以及"冒用"型套现行为。

(一)套现者的行为定性

套现者的行为指的是专门从事套现业务的中介所实施的将花呗款项提取出来的行为。对于套现者的行为，之前我国一直对其定性

---

① 童云峰：《互联网金融虚拟信用套现刑法定性研究——以蚂蚁花呗套现司法判决为视角》，《江西警察学院学报》2018 年第 3 期。

有所争议，但自从花呗套现第一案以非法经营罪判决以后，不管是理论界还是实务界，对该行为的定性基本都认可为非法经营罪。但对于定性为非法经营罪的依据却有两种不同的观点。第一种观点认为定性依据是《刑法》第 225 条第 3 项关于"非法从事资金结算业务"的规定；第二种观点认为通过互联网购物平台实施套现行为相当于最高人民法院、最高人民检察院《关于办理妨害信用卡管理刑事案件具体应用法律若干问题的解释》（以下简称《信用卡解释》）第 12 条中规定的"使用销售点终端机具（POS 机）等方法"中的"等方法"，因此定性依据为该解释第 12 条。①

　　对于第一种观点，要想肯定该观点，必须证明套现者的套现行为属于"非法从事资金结算业务"。首先第一点，称其为业务就意味着行为人需要长期实施该行为，此长期不需要其每天或每月必须实施多少次，但一定要是一段时间内只要有人找到他，其就接受委托并实施该行为，它强调的是一种营业性。具体到花呗套现中，套现者往往是以中介的形式存在的，其通过微信、QQ 或其他社交平台发布自己可以实施花呗套现的"广告"，一旦有想要套现的人看到该"广告"，就可以联系他。这很明显属于营业性的行为，属于套现者经营的一种业务，只不过是非法业务，因此"业务"这一点是符合的。那么第二点就是"非法从事资金结算"了，我国《人民银行支付结算办法》第 6 条明确规定："银行是支付结算和资金清算的中介机构。未经中国人民银行批准的非银行金融机构和其他单位不得作为中介机构经营支付结算业务。但法律、行政法规另有规定的除外。"因此，在我国能够从事资金支付结算的只有银行，而那些称其可以实施花呗套现的中介显然不属于银行。且上述办法第 3 条也明确规定："支付结算是指单位、个人在社会经济活动中使用票据、信用卡和汇兑、托收承付、委托收款等结算方式进行货币给付及其资金清算的行为"，花呗套现的行为和使用信用卡进行货币给付的行为相似，因此属于该条中的"等方式"，故其属于该办法

---

　　①　童云峰：《互联网金融虚拟信用套现刑法定性研究——以蚂蚁花呗套现司法判决为视角》，《江西警察学院学报》2018 年第 3 期。

中的支付结算。由此可见，一方面，花呗套现属于支付结算，另一方面，实施花呗套现的行为人即套现者又不属于银行。因此将套现者的行为理解为"非法从事资金结算"，进而按照《刑法》第225条第3项的规定将其定性为非法经营罪并无不当。[1]

对于第二种观点，利用互联网平台实施花呗套现确实和利用POS机实施信用卡套现具有相似性，但《信用卡解释》第12条规定的是"违反国家规定，使用销售点终端机具（POS机）等方法，以虚构交易、虚开价格、现金退货等方式向信用卡持卡人直接支付现金"，该条中明确规定了支付对象为"信用卡持卡人"，而套现申请者即花呗用户显然不属于信用卡持卡人。且即使上述两种行为具有相似性，但直接依据该条对套现者定为非法经营罪又具有类推解释的嫌疑。这相当于直接将"花呗"类推解释为"信用卡"，将"花呗用户"类推解释为"信用卡持卡人"，很明显这是不妥当的。[2]

综上所述，对于套现者的行为定性为非法经营罪毫无疑问，但定为该罪的依据是《刑法》第225条第3项而非《信用卡解释》第12条。

（二）套现申请者的行为定性

套现申请者的行为指的是花呗用户通过网络或其他途径联系到从事花呗套现的中介，让其为自己实施花呗套现的行为。对于该类行为是否构成犯罪要分两种情况来进行讨论。第一种是行为人不具有非法占有花呗额度的目的；第二种是具有非法占有目的。[3] 当行为人不具有非法占有目的时，一般以民事途径进行解决。因为即使行为人将花呗额度套现了，其利用花呗消费的记录还在，还是要对花呗进行还款。总体上来说没有一方受到损失，只不过作为提供借贷服务的一方其借贷出去的款项按时收回的风险增加。但这只涉及

---

[1] 田磊、陈书光：《网络信用套现行为的定性——以"蚂蚁花呗"套现第一案为视角》，《铁道警察学院学报》2018年第2期。

[2] 林慰曾：《互联网虚拟信用套现的法律分析——基于花呗套现判决的研究》，《海南金融》2017年第8期。

[3] 童云峰：《互联网金融虚拟信用套现刑法定性研究——以蚂蚁花呗套现司法判决为视角》，《江西警察学院学报》2018年第3期。

此次借贷消费合同的民事违约问题，不涉及刑事犯罪。

但是当行为人具有非法占有目的时，即其通过中介将花呗额度套现后，随即卸载支付宝并且拒不归还花呗借款时，可能构成诈骗罪。如果行为人获得的花呗额度是蚂蚁花呗根据其真实的事实进行信用评价进而发放相应额度的，即使其事后拒不归还也仅仅是一种老赖行为，属于对二者之间的消费借贷合同的违约行为，对方可以通过民事途径强制其归还借款。因为在此种情况下花呗服务商并没有基于被骗而错误处分财产，其向行为人发放花呗额度完全是基于行为人的真实信用评价。而若行为人是通过虚构事实等方式，企图使芝麻信用基于这些虚假的事实对其作出更高的信用评价，从而诱骗花呗服务商基于虚假的信用评分向其发放更高的额度，进而将这些额度套现，然后拒不归还的话，就属于诈骗。如果行为人的诈骗额度达到合同诈骗罪的成立标准，则按合同诈骗罪处理，因为这是行为人在与花呗服务商之间签订、履行借贷消费合同过程中实施的诈骗行为，符合合同诈骗罪的成立要件。若行为人的诈骗额度没有达到合同诈骗罪的成立标准，达到诈骗罪的成立标准时则按诈骗罪定罪处罚。[1]

(三)"冒用"型套现行为的定性

"冒用"型套现行为指的是行为人冒用他人花呗实施的套现行为。根据《信用卡解释》第5条第2款的规定，"冒用他人信用卡"包括拾得、骗取他人信用卡并使用以及窃取、收买、骗取或者以其他非法方式获取他人信用卡信息资料，并通过互联网、通讯终端等使用的情形。类比到花呗套现中，冒用行为也大概包括上述情形。[2] 而在花呗套现中，"冒用"型套现行为大概可以分为以下几类：第一种是基础型，即行为人冒用他人的花呗并将其中的资金额度进行

---

① 童云峰：《互联网金融虚拟信用套现刑法定性研究——以蚂蚁花呗套现司法判决为视角》，《江西警察学院学报》2018 年第 3 期。

② 刘宪权：《金融犯罪刑法学专论》，北京大学出版社 2010 年版，第 532 页。

套现；第二种是行为人冒用他人的花呗但并未套现其中的额度，而是将他人花呗账户绑定的信用卡内的资金进行套现或消费的；第三种是行为人冒用他人花呗，不仅将其中的花呗额度套现，而且还将他人花呗账户绑定的信用卡内的资金套现或消费的。

针对第一种情况，行为人冒用的行为相当于通过秘密窃取的方式将他人花呗账户内的资金盗取使用。因为行为人将他人花呗内的资金套现后获得了现金，而被害人却要为此次花呗套现行为买单，即需要按时向花呗还款。整体上，花呗方面并没有任何损失，实际上损失的是被害人自己用于归还花呗的这一笔钱，因此这种冒用行为实质上是行为人通过花呗盗取被害人财产的行为，故符合盗窃罪的构成要件，对行为人按照盗窃罪定罪处罚。

针对第二种情况，一般为了便于归还花呗，大部分花呗用户会绑定自己的信用卡，以便到期自动归还借款。因此也就给那些冒用他人花呗账户进行消费或套现其账户绑定的信用卡资金的人创造了条件。对于此类行为，表面上是行为人冒用他人花呗的行为，实质上是行为人以冒用他人花呗为手段，最终目的是冒用他人信用卡并将信用卡内的资金套现或消费的行为。因此，该冒用行为实质上是冒用他人信用卡的行为，故对其按照信用卡诈骗罪定罪处罚。

针对第三种情况，结合上述两点分析，虽然行为人是一次实施的行为，但实质上是两行为触犯两罪名。因此按照信用卡诈骗罪和盗窃罪数罪并罚。

四、结语

大数据时代的到来，使人们认识到大数据带来的便利和机遇，大数据征信也应运而生。但作为新兴事物，其带来的积极作用和负面影响一定是相互伴随的。我们在享受大数据征信带来的好处的同时，也一定不要忽略对随之而来滋生的犯罪行为的惩治。尤其是在竞相追逐大数据时对公民个人信息的侵犯，以及其他可能扰乱市场秩序的行为。因此，在现有的刑法体系下，对大数据征信可能滋生的犯罪行为做到准确地定性与规制是非常必要的。

第三节 互联网时代非法集资犯罪刑事政策之反思与展望[*]

金融是现代经济的核心和国家重要的核心竞争力，也是我国经济实体的血脉，而融资又是实体经济得以输血的主要渠道。① 金融行业是一个国家"牵一发动全身"的领域，在国家经济生活中的地位举足轻重。一直以来，我国也都将维护金融安全和金融秩序放在突出的位置和作为重点的工作来进行推进。然而，金融也有另外一个面相，即金融创新与金融发展。多年来，我国民营企业融资一直面临"融资难、融资贵"等重重困难，互联网金融应运而生，其创新与发展为民间融资开辟了新的渠道和空间，一定程度上缓解了民间融资的痛点和难处。坦率地讲，现行刑法规范体系与相关司法解释文件和金融发展的趋势、走向存在某种程度上的抵牾之处，存在治理失灵抑或误用的隐患与风险。在司法实践中，由于合法融资与非法集资的界分仅停留在政策层面，两者之间的法律界限并不清晰②，故而如 P2P 网贷、网络股权众筹、私募基金发行等互联网金融业务模式均涉及巨量、大额资金的汇集，也就天然地容易与非法吸收公共存款罪、集资诈骗罪等非法集资犯罪发生关联，触碰诸罪名的刑事责任风险成为悬在网络集资平台与集资人头上的"达摩克利斯之剑"。③ 而这一点亦为司法实践所印证，非法吸收公共存

---

* 本节由中南财经政法大学硕士研究生姜高明负责文献综述工作。

① 郭华：《非法集资犯罪的司法扩张与刑法修正案的省察——基于〈刑法修正案（十一）（草案）〉对非法吸收公众存款罪、集资诈骗罪修改的展开》，《法治研究》2020 年第 6 期。

② 王新：《民间融资的刑事法律风险界限》，《当代法学》2021 年第 1 期。

③ 高晋康：《民间金融法制化的界限与路径选择》，《中国法学》2008 年第 4 期；张远煌：《企业家刑事风险分析报告（2014—2018）》，《河南警察学院学报》2019 年第 4 期。

款罪的"口袋化"现象日趋严重即为明显的实证。① 当前,我国正处于由金融抑制向金融深化、金融自由化的转型与变革期,互联网金融是大势所趋,为降低集资行为的刑事风险,避免刑罚权过度扩张进而阻滞金融创新与金融科技的进步,也就有必要对我国非法集资犯罪相关刑事政策做深度的省思,进而科学地区分非法集资行为与合法融资行为,从而实现刑事司法的精准出击。本节拟就互联网金融发展起来后的非法集资犯罪刑事政策进行系统的考察与分析,探明立法、司法政策背后的深层次考量因子,在此基础上对刑事政策的相关规定进行整体性的反思与检讨,最后就《刑法修正案(十一)》对相关非法集资犯罪罪刑条款的调整提出符合金融发展方向的解释路径与处理思路,以裨益于非法集资犯罪治理的司法活动。

一、非法集资犯罪的治理态势与缘由分析

(一)集资犯罪整体治理趋势

1. 打击门槛日渐调低

比如,非法集资案件的处理摆脱行政部门的掣肘与羁绊。2014年"两高一部"发布《关于办理非法集资刑事案件适用法律若干问题的意见》(以下简称《办理非法集资意见》),规定了"行政部门对于非法集资性质的认定,不是非法集资刑事案件进入刑事诉讼程序的必经程序",使得更多的集资类案件涌向刑事司法程序,而之前更多的案件可以为行政监管部门内部消解。② 又如,在非法吸收公共

① 根据相关研究显示,我国在打击非法集资的司法实践中,非法吸收公共存款的罪的罪名适用急速扩张。在自然人犯罪的判罚中,2014—2020年这七年间共有 51405 名犯罪人因犯非法吸收公共存款罪被判处了有期徒刑,占犯罪人总数的 96.68%。参见劳佳琦:《非法吸收公众存款罪的刑罚力度、效度与限度》,《中国刑事法杂志》2021 年第 4 期;王新:《民间融资的刑事法律风险界限》,《当代法学》2021 年第 1 期。

② 李霞:《互联网金融犯罪的刑法应对》,《广西社会科学》2016 年第 9期。

存款罪"非法性"特征中"法"的外延进一步拓宽。2010 年 12 月《最高人民法院关于审理非法集资刑事案件具体应用法律若干问题的解释》(以下简称《2010 非法集资解释》)将"法"的外延严格限定在"国家金融管理法律"的范畴，排除各部门规章作为认定"非法性"的依据；而 2019 年"两高一部"联合颁行的《关于办理非法集资刑事案件若干问题的意见》(以下简称《2019 非法集资意见》)将"法"的外延拓宽为"国家金融管理法律法规"。还如，司法机关在认定非法集资案件时，往往无视或者忽略"扰乱金融秩序"这一结果要素，要么干脆将金融秩序与集资数额的大小或者集资人数的多寡画等号从而作为参照依据进行认定，这是屡见不鲜的。

2. 打击范围日渐扩大

譬如，《办理非法集资意见》中将"社会公众"进行扩大化解释，将"向亲友或者单位内部人员吸收资金的过程中，明知亲友或者单位内部成员向不特定对象吸收资金而予以放任的"与"以吸收资金为目的，将社会人员吸收为单位内部人员，并向其吸收资金的"两种情形也纳入非法集资的处罚范畴。又如，《2010 年非法集资解释》将一些民间融资的行为纳入打击的行列，房产售后回购、转让林权、以代(租)种植、委托理财、民间"会""社"等十种行为被视为变相吸收公共存款的行为，使得正常的民间融资活动时常沦落到集资犯罪的境地。① 另如，司法规范性文件为进一步严密法网不断拓宽"非法占有目的"的认定情形范围，也即"非法占有目的"认定的宽松化，结果"对资金使用的决策极度不负责任造成缺口较大的"这一业务过失也被视为具备非法占有目的。② 再如，规范性文

---

①　郭华：《非法集资犯罪的司法扩张与刑法修正案的省察——基于〈刑法修正案(十一)(草案)〉对非法吸收公众存款罪、集资诈骗罪修改的展开》，《法治研究》2020 年第 6 期。

②　2017 年，最高人民检察院结合办理新型互联网金融犯罪案件的经验，在原有"非法占有目的"司法认定标准基础上，在《关于办理涉互联网金融犯罪案件有关问题座谈会纪要》之外确定五种原则上可以认定犯罪嫌疑人具有"非法占有目的"的情形。曹坚、陆珈：《互联网金融的刑事风险规制——以集资类犯罪为例》，《经济刑法》2017 年第 2 期。

件的规定时常超越刑法基本原理的指导进行定罪论处。显而易见的例子是，根据 2014 年"两高一部"《关于办理非法集资刑事案件适用法律若干问题的意见》，"向社会公开宣传"包括"明知吸收资金的信息向社会公众扩散而予以放任的"，认为该情形满足成立非法吸收公共存款罪构成要件之一的"公开性"这一要求，但其违背了刑法中不作为犯的基本原理。① 还如，"借旧还新"作为非法占有目的的判定要素经历从无到有的过程，2017 年最高人民检察院《关于办理涉互联网犯罪案件有关问题座谈会纪要》（以下简称《座谈会纪要》）将《2010 年非法集资解释》并未规定为非法占有目的情形的"归还本息主要通过借新还旧来实现"加以确立，但其忽略了例外情形或者说特殊情况的存在。②

3. 打击力度日趋严厉

首先，体现在犯罪数额的计算上，《座谈会纪要》第 12 条规定，"投资人在每期投资后，利用投资账户中的资金（包括每期投资结束后归还额本金、利息）进行反复投资的金额应当累计计算"。简言之，计算非法吸收公共存款数额时，投资人反复投资的资金应当累加重叠计算，而非刨除重复投资部分仅单算其中最大的一笔数额。直至最新的司法规范性文件，2019 年"两高一部"司法解释《关于办理非法集资刑事案件若干问题的意见》依旧延续"不予扣除"这一从严查处的精神，仅规定重复投资情形可以作为酌定量刑情节进行考虑。其次，体现在自由刑期的处罚力度上，根据最新《刑法修正案（十一）》规定，将非法吸收公共存款罪的自由刑法定最高刑由十年有期徒刑提升至十五年有期徒刑，调整集资诈骗罪的刑罚结构，彻底将之擢升为彻头彻尾的重罪。另外，还体现在《刑法修正案（十一）》将非法吸收公共存款罪与集资诈骗罪的罚金刑均由限额罚金刑调整为抽象制罚金刑，以图进一步加强对网络非法集资的威慑力度。简言之，将非法集资犯罪的人身自由成本与经济成本大幅提升。最后，还体现在对非法吸收公共存款罪从宽条款的规定上，

---

① 董悦：《非法集资"从严"政策的教义学反思》，《哈尔滨工业大学学报（社会科学版）》2021 年第 2 期。

② 董悦：《非法集资"从严"政策的教义学反思》，《哈尔滨工业大学学报（社会科学版）》2021 年第 2 期。

相较于《2010 非法集资解释》的"免于刑事处罚""不作为犯罪处理",《刑法修正案(十一)》仅规定为"从轻或者减轻处罚",给出的优惠力度是倒退的。①

(二)扩张化之理据分析

1. 观念支配:秩序法益观的坚守

我国早期为快速有效地建立金融市场,金融政策被定位为"金融抑制",金融法制被视为保障金融改革的稳定与实现经济增长目标的工具。② 在金融抑制的政策影响下,金融资源配置权被认为必须牢牢掌控在国家手上,民间的融资活动必须被严格监管。于是,97 刑法自颁布以来,"破坏金融管理秩序犯罪"一节也就在日渐膨胀,倒反衬出"金融诈骗罪"一节略显稳定和保守。正是在这一立法格局的影响下,刑事司法活动对民间借贷等融资活动长期采取压制和打击态度。③ 概言之,基于历史进程中国家治理的需要,金融刑法"秩序法益观"得以迅速确立和逐步强化,并得到司法机关和广大司法人员的认同,成为金融刑法的出发点与最终归宿。那么,一旦违反了相关金融管理法规的规定,就被视为破坏了金融管理秩序,被刑法作为规制的对象就成了理所当然、势所必然。当前,前文所述司法政策文件的出台以及司法机关对诸多非法集资案件的严厉查处与"秩序法益观"的通行不无关系。而且,尽管该观念已经饱受学术界的批评与斥责,认为其与金融深化改革的要求不相适应,但还是被延续下来,并在司法案件中被反复贯彻与运用,在金融逐步开放的当下,秩序法益观依旧占据牢不可破的支配性地位。

2. 现实背景:互联网金融之变异及危害性加重

首先,网络集资平台在发展的过程中,往往并没有遵循其固有

---

① 刘宪权、陆一敏:《〈刑法修正案(十一)〉的解读与反思》,《苏州大学学报(哲学社会科学版)》2021 年第 1 期。

② 魏昌东:《中国金融刑法法益之理论辨正与定位革新》,《法学评论》2017 年第 6 期。

③ 岳彩申:《民间借贷的激励性法律规制》,《中国社会科学》2013 年第 10 期。

的业务模式，而是在激烈的市场竞争中另行调整运营思路，背离了国家支持互联网金融发展创新的初衷。比如，国内 P2P 很大一部分异化为其他模式，甚至是进行非法集资活动。① 最初定位的信息中介模式成为少数派，其他模式实际上异化为"信用中介"，即以互联网作为依托和载体，变换阵地开展传统信用业务。其二，互联网金融依旧存在巨大的信息不对称，网络的虚拟性使得信用评价、资金流向、身份确定等并不透明、公开，并未如之前期待的从根本上消除过往传统融资活动当中信息不对称的局面，某种程度上甚至是在扩大信息隔阂。② 其三，互联网金融交易的投资主体从数量上看，普通金融投资者占比较大，与机构投资者更为专业、理性、分散化的投资思路相比，普通投资者理财与投资意识均较为匮乏，被"忽悠"、被"玩转"的可能性非常大。这成为相关金融政策与立法、司法文件起草出台不容忽视的实际情况。③ 其四，互联网介入下的非法集资产品，对传统非法集资犯罪由于地缘关系特点导致的信息人群的限制奇点进行了跨域，产生了更多的次生风险。④ 原先的金融风险可以被封控在特定的空间范围内，但是现在的互联网金融早已变得难以预测。其五，易对政府的公信力产生负面影响。由于互联网金融是在国家鼓励发展政策背景下发展壮大起来的，故而在相关互联网集资平台风险爆发后，追资心切的投资人因能够追回的资金比例较低，民众对政府产生不信任感，对政府公信力是一种强大的冲击与颠覆。⑤ 其六，非法集资类案件呈现高发趋势，产生重刑

---

① 彭冰：《P2P 网贷与非法集资》，《金融监管研究》2014 年第 6 期。

② 许荣、刘洋、文武健、徐昭：《互联网金融的潜在风险研究》，《金融监管研究》2014 年第 3 期。

③ 许荣、刘洋、文武健、徐昭：《互联网金融的潜在风险研究》，《金融监管研究》2014 年第 3 期。

④ 陈维健、田光伟：《"互联网+"背景下非法集资风险的生成及传导路径》，《广西警察学院学报》2020 年第 6 期。

⑤ 陈维健、田光伟：《"互联网+"背景下非法集资风险的生成及传导路径》，《广西警察学院学报》2020 年第 6 期。

治理的现实需求。根据相关统计，近年来非法集资案件数量连连攀升①，给社会安全稳定造成严重的威胁。实践中，不难窥见经常出现从事网络非法集资进而严重扰乱经济金融秩序和极大侵害人民群众财产利益的情况，进一步诱发各类聚众上访、围堵机关、办公地等群体性事件和恶性冲突。一言以蔽之，非法集资具有触发与导致刑事法律问题与社会问题的双重危害。② 此外，网络非法集资往往存在严密的犯罪组织，不法分子的法律风险防范意识不断增强，使得查处难度不断加大。概言之，金融风险具有很强的传染性、突发性和泛在性等特点，且金融在互联网化过程中，经济金融运行也更为复杂，随着金融改革、信息技术发展应用、金融创新加快，金融风险跨市场、跨区域的传播速度更快、渠道增多，金融对各行各业渗透力更大的同时破坏力也同步提升。综上，网络集资犯罪具有严重的社会危害性与预防必要性，必是司法的打击重点；故需要加大治理力度。

3. 认知深化：互联网金融与传统金融本质属性相同

在互联网金融发展的初期，学术理论层面对互联网金融与传统金融的本质属性是否存在差别还存有重大分歧，而是否存在差别决定了国家金融政策的走向和金融刑事政策调整的可能性。有观点认为，互联网金融在业务开展模式、资金流通渠道等多方面与传统金融截然不同，互联网金融是重大创新，远非传统金融所能比拟和抗衡，也即形式上的创新就是突破和颠覆；还有研究指出，互联网金融与传统金融相仿，本质上还是金融契约，不是新金融，所谓"换汤不换药"，仅仅是金融销售渠道、金融获取渠道上的变化。③ 在国家对互联网金融尚在观察之际的宏观大背景下，一些互联网金融行为尽管天然地带有非法吸收公共存款行为的特性，鉴于政策层面

---

① 对于非法吸收公共存款罪的案件，2016 年起诉 14745 人，2017 年起诉 15282 人，2018 年起诉 15302 人；至于涉嫌集资诈骗罪的案件，2016 年起诉 1661 人，2017 年起诉 1862 人，2018 年起诉 1962 人。参见郑赫南《检察机关办理非法集资犯罪案件数量逐年上升》，《检察日报》2019 年第 1 期。

② 王新：《民间融资的刑事法律风险界限》，《当代法学》2021 年第 1 期。

③ 陈志武：《互联网金融到底有多新》，《新金融》2014 年第 4 期。

的考量，长期以来司法机关处理涉互联网金融集资案件颇为谨慎。[①] 也就是说，司法层面存在对非法集资犯罪的两套操作标准，一标准适用于传统金融，另一更为宽松的标准则适用于互联网金融领域。[②] 国家层面的观望态度可从对非法吸收公共存款罪前后两部法律文件中的相关规定中瞥见一二，如在《2010 非法集资解释》中第 3 条第 4 款规定："非法吸收或者变相吸收公共存款，主要用于正常的生产经营活动，能够及时清退所吸收资金，可以免于刑事处罚；情节显著轻微的，不作为犯罪处理"；在《座谈会纪要》中则规定"对于借款人将借款主要用于正常的生产经营活动，能够及时清退所吸收资金，不作为犯罪处理"，相较之前处理力度更为宽缓。[③] 在互联网金融历经破土而生、蓬勃发展、乱象丛生等阶段后，互联网金融的本质属性日渐明朗和清晰。亦即，互联网金融并非对传统金融的实质颠覆，其并未脱离金融的本质，更多的是理念与思维的创新。[④] 国家层面关注互联网金融业态多年后，现如今可谓达成共识：互联网金融与传统金融业务毫无二致，无所谓新金融与旧金融，无需区分看待，法律须对二者同等看待。简言之，即立法者对互联网金融和传统金融是"一碗水端平"，而非厚此薄彼，现行金融犯罪刑法规范体系当然地覆盖、穿透现实金融与网络金融两块领域。这一态度立场从本次刑法修正案并未对互联网金融与传统金融作区分看待与处理便可自然得出。

4. 理论支撑：风险刑法理论的指引与导向

金融安全事关经济安全，金融风险事关经济风险。金融活动引发的风险本具有较强的传导性、扩张性、潜在性和不确定性，而互

① 彭志娟：《从互联网金融视角看非法吸收公众存款罪》，《人民检察》2018 年第 12 期。

② 江海洋：《金融脱实向虚背景下非法吸收公众存款罪法益的重新定位》，《政治与法律》2019 年第 2 期。

③ 彭志娟：《从互联网金融视角看非法吸收公众存款罪》，《人民检察》2018 年第 12 期。

④ 郑联盛：《中国互联网金融：模式、影响、本质与风险》，《国际经济评论》2014 年第 5 期。

联网金融因其无可比拟的传播能力、扩散能力，故其能够产生十数倍于传统金融业务的风险和危害。国家高层屡次强调要防范化解重大危险，要强化风险的预防、甄别和控制，防止经济金融出现"黑天鹅"或者"灰犀牛"等事件。近年来，风险刑法理论大行其道，在理论市场上占据了重要的位置，其一方面成为立法的指导思想，另一方面也成为刑法学者解释相关立法根据的重要分析工具。但是，风险刑法理论在司法解释方面的影响却为多数人所忽略或者有意无视了。为应对突发重大危险向实害的急速转化并避免系统关联性风险连锁爆发导致社会崩溃，刑法运用规范弹性解释空间针对性调整扩张相关罪名的犯罪圈。① 于是，我们就看到最高人民法院、最高人民检察院等国家机关接二连三、隔三岔五出台相关司法解释文件来对非法集资罪名的适用问题进行规定，日渐扩张相关金融犯罪罪名的适用空间和作用范围。背后，互联网金融犯罪的刑事治理日渐严厉与扩张的理论渊源和支撑就是风险刑法理论。如此这番，我们就能清晰明白地认识到前前后后的刑事立法、司法文件一如既往、前赴后继地主张加重集资犯罪处罚强度的深层次根据。

此外，国家层面要求我国在相当长的一个时期需要防范与化解重大金融风险，立法机关和司法机关顺应国家的整体经济形势与局面，完成中央提出的重大政治任务要求，是全面落实总体国家安全观的具体表现。

二、互联网金融犯罪刑事司法政策之反思

诚如是，我国当前从严从重的非法集资犯罪具有深厚的历史原因和时代背景等多种因素影响。但是，过度的刑罚极易对公民的基本权利造成不当侵害，其结果是既不能有效规制非法集资行为，还会对民生经济造成更大的挫伤。② 总体来看，目前的非法集资犯罪

① 李川：《基于风险管控刑事政策的刑罚机制之展开》，《法学评论》2020 年第 4 期.

② 刘宪权：《刑法严惩非法集资行为之反思》，《法商研究》2012 年第 4 期。

治理刑事政策有失偏颇，存在如下原因、缺陷与倾向：

（一）司法认知全面性不足

面对频繁暴雷的网络借贷平台和虚拟投资乱象等，立法者通过《刑法修正案（十一）》加重非法集资犯罪的治理与打击力度，顺应了社会的呼声与部分民众的心声。然而实践中，非法集资案件往往是多种犯罪的混杂复合，集资诈骗罪、职务侵占罪和非法吸收公共存款罪相互交错、交织，而真正造成大量公众投资损失的，也往往是其中的集资诈骗行为和职务侵占行为，而司法机关却未能精准评价，多以定非法吸收公共存款罪一罪便结案。① 换言之，大量以非法吸收公共存款罪定罪的案件可能大多为集资平台或者集资人身上出现各色各样的其他问题，引发后续的资金链断裂，非法吸收公共存款罪并不存在刑罚不足、威慑力度不够的情况。应然的做法是，尽量搜寻案件的全部证据，全面评价案件事实，万不可粗糙式办案。此外，众所周知，现实生活中以非法占有为目的的金融欺诈极少发生，更多的是出于融资、资金周转等目的而实施的违规集资行为。② 与此同时，受制于现有刑法规范体系不能规制骗取型集资，刑法仅规制不法所有型集资行为，大量信息披露失真行为也被纳入非法吸收公共存款罪的规制范畴，导致非法集资案件近年来出现所谓愈演愈烈的"井喷"局面。由此来看，笔者认为治理非法集资犯罪的刑罚供给不足也许只是立法者的一种观察偏差或者误差，试图以重刑治理非法集资的思路终究是良好初衷归为错付和偏离问题靶心。

（二）被害人过错的忽视

"宽严相济"是我国的基本刑事政策，按照这一方针与刑事政

---

① 韩轶：《刑法更新应坚守谦抑性本质——以〈刑法修正案（十一）（草案）〉为视角》，《法治研究》2020 年第 5 期。
② 沈丙友：《诉讼证明的困境与金融诈骗罪之重构》，《法学研究》2003 年第 3 期。

策的要求需将被害人过错这一因素纳入刑罚的设置与裁量考量范畴，其一方面是实现罪责刑适应原则的必由之路，另外一方面也是实现刑罚目的的必然选择。① 现代社会充分暴露于风险之中，毫无疑问任何人都应当对自己实施的风险行为诱发的结果承担部分乃至全部责任。金融活动中，特别是集资活动过程中，集资参与人通常对投资风险有着一定的预测与判断，故需要承担应当承受的风险与损失。司法实践中，相当部分民众一方面对集资持高回报或者投机的想法，最后因为投资失败未能挽回本金，毫无自我答责意识，把自身责任摘除得干干净净之余，一味向政府机关施加压力或者制造舆论，要求严惩集资人，司法机关迫于压力动用刑事手段规制。常言道，过多的保护就是纵容。但是，这般做法只会逐步淡化乃至抹消出资人应有的金融风险意识，不利于健康金融市场的形成和建立，也将导致广大金融消费者、投资者养成"巨婴"思维，一旦出现资金风险问题就将自身应当担负的责任全部抛诸脑后。实际上，司法实践严厉打击的直接融资行为资金风险性问题是行为人和出资人意义自治领域内应当考虑的。② 目前的非法集资犯罪刑事政策鲜见考虑到集资参与人自身对于犯罪促成的因素和作用，无视集资参与人自身的过错而将所有致罪因子推给集资者，这种片面、孤立看待问题的视角与思维是不足取的，不符合综合、全面评价的司法准则。

（三）刑罚依赖症的深陷

重刑主义、泛刑主义在我国刑法发展史上有着悠久深远的传统。接续过往，其在非法集资犯罪身上更是有着全面抑或说是淋漓尽致的彰显与体现，多年来不论是立法上还是司法上长期延续并秉

---

① 齐文远、魏汉涛：《论被害人过错影响定罪量刑的根据》，《西南政法大学学报》2008 年第 1 期。

② 陈伟、郑自飞：《非法吸收公众存款罪的三维限缩——基于浙江省2013—2016 年 397 个判决样本的实证分析》，《昆明理工大学学报（社会科学版）》2017 年第 6 期。

持的就是重刑主义政策。然而，一味地要求重刑化治理非法集资，而不深究集资犯罪发生的作用机理，某种程度上是背离了刑法的内在价值理性，使得其与宽容、人道、谦和的刑法品格背道而驰、相去甚远。与此同时，非法集资处置力度的加大，意味着社会成本投入的日渐膨胀，刑罚本身的边际效应也将开始逐渐递减，刑罚的副作用也会凸显、加剧。换言之，刑罚本身并不是遏制与预防犯罪的灵丹妙药，而需综合施策、整体兼顾，需要更多地挖掘与发挥其他统治手段的能力，注重法律系统的协同治理，平衡刑事法治与民事法治、行政法治的功能，而不至于使得相关的经济金融管理规定处于虚置状态，使得金融系统自身的效能不能被充分调动起来。申言之，预防犯罪的手段千千万，刑罚手段并不具有唯一性，对于因社会原因引起的犯罪，理当尽量通过相关监管机制与监管体系的建立健全去防范与堵漏。① 多层次、多样化的资本市场或者金融市场体系亟待经济行政管理法规、行业自律的补足与完善，建构综合系统的规制体系方是正道与正途。

集资活动之所以普遍存在，具有复杂的因素。治理非法集资，绝非刑事手段就能够单独胜任。运用宽缓化的刑事政策对过往严厉化的非法集资刑事立法、司法政策进行回拨与校正，这是不容缓办的事情，甚至可以说是当务之急。片面从严从重的趋势，终将陷入过往"越乱越严、越严越乱"的恶性治理循环，而不能充分有效地挖掘和释放其他治理机制的潜力，这是前车之鉴和历史教训。② 笔者认为，司法实践部门不能自行其是，不顾及、不重视来自理论界广大学者的主张与呼吁，依旧一味地从严处置相关非法集资犯罪。

三、互联网金融犯罪刑事立法政策之解释路径

《刑法修正案（十一）》针对打着"金融创新"的幌子进行非法集

---

① 游伟、谢锡美：《"两极化"走向：西方刑罚发展的基本态势——兼论我国重刑化的刑罚结构》，《华东刑事司法评论》2002 年第 2 期。

② 劳佳琦：《非法吸收公众存款罪的刑罚力度、效度与限度》，《中国刑事法杂志》2021 年第 4 期。

资、金融诈骗等违法犯罪活动调整刑罚结构和提升刑罚剂量。加大
刑事处罚的力度作为治理日渐"多发、高发、频发"的非法集资犯
罪的良苦用心是显而易见的，但是不得不注意忽视整体金融发展趋
势与方向下片面化理解相关罪刑条款，进行照本宣科式司法运作的
负面效应和不良后果。在我国金融市场尚不健全的情况下，如何界
定非法集资行为，在相当程度上取决于金融监管理念以及刑事政策
价值取向。① 以下，本节将在推动互联网金融创新与防范化解金融
风险、遏制非法集资犯罪相协调的司法理念与宽缓化的集资犯罪刑
事政策基础上尝试对《刑法修正案（十一）》第 176 条、第 192 条中
的两个具体条款作出符合金融发展方向的解读和阐释，也可以说是
对刑事立法的严厉化趋向予以教义学上的限缩处理，以对冲试图
"重刑治理"集资案件的思路和做法。

其一，非法吸收公共存款罪从宽处理条款的解释。当前，对
《2010 非法集资解释》第 3 条第 4 款与《刑法》第 176 条第 3 款的关
系存在两种解读。刘宪权教授认为，非法吸收公共存款罪新增条款
的效力高于《2010 非法集资解释》，二者为互斥关系，也就是说今
后司法解释中关于非法吸收公共存款罪的优惠条款自动不再适
用。② 而蓝学友博士认为，两个条款今后依旧可以同时有效，并行
适用。③ 从法条字面意思来看，确实是非法集资从宽力度上的弱化
和削减，也难怪刘宪权教授对非法集资立法政策甚表遗憾和担忧。
其实不然，从鼓励与支持互联网金融与宽容民间融资活动的立场出
发，应当认为二者是并行关系，也即两个条款各有其合理的存在区
间与适用范围。具言之，今后倘若融资到的相关款项其用途为生
产、经营活动，能够及时清退所吸收资金，依然可以适用《2010 非
法集资解释》中的具体规定；当所融的资金流向为非生产、经营活

---

① 童德华、贺晓红：《非法集资犯罪的刑法界定——基于刑法技术性工
具的合理性研究》，《湖南科技大学学报（社会科学版）》2014 年第 2 期。

② 刘宪权、陆一敏：《〈刑法修正案（十一）〉的解读与反思》，《苏州大
学学报（哲学社会科学版）》2021 年第 1 期。

③ 劳东燕：《刑法修正案（十一）条文要义》，中国法制出版社 2021 年
版，第 84 页。

动，如货币、资本活动等，则在满足其他条件的情况下，可以适用《刑法》第 176 条第 3 款的规定。依照这样的理解思路，将有益于在我国丰富、健全、畅通的融资渠道尚未整体建成的情况下，对因急需资金进行周转的公司企业和民营企业家网开一面，可最大化地充分体现刑法的谦抑品格和精神。同时，也有助于司法活动中追赃挽损活动的顺利进行，充分体现司法政策的宽缓精神和宽恕理念。值得欣慰的是，最高人民法院于 2022 年 2 月 23 日发布的《关于修改〈最高人民法院关于审理非法集资刑事案件具体应用法律若干问题的解释〉的决定》采取了"并行适用"说。

其二，集资诈骗罪配置起点刑升高的理解。正如上文所述，《刑法修正案（十一）》将集资诈骗罪的起点刑设置为 3 年有期徒刑，该罪名彻底与轻罪的身份告别，成为名副其实的重罪。为贯彻刑法的谦抑理念和宽缓化的非法集资犯罪刑事政策，可将未达到按照修正案之前刑法及相关司法文件规定应被判处 3 年有期徒刑的集资数额或者投资人数等犯罪情节的，根据非法吸收公共存款罪与集资诈骗罪的基础罪名与加重罪名的关系，按照非法吸收公共存款罪论处，在 3 年以下有期徒刑或者拘役的刑罚区间内进行选择适用。另外，若还满足《2010 非法集资解释》或者《刑法》第 176 条相关条款规定的，可继续对其适用相关的优惠刑事政策。简言之，就是集资诈骗罪的入罪条件必须有明显的提升，以区别于之前的入罪基础标准。对集资诈骗罪的刑罚结构调整做这番解读，一方面既可以适度抬高集资诈骗罪的入罪门槛或曰打击门槛。另一方面，可有效地祛除刑法在金融犯罪、非法集资犯罪过于重刑化政策的观感和印象。需要指出的是，之所以作如此解读，相当程度上是因为司法实践存在的对集资诈骗罪不当认定。

笔者认为，过度使用刑罚或者无限延伸刑罚的触角，其结果不仅可能无法有效遏制犯罪，相反会适得其反，转而伤害或者阻挡民间金融的创新发展，最终贻误我国互联网金融的黄金发展期和阻碍民营经济的成长与发展。既有实证研究也显示，法官群体对于立法者的重刑情结并不完全认同，而是会主动在司法环节后对后者进行软化处理。① 以宽缓、宽宥的司法理念与刑事政策来解释相关非法集资犯罪的罪刑条款，是目前阶段的当然之选。

四、结语

长久以来，非法集资金融犯罪与金融违法行为的界限并不明确②，相当程度上需要倚赖金融政策来调节与把控二者之间的界限与范围，这也是本文将非法集资刑事司法政策纳入研究与考察的重要原因。互联网金融时代的到来，又给非法集资犯罪的治理带来了新挑战与新问题，因而需要从全新的维度来谋划和应对相关集资案件的处置。互联网金融作为全新的科技产品、金融产品，其发展必然伴随着科技创新的推进而处于动态变化中，因而国家对其采取的法律监管态度及措施也将处于动态调整过程中。可以预料的是，倘若对互联网融资活动采取过分严格的法律规制，必将阻遏与压制互联网金融的持续健康发展；另一方面，如果对互联网金融发展过程中凸显的金融风险与严重的社会危害性行为置之不理、袖手旁观，也必将导致广大金融消费者的切身利益受损，国家金融秩序出现紊乱动荡，甚至或可导致严重的社会群体事件和经济危机的发生。很显然，在凸显总体国家安全观的当下，为维护经济金融安全与发展，我国非法集资犯罪刑事政策必须是有力且有度的。未来，我们仍需要持续跟进与观察互联网金融发展的动态状况，探索与寻找金融科技与金融监管、刑事制裁的平衡与协调，在保证金融安全、保障金融秩序的基础上，最大化程度地激发金融创新的活力，使其成为推动经济发展的有力支撑与保障。

---

① 白建军：《关系犯罪学》，中国人民大学出版社 2014 年版，第 357～359 页。

② 王勇：《互联网时代的金融犯罪变迁与刑法规制转向》，《当代法学》2018 年第 3 期。

第六章　互联网金融犯罪预防的合规制度建设[*]

一、刑事合规的概念及主要功能

(一)刑事合规的概念

刑事合规的概念可以拆分成两个方面进行理解,首先是指合规之"规"为刑事法律,笔者认为这里的刑事法规应从广义上进行理解,即不仅包括刑事实体法律和刑事程序法律,这里的刑事实体法律还应当包括《刑法》在内的单行刑法、附属刑法、立法解释和司法机关进行的司法解释、会议纪要等刑事法律规范以及司法实务机关发布的相关文件。

其次,这里的合规之"规"也不能仅仅从概念层面对刑事法律规范进行理解,德国学者 Sieber 教授认为合规有时是对伦理或其他规范的遵守程度。[①] 这一点也与我国《民法典》中规定的公序良俗原则有着相通之处,作为社会行为主体应当遵守的最低道德底线,社会行为主体也不能仅使其自身的社会行为满足于此,还应当不能违反对其行为提出更高要求的特定社会环境下形成的善良风俗和道德标准。目前,我国的刑事合规主要着眼于为企业建立一套合规体系,因此 Sieber 教授和《民法典》中提到的伦理规范、公序良俗也

---

* 本章由中南财经政法大学硕士研究生张国雄负责文献综述工作。

① ［德］乌尔里希·齐白:《全球风险社会与信息社会中的刑法:二十一世纪刑法模式的转换》,周遵友、江溯等译,中国法制出版社 2012 年版,第 236 页。

应当限制解释为"特定的商业领域中的商业道德、伦理规范"。我国已生效的《合规管理体系指南》中也阐述了合规之规中同样包括商业伦理道德规范。①

(二)刑事合规概念之起源

刑事合规并不是中外刑法学者的无病呻吟，也不是刑法学界花里胡哨搞"噱头"，而是一个具有理性内核的概念。② 笔者认为，刑事合规这一概念主要来源于三个方面。一是风险社会背景下传统预防刑法向风险刑法转变过程中形成的。二是现代社会中大量企业犯罪的产生，企业管理人员和国家层面的行政管理人员着眼于防控企业犯罪和对企业犯罪有效打击的需要所推动。三是营造良好的营商环境之需要。

孙国祥教授认为，早期的刑法规范着眼于消极的一般预防，不管是刑法规范还是刑法理论研究，都将目光聚焦于已经产生的犯罪，将如何有效打击、惩罚犯罪作为刑法规范和刑法理论研究的核心，但是这种消极的一般预防只能起到亡羊补牢的效果，"事后刑法"使得犯罪行为对于国家、社会和公民的伤害仍然较大。③ 从法理学角度来讲，彼时的刑法更加注重发挥法的强制功能，但是法的指引功能没有得到很好地发挥。而晚近以来的刑法规范则转变为积极的一般预防，一方面受到罪刑法定主义发展的影响，刑法规范的可预测性和指引功能受到重视，公民和其他社会主体能够通过明文的法律来安排自己的行为和预测自己行为的后果。另一方面，"事前刑法"能够以较小的成本控制可能产生的对国家统治和社会治理伤害较大的犯罪也符合现代风险社会形成与发展的需要。④

---

① 《合规管理体系指南》(GB/T 35770-2017)。

② [德]埃里克·希尔根多夫：《德国刑法学：从传统到现代》，江溯、黄笑岩译，北京大学出版社 2015 年版，第 504 页。

③ 石磊：《刑事合规：最优企业犯罪预防方法》，《检察日报》2019 年 1 月 26 日第 3 版。

④ 孙国祥：《刑事合规的理念、机能和中国的构建》，《中国刑事法杂志》2019 年第 2 期。

　　同时，随着现代社会中大量企业犯罪的产生，企业管理人员和国家层面的行政管理机构谋求通过在企业内部设定符合法律规范的企业行为机制来减少企业违法犯罪的风险，从而降低企业在经营过程中付出的法律成本。

　　中国最初真正地将企业合规进行重视并且强调企业刑事合规发端于近几年。2018年国内某通讯公司被美国罚款近10亿美元，并承诺了一揽子承担如果再次违约的严重后果，使得许多企业开始重视其自身内部行为规范机制，特别是在"一带一路"经济带建设背景下，中国企业开始有了越来越多"走出去"的机会，而企业对自身行为规制体系的建设在很大程度上也是一个企业能不能"走得正""走得稳""走得远"的重要因素。经历了几十年粗放式发展的中国企业似乎已经习惯了类似于环境治理"先污染、后治理"的路子，在企业发展的过程中采用一种"先违法、后处罚"的畸形发展模式；另一方面，我国刑法对于单位犯罪中单位的处罚采用的是罚金刑，而且由于这类罚金刑数额往往较低，无法对企业的违法犯罪行为进行有效震慑，从而导致企业缺乏建设自身行为规范机制的外部压力。而且，随着企业在发展过程中不断壮大，能够调动的社会资源越来越多，能够对社会产生的影响越来越大，一旦某个企业在经营过程中出现犯罪行为，其造成的社会危害相较于自然人犯罪来说可能更甚。而且，一旦某个企业因为犯罪导致解散或破产后，企业内部的普通员工也会因为失去就业机会而生活困难以致成为社会中较不稳定的因素。

　　最后，2019年国务院发布的《优化营商环境条例》提出，要不断优化营商环境，激发市场主体活力，强调法治是最好的营商环境。笔者认为，强调法治是最好的营商环境一方面是为了改变过去用司法手段、行政手段过度干预企业正常经营的不良现象，另一方面也是要求企业建立自己内部的合规运转模式。不仅国家为企业提供了一个良法善治的外部经济运行大环境，企业也要建立起经营管理中合法合规的小环境，从而建立起企业外部大环境与企业内部小环境之间的良性双循环。因此，在这样一个大背景下，建立起企业内部的合规运行管理体制就变得尤为重要和紧迫。

随着经济市场中分工协作程度的进一步深化，各市场主体之间的联系也变得愈发紧密，同一产业链的上下游企业之间，处于交叉产业链的产业之间对于彼此合规经营的依赖越来越强，处于产业链中的某一关键企业产生违法风险对于上下游关联企业之间造成的影响也越来越大，因而企业之间对于彼此间合规合法经营行为的需求也越来越旺盛。因此，企业是否建立起一套符合自身发展特征的合规体系，又是否严格按照该套合规体系生产经营，不仅成为对于这个企业自身经营发展而言的重要组成部分，也成为企业对外经营合作中证明自己合法经营，值得成为合作对象的"信用证"。

（三）刑事合规的主要功能

对于刑事合规的功能，李本灿教授将其概括为降低企业组织风险，并对企业所受到的刑事处罚产生积极效果。① 孙国祥教授认为，刑事合规对于国家的功能在于通过刑事手段促进企业的合规选择之外，还作为一种调节器为刑事责任提供加重或者减轻的依据。② 虽然两位学者在表述上略有区别，但是在实质意义上都表达了刑事合规的本质在于促进企业进行合法的经营管理。笔者在比较了以英国和意大利为代表的英国模式和以美国和德国为代表的美国模式后，认为孙国祥教授的表达更为完整和细致。

传统意大利立法体系并不承认企业犯罪。但是 21 世纪以来，意大利立法改变了传统的立法规定，将对企业犯罪的归责原则确定为范红旗教授所概括的"结构性疏忽"原则。③ 在这种归责原则下，如果企业中的高级管理人员实施了犯罪行为，企业要承担相应的责任，但是企业可以通过其已经尽到了相应的注意和监督义务来免责。这种"结构性疏忽"原则类似于我国《民法典》中规定的过错责

---

① 李本灿：《刑事合规理念的国内法表达——以"中兴通讯事件"为切入点》，《法律科学》2018 年第 6 期。

② 孙国祥：《刑事合规的理念、机能和中国的构建》，《中国刑事法杂志》2019 年第 2 期。

③ 范红旗：《意大利法人犯罪制度及评析》，《刑法论丛》2008 年第 3 期。

任原则，将企业置于监督、促进高管实施合法行为的地位。而日本的刑事合规既受到美国影响，又具有独特的日本特色，即只通过法律形式督促企业建立、实施适法计划①，但李本灿教授仍然认为日本通过引入管理监督过失理论进行了刑事合规的实践②。

概括来讲，上述英国模式中刑事合规的功能在于企业高级管理人员实施犯罪后，通过评价企业是否建立、实施了刑事合规系统来判断企业刑事责任的有无和大小。

而美国的刑事合规立法则带有明显的美式实用主义特征，在《联邦量刑指南》中就明确规定了企业是否建立、维持了有效的合规系统所带来的两种截然不同的后果。之后，这种合规计划又在《萨班斯法案》中得到了进一步的加强。笔者认为，美国模式相较于英国模式则采用了一种更为明显的激励手段来促使企业推行和维持有效的刑事合规体系，使得刑事合规在刑罚裁量中的作用更为明显，甚至将刑事合规作为一种可以与自首、坦白等相比肩的裁量情节。

就中国而言，我国刑事合规对于企业犯罪的功能主要体现在起诉阶段对企业或者企业家或者是对两者相对不起诉的处遇上。随着我国检察机关开展的企业合规不起诉改革试点工作的逐步深入，从最高人民检察院 2021 年 6 月 3 日发布的 6 起企业合规改革试点典型案例可以看出，我国检察机关对于符合特定从宽条件并承诺完成合规计划建立的企业家和企业所采取的相对不起诉情形，即合规不起诉已经逐步转变为企业合规改革，但是整体来看，合规不起诉或者合规从宽处罚的趋势仍然明显。因此，我们可以看到，目前司法实务机关在对于企业合规不起诉的处遇即企业刑事合规所发挥的主要功能上，中国走上了和英美差异较大的一条道路，特别是我国在早期合规不起诉试点中所采取的既不起诉企业也不起诉企业家（英

---

① 周振杰：《企业适法计划与企业犯罪预防》，《法治研究》2012 年第 4 期。

② 李本灿：《刑事合规理念的国内法表达——以"中兴通讯事件"为切入点》，《法律科学》2018 年第 6 期。

国模式和美国模式一般不会既放过企业又放过企业家①），更是具有明显的中国特色社会主义法治所强调的严管厚爱色彩。同时，黎宏教授认为，我国在自然人犯罪和法人犯罪中采取了完全相同的成立标准，但是自然人认罪认罚和日后改过自新的承诺所带来的后果与在企业犯罪中企业认罪态度好。承诺建立相应合规计划后对于企业家相对不起诉的处遇仍然差距较大，在这一问题上，司法制度和刑法理论研究上仍然缺乏相应的支撑。②

除此之外，如前文所提到的，企业建立、维持有效的刑事合规制度也会为其带来更多的交易机会、经济利益等法律之外起辅助功能的独立附属作用。③

二、互联网金融合规发展存在的问题

一方面，互联网金融安全事关国家安全，并且两者的关系会随着互联网与金融更加深度的融合变得愈发紧密。④ 随着"互联网+"与金融的相互交融，既要能够在坚决维护国家安全的大前提下促进互联网金融健康持续发展，又要能够对互联网金融这一跨界深度融合的新兴行业进行有效的监管就变得十分必要。另一方面，互联网因其本身所具有的互联互通特性与金融所具有的盲目性，使得这一行业乱象丛生。

德国学者乌尔里希·贝克认为："生产力的指数级增长，使得危险和可能产生的威胁也正以我们所意想不到的速度在增长。"⑤

---

① 陈瑞华：《企业合规基本理论》，法律出版社 2020 年版，第 250～251页。

② 黎宏：《企业合规不起诉：误解及纠正》，《中国法律评论》2021 年第3 期。

③ ［德］弗兰克·萨力格尔：《刑事合规的基本问题》，马寅翔译，载李本灿等编译：《合规与刑法：全球视野的考察》，中国政法大学出版社 2018 年版，第 56 页。

④ 严海波：《金融开放与发展中国家的金融安全》，《现代国际关系》2018 年第 9 期。

⑤ ［德］乌尔里希·贝克：《风险社会》，何博闻译，译林出版社 2004年版，第 15 页。

我国金融行业大多将余额宝兴起的 2013 年作为互联网金融发展的元年，正是从这一年开始，各类互联网金融产品飞奔入场，但是随着"东方创投案""银坊金融案"等一批涉及金额之巨、涉及受害者之众的重大案件爆发后，互联网金融的弊端开始逐渐显现。虽然在监管部门的监督和指导下，近年来各类互联网金融公司盲目发展的势头得到了良好、有效的控制，但是随着"套路贷""电信诈骗"等一系列新型犯罪披上互联网金融的外衣来侵犯公民的财产安全，各类数额巨大的洗钱案件借助互联网新技术的发展逃避国家监管，使得国家金融风险加速累积，国家对于互联网金融企业的强化监督管理迫在眉睫。

如上所述，在国家强化监督的众多手段中，通过对建立、维持刑事合规制度的企业给予相对不起诉或者减轻刑罚的特殊处遇来激励互联网金融企业建立自身的合规系统是促进互联网金融企业强化自律监管、引导互联网金融企业健康发展的重要手段，但是互联网金融又因为其具有的独立特性而在建立、维持刑事合规进程中面临以下几个方面的问题。

（一）互联网金融准入门槛较低，行业自律性差

中国经济结构转型的进程与中国互联网金融产生发展的进程在时间上也大致吻合，特别是早期的互联网金融行业，在行业规范尚不健全的情况下，一部分不具备经营互联网金融行业资质、没有互联网金融经营经验的投资者携资入场。笔者以有比较明显特征的两类群体为例。一类是来自我国山西、内蒙古等能源大省，由于我国早期在能源统筹管理上的历史局限性使得当地一部分人利用制度漏洞或者使用不正当竞争手段获得矿产开发权，凭借当时紧俏的能源市场完成了原始的资本积累。十八大以后，国家对于矿产资源的管理日趋科学和规范，这一部分人的生存空间受到严重限制，于是靠着原始积累的资本开始转场经营。正是这一时期，大量的热钱开始流入股市、基金等金融市场，一部分具有独到眼光的投机者开始将互联网金融行业作为热钱的主要流向，这一时期，各类互联网金融产品密集入市经营，以"宝宝"类产品为主要代表的互联网金融产品开始对承诺以同期银行利率数倍的高额回报来吸收社会资金，但大多以暴雷、跑路为最终结局。易言之，这类互联网金融行业的从业者从资本积累之初就是依靠前文笔者所提到的"先经营，再处罚""边经营，边处罚""处罚了，还经营"的粗放式生长模式完成，其所持有的热钱也仅仅寄希望于转场圈钱，在进入这个行业之初就没有规则意识、法律意识，更没有建立刑事合规来维持自己长期健康经营的意识和想法。

如果说这一类主体还仅仅是将互联网金融行业作为投资方式的话，那么笔者接下来将要举出的例子则是完完全全把互联网金融行业作为自己违法犯罪的新平台和新手段。这类主体原本是具有黑社会性质的组织。在彼时由于法律明确规定了两线三区的贷款利率，这类组织的高利贷非法业务受到严重影响①，使得其瞄准互联网金融行业这一法律还存在监管空白和死角的行业，将其原有的高利贷非法业务转化为"套路贷""砍头贷"、非法吸收公众存款等一批令人深恶痛绝的非法贷款形式。② 如前所述，如果说上一类主体只是将互联网金融作为投资热钱的行业，那么这一类主体就是完完全全地将互联网金融行业当作违法犯罪行为的工具，受制于最开始监管部门还未将此类非法互联网金融产品作为打击重点，这类主体常常是同时经营多个平台，被监管部门简单处罚后换个身份继续实施违法犯罪行为。

因此，对于这一类主体而言，其不仅不具有建立刑事合规促进企业健康持续发展的内在动力，更不具有建立刑事合规制度的可能性。

（二）互联网金融企业股权变动复杂，难以对刑事合规制度达成共识

相较于前述提到的两类主体，正规的互联网金融企业虽然在经

---

① 陶建平：《高利贷行为刑事规制层次论析》，《法学》2018 年第 5 期。

② 涂龙科：《"套路贷"犯罪的刑法规制研究》，《政治与法律》2019 年第 4 期。

营形式上具有合法性和正当性，但是对于许多大型互联网金融企业而言，其企业内部股权结构错综复杂，负责主要业务的高级管理层和决策机构组成人员流动快。就该企业内部而言，虽然存在企业健康持续经营的内在动力，也担心自己日常经营行为会触犯法律规范招致法律风险，但是一部分影响公司决策的大股东基于自己所代表的特殊利益集团，难以在企业内部建立刑事合规制度时达成一致意见。就大型互联网金融企业而言，许多影响决策制定的关键股东为国外资本机构，这类资本机构基于自己在集团内部的特殊利益在对刑事合规框架或者内部条款的制定上难以达成妥协，或者一些头部互联网金融企业与上下游企业交叉持股，从而导致真正适合规制企业经营管理行为的刑事合规制度难以落地和实施。

除此之外，还有许多家族建立的互联网金融企业，虽然在股权结构和股东人员组成上不像前述公司这样具有复杂性，但是其家族经营的特征导致其一方面不愿在经营管理制度和方式上作出改变，为自己企业的经营发展"诊疗把脉"后"对症立规"。另一方面，由于其股权结构的封闭性和股东内部所具有的特殊关系，即使建立了相应的刑事合规制度体系，在真正的日常经营中的执行力也值得怀疑。另外，还有许多由职业经理人负责管理的互联网金融企业，这类企业的特点则是企业决策权与日常经营管理权相分离，因而面临掌握决策权的人员提出的刑事合规体系制度不适应企业日常经营管理之所需，掌握经营权人员提出的适合企业日常经营的刑事合规体系制度又得不到决策层许可的双重尴尬境地。

（三）互联网金融企业技术壁垒导致刑事合规体系难以发挥效力

如前所述，互联网金融虽然本质上是金融，但是这种金融形式并非传统的金融形态，而是融合了各种互联网先进技术所产生的新形态。这就为互联网金融企业建立刑事合规体系带来了相应的困难。企业核心经营技术与适应企业经营发展的刑事合规制度相割裂，造成"懂制度的不懂技术、懂技术的不懂制度"现状，从而无法为该企业建立一个真正适应该企业持续健康发展的刑事合规制度。

另一方面，互联网新技术发展日新月异，过去受到追捧的区块链技术又被新的互联网金融科技取代从而产生新的互联网金融形态，而且企业为了谋求自身在市场的竞争地位会不断革新自己的核心技术，也许过去是以年为计算单位的技术更新周期，在以后的发展中会发展成以季度甚至月为单位的更新周期，那么如何为企业建立一个长效且稳定适宜的刑事合规制度，确保刑事合规制度在建立之后的一段时间内能够适应企业发展需要，成为企业在日常经营管理过程中可以随时用作规范和审视自己行为的对照表，而不是在建立之初花费高额成本，而后在企业发展过程中即被束之高阁，使企业不仅是在形式上合规，而是要在形式和刑事上双合规。

（四）互联网金融企业在组成上具有复杂性，难以建立统一的合规体系

许多互联网金融企业在组成上会设置许多分公司来分割自己的业务板块，或是为了获取更多的市场份额和形成产业链效应降低经营成本，会以本体企业为母公司，再设置若干个子公司。虽然，目前刑法上认为分支机构如果是以自己的名义实施犯罪，并且犯罪所得归属本分支机构所有也可以认为是单位犯罪，但是如果这种情况下总公司存在合理有效的刑事合规体系时，能否成为分公司获得相对不起诉或者其他减免刑事责任处遇的理由呢？笔者认为，这个问题的答案一定不是绝对的，因为虽然法人与法人机构在组织设置上有着法律的联系，但是在日常经营过程中，由于法人与法人机构在经营形式、范围和地域上的区别，使得两者之间只存在法律上的联系，而在日常的生产经营过程中并未产生较大的联系。抑或由于总公司在建立刑事合规体系时着眼于整个法人的经营管理，而并未具体覆盖到某个特定的分支机构，再或者如果分支机构也存在相应的刑事合规体系，且不论一个法人内部能否存在多套刑事合规体系和各个刑事合规体系之间是否具有优先适用性的问题，如果分支机构的刑事合规体系与法人的刑事合规体系之间存在偏差甚至是矛盾时，在面临司法机关追究刑事责任的情况下又以哪一套作为认定标准呢？

（五）互联网金融企业之间发展存在差异，宏观刑事合规体系难以统一

中国现代意义上的金融行业发展不过是近 30 年的事，而互联网金融行业的发展如果以前述提到的 2013 年为起点计算，也不过是一个不足十岁的少年。一方面，当今中国经济高质量发展需要健康稳定的互联网金融行业；另一方面，在不足十年的发展过程中，互联网金融企业中既有为数千万用户提供互联网金融服务的头部企业，更多的是刚刚成长起来或者是还在成长过程中的小微互联网金融企业，这类小微企业需要进行监管，其自身也需要建立起规范自己日常经营行为的刑事合规体系，但是如果在建立宏观刑事合规制度体系时对这类小微企业与头部企业提出同等要求，不仅会给小微企业带来负担，而且建成的刑事合规体系对于这样的小微企业在日常经营管理中所起到的作用是非常有限的。

前述提到的不管是英国模式还是美国模式，其内部的金融产业不管是在发展模式还是在危机应对上都十分成熟，因而在其内部已经形成了一套相对稳定的、适应各种规模类型的企业适用刑事合规体系，但我国提出建立刑事合规体系也是近 5 年的事，因此各种规模类型的企业缺乏建立合适、有效的金融行业刑事合规先例以供借鉴，从而可能会形成在同一行业内部制定水平参差不齐的刑事合规体系，导致司法机关在追究互联网金融行业刑事责任难以做到确定性与公正性相统一。

而对于我国企业借鉴国外互联网金融行业的刑事合规体系更是缺乏可能性，虽然我国金融行业相较于国外而言起步较晚，发展较慢，但是我国互联网金融行业在发展水平和发展规模上仍居世界领先地位，因而国外可供复制或提供的经验较少，同时如果完全复制后还要面临对其进行本土化改造和适应性难题而缺乏可能性。

（六）刑法规范在处理互联网金融犯罪案件上需保持谦抑

刑事法律一方面在对企业日常经理管理约束体系建设上提出更高要求的同时，也要保持其谦抑性本色。顾肖荣教授认为，刑事法

体系治理能力尤其是金融刑事法体系治理能力是国家治理能力现代化的一个重要方面。① 笔者认为，刑事法对于互联网金融的治理能力同样也是金融刑事法体系治理能力和治理体系现代化的一个重要方面。互联网金融企业在日常经营管理过程中最易触犯的罪名突出表现为非法吸收公众存款罪和集资诈骗罪，一旦涉及这两类案件，往往伴随着涉案数额巨大、涉案受害人数量巨大两个特征。在面对受害人强烈要求惩治涉案企业、维护稳定的大背景下，司法机关往往会主动出击，迅速对涉案企业进行调查后进入司法程序。刑法过早地介入金融企业日常经营活动会对涉案企业的日常经营管理行为与社会声誉造成负面影响。

虽然网络时代多元的价值观会使得刑法处罚范围不可避免地扩大以达到保护法益的效果②，但是互联网金融企业本身具有参与广泛性、支付方式便捷性等相较传统金融企业的不同特征，如果企业行为涉及违法犯罪，确实会体现出上述两个巨大的特征；但是如果仅仅是因为互联网金融企业在日常经营管理过程中遭遇到阶段性的、完全在企业承受能力范围内的正常市场风险，并未出现过度利用杠杆、转移资金等违法行为时，司法机关就无需对企业的正常活动进行过度干预。中国的金融市场不仅自身形势复杂，而且在经济全球化程度逐渐深入的今天，世界其他国家的金融市场对于中国金融市场的影响越来越大，传导速度也越来越快。

因此，法治环境在要求互联网金融企业及时建立起约束自身行为规范体制的刑事合规制度的同时；也要为互联网金融企业的正常经营行为留下适当的容错空间；在坚决打击互联网金融企业犯罪行为、维护国家金融秩序安全和国民财产安全的同时，也要为互联网金融技术的创新和互联网金融行业的健康发展保驾护航。在许多情

---

① 顾肖荣、王佩芬：《金融刑事法体系治理能力建设若干问题思考——以国家治理能力现代化为视角》，《政治与法律》2014 年第 4 期。

② 张明楷：《网络时代的刑法理念——以刑法的谦抑性为中心》，《人民检察》2014 年第 4 期。

况下，非正式过程运作比比皆是①，不管是行政监管机关对互联网金融企业可能存在的违法行为还是司法机关在对互联网金融企业犯罪行为进行查处时，对于已经建立并运行刑事合规的企业既要严格依照刑事法律定罪量刑，又要充分考虑刑事合规制度在企业犯罪行为中的干预和控制作用，依法裁量。

三、互联网金融合规的具体构建

(一)互联网金融刑事合规构建的必要性

如果仅从上述互联网金融企业在合规发展中存在的问题来看，中国互联网金融企业建立自己的刑事合规体系似乎困难重重，但是参照20世纪以来欧美各国建立并不断完善的刑事合规制度给其企业带来的可观效益和国家对于企业宏观管理体系和能力的进步来看②，中国互联网金融建立合规体系仍然是相当有必要的。

首先，我国金融行业在发展历程上有着与世界上绝大多数国家完全不同的发展路径，在中华人民共和国成立初期至改革开放初期这一段相当长的时间里，我国金融行业的建立和运行完全是政府直接管理或者是政府通过国家资本力量进行间接管控，因此在这一段时间里，金融行业的发展紧紧遵循政府指令、服务于政府发展需求，可以说这一段时期的中国金融行业是稳定压倒一切，除了政府决策失误可能带来的小范围金融风险，不会出现整个行业内部普遍产生的金融风险。这一时期的中国金融行业也与世界金融市场谨慎地保持着"交往距离"，一方面是通过多种途径筹措外汇资金，另一方面对于外国资本在我国金融行业的流动进行严格监管，特别是经历了外国资本狙击香港资本市场及其他几个东南亚资本市场的教训后，我国更是对外国资本进行严密防范。因为政府的单边呵护主

---

① 周雪光：《寻找中国国家治理的历史线索》，《中国社会科学》2019年第4期。

② 李本灿等编译：《合规与刑法：全球视野的考察》，中国政法大学出版社2018年版，第21页。

义，常以非法经营罪等口袋罪名进行查处，对于国家金融行业工作人员违法放贷给国家造成损失的则是以玩忽职守罪进行论处。① 因而，这一时期的金融市场呈现出现金就是货币、银行代表金融②的特征，而中国的金融市场相对老牌资本主义国家的资本市场而言，以及在经济全球化深入的今天，在与这些国家的金融市场进行竞争时，中国金融无异于温室里的花朵，在相当程度上是缺乏竞争力的。故基于中国金融先天不足的行业特征，在目前的发展阶段就需要更多的法律规范对其进行外在保护和规制，同时也需要金融企业建立自己的合规体系来与外界监管形成监管合力。

其次，金融行业一直是我国刑事犯罪重点监控和打击的范围。根据上述笔者所阐述的金融本质属性的盲目性、互联网金融准入门槛较低、行业自律性差等现实问题，我国目前已经形成了刑法典与附属刑法相结合的模式，从直接侵害金融秩序的犯罪到金融机构工作人员在履职过程中实施的贪污、挪用等犯罪行为相并列的金融犯罪打击模式。③ 在互联网金融行业发生的刑事案件更是绝大多数围绕非法吸收公众存款罪和集资诈骗罪两个罪名的犯罪构成要件展开，甚至有学者指出，即使经营者是正常合法地经营互联网金融业务，也有可能会构成非法吸收公众存款罪和非法经营罪等罪名④，因此互联网金融企业在面临法律的高压管控形式下，更要通过建立符合企业发展经营模式、着重注意企业经营法律风险、体现企业经营管理特色的刑事合规体系，并不断发展完善以保证企业经营管理模式和特点与企业刑事合规体系同步更新，起到一个先由企业进行定期或者不定期地自查自纠，再由相关部门针对企业自纠中的风险漏洞及其他相关方面进行外部调查、评估和纠正，以期降低企业在

---

① 刘宪权：《金融犯罪刑法学新论》，上海人民出版社 2014 年版，第56 页。

② 毛玲玲：《金融犯罪的实证研究》，法律出版社 2014 年版，第 5 页。

③ 刘宪权：《金融犯罪刑法理论与实践》，北京大学出版社 2008 年版，第 6 页。

④ 刘宪权：《论互联网金融刑法规则的"两面性"》，《法学家》2014 年第 5 期。

经营管理过程中的法律风险，确保互联网金融企业能够在法治轨道上健康持续运行的良好效果。①

最后，我国互联网金融市场份额巨大，庞大的互联网金融用户给企业带来了更多的社会责任。互联网金融企业在为用户提供优质的互联网金融服务的同时，也要更加注重自己的行为符合法律规范，遵守基本的商业伦理道德规范。如前所述，完善的刑事合规体系在企业对外发展经营的过程中不仅能够成为企业证明自身信用的"信用证"，也会带来提升企业自身形象的附属积极效果。

（二）互联网金融刑事合规构建的基本路径

首先，互联网金融企业风险控制部门要强化刑事风险防控意识。对于互联网金融企业经营的各种特质要全面审查、认真把握，对企业在经营过程中已经存在的法律风险进行有效解除，对于可能存在的风险要进行梳理并结合公司经营管理实际进行调整。互联网金融企业管理层要充分认识到刑事合规对于企业健康持续发展的重要性和必要性。对于大型互联网金融企业而言，可以通过风险控制部门或者设立专门部门排查已经存在的企业经营刑事风险和预防企业经营管理过程中可能会发生的刑事风险，也可以聘请独立第三方法律服务机构对企业进行"望闻问切"，形成客观的刑事合规体系。而对于不具有相当规模的互联网金融企业，也可以通过参考国家发布的《合规管理体系指南》制定初步的刑事合规体系后随着企业经营管理的扩张进行调整，或者也可以通过参照大型互联网金融企业已经建立运行的互联网金融企业刑事合规制度结合本企业经营发展实际建立刑事合规体系。

在建立企业刑事合规体系的过程中，制定者不仅要注意企业自身的经营管理实际，还要对刑法中对于互联网金融企业易涉罪名进行充分的认识和研究，特别是对于上述提到的非法吸收公众存款、集资诈骗罪等罪名。当然，这里的刑法也同前文提到的一样，不仅

---

① 陈瑞华：《企业合规制度的三个维度——比较法视野下的分析》，《比较法研究》2019 年第 3 期。

仅是狭义的单行刑法，而且还应当包括附属刑法、立法解释和司法机关的司法解释、会议纪要等刑事法律规范以及司法实务机关发布的相关文件。此外，对于大型跨国互联网金融企业还应当在制定刑事合规体系时具有全球视野，在日益深入的国际经济交流中，合规体系也同样需要考虑所涉及国家的刑事法律问题①，以保持自己企业的国际竞争力。

其次，互联网金融企业通过建立刑事合规体系不仅能够为企业本身带来良好的效益，也会减轻国家对互联网金融企业的刑事司法成本。因此，国家也要主动提升互联网企业刑事法治管理能力，由过去的金融管理本位主义转变为尊重市场、保护创新的金融监管主义②，由过去的单边保护主义转变为立体防控监管体系，由"要么不管，要么狠管"转变为"以宏观监督为主，以适度管理为辅"。

自全面深化改革以来，我国对于金融市场的开放程度也越来越大，恰逢"互联网+"技术与金融产业的深度结合，我国的金融市场也呈现出了与以往任何时代都不同的新局面和新形势。对于一些非公有制主体直接投资或者参与投资的新兴互联网金融企业，在对其的管理和对传统国有金融实体企业的保护和管理上，不论是行政监督管理部门还是司法机关，都要调整单纯的管理本位思想，将保护的重点转移到具体的投资者收益上来③，限缩金融管制秩序的法益定位，促进金融平等的实现④，给予互联网金融企业以更大的生存和发展空间，充分激发互联网金融企业技术创新和产品创新活力，营造一个更加健康平等的互联网金融成长环境。

最后，在企业内部刑事合规体系之外建立多维一体的外部刑事合规体系也至关重要。有学者认为需要在企业内部设立类似"吹哨

---

① 孙国祥：《刑事合规的理念、机能和中国的构建》，《中国刑事法杂志》2019 年第 2 期。

② 安曦萌：《金融犯罪概念之争》，《河北学刊》2015 年第 5 期。

③ 张小宁：《"规制缓和"与自治型金融刑法的构建》，《法学评论》2015 年第 4 期。

④ 魏昌东：《中国金融刑法法益之理论辨正与定位革新》，《法学评论》2017 年第 6 期。

人"制度的内部监管①，但是笔者认为，除了要强调企业内部的一级刑事合规体系的重要性外，还应当认真考量建立行业协会一级的刑事合规体系、证券市场一级的刑事合规体系的必要性。

建立健全金融行业的行业协会刑事合规体系，通过赋予行业协会以一定的行政监管职权，在国家行政监管职权和司法机关监管与企业自身刑事合规体系之间建立一道处于中间层面的行业协会刑事合规体系"缓冲带"。建立健全金融行业的行业协会刑事合规体系不仅能够为不具有相当规模的互联网金融企业建立刑事合规提供参照，也能够让互联网金融行业的刑事合规制度具有整体性和体系性，充分发挥社会力量的监管效果，使得不具有相当规模的互联网金融企业建立自身的刑事合规体系具有可能性，也能够为该类企业在建立刑事合规体系时减少成本，使该类企业建立刑事合规体系的内生性动力更加充分。

而设立证券市场一级的刑事合规体系则是为了解决笔者前述提到的大型互联网金融企业在股东人数和股权结构上的复杂性和不稳定性问题。对于这类企业，如果在二级证券市场进行融资交易，可以在该类市场准入上增设刑事合规制度的要求。目前，国内企业如果计划在证券市场上进行融资交易，证券监管部门一般着重审查的是企业是否具有持续健康经营的能力和企业财务账簿等文件，虽然也会要求律师事务所提供相应的法律评估报告，但是并未强制要求企业一定要建立并运行刑事合规体系，因此笔者认为可以将有计划在证券市场融资交易的互联网金融企业作为"监管沙盒"，在企业向证券市场监管部门递交相关申请文件阶段要求其必须附有本企业的刑事合规制度说明以及刑事合规制度运行情况说明文件，以期加强对于股东人数和股权结构上复杂和不稳定的互联网金融企业进行刑事合规体系建设的外部压力。

---

① 万方：《企业合规刑事化的发展及启示》，《中国刑事法杂志》2019 年第 2 期。